# 保险法
## 一本通

徐小帆 ◎ 编著

中国经济出版社
CHINA ECONOMIC PUBLISHING HOUSE

·北京·

### 图书在版编目（CIP）数据

保险法一本通 / 徐小帆编著． --北京：中国经济出版社，2020.11

ISBN 978-7-5136-6392-2

Ⅰ．①保… Ⅱ．①徐… Ⅲ．①保险法-基本知识-中国 Ⅳ．①D922.284

中国版本图书馆 CIP 数据核字（2020）第 227455 号

---

| | |
|---|---|
| 责任编辑 | 夏军城 |
| 责任印制 | 马小宾 |
| 封面设计 | 任燕飞工作室 |

| | |
|---|---|
| 出版发行 | 中国经济出版社 |
| 印 刷 者 | 北京艾普海德印刷有限公司 |
| 经 销 者 | 各地新华书店 |
| 开　　本 | 787mm×1092mm　1/16 |
| 印　　张 | 18.75 |
| 字　　数 | 410 千字 |
| 版　　次 | 2020 年 11 月第 1 版 |
| 印　　次 | 2020 年 11 月第 1 次 |
| 定　　价 | 88.00 元 |

广告经营许可证　京西工商广字第 8179 号

中国经济出版社 网址 www.economyph.com 社址 北京市东城区安定门外大街 58 号 邮编 100011
本版图书如存在印装质量问题，请与本社销售中心联系调换（联系电话：010-57512564）

版权所有　盗版必究（举报电话：010-57512600）
国家版权局反盗版举报中心（举报电话：12390）　　服务热线：010-57512564

# 序 言

从社会化、市场化角度，保险分为商业保险、社会保险（企业职工基本养老保险、职工基本医疗保险、工伤保险、失业保险、生育保险等）、政策保险（农业保险、出口信用保险等）等不同类型。从学科体系角度，保险学包括保险基础理论、保险实务、保险经营等内容，具有理论性、专业性、实用性、可操作性，是法学、金融学、经济管理类专业的必修课。但在教学实践中，普遍存在重课堂轻社会、重理论轻实践、重法律渊源轻法律实践、重概念特征轻案例教学的倾向，脱离社会实践的问题依然相当突出，保险理论与司法实践相融合，仍是保险法学、保险案例学需要解决的重要问题。

本书具有广义性、全面性，主要内容有：①涉及保险的相关法律，包括《中华人民共和国社会保险法》（以下简称《社会保险法》）、《中华人民共和国军人保险法》（以下简称《军人保险法》）、《中华人民共和国保险法》（以下简称《保险法》）等。《保险法》，1995年6月30日第八届全国人民代表大会常务委员会第十四次会议通过；2002年10月28日第九届全国人民代表大会常务委员会第三十次会议第一次修正；2009年2月28日第十一届全国人民代表大会常务委员会第七次会议修订；2014年8月31日中华人民共和国第十二届全国人民代表大会常务委员会第十次会议《全国人民代表大会常务委员会关于修改〈中华人民共和国保险法〉等五部法律的决定》第二次修正；2015年4月24日中华人民共和国第十二届全国人民代表大会常务委员会第十四次会议《全国人民代表大会常务委员会关于修改〈中华人民共和国计量法〉等五部法律的决定》第三次修正。②保险法司法解释，包括《最高人民法院关于适用〈中华人民共和国保险法〉若干问题的解释（一）》《最高人民法院关于适用〈中华人民共和国保险法〉若干问题的解释（二）》《最高人民法院关于适用〈中华人民共和国保险法〉若干问题的解释（三）》《最高人民法院关于适用〈中华人民共和国保险法〉若干问题的解释（四）》等。③保险规章，包括《健康保险管理办法》等保险业务规范类规章。④相关行政法规，主要有《工伤保险条例》《农业保险条例》《中华人民共和国外资保险公司管理条例》等。

本书以《保险法》为基本架构，以《保险法》《社会保险法》《军人保险法》

《农业保险条例》等保险法律为基本内容，以立法解释、司法解释为重要补充，兼顾法学专家学者的理论观点，以类型化、比较法、填表法、归纳法、串联法、案例法、司法考试题解析等论证方法，全面准确科学地洞察、把握、研习《保险法》的基本知识脉络和法律体系架构，突破两大法系及传统保险法律理论条件下保险实体法和程序法之间固有的知识瓶颈，解决保险违法犯罪的历史边界问题以及诸如罪数、法条竞合、适法找法、冤假错案等疑难复杂的现实法律问题。

本书针对司法实践中对保险法概念、特征、术语等基本范畴界定的模糊性、分散性、不准确性等问题，对初学《保险法》或研究《保险法》者提供整体式体系化的路径和架构，以图表、案例、事例和司法考试试题等形式进行条理化，注重《保险法》学习和司法实践的便利化、关联性和准确性，具有体系性、实用性、创新性等特点。

# 凡 例

（1）2018年3月17日第十三届全国人民代表大会第一次会议通过《第十三届全国人民代表大会第一次会议关于国务院机构改革方案的决定》，决定组建中国银行保险监督管理委员会，不再保留中国银行业监督管理委员会、中国保险监督管理委员会。本书行文过程中为方便叙述，对于国务院保险监督管理机构名称，除原法律法规和相关制度文件保留中国银行保险监督管理委员会（中国银保监会）或中国保险监督管理委员会（中国保监会）之外，统称为国务院保险监督管理机构。

（2）《中华人民共和国民法典》2021年1月1日起施行，《中华人民共和国合同法》《中华人民共和国物权法》《中华人民共和国婚姻法》《中华人民共和国继承法》《中华人民共和国收养法》《中华人民共和国侵权责任法》《中华人民共和国担保法》《中华人民共和国民法总则》《中华人民共和国民法通则》同时废止。本书在行文过程中涉及上述法律时，以《中华人民共和国民法典》相关规定为准，但考虑上述九部法律仍在施行中，故沿用原法相应名称简称。

（3）为行文方便，本书中多次出现的法律法规及司法解释使用简称，例如，《中华人民共和国保险法》简称为《保险法》。具体如下：

| 文件名简称 | 发文号 | 文件名全称 |
| --- | --- | --- |
| 《宪法》 | 全国人民代表大会公告第1号 | 《中华人民共和国宪法》 |
| 《民法总则》 | 中华人民共和国主席令第66号 | 《中华人民共和国民法总则》 |
| 《民法通则》 | 中华人民共和国主席令第18号 | 《中华人民共和国民法通则》 |
| 《合同法》 | 中华人民共和国主席令第15号 | 《中华人民共和国合同法》 |
| 《公司法》 | 中华人民共和国主席令第15号 | 《中华人民共和国公司法》 |
| 《保险法》 | 中华人民共和国主席令第11号 | 《中华人民共和国保险法》 |
| 《民法典》 | 中华人民共和国主席令第45号 | 《中华人民共和国民法典》 |
| 《行政诉讼法》 | 中华人民共和国主席令第71号 | 《中华人民共和国行政诉讼法》 |
| 《刑法》 | 中华人民共和国主席令第30号 | 《中华人民共和国刑法》 |
| 《劳动法》 | 中华人民共和国主席令第24号 | 《中华人民共和国劳动法》 |
| 《劳动合同法》 | 中华人民共和国主席令第73号 | 《中华人民共和国劳动合同法》 |

续表

| 文件名简称 | 发文号 | 文件名全称 |
| --- | --- | --- |
| 《涉外民事关系法律适用法》 | 中华人民共和国主席令第36号 | 《中华人民共和国涉外民事关系法律适用法》 |
| 《继承法》 | 中华人民共和国主席令第24号 | 《中华人民共和国继承法》 |
| 《社会保险法》 | 中华人民共和国主席令第35号 | 《中华人民共和国社会保险法》 |
| 《军人保险法》 | 中华人民共和国主席令第56号 | 《中华人民共和国军人保险法》 |
| 《民事诉讼法》 | 中华人民共和国主席令第71号 | 《中华人民共和国民事诉讼法》 |
| 《海商法》 | 中华人民共和国主席令第64号 | 《中华人民共和国海商法》 |
| 《海洋环境保护法》 | 中华人民共和国主席令第81号 | 《中华人民共和国海洋环境保护法》 |
| 《证券法》 | 中华人民共和国主席令第37号 | 《中华人民共和国证券法》 |
| 《外商投资法》 | 中华人民共和国主席令第26号 | 《中华人民共和国外商投资法》 |
| 《行政处罚法》 | 中华人民共和国主席令第63号 | 《中华人民共和国行政处罚法》 |
| 《企业破产法》 | 中华人民共和国主席令第54号 | 《中华人民共和国企业破产法》 |
| 《工会法》 | 中华人民共和国主席令第57号 | 《中华人民共和国工会法》 |
| 《道路交通安全法》 | 中华人民共和国主席令第47号 | 《中华人民共和国道路交通安全法》 |
| 《担保法》 | 中华人民共和国主席令第50号 | 《中华人民共和国担保法》 |
| 《消费者权益保护法》 | 中华人民共和国主席令第11号 | 《中华人民共和国消费者权益保护法》 |
| 《反不正当竞争法》 | 中华人民共和国主席令第77号 | 《中华人民共和国反不正当竞争法》 |
| 《商业银行法》 | 中华人民共和国主席令第13号 | 《中华人民共和国商业银行法》 |
| 《银行业监督管理法》 | 中华人民共和国主席令第58号 | 《中华人民共和国银行业监督管理法》 |
| 《行政许可法》 | 中华人民共和国主席令第7号 | 《中华人民共和国行政许可法》 |
| 《法官法》 | 中华人民共和国主席令第76号 | 《中华人民共和国法官法》 |
| 《检察官法》 | 中华人民共和国主席令第28号 | 《中华人民共和国检察官法》 |
| 《婚姻法》 | 中华人民共和国主席令第51号 | 《中华人民共和国婚姻法》 |
| 《仲裁法》 | 中华人民共和国主席令第76号 | 《中华人民共和国仲裁法》 |
| 《立法法》 | 中华人民共和国主席令第31号 | 《中华人民共和国立法法》 |
| 《侵权责任法》 | 中华人民共和国主席令第21号 | 《中华人民共和国侵权责任法》 |
| 《铁路法》 | 中华人民共和国主席令第32号 | 《中华人民共和国铁路法》 |
| 《产品质量法》 | 中华人民共和国主席令第33号 | 《中华人民共和国产品质量法》 |
| 《劳动争议调解仲裁法》 | 中华人民共和国主席令第80号 | 《中华人民共和国劳动争议调解仲裁法》 |
| 《国家赔偿法》 | 中华人民共和国主席令第23号 | 《中华人民共和国国家赔偿法》 |
| 《物权法》 | 中华人民共和国主席令第62号 | 《中华人民共和国物权法》 |

续表

| 文件名简称 | 发文号 | 文件名全称 |
|---|---|---|
| 《公务员法》 | 中华人民共和国主席令第20号 | 《中华人民共和国公务员法》 |
| 《最高法审理道路交通事故损害赔偿案件解释》 | 法释〔2012〕19号 | 《最高人民法院关于审理道路交通事故损害赔偿案件适用法律若干问题的解释》 |
| 《物权法司法解释》 | 法释〔2009〕7号 | 《最高人民法院关于适用〈中华人民共和国物权法〉若干问题的解释》 |
| 《民诉法司法解释》 | 法释〔2019〕5号 | 《最高人民法院关于适用〈中华人民共和国民事诉讼法〉的解释》 |
| 《保险法解释(一)》 | 法释〔2009〕12号 | 《最高人民法院关于适用〈中华人民共和国保险法〉若干问题的解释(一)》 |
| 《保险法解释(二)》 | 法释〔2013〕14号 | 《最高人民法院关于适用〈中华人民共和国保险法〉若干问题的解释(二)》 |
| 《保险法解释(三)》 | 法释〔2015〕21号 | 《最高人民法院关于适用〈中华人民共和国保险法〉若干问题的解释(三)》 |
| 《保险法解释(四)》 | 法释〔2018〕13号 | 《最高人民法院关于适用〈中华人民共和国保险法〉若干问题的解释(四)》 |
| 《劳动争议处理条例》 | 中华人民共和国国务院令第117号 | 《中华人民共和国企业劳动争议处理条例》 |
| 《外资保险公司管理条例》 | 中华人民共和国国务院令第720号 | 《中华人民共和国外资保险公司管理条例》 |
| 《军人退役医疗保险暂行办法》 | 国办发〔1999〕100号 | 《中国人民解放军军人退役医疗保险暂行办法》 |
| 《军人残疾等级评定标准》 | 民发〔2011〕218号 | 《军人残疾等级评定标准(试行)》 |
| 《社会保险法实施细则》 | 人社部令〔2011〕13号 | 《中华人民共和国社会保险法实施细则》 |
| 《外资保险公司管理条例实施细则》 | 银保监会令〔2019〕4号 | 《中华人民共和国外资保险公司管理条例实施细则》 |

# 目 录

## 上篇　保险法及相关法规、制度

第1章　总则 ········· 003
第2章　保险合同 ········· 017
　第1节　一般规定 ········· 017
　第2节　人身保险合同 ········· 046
　第3节　财产保险合同 ········· 058
第3章　保险公司 ········· 072
第4章　保险经营规则 ········· 102
第5章　保险代理人和保险经纪人 ········· 128
第6章　保险业监督管理 ········· 145
第7章　法律责任 ········· 164
第8章　附则 ········· 175
第9章　机动车交通事故责任 ········· 187
　第1节　机动车交通事故责任的法律关系 ········· 187
　第2节　机动车交通事故责任的法律适用 ········· 197
第10章　外资保险公司与涉外民事诉讼 ········· 209
　第1节　外资保险公司 ········· 209
　第2节　涉外民事诉讼 ········· 215

## 下篇　非商业保险法

第1章　社会保险法 ········· 225
　第1节　社会保险概论 ········· 225
　第2节　社会保险体系的构成 ········· 237
第2章　银行保险法 ········· 262

    第 1 节　银行业的监管 ································· 262
    第 2 节　商业银行的保理和存款保险 ············· 267
第 3 章　军人保险法 ·································································· 274
    第 1 节　军人保险法概论 ····················································· 274
    第 2 节　军人保险的险别 ····················································· 275
    第 3 节　军人保险基金和军人保险的经办、监督、法律责任 ······ 282
后记 ····································································································· 286

| 上　篇 |

## 保险法及相关法规、制度

扫描本书前勒口二维码
您立即获得的权益主要有
专享本书社群服务 / 阅读工具

# 第1章 总则

### 第1条 【立法目的】①

为了规范保险活动,保护保险活动当事人的合法权益,加强对保险业的监督管理,维护社会经济秩序和社会公共利益,促进保险事业的健康发展,制定本法。

本条是对《保险法》目的的规定,《保险法》的立法目的主要有:①规范保险活动。②保护保险活动当事人的合法权益。③加强对保险业的监督管理。④维护社会经济秩序和社会公共利益。

### 第2条 【保险的概念】

本法所称保险,是指投保人根据合同约定,向保险人支付保险费,保险人对于合同约定的可能发生的事故因其发生所造成的财产损失承担赔偿保险金责任,或者当被保险人死亡、伤残、疾病或者达到合同约定的年龄、期限等条件时承担给付保险金责任的商业保险行为。

狭义的保险法是指保险企业法、保险合同法等私法类法规;广义的保险法则是以保险关系为调整对象的各种法律规范的总和,除狭义保险法外,还包括国家对保险事业管理监督法规和社会保险、劳动保险等公法法规。根据本条规定,只有商业保险适用本法的规定,对于社会保险以及政策性保险一般通过特别立法予以规定,不适用《保险法》。

从社会化、市场化的角度,保险可分为商业保险、社会保险(企业职工基本养老保险、职工基本医疗保险、工伤保险、失业保险、生育保险等)、政策保险(农业保险、出口信用保险等)等不同类型。

《中国保险监督管理委员会关于船东互保协会问题的复函》(保监办函〔2003〕78号)指出:根据《保险法》第2条、第9条,以及《国务院关于成立中国保险监督管理委员会的通知》的规定,中国保险监督管理委员会(以下简称中国保监会)负责对全国商业保险进行监管。船东互保协会从事的活动不属于《保险法》第2条规定的商业保险行为,因此,不属于中国保监会的监管范围。

《中国保险监督管理委员会关于短期意外伤害保险产品管理有关问题的复函》(保监函〔2003〕1076号)指出:①保险公司分支机构(经中国保监会及其派出机构批

---

① 条文主旨为编者所加,下同。

准，保险公司依法在境内设立的分公司、中心支公司、支公司、营业部、营销服务部以及各类专属机构）开办短期意外伤害保险应将相关的产品材料向当地保监办报告。已备案的短期意外伤害保险产品若涉及除保险费率外的任何1处变更，应视为与已备案产品不同的产品，需报中国保监会备案。保险公司分支机构在产品备案时设定的费率浮动范围内进行费率浮动，应持总公司书面授权文件、调整原因和适用区域的书面报告及相应的承保规则向当地保监办办理报告手续。②保险公司在销售过程中采取产品组合形式应征得当地保监办的同意，且只能是对已在中国保监会备案的现有产品的组合，而不得变更已备案产品，或采取组合费率优惠。③保险公司可委托交通、旅游机构等兼业代理点销售交通、旅游类短期意外伤害保险产品，但不得向个人销售团体产品。

《关于开展财产保险公司备案产品专项整治工作的通知》（保监财险〔2017〕163号），要求：①工作目标。围绕提高财产保险公司产品整体质量、提升公司产品管控水平的总目标，通过全面梳理财产保险公司在用备案产品，集中整治产品领域存在的各种问题，进一步强化公司产品管理的主体责任，规范公司产品开发管理行为，提升保险产品供给质量，保护保险消费者合法权益，营造竞争有序、鼓励创新的市场环境，落实"保险业姓保"的总体要求。②整治范围。财产保险公司所有在用的备案产品，包括：农业保险、企业财产保险、家庭财产保险、工程保险、责任保险、信用保险、保证保险、船舶保险、货运险、特殊风险保险、意外伤害保险、短期健康保险以及其他保险备案产品。③整治依据。依据《保险法》、《财产保险公司保险条款和保险费率管理办法》（保监会令〔2010〕3号）、《财产保险公司保险产品开发指引》《财产保险公司产品费率厘定指引》等法律法规和监管规定。④整治重点。一是产品开发是否符合《保险法》及相关法律法规规定，是否存在违反保险原理、违背社会公序良俗、损害社会公共利益和保险消费者合法权益等情况。二是产品开发是否符合保险利益、损失补偿、诚信、射幸合同、风险定价等原则。三是产品开发是否综合考虑公司承保能力、危险单位划分、再保险支持等因素，是否存在危及公司偿付能力和财务稳健的情况。四是产品开发是否存在创新不规范、炒作概念和制造噱头、设计偏离保险本源、保障功能弱化等问题。五是产品名称是否清晰明了，客观全面反映保险责任的主要内容，是否使用了易引起歧义或低俗、不雅、具有炒作性质的词汇，是否存在曲解保险责任、误导消费者的情况。六是产品是否通俗易懂、明确清楚，保险条款要素是否齐全，表述是否严谨准确，是否存在保险责任规定过于宽泛的情况，是否存在保险责任与责任免除相冲突的情况。七是保险费率厘定是否满足合理性、公平性、充足性原则。八是是否根据市场情况、保险消费者反映和新闻媒体报道等，密切跟踪、及时评估保险条款合法合规性和适应性，是否对存在问题的保险条款及时修订，对不适宜继续销售的产品及时停止销售。九是是否根据历史经验数据、经营情况和准备金提取等实际情况，对保险费率进行合理性评估验证和调整。十是是否定期清理保险产品，对不再销售的保险产品是否及时注销。十一是产品开发是否存在违反《中国保监会关于进一步加强保险业风险防控工作的通知》(保监发〔2017〕35号)、《中国保监会关于强化保险监管打击违法违规行为整治市场乱象的通知》(保监发〔2017〕40号)、《中国保监会关于保险业支持实体经济发展的指导意见》(保监发〔2017〕42号)等系列文件精神的情况。

《办公厅关于涉嫌非法经营保险业务问题的复函》(保监厅函〔2012〕62号)指出：①从《保险法》第2条角度，保险包括投保人支付保险费，当被保险人死亡、伤残、疾病或达到合同约定的年龄、期限等条件时，保险人承担给付保险金责任的商业保险。原则上给付保险金条件并未仅限定为"死亡、伤残、疾病或达到合同约定的年龄、期限"。②实践中，符合商业保险特征，以保险费以外名义向社会公众收取费用，承诺履行的义务中含有保险金赔偿、给付责任或其他类似风险保障责任的活动，可考虑认定为非法经营商业保险业务行为。是否认定，应结合案件具体情况予以明确。

2019年，中国银保监会办公厅发布《关于保险资金参与信用风险缓释工具和信用保护工具业务的通知》要求：①信用风险缓释工具和信用保护工具，是用于管理信用风险的信用衍生产品。其中，信用风险缓释工具包括合约类产品和凭证类产品，信用保护工具包括信用保护合约和信用保护凭证。②保险资金参与信用风险缓释工具和信用保护工具业务仅限于对冲风险，保险集团(控股)公司、保险公司和保险资产管理公司(保险机构)不得作为信用风险承担方。③参与信用风险缓释工具和信用保护工具业务的保险机构应具备衍生品运用能力和信用风险管理能力，并符合保险资金参与金融衍生产品交易的监管规定。④保险机构应遵守信用风险缓释工具和信用保护工具的相关业务规则，信用风险缓释工具和信用保护工具的参考实体和标的债务应符合保险资金运用的相关监管规定。⑤保险机构应制定参与信用风险缓释工具和信用保护工具业务的管理制度和业务操作流程，防范信用风险、市场风险和操作风险。⑥保险机构应实时监测信用风险缓释工具和信用保护工具的交易情况，定期评估相关风险，并按《保险资金参与金融衍生产品交易暂行办法》要求，向中国银保监会报送月度、季度和年度报告，报告内容包括但不限于业务开展、风险对冲、稽核审计及合规等情况。⑦中国银保监会将加强对保险机构参与信用风险缓释工具和信用保护工具业务的监管，依法开展现场和非现场检查。保险机构违反规定参与相关业务，中国银保监会将依据有关规定对相关机构和人员进行行政处罚。

2019年，中国银保监会发布《关于保险资金投资银行资本补充债券有关事项的通知》要求：①保险资金可投资银行发行的二级资本债券和无固定期限资本债券。②政策性银行发行的二级资本债券和无固定期限资本债券，比照准政府债券的投资规定执行。③商业银行发行的二级资本债券和无固定期限资本债券纳入无担保非金融企业(公司)债券管理。④保险资金投资的商业银行二级资本债券和无固定期限资本债券，其发行人应符合4种条件：一是公司治理完善，经营稳健。二是最新经审计的总资产不低于10000亿元，净资产不低于500亿元。三是核心一级资本充足率不低于8%，一级资本充足率不低于9%，资本充足率不低于11%。四是国内信用评级机构评定的AAA

级或相当于 AAA 级的长期信用级别。⑤保险资金投资的商业银行二级资本债券应具有国内信用评级机构评定的 AAA 级或相当于 AAA 级的长期信用级别。⑥保险资金投资的商业银行无固定期限资本债券应具有国内信用评级机构评定的 AA+级或相当于 AA+级以上的长期信用级别。⑦保险机构应切实加强信用风险管理，审慎判断债券投资的效益与风险，自主决策，自担风险。

**第 3 条 【保险法的效力】**

在中华人民共和国境内从事保险活动，适用本法。

在中国境内从事保险活动，包括保险合同的签订、履行、变更、解除、保险权利义务的确定、保险公司和保险中介机构、依法设立的保险代理机构（根据保险公司的委托，向保险公司收取佣金，在保险公司授权的范围内专门代为办理保险业务的保险专业代理公司及其分支机构、保险兼业代理机构）、保险经纪机构（合伙企业、有限责任公司或股份有限公司型直接保险经纪机构、再保险经纪机构）、保险公估机构（保险公估公司、保险公估合伙企业）、保险公司分支机构（保险公司依法设立的分公司、中心支公司、支公司、营业部、营销服务部和专属机构）及其分支机构的设立、经营、规范、监管等，适用《保险法》。

在中国境内（不含港、澳、台）设立的保险人、保险联合体以及保险经纪人或其他保险机构办理再保险业务，应遵守再保险业务管理规定。中国港、澳、台地区的保险活动，不适用中国《保险法》。《保险法》施行后成立的保险合同发生的纠纷，适用《保险法》的规定。《保险法》施行前成立的保险合同发生的纠纷，除《保险法解释（一）》另有规定外，适用当时的法律规定；当时的法律未规定，参照适用《保险法》的有关规定。认定保险合同是否成立，适用合同订立时的法律。对《保险法》施行前成立的保险合同，适用当时的法律认定无效而适用《保险法》认定有效，适用《保险法》的规定。保险合同成立于《保险法》施行前而保险标的转让、保险事故、理赔、代位求偿等行为或事件，发生于《保险法》施行后，适用《保险法》的规定。保险合同成立于《保险法》施行前，《保险法》正式施行后，保险人以投保人未履行如实告知义务或申报被保险人年龄不真实为由，主张解除合同，适用《保险法》的规定。

《保险法》施行前成立的保险合同，自 1999 年 10 月 1 日起算的期间类型：①《保险法》施行前，保险人收到赔偿或给付保险金的请求，《保险法》施行后，适用《保险法》第 23 条规定的 30 日。②《保险法》施行前，保险人知道解除事由，《保险法》施行后，按《保险法》第 16 条、第 32 条的规定行使解除权，适用《保险法》第 16 条规定的 30 日。③《保险法》施行后，保险人按《保险法》第 16 条第 2 款的规定请求解除合同，适用《保险法》第 16 条规定的 2 年。④《保险法》施行前，保险人收到保险标的转让通知，《保险法》施行后，以保险标的转让导致危险程度显著增加为由请求按合同约定增加保险费或解除合同，适用《保险法》第 49 条规定的 30 日。《保险法》施行前已终审的案件，当事人申请再审或按审判监督程序提起再审的案件，不适用《保险法》的规定。

涉及地域、住所等相关法律规定有：公司以其主要办事机构所在地为住所（参见《公司法》第10条）。公民的住所地是公民的户籍所在地，公民的经常居住地是公民离开住所地至起诉时已连续居住1年以上的地方，但公民住院就医的地方除外。当事人的户籍迁出后尚未落户，有经常居住地的，由该地法院管辖；无经常居住地的，由其原户籍所在地法院管辖。双方当事人均为军人或军队单位的民事案件由军事法院管辖。

法人或其他组织的住所地是法人或其他组织的主要办事机构所在地。法人或其他组织的主要办事机构所在地不能确定，法人或其他组织的注册地或登记地为住所地（参见《民事诉讼法解释》第3~4条）。对法人或其他组织提起的民诉，由被告住所地法院地域管辖。因公司设立、确认股东资格、分配利润、解散等纠纷提起的诉讼，由公司住所地法院管辖（参见《民事诉讼法》第26条）。

从《民事诉讼法解释》角度，合同约定履行地点，以约定的履行地点为合同履行地。具体为：①合同对履行地点无约定或约定不明确，争议标的为给付货币，接收货币一方所在地为合同履行地；交付不动产，不动产所在地为合同履行地；其他标的，履行义务一方所在地为合同履行地。即时结清的合同，交易行为地为合同履行地。②合同未实际履行，当事人双方住所地都不是合同约定的履行地，由被告住所地法院管辖。③财产租赁合同、融资租赁合同以租赁物使用地为合同履行地。合同对履行地有约定，从其约定。④因财产保险合同纠纷提起的诉讼，若保险标的物是运输工具或运输中的货物，可由运输工具登记注册地、运输目的地、保险事故发生地法院管辖。因人身保险合同纠纷提起的诉讼，可由被保险人住所地法院管辖。⑤以信息网络方式订立的买卖合同，通过信息网络交付标的，以买受人住所地为合同履行地；通过其他方式交付标的，收货地为合同履行地。合同对履行地有约定，从其约定。⑥因股东名册记载、请求变更公司登记、股东知情权、公司决议、公司合并、公司分立、公司减资、公司增资等纠纷提起的诉讼，依《民事诉讼法》第26条（因公司设立、确认股东资格、分配利润、解散等纠纷提起的诉讼，由公司住所地法院管辖）确定管辖。

从《民事诉讼法》角度，合同或其他财产权益纠纷的当事人可以书面协议选择被告住所地、合同履行地、合同签订地、原告住所地、标的物所在地等与争议有实际联系的地点的法院管辖，但不得违反本法对级别管辖和专属管辖的规定。同一诉讼的几个被告住所地、经常居住地在两个以上法院辖区的，各该法院都有管辖权。具体规定如下：①因合同纠纷提起的诉讼，由被告住所地或合同履行地法院管辖。②因保险合同纠纷提起的诉讼，由被告住所地或保险标的物所在地法院管辖。③因票据纠纷提起的诉讼，由票据支付地或被告住所地法院管辖。④因公司设立、确认股东资格、分配利润、解散等纠纷提起的诉讼，由公司住所地法院管辖。⑤因铁路、公路、水上、航空运输和联合运输合同纠纷提起的诉讼，由运输始发地、目的地或被告住所地法院管辖。⑥因铁路、公路、水上和航空事故请求损害赔偿提起的诉讼，由事故发生地或车辆、船舶最先到达地、航空器最先降落地或被告住所地法院管辖。⑦因船舶碰撞或其他海事损害事故请求损害赔偿提起的诉讼，由碰撞发生地、碰撞船舶最先到达地、加害船舶被扣留地或被告住所地法院管辖。⑧因海难救助费用提起的诉讼,由救助地或被救助船舶最先到达地法院管辖。⑨因共同海损提起的诉讼,由船舶最先到达地、共同海损理算地或航程终止地的法院管辖。⑩因港口作业中发生纠纷提起的诉讼,由港口所在地法院管辖。⑪因侵权行为提起的诉讼,由侵权行为地(侵权行为实施地、侵权结果发生地)或被告住所地法院管辖。⑫因不动产纠纷(因不动产的权利确认、分割、相邻关系等引起的物权纠纷)提起的诉讼,由不动产所在地人民法院管辖。⑬因继承遗产纠纷提起的诉讼,由被继承人死亡时住所地或主要遗产所在地法院管辖。⑭对公民提起的民事诉讼,由被告住所地法院管辖;被告住所地与经常居住地不一致的,由经常居住地法院管辖。⑮对法人或其他组织提起的民事诉讼,由被告住所地法院管辖。⑯对不在中华人民共和国领域内居住的人提起的有关身份关系的诉讼;对下落不明或宣告失踪的人提起的有关身份关系的诉讼;对被采取强制性教育措施的人提起的诉讼;对被监禁的人提起的诉讼4种情形,由原告住所地法院管辖;原告住所地与经常居住地不一致,由原告经常居住地法院管辖。

从《民事诉讼法》角度,①因产品、服务质量不合格造成他人财产、人身损害提起的诉讼,产品制造地、产品销售地、服务提供地、侵权行为地和被告住所地法院都有管辖权。②当事人申请诉前保全后未在法定期间起诉或申请仲裁,给被申请人、利害关系人造成损失引起的诉讼,由采取保全措施的法院管辖。③当事人申请诉前保全后在法定期间内起诉或申请仲裁,被申请人、利害关系人因保全受到损失提起的诉讼,由受理起诉的法院或采取保全措施的法院管辖。④债权人申请支付令,适用《民事诉讼法》第21条规定,由债务人住所地基层法院管辖。⑤信息网络侵权行为实施地包括实施被诉侵权行为的计算机等信息设备所在地,侵权结果发生地包括被侵权人住所地。⑥因产品、服务质量不合格造成他人财产、人身损害提起的诉讼,产品制造地、产品销售地、服务提供地、侵权行为地和被告住所地法院都有管辖权。⑦农村土地承包经营合同纠纷、房屋租赁合同纠纷、建设工程施工合同纠纷、政策性房屋买卖合同纠纷,按不动产纠纷确定管辖。⑧不动产已登记,以不动产登记簿记载的所在地为不动产所在地;不动产未登记,以不动产实际所在地为不动产所在地。

保险人的代位求偿权是保险人依法享有,代位行使被保险人向造成保险标的损害负有赔偿责任的第三者请求赔偿的权利。保险人代位求偿权源于法律的直接规定,属于保险人的法定权利,并非基于保险合同而产生的约定权利。因第三者对保险标的的损害造成保险事故,保险人向被保险人赔偿保险金后,代位行使被保险人对第三者请求赔偿的权利而提起诉讼,应根据保险人所代位的被保险人与第三者之间的法律关系确定管辖法院。第三者侵害被保险人合法权益,因侵权行为提起的诉讼,依据《民事诉讼法》第28条(因侵权行为提起的诉讼,由侵权行为地或被告住所地法院管辖)的规定,由侵权行为地或被告住所地法院管辖,不适用财产保险合同纠纷管辖的规定,不应以保险标的物所在地作为管辖依据(参见《保险法》第60条)。

### 第 4 条 【保险合法原则】

从事保险活动必须遵守法律、行政法规，尊重社会公德，不得损害社会公共利益。

守法和公序良俗原则是保险人进行保险活动的底线要求，相关法律法规也做了类似规定。《民法典》第 8 条规定，民事主体从事民事活动，不得违反法律，不得违背公序良俗。《公司法》第 5 条规定，公司从事经营活动，必须遵守法律、行政法规，遵守社会公德、商业道德，诚实守信，接受政府和社会公众的监督，承担社会责任。

### 第 5 条 【保险诚信原则】

保险活动当事人行使权利、履行义务应当遵循诚实信用原则。

从《合同法》角度，当事人应按约定全面履行自己的义务。当事人应遵循诚实信用原则，根据合同的性质、目的和交易习惯履行通知、协助、保密等义务。合同生效后，当事人就质量、价款或报酬、履行地点等内容未约定或约定不明确，可协议补充；不能达成补充协议，按合同有关条款或交易习惯确定。

从《海商法》角度，最大诚信原则是国际货物运输保险合同的当事人应以诚信为基础订立、履行保险合同，主要体现在订立合同时的告知义务、履行合同时的保证义务上。具体为：①诚信原则具有告知义务性。一是在被保险人的告知义务上，采用无限告知主义、有限告知主义的结合原则。二是无限告知，要求合同订立前，被保险人应将其知道的或在通常业务中应知道的有关影响保险人据以确定保险费率或确定是否同意承保的重要情况，如实告知保险人。三是有限告知，要求保险人知道或在通常业务中应知道的情况，保险人未询问，被保险人无须告知。②被保险人故意未将重要情况如实告知保险人，保险人有权解除合同，并不退还保险费。合同解除前发生保险事故造成损失，保险人不负赔偿责任。③人身保险的被保险人因第三者的行为而发生死亡、伤残或疾病等保险事故，保险人向被保险人或受益人给付保险金后，不得享有向第三人追偿的权利，但被保险人或受益人仍有权向第三者请求赔偿。④以死亡为给付保险金条件的合同，未经被保险人书面同意并认可保险金额，合同无效，不含父母为其未成年子女投保的人身保险。⑤被保险人死亡后，无指定受益人，保险金作为被保险人遗产，由保险人向被保险人的继承人履行给付保险金的义务。⑥保险人对责任保险（以被保险人对第三者依法应负的赔偿责任为保险标的的保险）的被保险人给第三者造成的损害，可依法律规定或合同的约定，直接向该第三者赔偿保险金。⑦责任保险的被保险人因给第三者造成损害的保险事故而被提起仲裁或诉讼，除合同另有约定外，由被保险人支付的仲裁或诉讼费用及其他必要、合理的费用，由保险人承担。⑧保险事故发生时，被保险人有责任尽力采取必要的措施，防止或减少损失。保险事故发生后，被保险人为防止或减少保险标的的损失所支付的必要、合理的费用，由保险人承担。保险人承担的数额在保险标的损失赔偿金额外另行计算，最高不超过保险金额的数额。

保险事故发生后，保险公司作为专业理赔机构，基于专业经验及对保险合同的理解,其明知或应知保险事故属于赔偿范围,而在无法律和合同依据的情况下,故意隐瞒被保险人可获得保险赔偿的重要事实,对被保险人进行诱导,在此基础上双方达成销案协议,应认定被保险人作出了不真实的意思表示,保险公司的行为违背诚信原则构成保险合同欺诈,被保险人请求撤销该销案协议,法院应予支持。

从《中国保险监督管理委员会行政处罚程序规定》(保监会令〔2017〕第1号)角度,中国保监会及派出机构实施行政处罚,应遵循5种原则:①公正、公开。②保护当事人的合法权益。③处罚与教育相结合。④事实清楚,证据确凿,定性准确,适用依据正确,处罚适当。⑤程序合法。

《关于境外船东互保机构承保国内航行油轮油污损害责任保险问题的复函》(保监函〔2002〕13号)指出:①《保险法》第11条规定,除法律、行政法规规定必须保险的外,保险合同自愿订立。《海洋环境保护法》第66条规定,按照船舶油污损害赔偿责任由船东和货主共同承担风险的原则,建立船舶油污保险、油污损害赔偿基金制度。实施船舶油污保险、油污损害赔偿基金制度的具体办法由国务院规定。该规定提出建立船舶油污保险,但并未明确要建立船舶油污损害赔偿责任强制保险制度。因此,根据《保险法》要建立船舶油污损害赔偿责任强制保险制度,应由国务院制定相关行政法规。②《保险法》第6条规定,经营商业保险业务,须是依《保险法》设立的保险公司。其他单位和个人不得经营商业保险业务。同时,《保险法》第7条规定,在中华人民共和国境内的法人和其他组织需要办理境内保险的,应向中华人民共和国境内的保险公司投保。《海洋环境保护法》第66条规定建立船舶油污保险制度,而船舶油污保险属于商业保险业务。因此,从事国内沿海油品运输的船舶投保油污损害赔偿责任险,应向国内经营商业保险业务的保险公司投保。③境外船东互保机构未获许可,不得在中国境内经营船舶油污损害赔偿责任保险业务,否则即属非法从事商业保险业务活动。

## 第6条 【保险经营主体】

保险业务由依照本法设立的保险公司以及法律、行政法规规定的其他保险组织经营,其他单位和个人不得经营保险业务。

这里的保险公司主要指保险公司集团、相互保险公司、保险有限责任公司、保险股份有限公司、财产保险子公司、寿险子公司、保险资产管理子公司、保险代理子公司、保险经纪子公司等;其他保险组织主要指保险合作社、交互保险社、相互保险社、行业自保组织等。从2017年中国保监会《行政处罚程序规定》角度,当事人违反有关保险管理的法律、行政法规和中国保监会规定,中国保监会及派出机构应依法查处,并依法作出12种行政处罚:警告;罚款;没收违法所得;限制业务范围;责令停止接受新业务;责令停业整顿;吊销业务许可证;撤销外国保险机构驻华代表机构;撤销任职资格;责令撤换外国保险机构驻华代表机构的首席代表;禁止进入保险业;法律、行政法规规定的其他行政处罚。中国保监会及派出机构实施该行政处罚,应遵循中国保监会《行政处罚程序规定》的程序,中国保监会另有规定的除外;无法定依据或不遵守法定程序,行政处罚无效。

违反《保险法》规定，擅自设立保险公司或非法从事商业保险业务活动，由保险监督管理机构予以取缔；构成犯罪的，依法追究刑事责任；尚不构成犯罪的，由保险监督管理机构没收违法所得，并处违法所得1倍以上5倍以下罚款，无违法所得或违法所得不足20万元，处以20万元以上100万元以下罚款。违反《保险法》规定，未取得经营保险代理业务许可证或经纪业务许可证，非法从事保险代理业务或经纪业务活动，由保险监督管理机构予以取缔；构成犯罪的，依法追究刑事责任；尚不构成犯罪的，由保险监督管理机构没收违法所得，并处以违法所得1倍以上5倍以下罚款，无违法所得或违法所得不足10万元，处以10万元以上50万元以下罚款。

1998年7月13日，国务院发布《非法金融机构和非法金融业务活动取缔办法》（以下简称《取缔办法》）规定对非法商业保险机构和非法商业保险业务活动参照《取缔办法》予以取缔。《关于取缔非法商业保险机构和非法商业保险业务活动有关问题的通知》（保监发〔2008〕63号）规定：①非法商业保险机构的认定。非法商业保险机构是指未经保险监督管理机构批准，擅自设立从事或变相从事商业保险业务活动的下列机构：任何单位或个人擅自设立的以保险公司或保险公司分支机构为名的非法机构。任何单位或个人擅自设立的，不以保险机构为名，但实质从事或变相从事商业保险业务活动的机构。保险监督管理机构认定的其他非法商业保险机构。非法筹备的商业保险机构组织，视为非法商业保险机构。②非法从事商业保险业务活动的认定。非法从事商业保险业务活动，是指未经保险监督管理机构批准，任何单位或者个人擅自从事下列活动：向社会公众收取保险费，并承诺按合同约定承担保险金赔偿或给付责任的保险业务活动。以保险费以外的名义向社会公众收取费用，但承诺履行的义务中含有保险金赔偿、给付责任或其他类似风险保障责任的活动。保险监督管理机构认定的其他非法商业保险业务活动。③对非法商业保险中介机构和非法商业保险中介业务活动，参照本通知对非法商业保险机构和非法商业保险业务的规定予以取缔。④非法商业保险中介机构的认定。非法商业保险中介机构是指未经保险监督管理机构批准，从事或变相从事保险中介业务的机构。非法筹备的保险中介机构组织，视为非法保险中介机构。⑤非法商业保险中介业务活动的认定。非法商业保险中介业务活动，是指未经保险监督管理机构批准，擅自从事的下列活动：直接或间接向保险公司收取手续费、佣金或其他类似费用，为保险公司销售保险产品或代为办理其他保险业务。以促成保险合同订立为目的，为投保人与保险公司订立保险合同提供中介服务，并收取费用。但不以促成保险合同订立为目的，在其他职业活动中提供与本职业有关的保险合同免费咨询除外。以保险公估机构为名，从事保险标的的评估、勘验、鉴定、估损、理算等业务；或不以保险公估机构为名，但专门从事保险标的的评估、勘验、鉴定、估损、理算等业务。为境外保险机构或其他机构销售或促成销售保险产品，包括：安排或组织境外保险机构在境内开产品说明会或推介会，安排或组织境外保险机构人员到境内推销保险单，安排或组织境内居民在境内或到境外办理投保手续等。保险监督管理机构认定的其他非法保险中介业务活动。

企业年保费是指企业在一个会计年度内所支付的财产损失保险、责任保险、信用保险、短期健康保险和意外伤害保险等保险业务保费的总和。对出口信用保险合同的法律适用问题，《保险法》未作出明确规定。鉴于出口信用保险的特殊性，法院审理出口信用保险合同纠纷案件，可参照适用《保险法》的相关规定；出口信用保险合同另有约定的，从其约定。

《关于〈保险法〉有关条文理解的复函》（保监办函〔2002〕112号）指出：①《保险法》是由全国人大常委会制定的基本法律，对其有关条文的有效解释应当由全国人大常委会作立法解释，或由最高人民法院进行司法解释。中国保监会作为保险业的监管机关，没有解释《保险法》的职权，因此，其解释只能视为一种理论上或逻辑上的解释，只有参考意义。②从《保险法》第7条的文义看，要求应向境内的保险公司投保的情况包含2个条件：投保人或被保险人是境内的法人或组织；办理境内保险，主要指保险标的在境内的保险。

《关于落实〈健康保险管理办法〉有关问题的批复》（保监寿险〔2006〕1363号）要求：对已承保、附加在长期保险上的短期附加健康险产品，续保业务不视为新的销售行为，可继续使用原条款续保。保险责任仅包含意外事故造成医疗费用补偿的保险产品，包括定额给付型产品，暂不适用《健康保险管理办法》及《关于〈健康保险管理办法〉实施中有关问题的通知》，适用于中国保监会有关意外保险产品的监管规定。

### 第7条 【保险境内投保】

在中华人民共和国境内的法人和其他组织需要办理境内保险的，应当向中华人民共和国境内的保险公司投保。

这里的保险公司包括中国保险公司、经中国批准的中国境内的中外合资保险公司、外国保险分公司等。

从《公司法》角度，外国公司的分支机构的权利义务包括：①外商投资的有限责任公司和股份有限公司适用《公司法》；有关外商投资的法律另有规定，适用其规定。②外国公司（依外国法律在中国境外设立的公司）在中国境内设立分支机构，须向中国主管机关提出申请，并提交其公司章程、所属国的公司登记证书等有关文件，经批准后，向公司登记机关依法办理登记，领取营业执照。外国公司分支机构的审批办法由国务院另行规定。外国公司在中国境内设立分支机构，须在中国境内指定负责该分支机构的代表人或代理人，并向该分支机构拨付与其所从事的经营活动相适应的资金。对外国公司分支机构的经营资金需要规定最低限额的，由国务院另行规定。外国公司的分支机构应当在其名称中标明该外国公司的国籍及责任形式。外国公司的分支机构应当在本机构中置备该外国公司章程。③外国公司在中国境内设立的分支机构不具有中国法人资格。外国公司对其分支机构在中国境内进行经营活动承担民事责任。经批准设立的外国公司分支机构，在中国境内从事业务活动，必须遵守中国的法律，不得损害中国的社会公共利益，其合法权益受中国法律保护。外国公司撤销其在中国境内的分支机构时，必须依法清偿债务，依本法有关公司清算程序的规定进行清算。未清偿债务之前，不得将其分支机构的财产移至中国境外。

### 第 8 条 【保险分业经营】

保险业和银行业、证券业、信托业实行分业经营、分业管理，保险公司与银行、证券、信托业务机构分别设立。国家另有规定的除外。

从《保险法》《证券法》角度，证券业和银行业、信托业、保险业实行分业经营、分业管理，证券公司与银行、信托、保险业务机构分别设立，国家另有规定的除外。

《关于对浙江省保险市场多头执法有关问题的复函》（保监办函〔2003〕129号）指出：①国务院授权中国保监会对保险业进行统一监管。统一监管包括保险主体、保险市场、保险经营等各个方面，不正当竞争行为无疑是经营监管的一个重要方面，由工商部门处罚不正当竞争行为，则完全失去了国务院要求对保险业统一监管的意义。②目前相关法律法规的授权明确。《保险法》第 8 条规定了保险公司不得从事不正当竞争行为的一般要求，第 9 条概括确认了中国保监会对行业的监管主体地位，第 106 条第 4 项列举了商业贿赂等不正当竞争行为。③保险业的特殊性和专业性决定了由专门监管机构对其不正当竞争行为进行查处，更能体现执法行为的科学性、公正性。

《关于明确保险机构不正当竞争行为执法主体的复函》（保监函〔2003〕744号）指出：保险业作为一个经营风险的特殊行业，承担着重要的社会管理职能。为防范和化解行业风险，国务院专门成立中国保监会作为保险业的主管机关，加强对保险业的统一监管。在中国保监会"三定"方案中，明确规定中国保监会承担"依法对保险企业的经营活动进行监督管理和业务指导，维护保险市场秩序，依法查处保险企业违法违规行为"的任务。《反不正当竞争法》第 3 条（现行《反不正当竞争法》第 4 条）规定"县级以上人民政府履行工商行政管理职责的部门对不正当竞争行为进行查处的"，但"法律、行政法规规定由其他部门查处的，依照其规定"。因此，特殊行业的不正当竞争行为应依据法律、行政法规，由专门部门监督检查。《保险法》第 8 条（现行《保险法》第 115 条）规定"保险公司开展业务，应当遵循公平竞争的原则，不得从事不正当竞争"，第 9 条同时规定了"国务院保险监督管理机构依法对保险业实施监督管理"，从法律上进一步明确了中国保监会对保险业不正当竞争行为的监管职责。因此，对当地保险机构的不正当竞争行为应由保监会进行统一的监督检查，必要时可请当地工商部门配合工作。

### 第 9 条 【保险监督管理机构】

国务院保险监督管理机构依法对保险业实施监督管理。

国务院保险监督管理机构根据履行职责的需要设立派出机构，派出机构按照国务院保险监督管理机构的授权履行监督管理职责。

从保险经纪人监管规定、保险专业代理管理规定、保险公估机构管理规定角度，中国保监会及其派出机构按法定的职责和程序实施行政许可。具体为：①保险经纪人高管人员应在任职前取得中国保监会派出机构核准的任职资格。②中国保监会及其派出机构收到经营保险经纪业务申请后,应采取谈话、函询、现场验收等方式了解、审查申请人股东的经营记录以及申请人的市场发展战略、业务发展计划、内控制度建设、人员结构、信息系统配置及运行等有关事项,并进行风险测试和提示。③中国保监会及其派出机构依法作出批准保险经纪公司经营保险经纪业务的决定,应向申请人颁发许可证。申请人取得许可证后,方可开展保险经纪业务,并应及时在中国保监会规定的监管信息系统中登记相关信息。④中国保监会及其派出机构决定不予批准,应作出书面决定并说明理由。申请人应自收到中国保监会及其派出机构书面决定之日起15日内书面报告工商注册登记所在地的工商行政管理部门。公司继续存续,不得从事保险经纪业务,并应依法办理名称、营业范围和公司章程等事项的工商变更登记,确保其名称中无"保险经纪"字样。⑤保险经纪人向中国保监会派出机构提出高管人员任职资格核准申请,应如实填写申请表、提交相关材料。中国保监会派出机构可对保险经纪人拟任高管人员进行考察或谈话。⑥保险经纪公司分支机构应在营业执照记载的登记之日起15日内,书面报告中国保监会派出机构,在中国保监会规定的监管信息系统中登记相关信息,按规定进行公开披露,并提交主要负责人的任职资格核准申请材料或报告材料。保险经纪公司应自投保职业责任保险或缴存保证金之日起10日内,将职业责任保险保单复印件或保证金存款协议复印件、保证金入账原始凭证复印件报送中国保监会派出机构,并在中国保监会规定的监管信息系统中登记相关信息。保险经纪公司应自动用保证金之日起5日内书面报告中国保监会派出机构。保险经纪公司应在每一会计年度结束后聘请会计师事务所对本公司的资产、负债、利润等财务状况进行审计,并在每一会计年度结束后4个月内向中国保监会派出机构报送相关审计报告。保险经纪公司应根据规定向中国保监会派出机构提交专项外部审计报告。保险经纪公司经营保险经纪业务许可证的有效期为3年。保险经纪公司应在许可证有效期届满30日前,按规定向中国保监会派出机构申请延续许可。⑦中国保监会派出机构按属地原则负责辖区内保险经纪人的监管。中国保监会派出机构应注重对辖区内保险经纪人的行为监管,依法进行现场检查和非现场监管,并实施行政处罚和其他监管措施。⑧保险公估机构采用公司形式,全国性机构向中国保监会进行业务备案,区域性机构向工商注册登记地中国保监会派出机构进行业务备案。合伙形式的保险公估机构向中国保监会进行业务备案。

《关于成立中国保监会重大决策专家咨询委员会的通知》(保监发〔2016〕89号)指出,①专家咨询委员会的主要职责:一是参与中国保监会重大决策制定过程,对拟出台的重大决策进行科学论证和风险评估,提出意见和建议。二是就保险业改革发展、保险监管和保险消费者关心的热点、难点问题进行调查研究,为行业发展建言献策。三是对中国保监会发布的重大政策进行专家解读,对社会关注、影响较大的保险业热点话题进行评论,以利于社会公众正确理解相关政策。四是中国保监会委托的其他事项。②委员构成:专家咨询委员会由中国保监会聘请的国内外知名经济、金融、保险等领域专家组成,每届10人左右,实行聘任制,聘期3年,可根据情况续聘连任。

专家咨询委员会委员研究范围为宏观经济、金融、保险、法律、财会、农业、医学、气象学等领域。一般通过中国保监会各部门和保险社团组织推荐、社会公开招募等方式遴选。③工作程序：会议活动方面，一是年度会议。每年召开1次全体会议，会议议题根据保险监管工作需要拟定。会议有关资料将于会议召开10日前送达全部委员。委员应按时参加年度会议，并就会议议题提出调研报告或咨询建议书。二是专题会议。中国保监会重大决策出台前，可召开专家咨询委员会委员专题会议。会议有关资料将于会议召开5日前送达相关委员。会后将向各位委员反馈意见采纳情况，并形成会议纪要存档。政策咨询方面，一是战略咨询。以中国保监会名义，向专家咨询委员会委员征求意见建议，一般采用座谈会或书面咨询的形式。咨询内容主要涉及保险业重大改革发展政策、重要法规制度和监管政策等。二是专项咨询。中国保监会各部门在拟定重要规章制度过程中，如需向专家咨询委员会咨询，可会商办公厅确定咨询名单，并提交相关参考文件和资料，通过座谈会、书面咨询等方式向委员进行咨询。三是主动建言。专家咨询委员会委员可根据自身研究、调查中发现的问题，对保险业发展和监管工作提出意见或建议。意见建议以书面形式提交。政策解读方面，一是专家咨询委员会委员对保险业大政方针和监管举措进行专业科学解读。二是根据中国保监会工作需要，专家咨询委员会委员接受媒体采访或撰写评论文章。④委员的权利和义务：委员权利方面，一是对中国保监会的监管政策提出意见或建议。二是参加年度会议和相关决策咨询活动。三是根据有关规定获得中国保监会提供的相关资料和信息。四是参加中国保监会组织的会议、调研等活动期间，由中国保监会提供工作便利并承担食宿、交通等费用。五是根据有关规定获得相关咨询费用。委员义务方面，一是按要求应参加相关会议、活动，因故不能出席的，应事先请假并说明理由。二是不定期接受中国保监会的咨询，并提供咨询意见。三是对中国保监会发布的重大决策进行专家解读。四是严格遵守保密制度，对会议材料和信息负有保密义务。⑤委员管理：组织机构方面，中国保监会是专家咨询委员会的主管单位。专家咨询委员会的常设机构为秘书处，设在中国保监会办公厅，负责专家咨询委员会的日常事务。委员增补方面，秘书处可根据工作需要，提出临时增补委员的工作建议，报经中国保监会批准执行。专家咨询委员会委员因身体或其他原因无法履行职责的，应向秘书处提出书面申请，并经中国保监会批准退出。委员退出专家咨询委员会后，中国保监会可重新遴选其他专家聘为委员。资格管理方面，中国保监会可解聘委员的3种情形：违反国家法律、法规及专家咨询委员会相关管理规定；利用委员身份为本人或他人谋求不正当利益；无故多次不参加专家咨询委员会工作或因其他原因不能履行委员职责。

《关于授权派出机构实施部分行政许可事项的通知》（银保监办发〔2019〕69号）明确，①授权派出机构实施的行政许可事项：保险公司在银保监局辖内变更营业场所审批。保险公司省级分公司开业审批。保险公司除董事长、总经理（含主持工作的副总经理）外的其他董事、监事和高管人员任职资格核准。上述保险公司不包括政策性保险公司、再保险公司、相互保险组织、自保公司、互联网保险公司、健康保公司、养老保险公司及其他中国银保监会认定的保险公司。②授权派出机构实施的行政许可事项，由保险公司或拟设省级分公司所在地银保监局受理、审查和决定。③中国银保监会相关部门应加强对派出机构市场准入工作的指导和监督。各银保监局应严格依法依规做好相关行政许可事项审批工作。

《关于自保公司监管有关问题的通知》（保监发〔2013〕95号）要求：①自保公司（经中国保监会批准，由一家母公司单独出资或母公司与其控股子公司共同出资，且只为母公司及其控股子公司提供财产保险、保险期间在1年及1年以下且不含有保证续保条款的短期健康保险和短期意外伤害保险的保险公司）的设立条件：自保公司可采取股份有限公司或有限责任公司2种组织形式，公司名称中须含有"自保"字样，并明确财产保险性质。设立自保公司，除法律法规规定的保险公司相关条件外，还应具备注册资本应与公司承担的风险相匹配；投资人应为主营业务突出、盈利状况良好的大型工商企业，且资产总额不低于人民币1000亿元；投资人所处行业应具有风险集中度高、地域分布广、风险转移难等特征，且具有稳定的保险保障需求和较强的风险管控能力。短期个人健康保险产品可进行费率浮动（保险公司销售产品时，在基准费率基础上，在费率浮动范围内，合理确定具体保险费率）。保险公司将费率可浮动的短期个人健康保险产品报送审批或备案，提交的申请材料中应包含基准费率、费率浮动的办法和范围，并由精算责任人遵循审慎原则签字确认。②自保公司的筹建、开业。设立自保公司分为筹建、开业2个阶段。自保公司申请筹建，除相关法律法规要求提交的申报材料外，还应提供母公司及其控股子公司的风险特征、保险需求、已投保业务规模，设立自保公司的目的、运作模式、管理架构、外包服务等有关情况的说明，母公司及其控股子公司已在保险行业投资，还应说明现有保险子公司与拟设立自保公司的业务划分和功能定位。自保公司开业参照一般商业保险公司执行。③自保公司的保险经营。自保公司经营范围为母公司及其控股子公司的财产保险和员工的短期健康保险、短期意外伤害保险业务。自保公司可在母公司及其控股子公司所在地开展保险及再保险分出业务；不设立分支机构的，应上报异地承保理赔等方案。自保公司再保险分入业务的标的所有人限于母公司及其控股子公司。母公司应恪守对其设立的自保公司做出的承担风险责任的承诺，不得擅自变更或解除。④自保公司的监管。自保公司应当按照现代企业制度独立运营，在人员、资金、财务管理等方面与母公司建立防火墙。除按照中国保监会的有关规定提取责任准备金外，自保公司可按国家有关规定，提取防灾防损专门准备金。自保公司应按中国保监会的有关规定申报与母公司及其控股子公司之间在资金方面的关联交易情况。自保公司业务统计应符合中国保监会统计口径。自保公司不缴纳保险保障基金，不纳入保险保障基金管理体系。对偿付能力不足的自保公司，中国保监会依法责令其增加资本金时，母公司应采取有效措施，促使自保公司资本金达到保险监管的要求。《关于自保公司监管有关问题的通知》未规定的，参照《保险法》、《保险公司管理规定》（保监会令〔2015〕3号）等法律、法规和规章执行。

# 第2章 保险合同

## 第1节 一般规定

### 第10条 【保险合同的概念、投保人、保险人】

保险合同是投保人与保险人约定保险权利义务关系的协议。

投保人是指与保险人订立保险合同，并按照合同约定负有支付保险费义务的人。

保险人是指与投保人订立保险合同，并按照合同约定承担赔偿或者给付保险金责任的保险公司。

从《合同法》角度，合同是作为平等主体的自然人、法人、其他组织之间设立、变更、终止民事权利义务关系的协议。婚姻、收养、监护等身份关系的协议，适用其他法律的规定。合同当事人的法律地位平等，一方不得将自己的意志强加给另一方。当事人依法享有自愿订立合同的权利，任何单位和个人不得非法干预。当事人应遵循公平原则确定各方的权利和义务。当事人行使权利、履行义务应遵循诚实信用原则。当事人订立、履行合同，应遵守法律、行政法规，尊重社会公德，不得扰乱社会经济秩序，损害社会公共利益。依法成立的合同，对当事人具有法律约束力。当事人应按约定履行自己的义务，不得擅自变更或解除合同。依法成立的合同，受法律保护（参见《合同法》第2～7条）。

从《海商法》角度，海上保险合同是保险人按约定，对被保险人遭受保险事故（保险人与被保险人约定的任何海上事故，包括与海上航行有关的发生于内河或陆上的事故）造成保险标的的损失和产生的损害进行赔偿，而由被保险人支付保险费的合同。保险合同的主要内容有：保险人名称；被保险人名称；保险标的（船舶；货物；船舶营运收入，包括运费、租金、旅客票款；货物预期利润；船员工资和其他报酬；对第三人的责任；因发生保险事故可能受到损失的其他财产和产生的责任、费用）；保险价值；保险金额；保险责任和除外责任；保险期间；保险费。

被保险人在一定期间分批装运或接收货物，可与保险人订立预约保险合同。预约保险合同应由保险人签发预约保险单证加以确认。应被保险人要求，保险人应对依据预约保险合同分批装运的货物分别签发保险单证。保险人分别签发的保险单证的内容与预约保险单证的内容不一致，以分别签发的保险单证为准。被保险人知道经预约保险合同保险的货物已装运或到达的情况（装运货物的船名、航线、货物价值和保险金额）时，应立即通知保险人（参见《海商法》第216条、第231~233条）。

从《合同法》《企业会计准则第25号——原保险合同》角度，保险合同属于最大诚信合同、射幸合同、双务合同、附和合同、不要式合同、保险利益合同，分为原保险合同（保险人向投保人收取保费，对约定的可能发生的事故因其发生所造成的财产损失承担赔偿保险金责任，或被保险人死亡、伤残、疾病或达到约定的年龄、期限时承担给付保险金责任的保险合同）、再保险合同。

原保险合同的确定：①保险人与投保人签订的合同是否属于原保险合同，应在单项合同的基础上，根据合同条款判断保险人是否承担了保险风险。发生保险事故可能导致保险人承担赔付保险金责任，应确定保险人承担了保险风险。保险事故，是指保险合同约定的保险责任范围内的事故。②保险人与投保人签订的合同，使保险人既承担保险风险又承担其他风险，应按2种情况分别进行处理：一是保险风险部分和其他风险部分能区分，并能单独计量，可将保险风险部分和其他风险部分进行分拆。保险风险部分，确定为原保险合同；其他风险部分，不确定为原保险合同。二是保险风险部分和其他风险部分不能区分，或虽能区分但不能单独计量，应将整个合同确定为原保险合同。③保险人应根据在原保险合同延长期内是否承担赔付保险金责任，将原保险合同分为寿险原保险合同和非寿险原保险合同。在原保险合同延长期（投保人自上一期保费到期日未交纳保费，保险人仍承担赔付保险金责任的期间）内承担赔付保险金责任，应确定为寿险原保险合同；在原保险合同延长期内不承担赔付保险金责任，应确定为非寿险原保险合同。

原保险合同收入：①保费收入同时满足原保险合同成立并承担相应保险责任、与原保险合同相关的经济利益很可能流入、与原保险合同相关的收入能可靠地计量3种条件，才能予以确认。②保险人对非寿险原保险合同，应根据原保险合同约定的保费总额确定；对寿险原保险合同，分期收取保费，应根据当期应收取的保费确定；一次性收取保费，应根据一次性应收取的保费确定。③原保险合同提前解除，保险人应按原保险合同约定计算确定应退还投保人的金额，作为退保费，计入当期损益。

原保险合同准备金：①原保险合同准备金包括未到期责任准备金（保险人为尚未终止的非寿险保险责任提取的准备金）、未决赔款准备金（保险人为非寿险保险事故已发生尚未结案的赔案提取的准备金）、寿险责任准备金（保险人为尚未终止的人寿保险责任提取的准备金）、长期健康险责任准备金（保险人为尚未终止的长期健康保险责任提取的准备金）。②保险人应在确认非寿险保费收入的当期，按保险精算确定的金额，提取未到期责任准备金，作为当期保费收入的调整，并确认未到期责任准备金负债。保险人应在资产负债表日，按保险精算重新计算确定的未到期责任准备金金额与已提取的未到期责任准备金余额的差额，调整未到期责任准备金余额。③保险人应在非寿险保险事故发生的当期，按保险精算确定的金额，提取未决赔款准备金包括已发生已报案未决赔款准备金（保险人为非寿险保险事故已发生并已向保险人提出索赔，尚未结案的赔案提取的准备金）、已发生未报案未决赔款准备金（保险人为非寿险保险事故已发生，尚未向保险人提出索赔的赔案提取的准备金）、理赔费用准备金（保险人为非寿险保险事故已发生尚未结案的赔案可能发生的律师费、诉讼费、损失检验费、相关理赔人员薪酬等费用提取的准备金），并确认未决赔款准备金负债。④保险人应在确认寿险保费收入的当期，按保险精算确定的金额，提取寿险责任准备金、长期健康险责任准备金，并确认寿险责任准备金、长期健康险责任准备金负债。⑤保险人至少应于每年年度终了，对未决赔款准备金、寿险责任准备金、长期健康险责任准备金进行充足性测试。保险人按保险精算重新计算确定的相关准备金金额超过充足性测试日已提取的相关准备金余额，应按其差额补提相关准备金；保险人按保险精算重新计算确定的相关准备金金额小于充足性测试日已提取的相关准备金余额，不调整相关准备金。⑥原保险合同提前解除，保险人应转销相关未到期责任准备金、寿险责任准备金、长期健康险责任准备金余额，计入当期损益。

《关于投保单内容的认定等有关问题的复函》（保监办函〔2003〕85号）指出：①《保险法》第10条、第13条规定，保险合同是投保人与保险人约定权利义务关系的协议，保险人向投保人签发的保险单或其他保险凭证中应载明当事人双方约定的合同内容。投保单、保险单以及保险人签发的其他保险凭证均对投保人与保险人的权利义务关系作出了约定，都属于保险合同的组成部分；同时，也是被保险人或受益人要求保险赔偿以及保险人进行保险理赔的凭证和依据。②投保单是投保人提出保险要求的书面证明，若保险人对投保单中"特别约定栏"内容不予承保，应当以合理的方式告知投保人，并作出明确说明。保险人是否履行了说明、告知义务，由法院或仲裁机关加以认定。③投保单、保险单以及保险人签发的其他保险凭证都是保险合同的组成部分，对合同双方当事人权利义务的约定应一致。若不一致且有争议，根据《保险法》第31条（现行《保险法》第30条），法院或仲裁机关应当作有利于被保险人和受益人的解释。

原保险合同成本：①原保险合同成本（原保险合同发生，会导致所有者权益减少与向所有者分配利润无关的经济利益的总流出）主要包括发生的手续费或佣金支出、赔付成本（包括保险人支付的赔款、给付，以及在理赔过程中发生的律师费、诉讼费、损失检验费、相关理赔人员薪酬等理赔费用），以及提取的未决赔款准备金、寿险责任准备金、长期健康险责任准备金等。②保险人在取得原保险合同过程中发生的手续费、佣金，应在发生时计入当期损益。③保险人按保险精算确定提取的未决赔款准备金、寿险责任准备金、长期健康险责任准备金，计入当期损益。保险人应在确定支付赔付款项金额的当期，按确定支付的赔付款项金额，计入当期损益；同时，冲减相应的未决赔款准备金、寿险责任准备金、长期健康险责任准备金余额。保险人应在实际发生理赔费用的当期，按实际发生的理赔费用金额，计入当期损益；同时，冲减相应的未决赔款准备金、寿险责任准备金、长期健康险责任准备金余额。④保险人按充足性测试补提的未决赔款准备金、寿险责任准备金、长期健康险责任准备金，计入当期损益。

⑤保险人承担赔偿保险金责任取得的损余物资,应按同类或类似资产的市场价格计算确定的金额确认为资产,并冲减当期赔付成本。处置损余物资时,保险人应按收到的金额与相关损余物资账面价值的差额,调整当期赔付成本。⑥保险人承担赔付保险金责任应收取的代位追偿款,同时满足与该代位追偿款有关的经济利益很可能流入;该代位追偿款的金额在2种条件下能可靠地计量,应确认为应收代位追偿款,并冲减当期赔付成本。收到应收代位追偿款时,保险人应按收到的金额与相关应收代位追偿款账面价值的差额,调整当期赔付成本。

原保险合同列报:①保险人应在资产负债表中单独列示与原保险合同有关的未到期责任准备金;未决赔款准备金;寿险责任准备金;长期健康险责任准备金。②保险人应在利润表中单独列示与原保险合同有关的保费收入;退保费;提取未到期责任准备金;已赚保费;手续费支出;赔付成本;提取未决赔款准备金;提取寿险责任准备金;提取长期健康险责任准备金。③保险人应在附注中披露与原保险合同有关的代位追偿款的有关情况;损余物资的有关情况;各项准备金的增减变动情况;提取各项准备金及进行准备金充足性测试的主要精算假设和方法。

《关于规范人身保险公司产品开发设计行为的通知》(保监人身险〔2017〕134号)要求:

①保险公司开发设计保险产品时应遵循并坚持3种原则:一是以消费者的需求为中心,发展有利于保障和改进民生的人身保险产品。二是以中国国情和行业发展为实际考量,发展符合自身规律,符合国家发展战略导向的人身保险产品。三是以保险基本原理为根本,借鉴国际经验,发展保障功能突出,符合损失分担、风险同质和大数法则的人身保险产品。②支持并鼓励保险公司大力发展4种人身保险产品:一是保险公司开发的定期寿险产品、终身寿险产品,应重点服务于消费者身故风险的保障规划,并不断提高此类产品的风险保障水平。支持并鼓励保险公司在定期寿险产品、终身寿险产品费率厘定时,区分被保险人健康状况、吸烟状况等情况进行差异化定价,提高产品的科学定价水平。二是保险公司开发的长期年金保险产品,应重点服务于消费者长期生存金、长期养老金的积累,并为消费者提供长期持续的生存金、养老金领取服务。三是保险公司开发的健康保险产品,应重点服务于消费者看病就医等健康保障规划,并不断提高保障的覆盖面和保障的针对性。四是保险公司为特定人群开发的专属保险保障产品,应重点服务于支持国家实体经济发展、国家脱贫攻坚战略等国家发展重大领域。③保险公司开发设计的保险产品应符合7种要求:一是两全保险产品、年金保险产品,首次生存保险金给付应在保单生效满5年后,且每年给付或部分领取比例不得超过已交保险费的20%。二是万能型保险产品、投资连结型保险产品设计应提供不定期、不定额追加保险费,灵活调整保险金额等功能。保险公司不得以附加险形式设计万能型保险产品或投资连结型保险产品。三是护理保险产品在保险期间届满前给付的生存保险金,应以被保险人因保险合同约定的日常生活能力障碍引发护理需求为给付条件。四是失能收入损失保险产品在保险期间届满前给付的生存保险金,应以

被保险人因合同约定的疾病或意外伤害导致工作能力丧失为给付条件。五是团体医疗保险产品中，保险公司收取的医疗保费应全部用于医疗保险责任的保险金给付，且产品定价利率应符合相关监管规定要求。短期团体健康保险产品可对产品参数（保险产品条款中可根据投保团体的具体情况进行合理调整的保险金额、起付金额、给付比例、除外责任、责任等待期等事项）进行调整。保险公司将产品参数可调的短期团体健康保险产品报送审批或备案，提交的申请材料中应包含产品参数调整办法，并由精算责任人遵循审慎原则签字确认。保险公司销售产品参数可调的短期团体健康保险产品，应根据产品参数调整办法计算相应的保险费率，且产品参数的调整不得改变费率计算方法以及费率计算需要的基础数据。保险公司销售产品参数可调的短期团体健康保险产品，如需改变费率计算方法或费率计算的基础数据，应将该产品重新报送审批或备案。六是保险产品名称应清晰明了，突出保险产品责任特点。保险产品定名、产品说明书以及相关产品宣传材料中不得包含"理财""投资计划"等表述。七是保险公司对产品进行组合销售，应在产品销售和产品宣传材料中明确告知消费者为保险产品组合或保险产品计划。④保险公司违反监管规定开发设计人身保险产品，或通过产品设计刻意规避监管规定，中国保监会将依法进行行政处罚，采取一定期限内禁止申报新的产品、责令公司停止接受部分或全部新业务等监管措施，并严肃追究公司总经理、总精算师等责任人责任。

《关于组织开展人身保险产品专项核查工作的通知》（银保监办发〔2018〕19号）明确要求：①工作目标。以全面规范人身保险产品开发设计行为，不断优化人身保险负债结构，提高行业产品供给质量，切实防控负债风险为总体目标，通过全面梳理核查各人身保险公司在售存量产品，摸清底数，集中清理整顿一批历史遗留问题产品，严厉打击严重违法违规行为。以夯实人身保险公司产品管理主体责任，强化合规经营意识为根本，加快转变行业发展方式，不断满足消费者多样化保险产品需求，努力形成长、中、短期限结构合理，风险保障功能、长期储蓄功能协同高质量发展的人身保险负债结构新局面。②工作原则。一是依法合规、明确标准。严格依《保险法》等法律法规和监管规定要求，对照行业产品开发设计负面清单，切实查摆行业在售存量产品问题。二是全面彻底、不留死角。对行业所有在售存量产品的合法合规情况进行全面核查清理，并将各公司已备案但不使用的"储备"产品和已停售但计划重新销售的产品列入核查清理范围，确保核查清理无遗漏。三是务实高效、标本兼治。各公司要将本次产品专项核查清理工作作为全面校准产品经营理念、全面落实各项监管要求、全面提升产品供给质量的重要契机，实事求是、注重实效，对发现的产品问题立查立改，既要整改查找出来的产品设计问题，也要深入查改产品经营理念、制度机制等方面的问题不足。③工作重点。一是严查违规开发产品、挑战监管底线的行为。重点核查清理各公司产品开发设计违反法律法规和监管制度，在产品定名、设计分类、保额设定、万能账户实际结算利率确定、分红险利益演示、投资连结保险单位价格确定等方面不符合监管要求，通过变相提供生存金快速返还、减少基本保额等方式规避监管规定等。

二是严查偏离保险本源、产品设计异化的行为。重点核查清理各公司产品开发设计违背保险基本原理，异化产品设计形态，通过责任设定、精算假设、现金价值计算等方式将产品"长险短做""名实不符"，扰乱市场秩序等。三是严查罔顾公平合理、损害消费者利益的行为。重点核查清理各公司产品开发设计不公平、不合理，通过延长等待期、降低保额等手段代替核保，变相削弱保障责任，通过设定不合理的理赔条件惜赔、拒赔，侵害保险消费者合法权益，破坏行业形象等。四是严查以营销为噱头、开发"奇葩"产品的行为。重点核查清理各公司产品开发设计严重缺乏经验数据基础，随意约定保险责任、保险金额，追求营销效果、炒噱头、蹭热点，定价假设随意调整，数据造假，严重偏离经营实际等。

《关于在银邮代理机构购买人身保险产品有关注意事项的公告》（保监公告〔2012〕13号）提示：①请核实所购买的产品是否为保险产品。通过银行、邮政网点销售的人身保险产品都具有风险保障和长期储蓄功能，部分产品还具有一定的投资理财功能。为避免您错误地将保险产品当作银行储蓄、理财产品，请您在购买前核实销售人员向您推荐的产品是否为保险产品。请您尤其要注意部分销售人员以银行理财产品、银行存款、证券投资基金份额等其他金融产品的名义宣传销售保险产品的问题。②请认真阅读保险条款、产品说明书，了解产品特点。请您不要将销售人员向您出示的保险产品的广告等宣传资料视同为保险合同。根据《保险法》及中国保监会有关规定，购买保险产品，销售人员应向您提供保险条款；购买分红、投连、万能等人身保险新型产品，还应向您提供产品说明书和投保提示书。这些文件资料能帮助您正确了解所购买的保险产品，请您认真阅读，并在投保单上抄录风险提示语句。若您购买的保险产品包含死亡责任，须经被保险人同意该项保险并认可保险金额。③分红、投连和万能保险产品具有收益不确定的特点。若您选择购买分红保险产品，请您注意：只有当保险公司实际经营结果优于产品定价假设，才会向您分红。红利分配水平主要取决于保险公司实际经营成果。红利分配是不确定的，分红水平不能和银行存款利率进行直接比较。若您选择购买投资连结保险产品，请您注意：投资连结保险可能收取初始费用、买入卖出差价、死亡风险保险费、保单管理费、资产管理费、手续费和退保费用。该保险产品的投资风险全部由您承担，可能存在投资收益为负的情况。为了解您是否适合购买投资连结保险产品，销售人员还需对您进行风险承受能力测评。若您选择购买万能保险产品，请您注意：万能保险产品可能收取初始费用、死亡风险保险费、保单管理费、手续费和退保费用。万能保险产品设有最低保证利率，但最低保证利率和每月公布的结算利率仅针对投资账户中的资金，不能和银行存款利率进行直接比较。④请注意保险期间和缴费期间的问题。在购买1年期以上人身保险产品时，请注意缴费期间和保单期间这2个不同概念。缴费期间是指您需缴纳保费的时间，一般为1年、3年、5年甚至更长期；保单期间是合同成立至合同满期的时间，在银行销售的产品通常为5年及以上，直至终身。缴费期满后，保险合同不一定满期，若投保人退保则都会发生一定程度的损失。⑤请判断购买产品是否符合自身需求和经济实力。

您初步了解有关保险产品的特点后,应结合自身的经济状况和已有保险产品情况,选择适合自身需求的保险产品。您可选择一次性交纳保险费或分期交费。如您选择分期交纳保险费,不按时交费可能会影响您的权益。为确保您账户资金安全,建议您选择转账方式交纳续期保险费。⑥请了解"犹豫期"有关规定,减少退保损失。您在银行、邮政网点购买的 1 年期以上的人身保险产品均有犹豫期,这是指您在签收保险合同之日起 10 日内的一段时期。犹豫期内,您可无条件解除保险合同,保险公司除扣除保单工本费以外,应退还您所交纳的全部保费。但若您购买的是投资连结保险产品,并选择在犹豫期内将保险费转入投资账户的,犹豫期内的投资损失将由您承担。超过犹豫期后解除保险合同,保险公司将按合同约定向您退还保单的现金价值,您可能会有一定的损失。⑦请配合做好回访,以确保您能了解和维护自身权益。为帮助投保人正确选择保险产品,根据中国保监会有关监管规定,保险公司应在犹豫期内向购买 1 年期以上保险产品的客户进行电话回访。这是维护您的权益的重要途径。建议您接到保险公司回访电话时,仔细听取回访人员的问题,对不清楚的问题,应向回访人员认真询问,或拨打保险公司客户服务电话进行详细咨询。若电话回访了解到的情况和购买保险产品时销售人员介绍的情况不一致,请您结合自身情况判断是否仍继续持有此份保险合同。若选择解除保险合同的,请您在接到客户回访电话后尽快办理,这样能减少因解除合同可能给您带来的损失。

《商业银行代理保险业务管理办法》(银保监办〔2019〕179 号)的风险提示语及犹豫期提示:

①分红保险风险提示语:您投保的是分红保险,红利分配是不确定的。②万能保险风险提示语:您投保的是万能保险,最低保证利率之上的投资收益是不确定的。③有初始费用的产品还应包括:您缴纳的保险费将在扣除初始费用后计入保单账户。④投资连结保险风险提示语:您投保的是投资连结保险,投资回报具有不确定性。⑤有初始费用的产品还应包括:您缴纳的保险费将在扣除初始费用后计入投资账户。⑥其他产品类型的风险提示语,由公司自行确定。⑦犹豫期提示语:您在收到保险合同后 15 日内有全额退保(扣除不超过 10 元的工本费)的权利。超过 15 日退保有损失。

### 第 11 条 【保险合同的订立原则】

订立保险合同,应当协商一致,遵循公平原则确定各方的权利和义务。

除法律、行政法规规定必须保险的外,保险合同自愿订立。

国务院保险监督管理机构审查保险公司的设立申请时,应当考虑保险业的发展和公平竞争的需要(参见《保险法》第 67 条第 2 款)。

保险公司应当按照国务院保险监督管理机构的规定,公平、合理拟订保险条款和保险费率,不得损害投保人、被保险人和受益人的合法权益。保险公司应当按照合同约定和《保险法》规定,及时履行赔偿或给付保险金义务。保险公司开展业务,应遵循公平竞争的原则,不得从事不正当竞争(参见《保险法》第 114 条、第 115 条)。

保险机构应公平、合理地拟订农业保险条款和保险费率。属于财政给予保险费补贴险种的保险条款和保险费率，保险机构应在充分听取省、自治区、直辖市政府财政、农业、林业部门和农民代表意见的基础上拟订。农业保险条款和保险费率应依法报保险监督管理机构审批或备案（参见《农业保险条例》第19条）。

有下列情形之一，应依法对涉案机构和案件责任人员从重处罚：①严重违反审慎经营规则，导致重大案件发生；②严重违反市场公平竞争规定，影响金融市场秩序稳定；③严重损害消费者权益，社会关注度高、影响恶劣；④拒绝或阻碍监管执法；⑤多次违法违规；⑥性质恶劣、情节严重的其他违法违规行为（参见《银行保险机构涉刑案件管理办法（试行）》第43条）。

银保监会及其派出机构实施行政处罚，应遵循以下原则：①公平、公正、公开；②程序合法；③过罚相当；④维护当事人的合法权益；⑤处罚与教育相结合（参见中国银保监会《行政处罚办法》第4条）。

保险资产管理机构开展保险资管产品业务，应遵守法律、行政法规以及银保监会的规定，遵循公平、公正原则，维护投资者合法权益，诚实守信、勤勉尽责，防范利益冲突（参见《保险资产管理产品管理暂行办法》第6条）。

保险资产管理机构开展保险资管产品业务，应符合下列条件：①公司治理完善，市场信誉良好，符合银保监会有关投资管理能力要求；②具有健全的操作流程、内控机制、风险管理和稽核制度，建立公平交易和风险隔离机制；③设置产品开发、投资研究、投资管理、风险控制、绩效评估等专业岗位；④具有稳定的投资管理团队，拥有不低于规定数量的相关专业人员；⑤最近3年无重大违法违规行为，设立未满3年，自其成立之日起无重大违法违规行为；⑥银保监会规定的其他审慎性条件（参见《保险资产管理产品管理暂行办法》第13条）。

保险资产管理机构的董事、监事、高管人员和相关业务人员不得有下列行为：①不公平地对待所管理的不同产品财产；②利用产品财产或职务便利为投资者外的第三方谋取不正当利益；③侵占、挪用产品财产；④泄露因职务便利获取的未公开信息，利用该信息从事或明示、暗示他人从事相关的交易活动；⑤玩忽职守，不按规定履行职责；⑥法律、行政法规以及银保监会规定禁止的其他行为（参见《保险资产管理产品管理暂行办法》第53条）。

银行保险机构开展消费投诉处理工作应属地管理、分级负责，充分考虑和尊重消费者的合理诉求，公平合法作出处理结论。及时查找引发投诉事项的原因，健全完善溯源整改机制，切实注重消费者消费体验，提升服务水平（参见《银行业保险业消费投诉处理管理办法》第9条）。

银行保险机构应依相关法律法规、合同约定，公平公正作出处理决定，对事实清楚、争议情况简单的消费投诉，应自收到消费投诉之日起15日内作出处理决定并告知投诉人，情况复杂的可延长至30日；情况特别复杂或有其他特殊原因，经其上级机构或总行、总公司高管人员审批并告知投诉人，可再延长30日。消费投诉处理过程中需外部机构进行鉴定、检测、评估等工作，相关期间可不计入消费投诉处理期限，但应及时告知投诉人。投诉人在消费投诉处理期限内再次提出同一消费投诉，银行保险机构可合并处理，如投诉人提出新的事实和理由，处理期限自收到新的投诉材料之日起重算。在消费投诉处理过程中，发现消费投诉不是由投诉人或其法定代理人、受托人提出，银行保险机构可不予办理，并告知投诉提出人（参见《银行业保险业消费投诉处理管理办法》第18条）。

坚持保护消费者权益。强化保险监管，营造公开透明、规范有序的市场环境，加大信息披露力度，保障消费者知情权、自主选择权、公平交易权等合法权益，为保险消费者提供更多优质优价的意外险产品和服务。健全市场行为监管制度。系统梳理意外险市场行为监管的政策规定，全面查找制度漏洞，结合市场发展情况，制定统一的意外险专项监管制度，明确监管原则和尺度，维护市场竞争公平性。研究完善重点领域团体意外险与责任险监管制度，防止不正当竞争，促进团体意外险与责任险规范、协调发展。加强信息系统建设，研究丰富意外险统计分析指标，提高监管的信息化水平（参见《中国银保监会办公厅关于加快推进意外险改革的意见》）。

从《合同法》角度，当事人订立合同，采取要约承诺方式，可以书面形式、口头形式和其他形式。当事人应具有相应的民事权利能力和民事行为能力，亦可依法委托代理人订立合同。

要约：①要约即希望和他人订立合同的意思表示，应符合内容具体确定；表示经受要约人承诺，要约人即受该意思表示约束（要约邀请是希望他人向自己发出要约的意思表示。寄送的价目表、拍卖公告、招标公告、招股说明书、商业广告等为要约邀请。商业广告的内容符合要约规定的，视为要约）。②要约到达受要约人时生效（采用数据电文形式订立合同，收件人指定特定系统接收数据电文，该数据电文进入该特定系统的时间，视为到达时间；未指定特定系统，该数据电文进入收件人的任何系统的首次时间，视为到达时间）。③要约可撤回可撤销（撤回要约的通知应在要约到达受要约人前或与要约同时到达受要约人时）。一般而言，撤销要约的通知应在受要约人发出承诺通知前到达受要约人；特殊而言，要约不得撤销的2种情形：要约人确定了承诺期限或以其他形式明示要约不可撤销；受要约人有理由认为要约是不可撤销的，并已为履行合同做了准备工作。④要约失效的4种情形：拒绝要约的通知到达要约人；要约人依法撤销要约；承诺期限届满，受要约人未作出承诺；受要约人对要约的内容作出实质性变更。⑤要约以信件（信件未载明日期，自投寄该信件的邮戳日期开始计算）或电报作出，承诺期限自信件载明的日期或电报交发之日开始计算。⑥要约以电话、传真等快速通信方式作出，承诺期限自要约到达受要约人时开始计算。⑦受要约人超过承诺期限发出承诺，除要约人及时通知受要约人该承诺有效外，为新要约。

承诺：承诺是受要约人同意要约的意思表示，应以通知的方式作出，但根据交易习惯或要约表明可通过行为作出承诺的除外。承诺应在要约确定的期限内到达要约人。要约未确定承诺期限，承诺应依2种方式规定到达：要约以对话方式作出，应即时作出承诺，但当事人另有约定的除外；要约以非对话方式作出，承诺应在合理期限内到达。承诺生效时合同成立。承诺通知到达要约人时生效。承诺不需通知，根据交易习惯或要约的要求作出承诺的行为时生效。采用数据电文形式订立合同，承诺到达的时间类型：收件人指定特定系统接收数据电文，该数据电文进入该特定系统的时间，视为到达时间；未指定特定系统，该数据电文进入收件人的任何系统的首次时间，视为到达时间。承诺可撤回。撤回承诺的通知应在承诺通知到达要约人前或与承诺通知同时到达要约人。

合同有书面形式（法律、行政法规规定采用合同书、信件和包括电报、电传、传真、电子数据交换和电子邮件的数据电文等可有形地表现所载内容的书面形式，应采用书面形式；当事人约定采用书面形式，应采用书面形式）、口头形式和其他形式。合同的内容由当事人约定，一般包括当事人的名称或姓名和住所；标的；数量；质量；价款或报酬；履行期限、地点和方式；违约责任；解决争议的方法。当事人可参照各类合同的示范文本订立合同。

承诺效力：①受要约人超过承诺期限发出承诺，除要约人及时通知受要约人该承诺有效外，为新要约。②受要约人在承诺期限内发出承诺，按通常情形能及时到达要约人，但因其他原因承诺到达要约人时超过承诺期限，除要约人及时通知受要约人因承诺超过期限不接受该承诺外，该承诺有效。③承诺的内容应与要约的内容一致。受要约人对要约的内容作出实质性变更，为新要约。有关合同标的、数量、质量、价款或报酬、履行期限、履行地点和方式、违约责任和解决争议方法等的变更，是对要约内容的实质性变更。④承诺对要约的内容作出非实质性变更，除要约人及时表示反对或要约表明承诺不得对要约的内容作出任何变更外，该承诺有效，合同的内容以承诺的内容为准。⑤当事人采用合同书形式订立合同，自双方当事人签字或盖章时合同成立。当事人采用信件、数据电文等形式订立合同，可在合同成立前要求签订确认书。签订确认书时合同成立。⑥承诺生效的地点为合同成立的地点。

合同效力：①采用数据电文形式订立合同，收件人的主营业地为合同成立的地点；无主营业地，其经常居住地为合同成立的地点；当事人另有约定，按其约定。②当事人采用合同书形式订立合同，双方当事人签字或盖章的地点为合同成立的地点。③法律、行政法规规定或当事人约定采用书面形式订立合同，当事人未采用书面形式但一方已履行主要义务，对方接受，该合同成立。④采用合同书形式订立合同，在签字或盖章前，当事人一方已履行主要义务，对方接受，该合同成立。国家根据需要下达指令性任务或国家订货任务，有关法人、其他组织之间应依有关法律、行政法规规定的权利和义务订立合同（参见《合同法》第9~38条）。

从《保险法解释（二）》角度，投保人或投保人的代理人订立保险合同时未亲自签字或盖章，而由保险人或保险人的代理人代为签字或盖章，对投保人不生效，但投保人已交纳保险费，视为其对代签字或盖章行为的追认。保险人或保险人的代理人代为填写保险单证后经投保人签字或盖章确认，代为填写的内容视为投保人的真实意思表示。但有证据证明保险人或保险人的代理人存在保险公司及其工作人员在保险业务活动中不得从事的 13 种违法犯罪行为，保险代理人、保险经纪人及其从业人员在办理保险业务活动中不得有 10 种违法犯罪行为（参见《保险法》第 116 条、第 131 条）的除外。

**第 12 条 【人身保险、财产保险、保险利益】**

人身保险的投保人在保险合同订立时，对被保险人应当具有保险利益。

财产保险的被保险人在保险事故发生时，对保险标的应当具有保险利益。

人身保险是以人的寿命和身体为保险标的的保险。

财产保险是以财产及其有关利益为保险标的的保险。

被保险人是指其财产或者人身受保险合同保障，享有保险金请求权的人。投保人可以为被保险人。

保险利益是指投保人或者被保险人对保险标的具有的法律上承认的利益。

从《人身保险公司保险条款和保险费率管理办法》（保监会令〔2015〕3 号）角度，人身保险分为人寿保险、年金保险、养老年金保险、健康保险、意外伤害保险。人寿保险是以人的寿命为保险标的的人身保险，分为定期寿险（以被保险人死亡为给付保险金条件，且保险期间为固定年限的人寿保险）、终身寿险（以被保险人死亡为给付保险金条件，且保险期间为终身的人寿保险）、两全保险（既包含以被保险人死亡为给付保险金条件，又包含以被保险人生存为给付保险金条件的人寿保险）等。年金保险是以被保险人生存为给付保险金条件，并按约定的时间间隔分期给付生存保险金的人身保险。养老年金保险是以养老保障为目的的年金保险，应符合保险合同约定给付被保险人生存保险金的年龄不得小于国家规定的退休年龄；相邻 2 次给付的时间间隔不得超过 1 年。健康保险是以因健康原因导致损失为给付保险金条件的人身保险，分为疾病保险（以保险合同约定的疾病发生为给付保险金条件的健康保险）、医疗保险（以保险合同约定的医疗行为发生为给付保险金条件，按约定对被保险人接受诊疗期间的医疗费用支出提供保障的健康保险）、失能收入损失保险（以因保险合同约定的疾病或意外伤害导致工作能力丧失为给付保险金条件，按约定对被保险人在一定时期内收入减少或中断提供保障的健康保险）、护理保险（以因保险合同约定的日常生活能力障碍引发护理需求为给付保险金条件，按约定对被保险人的护理支出提供保障的健康保险）等。意外伤害保险是以被保险人因意外事故而导致身故、残疾或发生保险合同约定的其他事故为给付保险金条件的人身保险。

人寿保险和健康保险可包含全残责任。健康保险包含 2 种以上健康保障责任，应按一般精算原理判断主要责任，并根据主要责任确定险种类别。长期健康保险中的疾病保险，可包含死亡保险责任，但死亡给付金额不得高于疾病最高给付金额。其他健康保险不得包含死亡保险责任，但因疾病引发的死亡保险责任除外。医疗保险和疾病保险不得包含生存保险责任。意外伤害保险可包含由意外伤害导致的医疗保险责任。仅包含由意外伤害导致的医疗保险责任的保险应确定为医疗保险。

人身保险的定名的格式：保险公司名称（可用全称或简称；附加保险的定名应在"保险公司名称"后标注"附加"字样；团体保险应在名称中标明"团体"字样）+吉庆、说明性文字（字数不得超过10个）+险种类别+设计类型。

人身保险的设计类型分为普通型、分红型、投资连结型、万能型等。分红型、投资连结型和万能型人身保险应在名称中注明设计类型，普通型人身保险无须在名称中注明设计类型。

年金保险中的养老年金保险险种类别为"养老年金保险"，其他年金保险险种类别为"年金保险"；意外伤害保险险种类别为"意外伤害保险"。

从人身保险合同、《保险法解释（二）》角度，除投保人对本人；配偶、子女、父母；本人、配偶、子女、父母外与投保人有抚养、赡养或扶养关系的家庭其他成员、近亲属；与投保人有劳动关系的劳动者具有保险利益外，被保险人同意投保人为其订立合同，视为投保人对被保险人具有保险利益。①订立合同时，投保人对被保险人不具有保险利益的，合同无效。②人身保险中，因投保人对被保险人不具有保险利益导致保险合同无效，投保人主张保险人退还扣减相应手续费后的保险费，法院应支持。③保险人接受了投保人提交的投保单并收取了保险费，尚未作出是否承保的意思表示，发生保险事故，被保险人或受益人请求保险人按保险合同承担赔偿或给付保险金责任，符合承保条件，法院应支持；不符合承保条件，保险人不承担保险责任，但应退还已收取的保险费。保险人主张不符合承保条件，应承担举证责任。

人身保险中，因投保人对被保险人不具有保险利益导致保险合同无效，投保人主张保险人退还扣减相应手续费后的保险费，法院应支持。

财产保险（以财产及其有关利益为保险标的的保险）的被保险人在保险事故发生时，对保险标的应具有保险利益。

从财产保险合同、《保险法解释（二）》角度，保险事故发生时，被保险人对保险标的不具有保险利益，不得向保险人请求赔偿保险金。财产保险中，不同投保人就同一保险标的分别投保，保险事故发生后，被保险人在其保险利益范围内依据保险合同主张保险赔偿，法院应支持。

《关于财产保险范畴认定问题的复函》（保监厅函〔2008〕361号）指出：财产保险所承担的是财产标的因危险事故发生而造成的损失，这种损失应是因不可预料的外力作用而产生，若仅是基于标的物本身的性质因其使用所造成的自然磨损或损坏，则不属于财产保险的范畴。商场开展的家安保电器延保计划活动，是否构成从事保险业务，应依据上述原则标准，就其具体内容进行分析判定。

《关于合理购买人身保险产品的公告（保监公告〔2012〕6号）提示：①请了解人身保险产品的基本知识。人身保险产品按保障责任看，主要分为意外伤害保险、健康保险、人寿保险和年金保险。其中人寿保险按保险责任，可分为定期寿险、终身寿险和两全保险；按保险利益是否确定，可分为传统寿险、分红保险、万能保险和投资连结保险。传统寿险的保险利益事先确定；分红保险、万能保险有确定的利益保证，但超出利益保证的收益则视保险公司经营情况而定；投资连结保险无收益保证，投资回报完全有赖于保险公司的投资运作，因此投保人承担的风险最高。保险产品的主要功用有风险保障、长期储蓄、财务规划和投资理财等。不同的保险产品，其风险保障、储蓄或投资功能侧重不同。通常来说，意外伤害保险、健康保险和定期寿险等保障成分相对较高；终身寿险、两全保险和年金保险等，储蓄的成分相对较高。尽管部分寿险产品偏重投资功能，但本质上属于保险产品，经营主体是保险公司，不宜将其与银行存款、国债、基金等金融产品进行片面比较，更不要仅把它作为银行存款的替代品。②请客观分析自身的保险需求。保险需求一般分为家庭经济责任、紧急预备金、子女教育规划以及养老规划。其中家庭经济责任指在投保人发生不幸的时候，为了使其家庭成员生活不受太大影响所需的金额，例如家庭日常开支、贷款余额、父母赡养费用等；紧急预备金，主要是针对疾病和意外，包括住院费用、意外事故、重大疾病等；子女教育规划，主要是孩子需使用教育金的时间和数额；养老规划，主要是退休后日常生活费用的期望。人生的不同阶段，需应对的风险不同，保险需求也有所不同。通常来说，年轻时候偏重家庭经济责任，如身故和伤残的保障，被保险人一旦发生风险，相关保险可为父母、配偶等提供部分经济支持；中年时候偏重子女教育储备和养老储备，同时对健康保障的需求也逐步增加；老年时候偏重养老、健康护理和财产传承等。保险消费者可根据自身的家庭情况和所处的人生阶段，选购合适的产品。建议在分析自身保险需求时，首先考虑保障，再根据经济条件安排储蓄和投资理财规划。③请根据需求匹配购买对应的产品。一般而言，家庭经济责任和紧急预备金可通过购买保障型产品来转移突发风险带来的经济损失，典型的保障型产品包括意外险、健康险和定期寿险等；子女教育和养老规划可通过购买人寿保险或年金保险进行储蓄准备，比如分红两全保险、万能保险和年金等产品有确定的利益保证，且长期看回报稳定，都是较为合适的选择。投资连结保险适合风险偏好较高的保险消费者进行长期储蓄所用，但不宜作为短期交易的投资品进行购买。④请选择与自己的经济实力相当的保费开支。保障型产品可用相对较低的保费获得较高的保额，通常建议投保人将意外伤害保险金额设定为自身年收入的10~20倍；重大疾病险保险金额设定为5~10倍。长期储蓄型人寿保险的金额则根据到期需使用金额与已有储备和其他投资渠道获得金额之间的缺口确定。1年期以上的人身保险保费缴纳方式分一次性缴费和分期缴费2种，选择一次性缴费，通常缴纳费用较高，投保前需明确这部分资金属闲置资金，暂时无须使用；如选择分期缴费，投保前需充分考虑是否有持续稳定的财力支付保费。否则，投保人可能会丧失保险保障并承担退保损失或丧失部分保险合同利益。保险费的支出应与自身的经济条件相适应，一般在年收入的5%~15%之间为宜。⑤超过犹豫期后请慎重考虑退保。人寿保险产品规定有犹豫期（一般指自投保人收到保险合同并签字起的10日内）。在犹豫期内撤销保单，通常可收回全部已缴纳保费，保险公司将扣除不超过10元的工本费。在犹豫期后退保，投保人将承担一定的损失，保险公司将只退还保单的现金价值或账户价值。因此，对符合需求购买的保险产品，建议通过保单抵押贷款等方式缓解对资金的一时之需，避免退保产生不必要的损失。最后，建议保险消费者管理好持有保单，定期检视自身需求和持有保单之间的差异，按时、按需做好保单利益领取、保额增加或调整、险种的调整等措施，切实维护好自身的权益。

### 第13条 【保险合同的成立和生效条件】

投保人提出保险要求，经保险人同意承保，保险合同成立。保险人应当及时向投保人签发保险单或者其他保险凭证。

保险单或者其他保险凭证应当载明当事人双方约定的合同内容。当事人也可以约定采用其他书面形式载明合同内容。

依法成立的保险合同，自成立时生效。投保人和保险人可以对合同的效力约定附条件或者附期限。

从《合同法》角度，当事人订立合同，采取要约、承诺方式。承诺应以通知的方式作出，但根据交易习惯或要约表明可通过行为作出承诺的除外。

从《保险法解释（一）》的角度，《保险法》施行后成立的保险合同发生的纠纷，适用《保险法》的规定。《保险法》施行前成立的保险合同发生的纠纷，除《保险法解释（一）》另有规定外，适用当时的法律规定；当时的法律未规定，参照适用《保险法》的有关规定。认定保险合同是否成立，适用合同订立时的法律。对《保险法》施行前成立的保险合同，适用当时的法律认定无效而适用《保险法》认定有效，适用《保险法》的规定。保险合同成立于《保险法》施行前而保险标的转让、保险事故、理赔、代位求偿等行为或事件，发生于《保险法》施行后，适用《保险法》的规定。保险合同成立于《保险法》施行前，《保险法》施行后，保险人以投保人未履行如实告知义务或申报被保险人年龄不真实为由，主张解除合同，适用《保险法》的规定。

从《保险法解释（二）》角度，投保人或投保人的代理人订立保险合同时未亲自签字或盖章，而由保险人或保险人的代理人代为签字或盖章，对投保人不生效。但投保人已交纳保险费，视为其对代签字或盖章行为的追认。保险人或保险人的代理人代为填写保险单证后经投保人签字或盖章确认，代为填写的内容视为投保人的真实意思表示。但有证据证明保险人或保险人的代理人存在欺骗保险人、投保人、被保险人或受益人；对投保人隐瞒与保险合同有关的重要情况；阻碍投保人履行本法规定的如实告知义务，或诱导其不履行本法规定的如实告知义务；给予或承诺给予投保人、被保险人、受益人保险合同约定以外的保险费回扣或其他利益；拒不依法履行保险合同约定的赔偿或给付保险金义务；故意编造未曾发生的保险事故、虚构保险合同或故意夸大已发生的保险事故的损失程度进行虚假理赔，骗取保险金或牟取其他不正当利益；挪用、截留、侵占保险费；委托未取得合法资格的机构从事保险销售活动；利用开展保险业务为其他机构或个人牟取不正当利益；利用保险代理人、保险经纪人或保险评估机构，从事以虚构保险中介业务或编造退保等方式套取费用等违法活动；以捏造、散布虚假事实等方式损害竞争对手的商业信誉，或者以其他不正当竞争行为扰乱保险市场秩序；泄露在业务活动中知悉的投保人、被保险人的商业秘密；违反法律、行政法规和国务院保险监督管理机构规定的其他行为；给予或承诺给予投保人、被保险人或受益人保险合同约定以外的利益；利用行政权力、职务或职业便利以及其他不正当手段强迫、引诱或限制投保人订立保险合同；伪造、擅自变更保险合同，或为保险合同当事人提供虚假证明材料；串通投保人、被保险人或受益人骗取保险金（参见《保险法》第116条、第131条）情形的除外。保险人接受了投保人提交的投保单并收取了保险费，尚未作出是否承保的意思表示，发生保险事故，被保险人或受益人请求保险人按保险合同承担赔偿或给付保险金责任，符合承保条件的，法院应支持；不符合承保条件的，保险人不承担保险责任，但应退还已收取的保险费。保险人主张不符合承保条件，应承担举证责任。

### 第14条 【保险合同的效力】

保险合同成立后，投保人按照约定交付保险费，保险人按照约定的时间开始承担保险责任。

从《合同法》角度，当事人互负债务，无先后履行顺序，应同时履行。一方在对方履行之前有权拒绝其履行要求。一方在对方履行债务不符合约定时，有权拒绝其相应的履行要求。当事人互负债务，有先后履行顺序，先履行一方未履行，后履行一方有权拒绝其履行要求。先履行一方履行债务不符合约定，后履行一方有权拒绝其相应的履行要求。

从《保险法解释（二）》角度，保险人接受了投保人提交的投保单并收取了保险费，尚未作出是否承保的意思表示，发生保险事故，被保险人或受益人请求保险人按保险合同承担赔偿或给付保险金责任，符合承保条件的，法院应支持；不符合承保条件的，保险人不承担保险责任，但应退还已收取的保险费。保险人主张不符合承保条件，应承担举证责任。

《关于规范保险机构对外担保有关事项的通知》（保监发〔2011〕5号）要求：①自《关于规范保险机构对外担保有关事项的通知》发布之日起，保险公司、保险资产管理公司不得进行对外担保。对外担保，是保险机构为他人债务向第三方提供的担保，但不包括保险公司在正常经营管理活动中的3种行为：一是诉讼中的担保。二是出口信用保险公司经营的与出口信用保险相关的信用担保。三是海事担保。②除下属成员公司外，保险集团公司不得为其他公司提供担保。保险集团公司对下属成员公司的担保行为应遵守《保险集团公司管理办法（试行）》、《保险公司关联交易管理暂行办法》（保监发〔2007〕24号）的相关规定。③保险机构按诉讼中的担保、出口信用保险公司经营的与出口信用保险相关的信用担保的规定对外提供担保，应在财务报告中进行说明、披露，评估偿付能力时应按监管规定予以扣除。④各保险机构应严禁分支机构对外担保，并健全分支机构内控，强化印章管理，切实消除分支机构擅自对外担保的风险。⑤各保险机构应对照上述要求，对公司章程和相关内部制度进行梳理，对其中涉及对外担保的内容进行修改。

### 第15条 【保险合同的解除权】

除本法另有规定或者保险合同另有约定外，保险合同成立后，投保人可以解除合同，保险人不得解除合同。

未发生保险事故，被保险人或受益人谎称发生了保险事故，向保险人提出赔偿或给付保险金请求，保险人有权解除合同，并不退还保险费。投保人、被保险人故意制造保险事故，保险人有权解除合同，不承担赔偿或给付保险金的责任；除《保险法》第43条（投保人故意造成被保险人死亡、伤残或者疾病的，保险人不承担给付保险金的责任。投保人已交足二年以上保险费的，保险人应当按照合同约定向其他权利人退还保险单的现金价值。受益人故意造成被保险人死亡、伤残、疾病的，或者故意杀害被保险人未遂的，该受益人丧失受益权）规定外，不退还保险费。保险事故发生后，投保人、被保险人或受益人以伪造、变造的有关证明、资料或其他证据，编造虚假的事故原因或夸大损失程度，保险人对其虚报的部分不承担赔偿或给付保险金的责任。投保人、被保险人或受益人有《保险法》第27条前3款规定行为之一，致使保险人支付保险金或支出费用，应退回或赔偿。

投保人申报的被保险人年龄不真实，并且其真实年龄不符合合同约定的年龄限制，保险人可解除合同，并按合同约定退还保险单的现金价值。保险人行使合同解除权，适用《保险法》第16条的规定（投保人故意或因重大过失未履行如实告知义务，足以影响保险人决定是否同意承保或提高保险费率的，保险人有权解除合同，该合同解除权，自保险人知道有解除事由之日起，超过30日不行使而消灭。自合同成立之日起超过2年的，保险人不得解除合同；发生保险事故的，保险人应当承担赔偿或给付保险金的责任。保险人在合同订立时已知道投保人未如实告知的情况的，保险人不得解除合同；发生保险事故的，保险人应当承担赔偿者或给付保险金的责任）。投保人申报的被保险人年龄不真实，致使投保人支付的保险费少于应付保险费的，保险人有权更正并要求投保人补交保险费，或者在给付保险金时按照实付保险费与应付保险费的比例支付。投保人申报的被保险人年龄不真实，致使投保人支付的保险费多于应付保险费，保险人应将多收的保险费退还投保人（参见《保险法》第32条）。

合同效力依《保险法》第36条（合同约定分期支付保险费，投保人支付首期保险费后，除合同另有约定外，投保人自保险人催告之日起超过三十日未支付当期保险费，或者超过约定的期限六十日未支付当期保险费的，合同效力中止，或者由保险人按照合同约定的条件减少保险金额。被保险人在前款规定期限内发生保险事故的，保险人应当按照合同约定给付保险金，但可以扣减欠交的保险费）规定中止的，经保险人与投保人协商并达成协议，在投保人补交保险费后，合同效力恢复。但是，自合同效力中止之日起满两年双方未达成协议，保险人有权解除合同。保险人依前款规定解除合同的，应当按照合同约定退还保险单的现金价值（参见《保险法》第37条）。

投保人解除合同，保险人应自收到解除合同通知之日起30日内，按合同约定退还保险单的现金价值（参见《保险法》第 47 条）。

因保险标的转让导致危险程度显著增加的，保险人自收到前款规定的通知之日起 30 日内，可按合同约定增加保险费或者解除合同。保险人解除合同的，应当将已收取的保险费，按照合同约定扣除自保险责任开始之日起至合同解除之日止应收的部分后，退还投保人（参见《保险法》第 49 条）。

货物运输保险合同和运输工具航程保险合同，保险责任开始后，合同当事人不得解除合同（参见《保险法》第 50 条）。

投保人、被保险人未按约定履行其对保险标的的安全应尽责任的，保险人有权要求增加保险费或解除合同（参见《保险法》第 51 条）。

在合同有效期内，保险标的的危险程度显著增加，被保险人应按合同约定及时通知保险人，保险人可按合同约定增加保险费或解除合同。保险人解除合同的，应将已收取的保险费，按合同约定扣除自保险责任开始之日起至合同解除之日止应收的部分后，退还投保人。被保险人未履行前款规定的通知义务的，因保险标的的危险程度显著增加而发生的保险事故，保险人不承担赔偿保险金的责任（参见《保险法》第 52 条）。

保险责任开始前，投保人要求解除合同的，应按合同约定向保险人支付手续费，保险人应退还保险费。保险责任开始后，投保人要求解除合同的，保险人应将已收取的保险费，按合同约定扣除自保险责任开始之日起至合同解除之日止应收的部分后，退还投保人（参见《保险法》第 54 条）。

保险标的发生部分损失，自保险人赔偿之日起 30 日内，投保人可解除合同；除合同另有约定外，保险人也可解除合同，但应提前 15 日通知投保人。合同解除的，保险人应将保险标的未受损失部分的保险费，按合同约定扣除自保险责任开始之日起至合同解除之日止应收的部分后，退还投保人（参见《保险法》第 58 条）。

保险公司不得解除机动车交通事故责任强制保险合同；但投保人对重要事项未履行如实告知义务的除外。投保人对重要事项未履行如实告知义务，保险公司解除合同前，应书面通知投保人，投保人应自收到通知之日起 5 日内履行如实告知义务；投保人在上述期限内履行如实告知义务，保险公司不得解除合同。参见《机动车交通事故责任强制保险条例》（国务院令 462 号）第 14 条。

投保人故意或因重大过失未履行如实告知义务（订立保险合同，保险人就保险标的或被保险人的有关情况提出询问，投保人应如实告知），足以影响保险人决定是否同意承保或提高保险费率，保险人有权解除合同（合同解除权，自保险人知道有解除事由之日起，超过 30 日不行使而消灭。自合同成立之日起超过 2 年，保险人不得解除合同；发生保险事故的，保险人应承担赔偿或给付保险金的责任）。保险人在合同订立时已知道投保人未如实告知的情况的，保险人不得解除合同；发生保险事故的，保险人应承担赔偿或给付保险金的责任（参见《保险法》第 16 条）

从《保险法解释（二）》《保险法解释（三）》角度，保险人未行使合同解除权，直接以存在投保人故意不履行如实告知义务，保险人对合同解除前发生的保险事故

（保险合同约定的保险责任范围内的事故），不承担赔偿或给付保险金的责任，并不退还保险费；或投保人因重大过失未履行如实告知义务，对保险事故的发生有严重影响，保险人对合同解除前发生的保险事故，不承担赔偿或给付保险金的责任，但应退还保险费（参见《保险法》第16条第4款、第5款）的情形为由拒绝赔偿，法院不支持，但当事人就拒绝赔偿事宜及保险合同存续另行达成一致的情况除外。投保人解除保险合同，当事人以其解除合同未经被保险人或受益人同意为由主张解除行为无效，法院不支持，但被保险人或受益人已向投保人支付相当于保险单现金价值的款项并通知保险人的除外。

从《合同法》角度，依法成立的合同，受法律保护，对当事人具有法律约束力。具体应注意以下几个方面：①当事人应按约定履行自己的义务，不得擅自变更或解除合同。②当事人协商一致，可解除合同。③当事人可约定一方解除合同的条件。须注意：一是解除合同的条件成就时，解除权人可解除合同。二是法律规定或当事人约定解除权行使期限，期限届满当事人不行使，该权利消灭。三是法律未规定或当事人未约定解除权行使期限，经对方催告后在合理期限内不行使，该权利消灭。④当事人一方依当事人可约定一方解除合同的条件。具体为：一是解除合同的条件成就时，解除权人可解除合同、当事人可解除合同的5种情形（因不可抗力致使不能实现合同目的；在履行期限届满之前，当事人一方明确表示或以自己的行为表明不履行主要债务；当事人一方迟延履行主要债务，经催告后在合理期限内仍未履行；当事人一方迟延履行债务或有其他违约行为致使不能实现合同目的；法律规定的其他情形）。主张解除合同，应通知对方（合同自通知到达对方时解除。对方有异议，可请求法院或仲裁机构确认解除合同的效力）。二是法律、行政法规规定解除合同应办理批准、登记等手续，依其规定。三是合同解除后，尚未履行的，终止履行；已履行的，根据履行情况和合同性质，当事人可要求恢复原状、采取其他补救措施，并有权要求赔偿损失。

### 第16条 【禁止反言原则、投保人的如实告知义务及其法律后果】

订立保险合同，保险人就保险标的或者被保险人的有关情况提出询问的，投保人应当如实告知。

投保人故意或者因重大过失未履行前款规定的如实告知义务，足以影响保险人决定是否同意承保或者提高保险费率的，保险人有权解除合同。

前款规定的合同解除权，自保险人知道有解除事由之日起，超过三十日不行使而消灭。自合同成立之日起超过二年的，保险人不得解除合同；发生保险事故的，保险人应当承担赔偿或者给付保险金的责任。

投保人故意不履行如实告知义务的，保险人对于合同解除前发生的保险事故，不承担赔偿或者给付保险金的责任，并不退还保险费。

投保人因重大过失未履行如实告知义务，对保险事故的发生有严重影响的，保险人对于合同解除前发生的保险事故，不承担赔偿或者给付保险金的责任，但应当退还保险费。

保险人在合同订立时已经知道投保人未如实告知的情况的,保险人不得解除合同;发生保险事故的,保险人应当承担赔偿或者给付保险金的责任。

保险事故是指保险合同约定的保险责任范围内的事故。

《关于提醒人身保险投保人正确履行如实告知义务有关事项的公告》(保监公告〔2003〕第55号)要求:①如实告知不仅是投保人的义务,也是投保人维护自身合法权益的前提和基础。投保人应按《保险法》的规定和保险合同的约定履行如实告知义务。②投保单以及健康证明书、重要事项告知书、批单、产品说明书等有关单证是保险合同的重要组成部分,投保人在投保时应仔细阅读投保单及有关单证的有关内容。投保人需向保险公司如实告知的事项以投保单及有关单证提示的范围为准,并以书面方式履行告知义务。③因投保人的签名具有相应的法律效力,在推销人员代投保人填写投保单及有关单证时,投保人在签署投保单以前应确认推销人员代为填写的内容是否属实。④若投保人发现推销人员的宣传与投保单的内容不一致,请向保险公司作详细咨询,核实后再签署投保单。⑤投保人在购买包含死亡赔付责任的人身保险产品时,须经被保险人书面同意该项保险并认可保险金额。

从《保险法解释(二)》角度,投保人的告知义务限于保险人询问的范围和内容。当事人对询问范围及内容有争议,保险人负举证责任。保险人以投保人违反了对投保单询问表中所列概括性条款的如实告知义务为由请求解除合同,法院不支持,但该概括性条款有具体内容的除外。①保险人在保险合同成立后知道或应知道投保人未履行如实告知义务,仍收取保险费,又依投保人故意或因重大过失未履行订立保险合同,保险人就保险标的或被保险人的有关情况提出询问,投保人应如实告知的义务,足以影响保险人决定是否同意承保或提高保险费率,保险人有权解除合同规定主张解除合同,法院不支持。②保险人未行使合同解除权,直接以存在投保人故意不履行如实告知义务,保险人对合同解除前发生的保险事故,不承担赔偿或给付保险金的责任,并不退还保险费。投保人因重大过失未履行如实告知义务,对保险事故的发生有严重影响,保险人对合同解除前发生的保险事故,不承担赔偿或给付保险金的责任,但应退还保险费的情形为由拒绝赔偿,法院不支持,但当事人就拒绝赔偿事宜及保险合同存续另行达成一致的情况除外。

从《保险法解释(三)》角度,保险合同订立时,被保险人根据保险人的要求在指定医疗服务机构进行体检,当事人主张投保人如实告知义务免除,法院不支持。保险人知道被保险人的体检结果,仍以投保人未就相关情况履行如实告知义务为由要求解除合同,法院不支持。

投保人故意或因重大过失未履行订立保险合同时保险人就保险标的或被保险人的有关情况提出询问的如实告知义务,足以影响保险人决定是否同意承保或提高保险费率,保险人有权解除合同。

从《保险法解释(一)》角度,《保险法》施行后,保险人按《保险法》第16条第2款请求解除合同,适用《保险法》第16条规定自合同成立之日起超过2年的,保险人不得解除合同。

从《保险法解释（三）》角度，保险人未行使合同解除权，直接以存在《保险法》第16条第4款、第5款的情形为由拒绝赔偿，法院不支持。但当事人就拒绝赔偿事宜及保险合同存续另行达成一致的情况除外。

《关于保险合同效力问题的复函》（保监发函〔2000〕14号）指出：根据《保险法》，保险费的交付并不是保险合同生效的必要条件。因此，若被保险人只是交付了部分保险费，当事人又无另外的书面约定，应认定为合同无效。但若从当事人的客观行为可推定双方对保险费的交付问题做了变更或另行约定，则视具体情况，可认定保险合同有效或部分有效。

**第17条　【保险人对格式条款的提示、说明义务】**

订立保险合同，采用保险人提供的格式条款的，保险人向投保人提供的投保单应当附格式条款，保险人应当向投保人说明合同的内容。

对保险合同中免除保险人责任的条款，保险人在订立合同时应当在投保单、保险单或者其他保险凭证上作出足以引起投保人注意的提示，并对该条款的内容以书面或者口头形式向投保人作出明确说明；未作提示或者明确说明的，该条款不产生效力。

保险人在其提供的保险合同格式条款中对非保险术语所作的解释符合专业意义，或虽不符合专业意义，但有利于投保人、被保险人或受益人，法院应认可。

对保险合同中免除保险人责任的条款（包括保险人提供的格式合同文本中的责任免除条款、免赔额、免赔率、比例赔付或给付等免除或减轻保险人责任的条款，不包括保险人因投保人、被保险人违反法定或约定义务，享有解除合同权利的条款），保险人在订立合同时应在投保单、保险单或其他保险凭证上作出足以引起投保人注意的提示（保险合同订立时，保险人在投保单或保险单等其他保险凭证上，对保险合同中免除保险人责任的条款，以足以引起投保人注意的文字、字体、符号或其他明显标志作出提示），并对该条款的内容以书面或口头形式向投保人作出明确说明（保险人对保险合同中有关免除保险人责任条款的概念、内容及其法律后果以书面或口头形式向投保人作出常人能理解的解释说明）；未作提示或明确说明（保险人在与投保人签订保险合同前或签订保险合同之时，对保险合同中所约定的免责条款，除了在保险单上提示投保人注意外，还应对有关免责条款的概念、内容及其法律后果等，以书面或口头形式向投保人或其代理人作出解释，以使投保人明了该条款的真实含义和法律后果），该条款不产生效力。

从《合同法》角度，提供格式条款一方对已尽合理提示及说明义务承担举证责任。具体如下：①采用格式条款（当事人为了重复使用而预先拟定，并在订立合同时未与对方协商的条款）订立合同，提供格式条款的一方应遵循公平原则确定当事人之间的权利和义务，并采取合理的方式（提供格式条款的一方对格式条款中免除或限制其责任的内容，在合同订立时采用足以引起对方注意的文字、符号、字体等特别标识，并按对方的要求对该格式条款予以说明）提请对方注意免除或限制其责任的条款，按对方的要求，对该条款予以说明。②格式条款具有合同中免责条款无效、合同无效的情形（造成对方人身伤害；因故意或重大过失造成对方财产损失；一方以欺诈、胁迫的手段订立合同，损害国家利益；恶意串通，损害国家、集体或第三人利益；以合法形式掩盖非法目的；损害社会公共利益；违反法律、行政法规的强制性规定），或提供格式条款一方免除其责任、加重对方责任、排除对方主要权利，该条款无效。③提供格式条款的一方当事人违反提示和说明义务的规定（采用格式条款订立合同，提供格式条款的一方应遵循公平原则确定当事人之间的权利和义务，并采取合理的方式提请对方注意免除或限制其责任的条款，按对方的要求，对该条款予以说明），导致对方没有注意到免除或限制其责任的条款，对方当事人申请撤销该格式条款，法院应支持。④提供格式条款的一方当事人违反提示和说明义务的规定，并具有格式条款具有合同无效、免责条款无效的情形，或提供格式条款一方免除其责任、加重对方责任、排除对方主要权利，该条款无效的情形之一，法院应认定该格式条款无效。⑤对格式条款的理解发生争议，应按通常理解予以解释。对格式条款有2种以上解释，应作出不利于提供格式条款一方的解释。格式条款和非格式条款不一致，应采用非格式条款（《合同法》第6条、第9条、第10条、第39~41条、第52条、第53条）。

从《保险法》角度，采用保险人提供的格式条款订立的保险合同，保险人与投保人、被保险人或受益人对合同条款有争议，应按通常理解予以解释。对合同条款有2种以上解释，法院或仲裁机构应作出有利于被保险人和受益人的解释。采用保险人提供的格式条款订立的保险合同中的2种条款无效的情形：①免除保险人依法应承担的义务或加重投保人、被保险人责任。②排除投保人、被保险人或受益人依法享有的权利。

从《保险法解释（二）》角度，保险人对其履行了明确说明义务负举证责任。投保人对保险人履行了符合保险人对保险合同中有关免除保险人责任条款的概念、内容及其法律后果以书面或口头形式向投保人作出常人能理解的解释说明要求的明确说明义务在相关文书上签字、盖章或以其他形式予以确认，应认定保险人履行了该项义务，但另有证据证明保险人未履行明确说明义务的除外。通过网络、电话等方式订立的保险合同，保险人以网页、音频、视频等形式对免除保险人责任条款予以提示和明确说明，法院可认定其履行了提示和明确说明义务。保险人将法律、行政法规中的禁止性规定情形作为保险合同免责条款的免责事由，保险人对该条款作出提示后，投保人、被保险人或受益人以保险人未履行明确说明义务为由主张该条款不生效，法院不支持。

从《保险法解释（三）》角度，保险人已向投保人履行了《保险法》规定的提示和明确说明义务，保险标的受让人以保险标的转让后保险人未向其提示或明确说明为由，主张免除保险人责任的条款不生效，法院不支持。

从《保险法解释（四）》角度，被保险人、受让人依法及时向保险人发出保险标的转让通知后，保险人做出答复前，发生保险事故，被保险人或受让人主张保险人按保险合同承担赔偿保险金的责任，法院应支持。

### 第 18 条 【保险合同的内容】

保险合同应当包括下列事项：

（一）保险人的名称和住所；

（二）投保人、被保险人的姓名或者名称、住所，以及人身保险的受益人的姓名或者名称、住所；

（三）保险标的；

（四）保险责任和责任免除；

（五）保险期间和保险责任开始时间；

（六）保险金额；

（七）保险费以及支付办法；

（八）保险金赔偿或者给付办法；

（九）违约责任和争议处理；

（十）订立合同的年、月、日。

投保人和保险人可以约定与保险有关的其他事项。

受益人是指人身保险合同中由被保险人或者投保人指定的享有保险金请求权的人。投保人、被保险人可以为受益人。

保险金额是指保险人承担赔偿或者给付保险金责任的最高限额。

从《合同法》角度，当事人可参照各类合同的示范文本订立合同。合同的内容由当事人约定，一般包括 8 种条款：当事人的名称或姓名和住所；标的；数量；质量；价款或报酬；履行期限、地点和方式；违约责任；解决争议的方法。

从《保险法解释（二）》角度，保险合同中记载的内容不一致，按以下 4 种规则认定：①投保单与保险单或其他保险凭证不一致，以投保单为准。但不一致的情形系经保险人说明并经投保人同意，以投保人签收的保险单或其他保险凭证载明的内容为准。②非格式条款与格式条款不一致，以非格式条款为准。③保险凭证记载的时间不同，以形成时间在后的为准。④保险凭证存在手写和打印 2 种方式，以双方签字、盖章的手写部分的内容为准。

### 第 19 条 【保险合同的无效的格式条款】

采用保险人提供的格式条款订立的保险合同中的下列条款无效：

（一）免除保险人依法应承担的义务或者加重投保人、被保险人责任的；

（二）排除投保人、被保险人或者受益人依法享有的权利的。

从《合同法》角度，格式条款具有合同无效、免责条款无效的 7 种情形（一方以欺诈、胁迫的手段订立合同，损害国家利益；恶意串通，损害国家、集体或第三人利益；以合法形式掩盖非法目的；损害社会公共利益；违反法律、行政法规的强制性规定；造成对方人身伤害；因故意或重大过失造成对方财产损失），或提供格式条款一方免除其责任、加重对方责任、排除对方主要权利，该条款无效。

因重大误解订立、在订立合同时显失公平的合同，当事人一方有权请求法院或仲裁机构变更或撤销。一方以欺诈、胁迫的手段或乘人之危，使对方在违背真实意思的情况下订立的合同，受损害方有权请求法院或仲裁机构变更或撤销；当事人请求变更的，法院或仲裁机构不得撤销。

从《保险法解释（二）》角度，保险人在其提供的保险合同格式条款中对非保险术语所作的解释符合专业意义，或虽不符合专业意义，但有利于投保人、被保险人或受益人，法院应认可。

**第 20 条 【保险合同的变更】**

投保人和保险人可以协商变更合同内容。

变更保险合同的，应当由保险人在保险单或者其他保险凭证上批注或者附贴批单，或者由投保人和保险人订立变更的书面协议。

从《合同法》角度，当事人协商一致，可变更合同。法律、行政法规规定变更合同应办理批准、登记等手续，依其规定。当事人对合同变更的内容约定不明确，推定为未变更。

**第 21 条 【出险后投保人、被保险人或受益人的通知义务（时间、内容、责任承担、除外责任）】**

投保人、被保险人或者受益人知道保险事故发生后，应当及时通知保险人。故意或者因重大过失未及时通知，致使保险事故的性质、原因、损失程度等难以确定的，保险人对无法确定的部分，不承担赔偿或者给付保险金的责任，但保险人通过其他途径已经及时知道或者应当及时知道保险事故发生的除外。

保险事故发生后，投保人、被保险人或受益人以伪造、变造的有关证明、资料或其他证据，编造虚假的事故原因或夸大损失程度，保险人对其虚报的部分不承担赔偿或给付保险金的责任。

投保人、被保险人或受益人有投保人故意虚构保险标的，骗取保险金；编造未曾发生的保险事故，或编造虚假的事故原因或夸大损失程度，骗取保险金；故意造成保险事故，骗取保险金 3 种行为之一，进行保险诈骗活动，尚不构成犯罪，依法给予行政处罚。保险事故的鉴定人、评估人、证明人故意提供虚假的证明文件，为投保人、被保险人或受益人进行保险诈骗提供条件，依前款规定给予处罚。

投保人故意不履行如实告知义务，保险人对合同解除前发生的保险事故，不承担赔偿或给付保险金的责任，并不退还保险费。投保人因重大过失未履行如实告知义务，对保险事故的发生有严重影响，保险人对合同解除前发生的保险事故，不承担赔偿或给付保险金的责任，但应退还保险费。保险人在保险合同成立后知道或应知道投保人未履行如实告知义务，仍收取保险费，又根据投保人故意或因重大过失未履行如实告知义务主张解除合同，法院不支持。订立保险合同，保险人就保险标的或被保险人的有关情况提出询问，投保人应履行如实告知（保险合同订立时，投保人明知的与保险标的或被保险人有关的情况）的义务，若投保人故意隐瞒足以影响保险人决定是否同意承保或提高保险费率事项，保险人有权解除合同，但若保险人在合同订立时已知道投保人未如实告知的情况，保险人不得解除合同；发生保险事故，保险人应承担赔偿或给付保险金的责任。

《关于加强寿险诈骗风险防范的通知》（保监寿险〔2012〕650号）要求：①各公司要严格执行收付费管理规定，采取有效措施识别客户身份，通过银行等资金支付系统转账收付费应对投保人、被保险人或受益人的账户信息进行核对，确保收付费对象与保险合同载明的信息一致。②各公司在与保险代理机构签订代理合同中应约定有关禁止代理机构误导宣传的条款，明确界定代理机构的责任，定期对代理机构服务质量进行评估，防止出现销售误导行为。③各公司要不断完善佣金管理制度，合理厘定佣金率水平，防止产生销售人员利用佣金管理漏洞进行套利的行为。④各公司要加强内部风险管理，定期梳理业务操作流程，查找存在的漏洞，制定完善的业务操作流程并严格执行。

**第22条 【出险后投保人、被保险人或受益人提供资料的义务】**

保险事故发生后，按照保险合同请求保险人赔偿或者给付保险金时，投保人、被保险人或者受益人应当向保险人提供其所能提供的与确认保险事故的性质、原因、损失程度等有关的证明和资料。

保险人按照合同的约定，认为有关的证明和资料不完整的，应当及时一次性通知投保人、被保险人或者受益人补充提供。

从《保险法解释（二）》角度，行政管理部门依据法律规定制作的交通事故认定书、火灾事故认定书等，法院应依法审查并确认其相应的证明力，但有相反证据能推翻的除外。

保险人主张扣除投保人、被保险人或受益人补充提供有关证明和资料期间，法院应支持。扣除期间自保险人根据《保险法》第22条作出的通知到达投保人、被保险人或受益人之日起，至投保人、被保险人或受益人按通知要求补充提供的有关证明和资料到达保险人之日止。

**第23条 【保险事故的保险责任的核定赔偿】**

保险人收到被保险人或者受益人的赔偿或者给付保险金的请求后，应当及时作出核定；情形复杂的，应当在三十日内作出核定，但合同另有约定的除外。保险人应当将核定结果通知被保险人或者受益人；对属于保险责任的，在与被保险人或者受益人达成赔偿或者给付保险金的协议后十日内，履行赔偿或者给付保险金义务。保险合同对赔偿或者给付保险金的期限有约定的，保险人应当按照约定履行赔偿或者给付保险金义务。

保险人未及时履行前款规定义务的，除支付保险金外，应当赔偿被保险人或者受益人因此受到的损失。

任何单位和个人不得非法干预保险人履行赔偿或者给付保险金的义务，也不得限制被保险人或者受益人取得保险金的权利。

从《保险法解释（一）》角度，《保险法》施行前，保险人收到赔偿或给付保险金的请求，《保险法》施行后，适用《保险法》第 23 条规定的保险人应在 30 日内作出核定。

《关于太原市中级人民法院咨询保险法律问题的复函》（保监函〔2001〕211 号）提出：①根据《保险法》规定，保险标的的保险价值有 2 种确定方式，既可由投保人和保险人约定并在合同中载明，也可按保险事故发生时保险标的的实际价值确定。若投保人和保险人在保险合同中约定并载明保险标的的保险价值，出险后保险标的的保险价值仍应以合同约定为准。②《保险法》规定，保险金额是保险人承担赔偿或给付保险金责任的最高限额。保险金额的确定应以保险价值为基础。若保险金额超过保险价值，根据《保险法》，超过的部分无效。③目前，中国的《保险法》中并无定值保险的明确规定。定值保险是学理上的概念，即投保人和保险人在保险合同中约定并载明保险标的的保险价值，出险后根据该保险价值确定的保险金额进行理赔，而不考虑保险标的在保险事故发生时的实际价值。④保险公估报告并不具有当然的法律效力，只有在双方委托人一致认可的情况下才对双方产生约束力。保险公估报告无公估人员的签名，并不一定影响该公估报告的效力。⑤对中途终止委托保险公估公司进行公估的问题，有关保险法规中并未作出规定，应按委托公估合同的约定或《合同法》的有关规定执行。公估终止后，并不必然影响此前作出的有关部分保险标的的公估报告的效力。

**第 24 条 【保险人拒绝赔付的条件和理由】**

保险人依照本法第二十三条的规定作出核定后，对不属于保险责任的，应当自作出核定之日起三日内向被保险人或者受益人发出拒绝赔偿或者拒绝给付保险金通知书，并说明理由。

保险人对于收到被保险人或者受益人的赔偿或者给付保险金的请求，经核定认为不属于保险责任的，需在做出决定后的 3 日内，以书面通知索赔申请人，并要附上拒绝赔偿或拒绝赔付的理由。这里须注意两点：①时间上保险人需在做出决定后的 3 日内通知索赔申请人。②必须以书面形式通知。

**第 25 条 【保险人的先行赔付】**

保险人自收到赔偿或者给付保险金的请求和有关证明、资料之日起六十日内，对其赔偿或者给付保险金的数额不能确定的，应当根据已有证明和资料可以确定的数额先予支付；保险人最终确定赔偿或者给付保险金的数额后，应当支付相应的差额。

保险人、赔偿请求权人已达成共识的部分数额，要予以先行赔付；保险人、赔偿请求权人未对数额达成共识，保险人有义务根据有关证明和资料自行确定一个数额。

**第 26 条 【保险事故的诉讼时效】**

人寿保险以外的其他保险的被保险人或者受益人，向保险人请求赔偿或者给付保险金的诉讼时效期间为二年，自其知道或者应当知道保险事故发生之日起计算。

人寿保险的被保险人或者受益人向保险人请求给付保险金的诉讼时效期间为五年，自其知道或者应当知道保险事故发生之日起计算。

人寿保险以外的其他保险主要指财产保险、健康保险、人身意外伤害保险、年金保险等。向保险人请求赔偿或者给付保险金的诉讼时效期间指被保险人或受益人请求权的诉讼时效。被保险人或受益人依据保险合同，对保险人请求保险金赔付的索赔时限，法理上属于请求权消灭时效。

从《民法通则》《民法总则》角度，诉讼时效期间从知道或应知道权利被侵害时起计算，但从权利被侵害之日起超过20年，法院不保护；有特殊情况，法院可延长诉讼时效期间。超过诉讼时效期间，当事人自愿履行，不受诉讼时效限制。在诉讼时效期间的最后6个月内，因不可抗力或其他障碍不能行使请求权，诉讼时效中止。从中止时效的原因消除之日起，诉讼时效期间继续计算。诉讼时效因提起诉讼、当事人一方提出要求或同意履行义务而中断。从中断时起，诉讼时效期间重新计算。法律对诉讼时效另有规定的，依法律规定。

从《合同法》的角度，因国际货物买卖合同和技术进出口合同争议提起诉讼或申请仲裁的期限为4年，自当事人知道或应知道其权利受到侵害之日起计算。因其他合同争议提起诉讼或申请仲裁的期限，依有关法律的规定。

保险合同的理赔时效2年、5年期限，是指被保险人或受益人依据保险合同，对保险人请求保险金赔付的索赔时限，法理上属于请求权消灭时效，不同于《民法通则》规定的向法院请求保护民事权利的诉讼时效，两者并不冲突，各自产生独立的法律效果。

**第27条　【保险人的合同解除权】**

未发生保险事故，被保险人或者受益人谎称发生了保险事故，向保险人提出赔偿或者给付保险金请求的，保险人有权解除合同，并不退还保险费。

投保人、被保险人故意制造保险事故的，保险人有权解除合同，不承担赔偿或者给付保险金的责任；除本法第四十三条规定外，不退还保险费。

保险事故发生后，投保人、被保险人或者受益人以伪造、变造的有关证明、资料或者其他证据，编造虚假的事故原因或者夸大损失程度的，保险人对其虚报的部分不承担赔偿或者给付保险金的责任。

投保人、被保险人或者受益人有前三款规定行为之一，致使保险人支付保险金或者支出费用的，应当退回或者赔偿。

从《海商法》角度，对被保险人故意造成的损失，保险人不负赔偿责任。除合同另有约定外，因航行迟延、交货迟延或行市变化；货物的自然损耗、本身的缺陷和自然特性；包装不当的3种原因之一造成货物损失，保险人不负赔偿责任。除合同另有约定外，因船舶开航时不适航，但在船舶定期保险中被保险人不知道的除外；船舶自然磨损或锈蚀的2种原因之一造成保险船舶损失或运费保险，保险人不负赔偿责任。

投保人、被保险人或受益人有未发生保险事故，被保险人或受益人谎称发生了保险事故；故意制造保险事故；故意造成被保险人死亡、伤残、疾病，或者故意杀害被保险人未遂的违法犯罪行为之一，致使保险人支付保险金或支出费用，应当退回或者赔偿。

《关于对〈保险法〉有关索赔时限理解问题的批复》（保监复〔2000〕304号）明确：①《保险法》第26条规定的索赔时限，是一种权利消灭时效。在中国其他民商事法律中，类似的问题一般是定为诉讼时效（消灭时效的一种），因此在司法实践中，上述规定往往作为诉讼时效来对待。退一步讲，即使不视为诉讼时效，作为一种消灭时效，也是法律的强制性规定，当事人不得以约定的方式排除其适用或对其进行更改。②某些保险条款中索赔时限、通知期限等诸如此类不是一种时效规定，应理解为是合同当事人约定的一项合同义务。投保人或被保险人违反此项义务的责任应根据合同的约定及其违约所造成实际后果来确定，并不必然导致保险金请求权的丧失或放弃；此外，保险条款中的此类约定不得与法律诉讼时效或权利消灭时效的强制性规定相抵触，尤其不能违反公平原则。

《关于部分涉外财产保险条款索赔时效问题的批复》（保监办复〔2003〕8号）明确：①涉外保险合同中的海上保险合同，优先适用《海商法》的规定。②涉外保险合同的法律适用，依据中国有关法律规定予以确认。③保险条款的变更和重新备案，应按中国保监会有关保险条款费率管理办法规定的程序办理。

### 第28条 【再保险的概念】

保险人将其承担的保险业务，以分保形式部分转移给其他保险人的，为再保险。

应再保险接受人的要求，再保险分出人应当将其自负责任及原保险的有关情况书面告知再保险接受人。

分保为保险人将其承担的保险业务，部分转移给其他保险人的经营行为。再保险分出人是指将其承担的保险业务，部分转移给其他保险人的保险人。

从《再保险业务管理规定》（保监令〔2015〕3号）角度，直接保险（原保险）、再保险（分保）、转分保、合约分保、临时分保、比例再保险、非比例再保险具有关联性、互补性、差异性。具体为：①直接保险相对再保险而言，是由投保人与保险人直接订立保险合同的保险业务。②转分保是再保险接受人将其分入的保险业务，转移给其他保险人的经营行为。③合约分保是保险人与其他保险人预先订立合同，约定将一定时期内其承担的保险业务，部分向其他保险人办理再保险的经营行为。④临时分保是保险人临时与其他保险人约定，将其承担的保险业务，部分向其他保险人办理再保险的经营行为。⑤比例再保险是以保险金额为基础确定再保险分出人自留额和再保险接受人分保额的再保险方式。⑥非比例再保险是以赔款金额为基础确定再保险分出人自负责任和再保险接受人分保责任的再保险方式。

在中国境内（不含港、澳、台地区）设立的保险人、保险联合体（为了处理单个保险人无法承担的特殊风险或巨额保险业务，或按国际惯例，由2个或2个以上保险人联合组成、按其章程约定共同经营保险业务的组织）以及保险经纪人（接受再保险分出人委托，基于再保险分出人利益，为再保险分出人与再保险接受人办理再保险业务提供中介服务，并按约定收取佣金的保险经纪机构）或其他保险机构办理再保险业务，应遵守《再保险业务管理规定》。具体如下：①保险联合体应在每年4月30日前，向中国保监会报告上一年度的财务报告、业务分析报告以及与境外再保险交易情况。②政策性保险公司办理再保险业务参照适用《再保险业务管理规定》。不能适用《再保险业务管理规定》的，政策性保险公司应在3个月内向中国保监会报告有关情况。③外国再保险公司分公司应按要求向中国保监会提交3种报告：一是在每年7月31日前，提交其总公司注册地保险监督管理机构根据当地法律出具的有关其总公司偿付能力状况的意见书或经营状况意见书。二是在每年12月31日前，提交其总公司下一年度授权的承保权限和自留保费额度。三是在每年1月31日和7月31日前，提交有关转分保业务情况的报告，包括转分保分入公司名称、业务种类、合同形式、分出保费、摊回赔款以及摊回手续费等。④外资保险公司应定期向中国保监会提交2种材料：一是外资保险公司与关联企业签订合约再保险合同后，应在合同生效后1个月，将再保险合同简要文本（Slip）上报中国保监会；同时，在每季度结束后1个月内，将上季度与关联企业签订的生效的临分再保险合同简要文本（Slip）上报中国保监会。二是外资保险公司应对其与每1个关联企业的再保险交易进行单独统计，并按中国保监会的要求报送相关资料。⑤直接保险公司应将重大保险赔案（在一次保险事故中，财产损失赔偿在5000万元以上，或人身伤亡赔付在3000万元以上的理赔案件）及其再保险安排情况、再保险政策的重大调整等情况，及时向中国保监会报告。⑥直接保险公司应在每年4月30日前，向中国保监会提交4种材料：一是以比例再保险方式分出财产险直接保险业务时，除航空航天保险、核保险、石油保险、信用保险外，上一会计年度办理合约分保和临时分保，每一危险单位分给同一家再保险接受人的业务，超过再保险分出人承保直接保险合同部分的保险金额或责任限额50%的交易情况。二是本会计年度合约分保中，对4月30日之后签署的合约，应于合约生效后1个月内上报5种资料：合约名称及有效期；续转或新签情况；再保险合约文本复印件。其中，对人身保险公司，只需上报新增的或有变动的再保险合约文本复印件；直接分出情况：再保险接受人名称（注明首席接受人或最大份额接受人）及份额、资本金、资本公积、信用评级、签约再保险接受人所在国家或地区；经纪人安排情况：经纪人名称、份额、所在国家或地区，通过经纪人分出的再保险接受人的有关情况，包括再保险接受人的名称（注明首席接受人或最大份额接受人）及份额、资本金、资本公积、信用评级、签约再保险接受人所在国家或地区。三是财产保险公司上一会计年度以及本会计年度每一危险单位的最大净自留额。四是财产保险公司、人身保险公司本会计年度再保险安排的变动情况，主要包括再保合约的增加或减少、合约分保首席接受人或最大份额接受人的变化等。⑦财产保险公司应建立再保险信息定期报告制度，按中国保监会相关规定于每季度结束后一周内，将上一季度有关情况上报中国保监会。⑧保险公司应在每年

4月30日前，向中国保监会提交2种报告：一是上一会计年度再保险业务经营情况，主要从再保险业务规模、手续费以及摊回、赔款以及摊回等分入、分出2方面表述。二是总精算师或精算责任人签署的、有关再保险业务的各类准备金提取办法和金额。

再保险业务分为寿险再保险、非寿险再保险。保险人对寿险再保险和非寿险再保险应单独列账、分别核算。具体要求有：①保险人、保险联合体和保险经纪人办理再保险业务，应遵循审慎和最大诚信原则。保险人和保险经纪人可利用金融工具开发设计新型风险转移产品。保险人应按有关规定向中国保监会报告。中国境内的专业再保险接受人，应配备在中国境内有住所的专职再保险核保人和再保险核赔人。保险经纪人从事再保险经纪业务，不得损害保险人的信誉和合法权益。保险经纪人可根据业务需求引进或设计再保险合同。保险经纪人应按与再保险分出人的约定，及时寄送账单、结算再保险款项以及履行其他义务，不得挪用或截留再保险费、摊回赔款、摊回手续费以及摊回费用。保险经纪人应将再保险接受人的有关信息及时、准确地告知再保险分出人。应再保险接受人的要求，保险经纪人应按与再保险分出人的约定，将其知道的再保险分出人的自留责任以及直接保险的有关情况书面告知再保险接受人。应再保险分出人或再保险接受人的要求，保险经纪人应按合同约定配合进行赔案的理赔工作。②再保险分出人、再保险接受人和保险经纪人，对在办理再保险业务中知悉的商业秘密，应负有保密义务。再保险分出人应将影响再保险定价和分保条件的重要信息向再保险接受人书面告知。再保险合同成立后，再保险分出人应及时向再保险接受人提供重大赔案信息、赔款准备金等对再保险接受人的准备金建立及预期赔付有重大影响的信息。③中国保监会依法对再保险业务实施监督和管理，鼓励保险人、保险联合体和保险经纪人积极为农业保险和地震、台风、洪水等巨灾保险提供保险及再保险服务。

保险人应依《保险法》规定，确定当年总自留保险费和每一危险单位自留责任；超过的部分，应办理再保险。具体要求有：①保险人办理再保险业务，应按精算的原理、方法，评估各项准备金，并按中国保监会有关规定准确、足额提取和结转各项准备金。对同一笔寿险业务，在法定责任准备金下，再保险接受人与再保险分出人在评估准备金时，应采用一致的评估方法与假设。②保险人偿付能力报告中涉及再保险业务的内容，应符合保险公司偿付能力报告编报规则的要求。③保险人应按中国保监会的规定办理再保险，并审慎选择再保险接受人，选择再保险接受人应符合中国保监会的有关规定。④保险人对危险单位的划分应符合中国保监会的相关规定，并于每年3月31日前，将危险单位的划分方法报中国保监会备案。⑤保险人应根据实际情况，科学、合理安排巨灾再保险，并于每年6月30日前，将巨灾风险安排方案报中国保监会备案。

除航空航天保险、核保险、石油保险、信用保险外，直接保险公司办理合约分保或临时分保，应符合2种规定：①以比例再保险方式分出财产险（以财产及其有关利益为保险标的的保险）直接保险业务时，每一危险单位分给同一家再保险接受人的比例，不得超过再保险分出人承保直接保险合同部分的保险金额或责任限额的80%。

②每一临时分保合同分给投保人关联企业的保险金额或责任限额，不得超过直接保险业务保险金额或责任限额的20%。

### 第29条 【再保险和原保险的独立性】

再保险接受人不得向原保险的投保人要求支付保险费。

原保险的被保险人或者受益人不得向再保险接受人提出赔偿或者给付保险金的请求。

再保险分出人不得以再保险接受人未履行再保险责任为由，拒绝履行或者迟延履行其原保险责任。

- 原保险即直接保险，指由投保人与保险人直接订立保险合同的保险业务。

### 第30条 【保险合同的格式条款的解释】

采用保险人提供的格式条款订立的保险合同，保险人与投保人、被保险人或者受益人对合同条款有争议的，应当按照通常理解予以解释。对合同条款有两种以上解释的，人民法院或者仲裁机构应当作出有利于被保险人和受益人的解释。

例如，保险公司以保险合同格式条款限定被保险人患病时的治疗方式，既不符合医疗规律，也违背保险合同签订的目的。被保险人有权根据自身病情选择最佳的治疗方式，而不必受保险合同关于治疗方式的限制。保险公司不能以被保险人无选择保险合同指定的治疗方式而免除自己的保险责任。

## 第2节 人身保险合同

### 第31条 【保险利益的范围、不具有保险利益的法律后果】

投保人对下列人员具有保险利益：

（一）本人；

（二）配偶、子女、父母；

（三）前项以外与投保人有抚养、赡养或者扶养关系的家庭其他成员、近亲属；

（四）与投保人有劳动关系的劳动者。

除前款规定外，被保险人同意投保人为其订立合同的，视为投保人对被保险人具有保险利益。

订立合同时，投保人对被保险人不具有保险利益的，合同无效。

《关于单位能否为员工投保个人保险产品的复函》（保监厅函〔2010〕111号）规定，个人人身保险只能由个人投保，保险公司不得接受机关、社会团体、企事业单位作为投保人，用个人人身保险条款为个人投保。新修订的《保险法》的施行并不影响该条效力。

从《保险法》《保险法解释（二）》角度，人身保险的投保人在保险合同订立时，对被保险人应具有保险利益。财产保险的被保险人在保险事故发生时，对保险标的应具有保险利益。人身保险中，因投保人对被保险人不具有保险利益导致保险合同无效，投保人主张保险人退还扣减相应手续费后的保险费，法院应支持。财产保险中，不同投保人就同一保险标的分别投保，保险事故发生后，被保险人在其保险利益范围内依据保险合同主张保险赔偿，法院应支持。

### 第32条　【申报年龄不实的法律后果】

投保人申报的被保险人年龄不真实，并且其真实年龄不符合合同约定的年龄限制的，保险人可以解除合同，并按照合同约定退还保险单的现金价值。保险人行使合同解除权，适用本法第十六条第三款、第六款的规定。

投保人申报的被保险人年龄不真实，致使投保人支付的保险费少于应付保险费的，保险人有权更正并要求投保人补交保险费，或者在给付保险金时按照实付保险费与应付保险费的比例支付。

投保人申报的被保险人年龄不真实，致使投保人支付的保险费多于应付保险费的，保险人应当将多收的保险费退还投保人。

本条对投保人不如实申报被保险人的年龄的法律后果做了规定。具体为：①当被保险人的真实年龄不符合同约定的年龄限制，保险人有权解除合同。②被保险人的真实年龄比申报的年龄大时，保险人有权要求投保人按被保险人的实际年龄补交保险费。③当被保险人的实际年龄小于申报的年龄，投保人因此多交了保险费，保险人应当将多收的保险费退还投保人。

### 第33条　【死亡保险的限制条件】

投保人不得为无民事行为能力人投保以死亡为给付保险金条件的人身保险，保险人也不得承保。

父母为其未成年子女投保的人身保险，不受前款规定限制。但是，因被保险人死亡给付的保险金总和不得超过国务院保险监督管理机构规定的限额。

从《民法总则》角度，自然人分为完全民事行为能力人、限制民事行为能力人、无民事行为能力人。具体为：①成年人为完全民事行为能力人，可独立实施民事法律行为。16周岁以上的未成年人，以自己的劳动收入为主要生活来源的，视为完全民事行为能力人。②8周岁以上的未成年人（不满18周岁的自然人）为限制民事行为能力人，实施民事法律行为由其法定代理人代理或经其法定代理人同意、追认，但可独立实施纯获利益的民事法律行为或与其年龄、智力相适应的民事法律行为。不能完全辨认自己行为的成年人为限制民事行为能力人，实施民事法律行为由其法定代理人代理或经其法定代理人同意、追认，但可独立实施纯获利益的民事法律行为或与其智力、精神健康状况相适应的民事法律行为。③不满8周岁的未成年人为无民事行为能力人，由其法定代理人代理实施民事法律行为。不能辨认自己行为的成年人（18周岁以上的自然人）、8周岁以上的未成年人为无民事行为能力人，由其法定代理人代理实施民事法律行为。

无民事行为能力人、限制民事行为能力人的监护人是其法定代理人。不能辨认或不能完全辨认自己行为的成年人，其利害关系人或有关组织（居委会、村委会、学校、医疗机构、妇联、残联、依法设立的老年人组织、民政部门等），可向法院申请认定该成年人为无民事行为能力人或限制民事行为能力人。被法院认定为无民事行为能力人或限制民事行为能力人的，经本人、利害关系人或有关组织申请，法院可根据其智力、精神健康恢复的状况，认定该成年人恢复为限制民事行为能力人或完全民事行为能力人。

从《民事诉讼法》及其解释角度，认定公民无民事行为能力、限制民事行为能力案件具有法定性、特定性。具体规定为：①申请认定公民无民事行为能力或限制民事行为能力，由其近亲属或其他利害关系人向该公民住所地基层法院提出。②认定公民无民事行为能力或限制民事行为能力申请书应写明该公民无民事行为能力或限制民事行为能力的事实、根据。③在民事诉讼中，当事人的利害关系人提出该当事人患有精神病，要求宣告该当事人无民事行为能力或限制民事行为能力，应由利害关系人向法院提出申请，由受诉法院按特别程序立案审理，原诉讼中止。④法院受理申请后，必要时应对被请求认定为无民事行为能力或限制民事行为能力的公民进行鉴定。申请人已提供鉴定意见，应对鉴定意见进行审查。⑤法院审理认定公民无民事行为能力或限制民事行为能力的案件，应由该公民的近亲属为代理人，以申请人为例外。无民事行为能力或限制民事行为能力的公民的近亲属互相推诿，由法院指定其中1人为代理人。无民事行为能力或限制民事行为能力的公民健康情况许可，应询问本人意见。⑥法院经审理认定申请有事实根据，判决该公民为无民事行为能力或限制民事行为能力人。认定申请无事实根据，应判决驳回。⑦申请认定公民无民事行为能力或限制民事行为能力的案件，被申请人无近亲属，法院可指定其他亲属为代理人，否则被申请人无亲属，法院可指定经被申请人所在单位或住所地的居委会、村委会同意，且愿意担任代理人的关系密切的朋友为代理人。⑧被申请认定公民无民事行为能力或限制民事行为能力的人无亲属、近亲属、愿意担任代理人的关系密切的朋友的代理人，由被申请人所在单位或住所地的居委会、村委会或民政部门担任代理人。⑨被申请认定公民无民事行为能力或限制民事行为能力的人的代理人可为1人或同一顺序中的2人。⑩当事人申请司法确认调解协议，可采用书面形式或口头形式。当事人口头申请，法院应记入笔录，并由当事人签名、捺印或盖章；应向法院提交调解协议、调解组织主持调解的证明，与调解协议相关的财产权利证明等材料，并提供双方当事人的身份、住所、联系方式等基本信息，当事人未提交材料，法院应要求当事人限期补交。⑪当事人申请司法确认调解协议，法院裁定不受理的5种基本情形：一是不属于法院受理范围。二是不属于收到申请的法院管辖。三是申请确认婚姻关系、亲子关系、收养关系等身份关系无效、有效或解除。四是涉及适用其他特别程序、公示催告程序、破产程序审理。五是调解协议内容涉及物权、知识产权确权。⑫当事人申请司法确认调解协议，法院受理申请后，发现有不受理的情形，应裁定驳回当事人的申请。⑬申请司法确认调解协议的法院管辖具有类型性、多样性、复杂性。表现为：一是根据《民事诉讼法》第58条有资格作为民诉代理人的5种人：当事人、法定代理人可委托1～2人作为诉讼代理人；律师、当事人的近亲属（当事人的配偶、父母、子女、兄弟姐妹、祖父母、外祖父母、孙子女、外孙子女）；有关的社会团体或所在单位（村委会、居委会等）推荐的人；经法院许可的其他公民，都可被委托为诉讼代理人，申请司法确认调解协议，双方当事人应向本人或代理人调解组织所在地基层法院或法庭提出申请。二是2个以上调解组织参与调解，各调解组织所在地基层法院均有管辖权。三是双方当事人可共同向其中一个调解组织所在地基层法院提出申请。四是双方当事人共同向2个以上调解组织所在地基层法院提出申请，由最先立案的法院管辖。⑭法院审查当事人申请司法确认调解协议的相关情况时，应通知双方当事人共同到场对案件进行核实。具体情形如下：一是法院经审查，认为当事人的陈述或提供的证明材料不充分、不完备或有疑义，可要求当事人限期补充陈述或补充证明材料。二是必要时，法院可向调解组织核实有关情况。三是确认调解协议的裁定作出前，当事人撤回申请，法院可裁定准许。四是当事人无正当理由未在限期内补充陈述、补充证明材料或拒不接受询问，法院可按撤回申请处理。五是法院经审查，应裁定驳回申请调解协议的情形：违反法律强制性规定。损害国家利益、社会公共利益、他人合法权益。违背公序良俗。违反自愿原则。内容不明确。其他不能进行司法确认的情形。⑮法院根据被认定为无民事行为能力人、限制民事行为能力人或他的监护人的申请，证实该公民无民事行为能力或限制民事行为能力的原因已消除，应作出新判决，撤销原判决。⑯被指定的监护人不服指定，应自接到通知之日起30日内向法院提出异议。A. 经审理，认为指定并无不当，裁定驳回异议。B. 指定不当，判决撤销指定，同时另行指定监护人。C. 判决书应送达异议人、原指定单位及判决指定的监护人。

从《保险法解释（三）》角度，未成年人父母外的其他履行监护职责的人为未成年人订立以死亡为给付保险金条件的合同，当事人主张参照《保险法》第33条第2款（父母为其未成年子女投保的人身保险，不受投保人不得为无民事行为能力人投保以死亡为给付保险金条件的人身保险，保险人也不得承保的限制，但因被保险人死亡给付的保险金总和不得超过国务院保险监督管理机构规定的限额）、第34条第3款（父母为其未成年子女投保的人身保险，不受以死亡为给付保险金条件的合同，未经被保险人同意并认可保险金额，合同无效的限制）认定该合同有效，法院不支持，但经未成年人父母同意的除外。被保险人死亡，继承保险标的的当事人主张承继被保险人的权利和义务，法院应支持。

《关于父母为其未成年子女投保以死亡为给付保险金条件人身保险有关问题的通知》（保监发〔2015〕90号）要求：

一、对于父母为其未成年子女投保的人身保险，在被保险人成年之前，各保险合同约定的被保险人死亡给付的保险金额总和、被保险人死亡时各保险公司实际给付的保险金总和按以下限额执行：

（一）对于被保险人不满 10 周岁的，不得超过人民币 20 万元。

（二）对于被保险人已满 10 周岁但未满 18 周岁的，不得超过人民币 50 万元。

二、对于投保人为其未成年子女投保以死亡为给付保险金条件的每一份保险合同，以下三项可以不计算在前款规定限额之中：

（一）投保人已交保险费或被保险人死亡时合同的现金价值；对于投资连结保险合同、万能保险合同，该项为投保人已交保险费或被保险人死亡时合同的账户价值。

（二）合同约定的航空意外死亡保险金额。此处航空意外死亡保险金额是指航空意外伤害保险合同约定的死亡保险金额，或其他人身保险合同约定的航空意外身故责任对应的死亡保险金额。

（三）合同约定的重大自然灾害意外死亡保险金额。此处重大自然灾害意外死亡保险金额是指重大自然灾害意外伤害保险合同约定的死亡保险金额，或其他人身保险合同约定的重大自然灾害意外身故责任对应的死亡保险金额。

三、保险公司在订立保险合同前，应向投保人说明父母为其未成年子女投保以死亡为给付保险金条件人身保险的有关政策规定，询问并记录其未成年子女在本公司及其他保险公司已经参保的以死亡为给付保险金条件人身保险的有关情况。各保险合同约定的被保险人死亡给付的保险金额总和已经达到限额的，保险公司不得超过限额继续承保；尚未达到限额的，保险公司可以就差额部分进行承保，保险公司应在保险合同中载明差额部分的计算过程。

四、保险公司应在保险合同中明确约定因未成年人死亡给付的保险金额，不得以批单、批注（包括特别约定）等方式改变保险责任或超过本通知规定的限额进行承保。

五、保险公司应积极引导投保人树立正确的保险理念，在注重自身保险保障的基础上，为未成年人购买切合实际的人身保险产品。

### 第 34 条 【死亡保险合同的订立、转让】

以死亡为给付保险金条件的合同，未经被保险人同意并认可保险金额的，合同无效。

按照以死亡为给付保险金条件的合同所签发的保险单，未经被保险人书面同意，不得转让或者质押。

父母为其未成年子女投保的人身保险，不受本条第一款规定限制。

从《保险法》角度，保险人向第三者行使代位请求赔偿的权利时，被保险人应向保险人提供必要的文件和所知道的有关情况。

从《保险法解释（三）》角度，当事人订立以死亡为给付保险金条件的合同，根据《保险法》第 34 条，"被保险人同意并认可保险金额"可采取书面形式、口头形式或其他形式；可在合同订立时作出，也可在合同订立后追认。应认定为被保险人同意投保人为其订立保险合同并认可保险金额的 3 种情形：被保险人明知他人代其签名同意而未表示异议；被保险人同意投保人指定的受益人；有证据足以认定被保险人同意投保人为其投保的其他情形。被保险人以书面形式通知保险人和投保人撤销其依据

《保险法》第 34 条第 1 款（以死亡为给付保险金条件的合同，未经被保险人同意并认可保险金额的，合同无效）作出的同意意思表示，可认定为保险合同解除。

法院审理人身保险合同纠纷案件时，应主动审查投保人订立保险合同时是否具有保险利益，以及以死亡为给付保险金条件的合同是否经过被保险人同意并认可保险金额。

投保人为被保险人订立以死亡为给付保险金条件的保险合同，被保险人被宣告死亡后，当事人要求保险人按保险合同约定给付保险金，法院应支持。

被保险人被宣告死亡之日在保险责任期间外，但有证据证明下落不明之日在保险责任期间内，当事人要求保险人按保险合同约定给付保险金，法院应支持。

未成年人父母之外的其他履行监护职责的人为未成年人订立以死亡为给付保险金条件的合同，当事人主张参照《保险法》第 33 条第 2 款（父母为其未成年子女投保的人身保险，不受前款规定限制。但是，因被保险人死亡给付的保险金总和不得超过国务院保险监督管理机构规定的限额）、第 34 条第 3 款（父母为其未成年子女投保的人身保险，不受本条第一款规定限制）的规定认定该合同有效，法院不支持，但经未成年人父母同意的除外。

保险合同订立后，因投保人丧失对被保险人的保险利益，当事人主张保险合同无效的，法院不支持。

保险合同订立时，被保险人根据保险人的要求在指定医疗服务机构进行体检，当事人主张投保人如实告知义务免除，法院不支持。

保险人知道被保险人的体检结果，仍以投保人未就相关情况履行如实告知义务为由要求解除合同的，法院不支持。

从《合同法》角度，债权人可将合同的权利全部或部分转让给第三人，但有根据合同性质不得转让、按当事人约定不得转让、依法律规定不得转让 3 种情形之一的除外。权利和义务一并转让适用《保险法》第 79 条、第 81~83 条、第 85~87 条的规定。具体为：①权利和义务一并转让、债权人可将合同的权利全部或部分转让给第三人，但有根据合同性质不得转让、按当事人约定不得转让、依法律规定不得转让 3 种情形之一的除外。②权利和义务一并转让、债权人转让权利，受让人取得与债权有关的从权利，但该从权利专属于债权人自身的除外。③权利和义务一并转让、债务人接到债权转让通知后，债务人对让与人的抗辩，可向受让人主张。④权利和义务一并转让、债务人接到债权转让通知时，债务人对让与人享有债权，并且债务人的债权先于转让的债权到期或同时到期，债务人可向受让人主张抵销。债务人转移义务，新债务人可主张原债务人对债权人的抗辩。⑤权利和义务一并转让、债务人转移义务，新债务人应承担与主债务有关的从债务，但该从债务专属于原债务人自身的除外。⑥权利和义务一并转让、法律、行政法规规定转让权利或转移义务应办理批准、登记等手续，依其规定。

### 第 35 条 【保险费的支付】

投保人可以按照合同约定向保险人一次支付全部保险费或者分期支付保险费。

从《保险法解释（三）》角度，当事人以被保险人、受益人或他人已代为支付保险费为由，主张投保人对应的交费义务已履行，法院应支持。

### 第 36 条 【逾期支付当期保险费的法律后果】

合同约定分期支付保险费，投保人支付首期保险费后，除合同另有约定外，投保人自保险人催告之日起超过三十日未支付当期保险费，或者超过约定的期限六十日未支付当期保险费的，合同效力中止，或者由保险人按照合同约定的条件减少保险金额。

被保险人在前款规定期限内发生保险事故的，保险人应当按照合同约定给付保险金，但可以扣减欠交的保险费。

从《保险法解释（三）》角度，保险合同效力依《保险法》第 36 条（合同约定分期支付保险费，投保人支付首期保险费后，除合同另有约定外，投保人自保险人催告之日起超过三十日未支付当期保险费，或者超过约定的期限六十日未支付当期保险费的，合同效力中止，或者由保险人按合同约定的条件减少保险金额）中止，投保人提出恢复效力申请并同意补交保险费，除被保险人的危险程度在中止期间显著增加外，保险人拒绝恢复效力，法院不支持。保险人在收到恢复效力申请后，30 日内未明确拒绝，应认定为同意恢复效力。保险合同自投保人补交保险费之日恢复效力。保险人要求投保人补交相应利息，法院应支持。

被保险人在保险合同约定分期支付保险费的期限内发生保险事故，保险人应按合同约定给付保险金，但可扣减欠交的保险费。

### 第 37 条 【保险合同效力的恢复】

合同效力依照本法第三十六条规定中止的，经保险人与投保人协商并达成协议，在投保人补交保险费后，合同效力恢复。但是，自合同效力中止之日起满二年双方未达成协议的，保险人有权解除合同。

保险人依照前款规定解除合同的，应当按照合同约定退还保险单的现金价值。

保险合同的复效，需要注意几个问题：①人身保险合同的复效不同于人身保险合同的续效。人身保险合同的续效，是指人身保险合同届满后，合同双方经过协商达成新合同，继续履行原合同的部分条款。②在法定 2 年期间，保险人与投保人就保险合同的复效不能达成一致，2 年期限过后，保险人可以解除合同，并按照合同约定退还保险单的现金价值。

### 第 38 条 【诉讼方式的例外】

保险人对人寿保险的保险费，不得用诉讼方式要求投保人支付。

对于保险合同中的保险费，财产保险合同和人身保险合同有所不同。在财产保险合同中，投保人支付保险费不是合同生效的前提条件。合同生效后，保险人按照合同约定承担保险责任，而无论投保人是否支付保险费。因此，在财产保险合同中保险费是保险人的既得债权。人身保险合同则不同，合同的生效一般以投保人支付首期保险费为条件。一旦投保人未按合同的约定支付保险费，则意味着合同效力的中止，并不涉及合同双方的债权债务关系。基于以上，本条规定，保险人对人寿保险的保险费，不得用诉讼方式要求投保人支付。

### 第39条 【受益人的指定】

人身保险的受益人由被保险人或者投保人指定。

投保人指定受益人时须经被保险人同意。投保人为与其有劳动关系的劳动者投保人身保险，不得指定被保险人及其近亲属以外的人为受益人。

被保险人为无民事行为能力人或者限制民事行为能力人的，可以由其监护人指定受益人。

从《保险法解释（三）》角度，投保人指定受益人未经被保险人同意，法院应认定指定行为无效。具体为：①当事人对保险合同约定的受益人存在争议，除投保人、被保险人在保险合同另有约定外，按3种情形分别处理：一是受益人约定为"法定"或"法定继承人"，以《继承法》规定的法定继承人为受益人。二是受益人仅约定为身份关系，投保人与被保险人为同一主体，根据保险事故发生时与被保险人的身份关系确定受益人；投保人与被保险人为不同主体，根据保险合同成立时与被保险人的身份关系确定受益人。三是受益人的约定包括姓名和身份关系，保险事故发生时身份关系发生变化，认定为未指定受益人。②投保人或被保险人在保险事故发生后变更受益人，变更后的受益人请求保险人给付保险金，法院不支持。

依据《对解释保险价值和重置价值问题的复函》（保监法〔2000〕9号），保险标的的保险价值，可由投保人和保险人约定并在合同中载明，也可按保险事故发生时保险标的的实际价值确定。重置价值是投保人和保险人约定以重新购置或重新建造保险标的所需支付的全部费用作为保险标的的保险价值，并据以确定保险金额。因此，保险价值和重置价值并非同一法律概念，重置价值仅仅是确定保险价值的一种形式。

《关于保险价值确定等问题的复函》（保监厅函〔2007〕第71号）指出：①保险价值，目前在立法上无明确定义。根据全国保险业标准化技术委员会制定的保险术语的解释，保险价值是经保险合同当事人约定并记载于保险合同中的保险标的的价值，或保险事故发生时保险标的的实际价值。根据《保险法》第55条规定，确定保险标的的保险价值的方式有2种：由投保人和保险人约定并在合同中载明（定值保险），按保险事故发生时保险标的的实际价值确定（不定值保险）。在实务中，要注意区分合同载明的是保险标的的保险金额还是保险价值。②重置价值，是以同一或类似的材料和质量重新置换受损财产的价值或费用，为财产保险中确定保险价值的一种方法。"固定资产的保险价值是出险时的重置价值"是人保财产保险基本险条款规定的以重置价值方式确定固定资产的保险价值。③以估价方式确定保险金额投保，发生保险事故后，保险价值应按发生保险事故时保险标的的实际价值确定。

### 第40条 【受益人的顺序、份额】

被保险人或者投保人可以指定一人或者数人为受益人。

受益人为数人的，被保险人或者投保人可以确定受益顺序和受益份额；未确定受益份额的，受益人按照相等份额享有受益权。

从《保险法解释（三）》角度，保险合同解除时，投保人与被保险人、受益人为不同主体，被保险人或受益人要求退还保险单的现金价值，法院不支持，但保险合同另有约定的除外。相关具体规定为：①保险事故发生后，受益人将与本次保险事故相对应的全部或部分保险金请求权转让给第三人，当事人主张该转让行为有效，法院应支持，但根据合同性质、当事人约定或法律规定不得转让的除外。②投保人或被保险人指定数人为受益人，部分受益人在保险事故发生前死亡、放弃受益权或依法丧失受益权，该受益人应得的受益份额按保险合同的约定处理；保险合同未约定或约定不明，该受益人应得的受益份额按4种情形分别处理：一是未约定受益顺序和受益份额，由其他受益人平均享有。二是未约定受益顺序但约定受益份额，由其他受益人按相应比例享有。三是约定受益顺序但未约定受益份额，由同顺序的其他受益人平均享有；同一顺序无其他受益人，由后一顺序的受益人平均享有。四是约定受益顺序和受益份额，由同顺序的其他受益人按相应比例享有；同一顺序无其他受益人，由后一顺序的受益人按相应比例享有。

### 第41条 【受益人的变更】

被保险人或者投保人可以变更受益人并书面通知保险人。保险人收到变更受益人的书面通知后，应当在保险单或者其他保险凭证上批注或者附贴批单。

投保人变更受益人时须经被保险人同意。

从《保险法解释（三）》角度，投保人或被保险人变更受益人，当事人主张变更行为自变更意思表示发出时生效，法院应支持。

投保人或被保险人变更受益人未通知保险人，保险人主张变更对其不发生效力，法院应支持。

投保人变更受益人未经被保险人同意，法院应认定变更行为无效。

投保人或被保险人在保险事故发生后变更受益人，变更后的受益人请求保险人给付保险金，法院不支持。

### 第42条 【保险金作为遗产的情形】

被保险人死亡后，有下列情形之一的，保险金作为被保险人的遗产，由保险人依照《中华人民共和国继承法》的规定履行给付保险金的义务：

（一）没有指定受益人，或者受益人指定不明无法确定的；

（二）受益人先于被保险人死亡，没有其他受益人的；

（三）受益人依法丧失受益权或者放弃受益权，没有其他受益人的。

受益人与被保险人在同一事件中死亡，且不能确定死亡先后顺序的，推定受益人死亡在先。

从《保险法解释（三）》角度，保险金根据《保险法》第 42 条规定作为被保险人的遗产，被保险人的继承人要求保险人给付保险金，保险人以其已向持有保险单的被保险人的其他继承人给付保险金为由抗辩，法院应支持。相关规定如下：①投保人或被保险人指定数人为受益人，部分受益人在保险事故发生前死亡、放弃受益权或依法丧失受益权，该受益人应得的受益份额按保险合同的约定处理；保险合同未约定或约定不明，该受益人应得的受益份额按 4 种情形分别处理：一是未约定受益顺序和受益份额，由其他受益人平均享有。二是未约定受益顺序但约定受益份额的，由其他受益人按相应比例享有。三是约定受益顺序但未约定受益份额，由同顺序的其他受益人平均享有；同一顺序未约定其他受益人，由后一顺序的受益人平均享有。四是约定受益顺序和受益份额，由同顺序的其他受益人按相应比例享有；同一顺序未约定其他受益人，由后一顺序的受益人按相应比例享有。②受益人与被保险人存在继承关系，在同一事件中死亡且不能确定死亡先后顺序的，法院应根据《保险法》第 42 条第 2 款（受益人与被保险人在同一事件中死亡，且不能确定死亡先后顺序的，推定受益人死亡在先）推定受益人死亡在先，并按《保险法》及本解释的相关规定确定保险金归属。

从《继承法》及其解释角度，继承从被继承人死亡时开始（从被继承人生理死亡或被宣告死亡），失踪人被宣告死亡，以法院判决中确定的失踪人的死亡日期，为继承开始的时间。遗产是公民死亡时遗留的个人合法财产，包括公民的收入；公民的房屋、储蓄和生活用品；公民的林木、牲畜和家禽；公民的文物、图书资料；法律允许公民所有的生产资料；公民的著作权、专利权中的财产权利；公民的其他合法财产（包括有价证券和履行标的为财物的债权等）。相互有继承关系的几个人在同一事件中死亡，如不能确定死亡先后时间的，推定无继承人的人先死亡。死亡人各自都有继承人的，如几个死亡人辈分不同，推定长辈先死亡；几个死亡人辈分相同，推定同时死亡，彼此不发生继承，由他们各自的继承人分别继承。

### 第 43 条 【不承担给付保险金责任的情形之一】

投保人故意造成被保险人死亡、伤残或者疾病的，保险人不承担给付保险金的责任。投保人已交足二年以上保险费的，保险人应当按照合同约定向其他权利人退还保险单的现金价值。

受益人故意造成被保险人死亡、伤残、疾病的，或者故意杀害被保险人未遂的，该受益人丧失受益权。

《保险法》第 45 条规定："因被保险人故意犯罪或者抗拒依法采取的刑事强制措施导致其伤残或者死亡的，保险人不承担给付保险金的责任。投保人已交足二年以上保险费的，保险人应当按合同约定退还保险单的现金价值。"

其他涉及调整保险权益关系的法律规定有：自然人生前的抚恤金、生活补助费、保险金、股权等指定受益人，属于该受益人所有。军人的伤亡保险金、伤残补助金、医药生活补助费属于个人财产（参见《最高人民法院关于适用〈中华人民共和国婚姻法〉若干问题的解释（二）》第 13 条）。

继承人丧失继承权的 4 种法定情形：①故意杀害被继承人。②为争夺遗产而杀害其他继承人。③遗弃被继承人，或虐待被继承人情节严重。④伪造、篡改或销毁遗嘱，情节严重（《继承法》第 7 条①）。继承人有故意杀害被继承人或为争夺遗产而杀害其他继承人行为，而被继承人以遗嘱将遗产指定由该继承人继承，可确认遗嘱无效，并按《继承法》第 7 条继承人丧失继承权的规定处理（参见《最高人民法院关于贯彻执行〈中华人民共和国继承法〉若干问题的意见》第 12 条）。

继承人丧失继承权，其晚辈直系血亲不得代位继承。如该代位继承人缺乏劳动能力又无生活来源，或对被继承人尽赡养义务较多，可适当分给遗产（参见《最高人民法院关于贯彻执行〈中华人民共和国继承法〉若干问题的意见》第 28 条）。

在遗产继承中，继承人之间因是否丧失继承权发生纠纷，诉讼到法院，由法院根据《继承法》第 7 条（继承人丧失继承权的 4 种法定情形）的规定，判决确认其是否丧失继承权（参见《最高人民法院关于贯彻执行〈中华人民共和国继承法〉若干问题的意见》第 9 条）。

从工伤事故、工伤待遇政策角度，工伤认定适用无过错责任原则，即受伤者在享受工伤待遇时，不以受伤者是否违反了操作规程而受到影响。①蓄意违章（十分恶劣、有主观愿望和目的行为）造成负伤、致残或死亡，不应认定为工伤（参见《企业职工工伤保险试行办法》第 9 条）。②不得认定工伤或视同工伤的情形：犯罪或违反治安管理伤亡。醉酒导致伤亡。自残或自杀（参见《工伤保险条例》第 16 条）。

从《保险法解释（三）》角度，保险合同解除时，投保人与被保险人、受益人为不同主体，被保险人或受益人要求退还保险单的现金价值，法院不支持，但保险合同另有约定的除外。相关规定如下：①投保人故意造成被保险人死亡、伤残或疾病，保险人依《保险法》第 43 条（投保人故意造成被保险人死亡、伤残或者疾病的，保险人不承担给付保险金的责任。投保人已交足二年以上保险费的，保险人应当按合同约定向其他权利人退还保险单的现金价值。受益人故意造成被保险人死亡、伤残、疾病的，或者故意杀害被保险人未遂的，该受益人丧失受益权）规定退还保险单的现金价值，其他权利人按被保险人、被保险人继承人的顺序确定。②投保人、被保险人故意制造保险事故，保险人有权解除合同，不承担赔偿或给付保险金的责任；除投保人故意造成被保险人死亡、伤残或疾病而保险人不承担给付保险金的责任，或受益人故意造成被保险人死亡、伤残、疾病，或故意杀害被保险人未遂，该受益人丧失受益权外，不退还保险费。

### 第 44 条 【不承担给付保险金责任的情形之二】

以被保险人死亡为给付保险金条件的合同，自合同成立或者合同效力恢复之日起二年内，被保险人自杀的，保险人不承担给付保险金的责任，但被保险人自杀时为无

---

① 《民法典》第 1125 条作了相同规定，《继承法》随《民法典》于 2021 年 1 月 1 日起施行同期废止。

民事行为能力人的除外。

保险人依照前款规定不承担给付保险金责任的，应当按照合同约定退还保险单的现金价值。

从《保险法解释（三）》角度，保险人以被保险人自杀为由拒绝给付保险金，由保险人承担举证责任。受益人或被保险人的继承人以被保险人自杀时无民事行为能力为由抗辩，由其承担举证责任。

### 第 45 条 【不承担给付保险金责任的情形之三】

因被保险人故意犯罪或者抗拒依法采取的刑事强制措施导致其伤残或者死亡的，保险人不承担给付保险金的责任。投保人已交足二年以上保险费的，保险人应当按照合同约定退还保险单的现金价值。

保险人故意犯罪应以刑事侦查机关、检察机关和审判机关的生效法律文书或其他结论性意见为依据。保险人主张不承担给付保险金责任，应证明被保险人的死亡、伤残结果与其实施的故意犯罪或抗拒依法采取的刑事强制措施的行为之间存在因果关系。被保险人在羁押、服刑期间因意外或疾病造成伤残或死亡，保险人主张不承担给付保险金责任，法院不应支持。

### 第 46 条 【人身保险代位求偿权的禁止】

被保险人因第三者的行为而发生死亡、伤残或者疾病等保险事故的，保险人向被保险人或者受益人给付保险金后，不享有向第三者追偿的权利，但被保险人或者受益人仍有权向第三者请求赔偿。

肇事车辆参加机动车第三者责任强制保险，由保险公司在责任限额范围内支付抢救费用；抢救费用超过责任限额，未参加机动车第三者责任强制保险或肇事后逃逸，由道路交通事故社会救助基金先行垫付部分或全部抢救费用，道路交通事故社会救助基金管理机构有权向交通事故责任人追偿（参见《道路交通安全法》第 75 条）。

因第三者对保险标的的损害而造成保险事故，保险人自向被保险人赔偿保险金之日起，在赔偿金额范围内代位行使被保险人对第三者请求赔偿的权利。因第三者对保险标的的损害而造成的保险事故发生后，被保险人已从第三者取得损害赔偿，保险人赔偿保险金时，可相应扣减被保险人从第三者已取得的赔偿金额。保险人因第三者对保险标的的损害而造成保险事故，保险人自向被保险人赔偿保险金之日起，在赔偿金额范围内代位行使被保险人对第三者请求赔偿的权利，不影响被保险人就未取得赔偿的部分向第三者请求赔偿的权利（参见《保险法》第 60 条）。

保险事故发生后，保险人未赔偿保险金前，被保险人放弃对第三者请求赔偿的权利，保险人不承担赔偿保险金的责任。保险人向被保险人赔偿保险金后，被保险人未经保险人同意放弃对第三者请求赔偿的权利，该行为无效。被保险人故意或因重大过失致使保险人不能行使代位请求赔偿的权利，保险人可扣减或要求返还相应的保险金（参见《保险法》第 61 条）。

保险人对责任保险（以被保险人对第三者依法应负的赔偿责任为保险标的的保险）的被保险人给第三者造成的损害，可依法律的规定或合同的约定，直接向该第三者赔偿保险金。责任保险的被保险人给第三者造成损害，被保险人对第三者应负的赔偿责任确定的，根据被保险人的请求，保险人应直接向该第三者赔偿保险金。被保险人怠于请求的，第三者有权就其应获赔偿部分直接向保险人请求赔偿保险金。责任保险的被保险人给第三者造成损害，被保险人未向该第三者赔偿的，保险人不得向被保险人赔偿保险金（参见《保险法》第65条）。

责任保险的被保险人因给第三者造成损害的保险事故而被提起仲裁或诉讼，被保险人支付的仲裁或诉讼费用以及其他必要的、合理的费用，除合同另有约定外，由保险人承担（参见《保险法》第66条）。

从《保险法》角度，因第三者对保险标的的损害而造成保险事故（保险事故发生后，被保险人已从第三者取得损害赔偿的，保险人赔偿保险金时，可相应扣减被保险人从第三者已取得的赔偿金额），保险人自向被保险人赔偿保险金之日起，在赔偿金额范围内代位行使被保险人对第三者请求赔偿的权利。因此，保险人主张行使代位请求赔偿的权利，不影响被保险人就未取得赔偿的部分向第三者请求赔偿的权利。

《关于对〈关于父母为其未成年子女投保死亡人身保险限额的通知〉中有关问题的请示的答复》（保监发〔1999〕7号）指出：①"死亡保险金额不得超过5万元"指累计死亡保险金额的限额。在订立保险合同时，保险公司应要求投保人声明是否在其他保险公司为其未成年子女投保了死亡人身保险，若投保人故意不履行如实告知义务，出现累计保险金额超过5万元的情况，超过部分保险公司不承担给付保险金的责任并不退还保险费。②死亡保额的限定标准不得以任何方式提高。未成年人的疾病风险，可通过投保健康保险来解决。③《关于父母为其未成年子女投保死亡人身保险限额的通知》（保监发〔1999〕43号）文件的执行日期维持不变。

### 第47条 【投保人解除保险合同的退费】

投保人解除合同的，保险人应当自收到解除合同通知之日起三十日内，按照合同约定退还保险单的现金价值。

从《保险法解释（三）》角度，投保人解除保险合同，当事人以其解除合同未经被保险人或受益人同意为由主张解除行为无效，法院不支持，但被保险人或受益人已向投保人支付相当于保险单现金价值的款项并通知保险人的除外。

## 第3节 财产保险合同

### 第48条 【财产保险合同不具有保险利益的法律后果】

保险事故发生时，被保险人对保险标的不具有保险利益的，不得向保险人请求赔偿保险金。

从《保险法》角度，除投保人对本人；配偶、子女、父母；本人、配偶、子女、父母外与投保人有抚养、赡养或扶养关系的家庭其他成员、近亲属；与投保人有劳动关系的劳动者具有保险利益外，被保险人同意投保人为其订立合同的，视为投保人对被保险人具有保险利益。

从《保险法解释（二）》角度，行政管理部门依据法律规定制作的交通事故认定书、火灾事故认定书等，法院应依法审查并确认其相应的证明力，但有相反证据能推翻的除外。保险事故发生后，被保险人或受益人起诉保险人，保险人以被保险人或受益人未要求第三者承担责任为由抗辩不承担保险责任，法院不支持。财产保险事故发生后，被保险人就其所受损失从第三者取得赔偿后的不足部分提起诉讼，请求保险人赔偿，法院应依法受理。

从《保险法解释（三）》角度，被保险人的损失系由承保事故或非承保事故、免责事由造成难以确定的，当事人请求保险人给付保险金，法院可按相应比例予以支持。

从《保险法解释（四）》角度，保险标的已交付受让人，但尚未依法办理所有权变更登记，承担保险标的的毁损灭失风险的受让人，依《保险法》第48条（保险事故发生时，被保险人对保险标的不具有保险利益的，不得向保险人请求赔偿保险金）、第49条（保险标的转让的，保险标的的受让人承继被保险人的权利和义务）主张行使被保险人权利，法院应支持。

### 第49条 【保险标的的转让及其法律后果】

保险标的转让的，保险标的的受让人承继被保险人的权利和义务。

保险标的转让的，被保险人或者受让人应当及时通知保险人，但货物运输保险合同和另有约定的合同除外。

因保险标的转让导致危险程度显著增加的，保险人自收到前款规定的通知之日起三十日内，可以按照合同约定增加保险费或者解除合同。保险人解除合同的，应当将已收取的保险费，按照合同约定扣除自保险责任开始之日起至合同解除之日止应收的部分后，退还投保人。

被保险人、受让人未履行本条第二款规定的通知义务的，因转让导致保险标的危险程度显著增加而发生的保险事故，保险人不承担赔偿保险金的责任。

从《保险法解释（三）》角度，保险事故发生后，受益人将与本次保险事故相对应的全部或部分保险金请求权转让给第三人，当事人主张该转让行为有效，法院应支持，但根据合同性质、当事人约定或法律规定不得转让的除外。

从《保险法解释（一）》角度，《保险法》施行前，保险人收到保险标的的转让通知，《保险法》施行后，以保险标的的转让导致危险程度显著增加为由请求按合同约定增加保险费或解除合同，适用《保险法》第49条（因保险标的的转让导致危险程度显著增加的，保险人自收到前款规定的通知之日起三十日内，可以按照合同约定增加保险费或者解除合同）。

从《合同法》角度，权利和义务一并转让适用《保险法》第 79 条、第 81~83 条、第 85~87 条的规定。具体为：①权利和义务一并转让、债权人可将合同的权利全部或部分转让给第三人，但有根据合同性质不得转让；按当事人约定不得转让；依法律规定不得转让 3 种情形之一的除外。②权利和义务一并转让、债权人转让权利，受让人取得与债权有关的从权利，但该从权利专属于债权人自身的除外。③权利和义务一并转让、债务人接到债权转让通知后，债务人对让与人的抗辩，可向受让人主张。④权利和义务一并转让、债务人接到债权转让通知时，债务人对让与人享有债权，并且债务人的债权先于转让的债权到期或同时到期，债务人可向受让人主张抵销。债务人转移义务，新债务人可主张原债务人对债权人的抗辩。⑤权利和义务一并转让、债务人转移义务，新债务人应承担与主债务有关的从债务，但该从债务专属于原债务人自身的除外。⑥权利和义务一并转让、法律、行政法规规定转让权利或转移义务应办理批准、登记等手续，依其规定。

《关于保险保障基金、保险业务监管费有关问题的批复》（保监财会〔2007〕1143 号）要求：保险公司提取、缴纳保险业务监管费和保险保障基金的内容和范围是在《新会计准则》实施前，根据《保险法》及有关法律法规，由《国家发展改革委、财政部关于保险业务监管费收费标准等有关问题的通知》（发改价格〔2005〕2581 号）、《财政部、国家税务总局关于保险公司缴纳保险保障基金所得税税前扣除问题的通知》（财税〔2005〕136 号）和《保险保障基金管理办法》（保监会令〔2004〕16 号）确定。《新会计准则》的实施不能改变保险业务监管费和保险保障基金的提取范围和标准。在保险业务监管费收费标准和保险保障基金管理办法修改前，仍须按既定原则提取、缴纳保险业务监管费和保险保障基金。

《关于运输公司涉嫌经营保险业务行为性质认定的复函》（保监厅函〔2008〕232 号）指出：企业自保的本质特征在于，企业将自身可能面临的风险进行自我安排与承担，是一种自身风险管理方式。对运输公司涉嫌经营保险业务行为，首先，应根据该行为所涉及的车辆以及相应的险种风险保障范围，分析判定风险是否属于运输企业自身，如风险与该企业无关系，则不属于企业自保。其次，运输公司收取保险费用后，是否按约定进行了理赔。如不属于企业自保，且又进行了理赔，则该行为符合商业保险的基本特征，应属于涉嫌非法从事保险业务活动；如并未理赔，则该行为可能涉嫌诈骗或其他违法行为。

《关于航意险有关问题的批复》（保监函〔2012〕163 号）指出：①航意险条款第 4 条规定"保险责任从被保险人踏入本合同指定的航班班机（或等效班机）的舱门开始到起飞抵达目的港走出舱门为止"。因此，在合同指定航班班机（或等效班机）中转机场停留期间出险，应承担保险责任。②销售航意险保单时，可在保单上记载联系方式或身份证等标识。③航意险保单只能在载明的行政辖区内销售，可销售往返和连程保单。④目前航意险条款费率由监管部门统一制定，保单也统一监制，1 人可购买多份保单，但保险公司不能印制保费为 50 元保额为 50 万元的保险单。

**第 50 条 【不得解除保险合同的情形】**

货物运输保险合同和运输工具航程保险合同，保险责任开始后，合同当事人不得解除合同。

航程保险的保险责任一经开始，投保人即不得解除合同。航程中涉及的相关保险规定如下：

从《最高人民法院公报》角度，当事人就货物保险损失达成的《赔偿协议书》《货运险赔偿确认书》是对财产损害赔偿金额的自认，是真实意思表示，是有效的民事法律行为。保险合同以当事人双方意思表示一致为成立要件，即保险合同以双方当事人愿意接受特定条件拘束时，保险合同即为成立。签发保险单属于保险方的行为，目的是对保险合同的内容加以确立，便于当事人知晓保险合同的内容，能产生证明的效果。

保险标的（船舶；货物；船舶营运收入，包括运费、租金、旅客票款；货物预期利润；船员工资和其他报酬；对第三人的责任；因发生保险事故可能受到损失的其他财产和产生的责任、费用）发生保险责任范围内的损失是由第三人造成，被保险人向第三人要求赔偿的权利，自保险人支付赔偿之日起，相应转移给保险人。被保险人应向保险人提供必要的文件和其所需要知道的情况，并尽力协助保险人向第三人追偿（参见《海商法》第 252 条）。

被保险人未经保险人同意放弃向第三人要求赔偿的权利，或因过失致使保险人不能行使追偿权利，保险人可相应扣减保险赔偿（参见《海商法》第 253 条）。

保险人支付保险赔偿时，可从应支付的赔偿额中相应扣减被保险人已从第三人取得的赔偿。保险人从第三人取得的赔偿，超过其支付的保险赔偿，超过部分应退还给被保险人（参见《海商法》第 254 条）。

《关于保险理赔纠纷咨询意见的复函》（保监办函〔2003〕113 号）明确：①车上责任险是机动车辆保险的附加险，在性质上属于财产保险范畴，其保险标的为因保险事故发生被保险人对车载货物和车上人员依法应负的赔偿责任。②根据《保险法》第 50 条（现行《保险法》第 65 条），责任保险合同中，对被保险人给第三者造成的损害，保险人可依据法律或合同的约定，直接向该第三者赔偿保险金。若合同无特别约定，保险公司可向被保险人支付保险金，被保险人有权受领保险金，然后再将保险金赔偿给受到损害的第三者。

**第 51 条 【维护保险标的的安全义务】**

被保险人应当遵守国家有关消防、安全、生产操作、劳动保护等方面的规定，维护保险标的的安全。

保险人可以按照合同约定对保险标的的安全状况进行检查，及时向投保人、被保险人提出消除不安全因素和隐患的书面建议。

投保人、被保险人未按照约定履行其对保险标的的安全应尽责任的，保险人有权要求增加保险费或者解除合同。

保险人为维护保险标的的安全，经被保险人同意，可以采取安全预防措施。

依据本条规定，被保险人有维护保险标的安全的义务；保险人可依合同约定，对保险标的安全状况进行检查，并对不安全因素和隐患提出相应的建议。同时，保险人为维护保险标的安全，经被保险人同意，可以采取安全预防措施。

### 第52条 【保险危险程度显著增加的通知义务】

在合同有效期内，保险标的的危险程度显著增加的，被保险人应当按照合同约定及时通知保险人，保险人可以按照合同约定增加保险费或者解除合同。保险人解除合同的，应当将已收取的保险费，按照合同约定扣除自保险责任开始之日起至合同解除之日止应收的部分后，退还投保人。

被保险人未履行前款规定的通知义务的，因保险标的的危险程度显著增加而发生的保险事故，保险人不承担赔偿保险金的责任。

在合同有效期内，法院认定保险标的是否构成"危险程度显著增加"时，应综合考虑7种因素：保险标的用途的改变；保险标的使用范围的改变；保险标的所处环境的变化；保险标的因改装等原因引起的变化；保险标的使用人或管理人的改变；危险程度增加持续的时间；其他可能导致危险程度显著增加的因素。

保险标的危险程度虽增加，但增加的危险属于保险合同订立时保险人预见或应预见的保险合同承保范围，不构成危险程度显著增加。

### 第53条 【降低保险费的情形】

有下列情形之一的，除合同另有约定外，保险人应当降低保险费，并按日计算退还相应的保险费：

（一）据以确定保险费率的有关情况发生变化，保险标的的危险程度明显减少的；

（二）保险标的的保险价值明显减少的。

从《保险法》角度，商业保险由保险公司经营，具有自愿性、营利性，以保险合同方式构建保险关系，集合多数单位或个人的风险，合理计收保险费，建立保险基金，对特定的灾害事故造成的财产损失或人身伤亡提供资金补偿或商业保障。一般而言，保险费的多少和保险标的危险程度和保险价值紧密相关。

### 第54条 【投保人解除保险合同的退费】

保险责任开始前，投保人要求解除合同的，应当按照合同约定向保险人支付手续费，保险人应当退还保险费。保险责任开始后，投保人要求解除合同的，保险人应当将已收取的保险费，按照合同约定扣除自保险责任开始之日起至合同解除之日止应收的部分后，退还投保人。

从《合同法》角度，合同的权利义务终止，不影响合同中结算和清理条款的效力。法律规定或当事人约定解除权行使期限，期限届满当事人不行使，该权利消灭。法律未规定或当事人未约定解除权行使期限，经对方催告后在合理期限内不行使，该权利消灭。合同解除后，尚未履行的，终止履行；已经履行的，根据履行情况和合同性质，当事人可要求恢复原状、采取其他补救措施，并有权要求赔偿损失。

**第 55 条　【保险价值和保险金额的关系】**

投保人和保险人约定保险标的的保险价值并在合同中载明的，保险标的发生损失时，以约定的保险价值为赔偿计算标准。

投保人和保险人未约定保险标的的保险价值的，保险标的发生损失时，以保险事故发生时保险标的的实际价值为赔偿计算标准。

保险金额不得超过保险价值。超过保险价值的，超过部分无效，保险人应当退还相应的保险费。

保险金额低于保险价值的，除合同另有约定外，保险人按照保险金额与保险价值的比例承担赔偿保险金的责任。

从财产保险的保险金额、保险利益角度，损失补偿原则以有损失有补偿和损失多少补偿多少为基本要义，是财产保险的核心原则。具体为：①保险公司的赔偿金额以实际损失为限、以保险金额为限、以保险利益为限，最终以实际损失、保险金额、保险利益的低者为限。②在保险事故发生而使被保险人遭受损失时，保险人须在责任范围内对被保险人受到的实际损失进行补偿。在发生超额保险和重复保险的情况下，保险人只赔偿实际损失，因保险的目的在于补偿，而不能通过保险得利。③人身保险合同的保险金额定额化。从损失补偿原则的角度，人身保险不会出现财产保险可能出现的超额保险、重复保险等问题，发生人身保险合同约定的保险事故后，只能依投保人要求投保的保险金额确定，由保险人给付约定的保险金。

从比较法角度，保险金额和保险价值具有关联性、互补性、差异性。①保险金额由保险人与被保险人约定。保险金额不得超过保险价值；超过保险价值，超过部分无效。原则上，保险金额与保险价值相同或相等（足额保险保单），但也可约定低于保险价值的保险金额（不足额保险保单）。②从重复保险、足额保险单角度，足额保险单的保险人在保险标的发生损失时，按保险金全部赔偿给被保险人；保险金额超过、大于或等于保险价值，属于超额保险，保险人的赔偿原则上仍以保险价值为限，对超额部分不负责。③从不足额保险单角度，不足额保险单的保险人在保险标的发生损失时，保险人只按保险金额和保险价值的比例赔偿，由被保险人自行负担未保足的差额部分。④在海上货物保险中，一般允许以超过保险价值10%～20%的幅度确定保险金额，超过部分作为买方期得利润。保险标的受损时，保险人的最高赔偿额仍属于保险金额。⑤保险人负有支付保险赔偿金额的义务，即发生保险事故造成损失后，保险人应及时向被保险人支付保险赔偿（参见《海商法》第237条）。

**第 56 条　【重复保险】**

重复保险的投保人应当将重复保险的有关情况通知各保险人。

重复保险的各保险人赔偿保险金的总和不得超过保险价值。除合同另有约定外，各保险人按照其保险金额与保险金额总和的比例承担赔偿保险金的责任。

重复保险的投保人可以就保险金额总和超过保险价值的部分，请求各保险人按比例返还保险费。

重复保险是指投保人对同一保险标的、同一保险利益、同一保险事故分别与两个以上保险人订立保险合同，且保险金额总和超过保险价值的保险。

从财产保险的历史演进角度，重复保险分摊原则是损失补偿原则的派生物，关键在于防止被保险人恶意利用重复保险，在保险公司之间进行多次索赔，以获得额外利益；保持保险公司对等的权利义务。①一般而言，重复保险分摊方式方法有保险金额比例责任制、赔款限额比例责任制、顺序责任制等。②重复保险的投保人应将重复保险的有关情况通知各保险人。在重复保险的情况下，被保险人因发生保险事故向多个保险公司提出索赔时，其损失赔偿须在保险人之间进行分摊，被保险人所得赔偿总额不得超过其保险价值。除合同另有约定外，各保险公司之间一般按其保险金额与保险金额总和的比例承担赔偿责任。

### 第57条 【防止或减少保险损失的义务】

保险事故发生时，被保险人应当尽力采取必要的措施，防止或者减少损失。

保险事故发生后，被保险人为防止或者减少保险标的的损失所支付的必要的、合理的费用，由保险人承担；保险人所承担的费用数额在保险标的损失赔偿金额以外另行计算，最高不超过保险金额的数额。

保险事故发生后，被保险人请求保险人承担为防止或减少保险标的的损失所支付的必要、合理费用，保险人以被保险人采取的措施未产生实际效果为由抗辩，法院不支持（参见《保险法解释（四）》）。

从《合同法》角度，合同的违约责任具有多样性、复杂性。具体如下：①当事人一方不履行合同义务或履行合同义务不符合约定，应承担继续履行、采取补救措施或赔偿损失等违约责任。②当事人一方明确表示或以自己的行为表明不履行合同义务，对方可在履行期限届满之前要求其承担违约责任。③当事人一方未支付价款或报酬，对方可要求其支付价款或报酬。④当事人一方不履行非金钱债务或履行非金钱债务不符合约定，对方可要求履行，但有法律上或事实上不能履行、债务的标的不适于强制履行或履行费用过高、债权人在合理期限内未要求履行3种情形之一的除外。⑤质量不符合约定，应按当事人的约定承担违约责任。对违约责任没有约定或约定不明确，依合同生效后，当事人就质量、价款或报酬、履行地点等内容没有约定或约定不明确，可协议补充；不能达成补充协议，按合同有关条款或交易习惯确定的规定仍不能确定的，受损害方根据标的的性质以及损失的大小，可合理选择要求对方承担修理、更换、重做、退货、减少价款或报酬等违约责任。当事人就有关合同内容约定不明确，依合同生效后，当事人就质量、价款或报酬、履行地点等内容没有约定或约定不明确，可协议补充；不能达成补充协议，按合同有关条款或交易习惯确定的规定仍不能确定的，适用6种规定：一是质量要求不明确，按国家标准、行业标准履行；没有国家标准、行业标准，按通常标准或符合合同目的的特定标准履行。二是价款或报酬不明确，按订立合同时履行地的市场价格履行；依法应执行政府定价或政府指导价，按规定履行。

三是履行地点不明确，给付货币，在接受货币一方所在地履行；交付不动产，在不动产所在地履行；其他标的，在履行义务一方所在地履行。四是履行期限不明确，债务人可随时履行，债权人也可随时要求履行，但应给对方必要的准备时间。五是履行方式不明确，按有利于实现合同目的的方式履行。六是履行费用的负担不明确，由履行义务一方负担。⑥当事人一方不履行合同义务或履行合同义务不符合约定，在履行义务或采取补救措施后，对方还有其他损失，应赔偿损失。⑦当事人一方不履行合同义务或履行合同义务不符合约定，给对方造成损失，损失赔偿额应相当于因违约所造成的损失，包括合同履行后可获得的利益，但不得超过违反合同一方订立合同时预见到或应预见到的因违反合同可能造成的损失。经营者对消费者提供商品或服务有欺诈行为，依《消费者权益保护法》的规定承担损害赔偿责任。⑧当事人可约定一方违约时应根据违约情况向对方支付一定数额的违约金，也可约定因违约产生的损失赔偿额的计算方法。约定的违约金低于造成的损失，当事人可请求法院或仲裁机构予以增加；约定的违约金过分高于造成的损失，当事人可请求法院或仲裁机构予以适当减少。当事人就迟延履行约定违约金，违约方支付违约金后，还应履行债务。⑨当事人可依《担保法》约定一方向对方给付定金作为债权的担保。债务人履行债务后，定金应抵作价款或收回。给付定金的一方不履行约定的债务，无权要求返还定金；收受定金的一方不履行约定的债务，应双倍返还定金。⑩当事人既约定违约金，又约定定金，一方违约时，对方可选择适用违约金或定金条款。⑪因不可抗力（不能预见、不能避免并不能克服的客观情况）不能履行合同，根据不可抗力的影响，部分或全部免除责任，但法律另有规定的除外。当事人迟延履行后发生不可抗力，不能免除责任。⑫当事人一方因不可抗力不能履行合同，应及时通知对方，以减轻可能给对方造成的损失，并应在合理期限内提供证明。⑬当事人一方违约后，对方应采取适当措施防止损失的扩大；没有采取适当措施致使损失扩大，不得就扩大的损失要求赔偿。当事人因防止损失扩大而支出的合理费用，由违约方承担。⑭当事人双方都违反合同，应各自承担相应的责任。⑮当事人一方因第三人的原因造成违约，应向对方承担违约责任。当事人一方和第三人之间的纠纷，依法律规定或按约定解决。⑯因当事人一方的违约行为，侵害对方人身、财产权益，受损害方有权选择依本法要求其承担违约责任或依其他法律要求其承担侵权责任。

## 第58条 【保险标的部分损失后的合同解除】

保险标的发生部分损失的，自保险人赔偿之日起三十日内，投保人可以解除合同；除合同另有约定外，保险人也可以解除合同，但应当提前十五日通知投保人。

合同解除的，保险人应当将保险标的未受损失部分的保险费，按照合同约定扣除自保险责任开始之日起至合同解除之日止应收的部分后，退还投保人。

从《海商法》角度，海上运输保险标的的损失和委付方式方法有：①不属于实际全损推定全损的损失，为部分损失。不属于实际全损包括两种情况：一是保险标的发生保险事故后灭失，或受到严重损坏完全失去原有形体、效用，或不能再归被保险人所拥有。二是船舶失踪（船舶在合理时间内未从被获知最后消息的地点抵达目的地，除合同另有约定外，满2个月后仍未获知其消息）视为实际全损。②保险标的发生推定全损。一种情况是船舶发生保险事故后，认为实际全损已不可避免，或为避免发生实际全损所需支付的费用超过保险价值。另一种情况是货物发生保险事故后，认为实际全损已不可避免，或为避免发生实际全损所需支付的费用与继续将货物运抵目的地的费用之和超过保险价值，被保险人要求保险人按全部损失赔偿，应向保险人委付保险标的。③委付不得附带任何条件，一经保险人接受，不得撤回。保险人可接受委付，也可不接受委付，但应在合理的时间内将接受委付或不接受委付的决定通知被保险人。保险人接受委付，被保险人对委付财产的全部权利和义务转移给保险人。

### 第59条 【保险标的的权利归属、代位原则】

保险事故发生后，保险人已支付了全部保险金额，并且保险金额等于保险价值的，受损保险标的的全部权利归于保险人；保险金额低于保险价值的，保险人按照保险金额与保险价值的比例取得受损保险标的的部分权利。

在财产保险合同中，保险人赔偿被保险人的损失后，代位取得向对保险事故的发生或保险标的的损失负有责任的第三者求偿的权利，或者保险标的发生损失，保险人赔偿后取得保险标的的全部权利。

财产保险的投保人和保险人在财产保险合同中确定保险标的的真实价值（实际价值），约定保险金额不得超过保险标的的实际价值，超过保险标的的实际价值，超过部分无效。具体为：①投保人和保险人约定保险标的的保险价值并在保险合同中载明，保险标的发生损失时，以约定的保险价值为赔偿计算标准。②投保人和保险人未约定保险标的的保险价值，保险标的发生损失时，以保险事故发生时保险标的的实际价值为赔偿计算标准。③保险金额不得超过保险价值，超过保险价值，超过部分无效，保险人应退还相应的保险费。④保险金额低于保险价值，除保险合同另有约定外，保险人按保险金额与保险价值的比例承担赔偿保险金的责任。

海上保险标的的全部损失（全损）和部分损失：①全部损失（全损）是指船舶或货物实际全损时，被保险人不必向保险人发出委付（以保险标的发生承保范围内的推定全损为前提条件，被保险人转移给保险人保险标的的全部权利义务，请求保险人支付全部保险金额）通知，即可取得保险标的的保险金额（推定全损时，被保险人须发出委付通知，经接受后，才能要求给付保险金额）。②部分损失是不属于保险标的物实际全损和推定全损的损失部分。海上保险的委付具有海上保险性、推定全损性、全部赔付性、不可分性、附条件委付通知无效性，是在保险标的物发生推定全损时，被保险人转让给保险人保险标的的物所有权，而请求支付保险标的的物全部保险金额的法律行为。

委托人应制定选聘受托人和托管人的标准和程序，公开、公平、公正选择受托人和托管人，并进行有效监督。委托人可选择多个受托人，但应根据实际需要合理确定受托人数量；委托人只能选择一个托管人，托管人托管委托人境外投资的全部保险资金。

从比较法、欧美国家海上保险法的角度，投保劳埃德保险人或其他保险公司的基本做法具有相似性。①海上保险合同于保险人接受被保险人的要求时，即视为成立，不论当时保险单是否签发（英国《海上保险法》第21条）。②西方海上保险业务主要依靠保险经纪人和保险代理人进行。受保险人的委托，保险代理人代替保险人接受保险业务，出具保险单，进行检验或理赔。保险经纪人基于被保险人的保险利益，为被保险人向保险人投保，从保险人的保险费中取得佣金。海上保险合同的成立，主要依靠签发投保条、签发保险单。投保船舶、货物或运费险，通常由被保险人委托经纪人办理。被保险人须提供给经纪人一切必要的情况，并授权经纪人在一定的保险费率范围内投保。经纪人据以起草投保条（经纪人名称、船舶、航程、保险期间、保险财产和保险金额，并提出保险费率的建议和留待保险人报价），保险经纪人把投保条交给各个保险人传阅。保险人如愿意承保，即签署投保条，在投保条上写明保险费率及承保金额。全部保险金额得到承保时，保险合同成立，由保险人根据投保条签发保险单，是完成保险手续的一种必要程序。经签署的投保条虽是海上保险合同，但不能等同于保险单，在法律上不能约束双方。投保条在信誉上约束双方。若在签发投保条后签发保险单前保险标的发生损失，保险人照例赔偿。

### 第60条　【保险合同代位权的行使】

因第三者对保险标的的损害而造成保险事故的，保险人自向被保险人赔偿保险金之日起，在赔偿金额范围内代位行使被保险人对第三者请求赔偿的权利。

前款规定的保险事故发生后，被保险人已经从第三者取得损害赔偿的，保险人赔偿保险金时，可以相应扣减被保险人从第三者已取得的赔偿金额。

保险人依照本条第一款规定行使代位请求赔偿的权利，不影响被保险人就未取得赔偿的部分向第三者请求赔偿的权利。

保险人代位求偿权的诉讼时效期间应自其取得代位求偿权之日起算，保险人应以自己的名义行使保险代位求偿权。因第三者对保险标的的损害而造成保险事故，保险人自向被保险人赔偿保险金之日起，在赔偿金额范围内代位行使被保险人对第三者请求赔偿的权利。

从《保险法解释（四）》角度，保险人依《保险法》第60条（因第三者对保险标的的损害而造成保险事故的，保险人自向被保险人赔偿保险金之日起，在赔偿金额范围内代位行使被保险人对第三者请求赔偿的权利），主张代位行使被保险人因第三者侵权或违约等享有的请求赔偿的权利，法院应支持。具体为：①投保人和被保险人为不同主体，因投保人对保险标的的损害而造成保险事故，保险人依法主张代位行使被保险人对投保人请求赔偿的权利，法院应支持，但法律另有规定或保险合同另有约定的除外。②保险合同订立时，保险人就是否存在上述放弃情形提出询问，投保人未如实告知，导致保险人不能代位行使请求赔偿的权利，保险人请求返还相应保险金，法院应支持，但保险人知道或应知道上述情形仍同意承保的除外。③因第三者对保险标的的损害而造成保险事故，保险人获得代位请求赔偿的权利的情况未通知第三者或通知到达第三者前，第三者在被保险人已从保险人处获赔的范围内又向被保险人作出赔偿，保险人主张代位行使被保险人对第三者请求赔偿的权利，法院不支持。④保险人就相应保险金主张被保险人返还，法院应支持。⑤在保险人以第三者为被告提起的代位求偿权之诉中，第三者以被保险人在保险合同订立前已放弃对其请求赔偿的权利为由进行抗辩，法院认定上述放弃行为合法有效，保险人就相应部分主张行使代位求偿权，法院不支持。⑥保险人获得代位请求赔偿的权利的情况已通知到第三者，第三者又向被保险人作出赔偿，保险人主张代位行使请求赔偿的权利，第三者以其已向被保险人赔偿为由抗辩，法院不支持。

### 第 61 条 【被保险人放弃赔偿请求权的法律后果】

保险事故发生后，保险人未赔偿保险金之前，被保险人放弃对第三者请求赔偿的权利的，保险人不承担赔偿保险金的责任。

保险人向被保险人赔偿保险金后，被保险人未经保险人同意放弃对第三者请求赔偿的权利的，该行为无效。

被保险人故意或者因重大过失致使保险人不能行使代位请求赔偿的权利的，保险人可以扣减或者要求返还相应的保险金。

赔偿权利人起诉部分共同侵权人，法院应追加其他共同侵权人作为共同被告。赔偿权利人在诉讼中放弃对部分共同侵权人的诉讼请求，其他共同侵权人对被放弃诉讼请求的被告应承担的赔偿份额不承担连带责任。责任范围难以确定，推定各共同侵权人承担同等责任。法院应将放弃诉讼请求的法律后果告知赔偿权利人，并将放弃诉讼请求的情况在法律文书中叙明。

海上货物运输合同对承运人责任规定，适用于实际承运人。承运人承担海上货物运输合同未规定的义务或放弃海上货物运输合同赋予的权利的任何特别协议，经实际承运人书面明确同意，对实际承运人发生效力；实际承运人是否同意，不影响此项特别协议对承运人的效力，但不影响承运人和实际承运人之间相互追偿。

对油轮装载持久性油类造成的油污损害，受损害人未在规定的债权登记期间申请债权登记，视为放弃在油污损害赔偿责任限制基金中受偿的权利。

在海上货物运输合同的履行中，承运人在目的港未收回正本提单即将货物交付出去的"无单放货"后，作为正本提单持有人的货主，其与承运人之间存在运输合同关系，与保险人之间存在保险合同关系。出于某种考虑，货主可能放弃对承运人提出诉讼，向保险合同的保险人要求就投保的货物运输险提出保险赔偿。"无单放货"是否属于保险人的保险责任范围，则是海事审判中存在争议的问题，曾出现过不同的判定。海上保险合同中保险人承担的保险责任应是与海上航行有关的发生于内河或陆上的事故。无单放货属于承运人违反法律规定实施的不当行为，不应在保险人保险责任范围，除非双方当事人在保险合同中有明确的约定，保险人自愿承担"无单放货"的保险赔偿责任；否则保险人将不承担因承运人"无单放货"造成的被保险人的损失。①

**第 62 条 【禁止代位请求赔偿的情形】**

除被保险人的家庭成员或者其组成人员故意造成本法第六十条第一款规定的保险事故外，保险人不得对被保险人的家庭成员或者其组成人员行使代位请求赔偿的权利。

从《合同法》《保险法》的角度，保险代位求偿权是指保险标的的损失是因第三者的疏忽或过失造成的，保险人依保险合同向被保险人支付了约定的赔偿后，即取得了由被保险人转让的对第三者的损害赔偿请求权。①被保险人在保险人行使代位求偿权时应履行的义务，如提供必要的文件，协助保险人向第三者追偿，不得因放弃或过失而侵害保险人行使代位求偿权等。②在代位求偿的名义上，保险人行使代位请求赔偿权利时，被保险人未向造成保险事故的第三人提起诉讼的，保险人应以自己的名义向该第三人提起诉讼（参见《海事诉讼特别程序法》第 94 条）。

从《保险法解释（四）》的角度，被保险人因故意或重大过失未履行应向保险人提供必要的文件和所知道的有关情况的义务，致使保险人未能行使或未能全部行使代位请求赔偿的权利，保险人主张在其损失范围内扣减或返还相应保险金，法院应支持。保险人以造成保险事故的第三者为被告提起代位求偿权之诉，以被保险人与第三者之间的法律关系确定管辖法院。保险人提起代位求偿权之诉时，被保险人已向第三者提起诉讼，法院可依法合并审理。保险人行使代位求偿权时，被保险人已向第三者提起诉讼，保险人向受理该案的法院申请变更当事人，代位行使被保险人对第三者请求赔偿的权利，被保险人同意的，法院应准许；被保险人不同意的，保险人可作为共同原告参加诉讼。

在海上拖航过程中，因承拖方或被拖方的过失，造成第三人人身伤亡或财产损失的，承拖方和被拖方对第三人负连带赔偿责任。除合同另有约定外，一方连带支付的赔偿超过其应承担的比例，对另一方有追偿权。

有因船舶碰撞（船舶在航行过程中因接触和碰撞而造成的损害事故）或其他海损事故（船舶在航行中因触礁、触岸、失火、爆炸、搁浅、沉没等造成的事故）请求损害赔偿提起的诉讼，由碰撞发生地、碰撞船舶最先到达地（碰撞事故发生后，船舶首先到达的地点）、加害船舶被扣留地（实施侵权行为的船舶被扣留的地点）或被告住所地法院管辖。有关船舶碰撞（船舶在海上或与海相通的可航行水域发生接触造成损害的事故）的请求权，时效期间为 2 年，自碰撞事故发生之日起算；互有过失的船舶，对造成的第三人的人身伤亡，负连带赔偿责任。一船连带支付的赔偿超过船舶发生碰撞，碰撞的船舶互有过失，各船按过失程度的比例负赔偿责任；过失程度相当或过失程度的比例无法判定，平均负赔偿责任的比例，有权向其他有过失的船舶追偿的追偿请求权，时效期间为 1 年，自当事人连带支付损害赔偿之日起算。

---

① 刘人寿. 关于审理无正本提单交付货物案件适用法律若干问题规定的理解与适用. [J]. 人民司法. 2009（9）.

### 第 63 条 【协助行使代位请求权的义务】

保险人向第三者行使代位请求赔偿的权利时,被保险人应当向保险人提供必要的文件和所知道的有关情况。

从《保险法解释(四)》角度,被保险人因故意或重大过失未履行应向保险人提供必要的文件和所知道的有关情况的义务,致使保险人未能行使或未能全部行使代位请求赔偿的权利,保险人主张在其损失范围内扣减或返还相应保险金,法院应支持。保险人以造成保险事故的第三者为被告提起代位求偿权之诉,以被保险人与第三者之间的法律关系确定管辖法院。保险人提起代位求偿权之诉时,被保险人已向第三者提起诉讼,法院可依法合并审理。保险人行使代位求偿权时,被保险人已向第三者提起诉讼,保险人向受理该案的法院申请变更当事人,代位行使被保险人对第三者请求赔偿的权利,被保险人同意的,法院应准许;被保险人不同意的,保险人可作为共同原告参加诉讼。

### 第 64 条 【必要、合理的保险费用的承担】

保险人、被保险人为查明和确定保险事故的性质、原因和保险标的的损失程度所支付的必要的、合理的费用,由保险人承担。

查明保险事故的性质、原因和保险标的的损失程度,是保险人明确承担责任范围、划清除外责任,最终确定应该支付的保险赔偿金数额所必须履行的程序,是保险人理赔工作的一部分,不查明这些情况,保险人无法进行合理的赔付。因此,为查明本条规定的上述情况所支出的费用,是理赔所必需的,理应由保险人承担。

### 第 65 条 【责任保险金的支付】

保险人对责任保险的被保险人给第三者造成的损害,可以依照法律的规定或者合同的约定,直接向该第三者赔偿保险金。

责任保险的被保险人给第三者造成损害,被保险人对第三者应负的赔偿责任确定的,根据被保险人的请求,保险人应当直接向该第三者赔偿保险金。被保险人怠于请求的,第三者有权就其应获赔偿部分直接向保险人请求赔偿保险金。

责任保险的被保险人给第三者造成损害,被保险人未向该第三者赔偿的,保险人不得向被保险人赔偿保险金。

责任保险是指以被保险人对第三者依法应负的赔偿责任为保险标的的保险。

被保险人可请求保险人直接向第三者赔偿保险金的 3 种情形:被保险人对第三者所负的赔偿责任经法院生效裁判、仲裁裁决确认;被保险人对第三者所负的赔偿责任经被保险人与第三者协商一致;被保险人对第三者应负的赔偿责任能确定的其他情形(主要指保险人主张按保险合同确定保险赔偿责任,法院应支持)。被保险人怠于请求的,是指被保险人对第三者应负的赔偿责任确定后,被保险人不履行赔偿责任,且第三者以保险人为被告或以保险人与被保险人为共同被告提起诉讼时,被保险人尚未向保险人提出直接向第三者赔偿保险金的请求。

依据《中华人民共和国船舶油污损害民事责任保险实施办法》（交通运输部令 2010 年第 3 号），在中国管辖海域内航行的载运油类物质的船舶和 1000 总吨以上载运非油类物质的船舶，其所有人应按《中华人民共和国船舶油污损害民事责任保险实施办法》的规定投保船舶油污损害民事责任保险或取得相应的财务担保。承担船舶油污损害民事责任保险的商业性保险机构和互助性保险机构，应遵守《中华人民共和国船舶油污损害民事责任保险实施办法》。国务院交通运输主管部门负责统一管理全国船舶油污损害民事责任保险工作。国家海事管理机构负责组织实施全国船舶油污损害民事责任保险工作。沿海各级海事管理机构依各自职责负责具体实施船舶油污损害民事责任保险工作。

### 第 66 条 【责任保险的其他费用的承担】

责任保险的被保险人因给第三者造成损害的保险事故而被提起仲裁或者诉讼的，被保险人支付的仲裁或者诉讼费用以及其他必要的、合理的费用，除合同另有约定外，由保险人承担。

在被保险人与受损害的第三者不能达成赔偿协议的情况下，仲裁或者诉讼是确定赔偿金额所必须经过的过程。责任保险的保险人的责任范围，包括被保险人对第三者所负的一切赔偿责任。本条规定的"其他必要的、合理的费用"，是指因赔偿纠纷引起的为分清责任、确定赔偿金额所必须支出的费用。

从《保险法解释（四）》角度，商业责任险的被保险人向保险人请求赔偿保险金的诉讼时效期间，自被保险人对第三者应负的赔偿责任确定之日起算。责任保险的被保险人与第三者就被保险人的赔偿责任达成和解协议且经保险人认可，被保险人主张保险人在保险合同范围内依据和解协议承担保险责任，法院应支持。保险人承担保险责任后，主张就超出被保险人责任份额的部分向其他连带责任人追偿，法院应支持。责任保险的被保险人因共同侵权依法承担连带责任，保险人以该连带责任超出被保险人应承担的责任份额为由，拒绝赔付保险金，法院不支持。责任保险的被保险人对第三者所负的赔偿责任已生效判决确认并已进入执行程序，但未获得清偿或未获得全部清偿，第三者依法请求保险人赔偿保险金，保险人以前述生效判决已进入执行程序为由抗辩，法院不支持。

# 第3章 保险公司

**第67条 【保险公司设立的审批】**

设立保险公司应当经国务院保险监督管理机构批准。

国务院保险监督管理机构审查保险公司的设立申请时，应当考虑保险业的发展和公平竞争的需要。

《关于保险公司指定定点医院有关问题的复函》（保监办函〔2003〕5号）指出：①保险公司是依法成立的企业法人，目前各地一般都设立有数家相互竞争的保险公司或其分支机构。因此，保险业务并不具有如某些公用企业不可替代的独占经营地位，不应属于"其他依法具有独占地位的企业"。②保险公司是经营风险的企业，保险公司指定定点医院的目的，是将其经营活动的某一环节，交由具备专门技术的单位协助把关，并非"指定购买经营者的商品"。

**第68条 【保险公司设立的条件】**

设立保险公司应当具备下列条件：

（一）主要股东具有持续盈利能力，信誉良好，最近三年内无重大违法违规记录，净资产不低于人民币二亿元；

（二）有符合本法和《中华人民共和国公司法》规定的章程；

（三）有符合本法规定的注册资本；

（四）有具备任职专业知识和业务工作经验的董事、监事和高级管理人员；

（五）有健全的组织机构和管理制度；

（六）有符合要求的营业场所和与经营业务有关的其他设施；

（七）法律、行政法规和国务院保险监督管理机构规定的其他条件。

《关于开展偿付能力数据真实性自查工作的通知》（保监财会〔2017〕143号）要求：通过开展偿付能力数据真实性自查工作，核查保险公司偿付能力基础数据的真实性、合规性和完整性，着力整治数据造假、数据错误、不按规定报送数据等问题，强化监管制度的刚性约束，推动保险公司增强合法合规意识，提升管理水平，提高数据报送质量，夯实行业发展和风险防范的基础。

自查内容包括：①资产方面。包括但不限于以下内容：可供出售金融资产的分类依据是否充分；是否存在金融资产重分类情况，重分类的依据是否充分。长期股权投资权益法核算依据是否充分；通过证券市场收购的上市公司股票确认为长期股权投资并采用权益法核算是否符合会计准则要求；长期股权投资计提减值是否符合会计准则要求。非标金融资产（如基础设施债权投资计划、不动产投资计划、项目资产支持计划等）的会计分类是否合规；采用公允价值核算的非标金融资产，其估值模型、参数是否合理。其他金融资产的核算是否符合会计准则的规定。投资性房地产的分类、计量模式的选择和评估增值的确定是否经过董事会审议；公允价值模式计量的投资性房地产的评估增值是否合理、准确。②准备金方面，包括但不限于6种内容：预期未来现金流出是否为履行保险合同相关义务所必需、全部、合理的现金流出；预期未来现金流入是否为承担保险合同相关义务而获得的现金流入。保险合同非保证利益现金流预测是否符合规定，分红保险和万能保险预期未来现金流是否包含归属于保单持有人的全部利益，是否予以足额体现且不低于规定的下限。相关维持费用假设是否符合实际经验，且不低于偿二代规定的下限。退保给付假设的确定程序是否符合规定，退保率是否符合相应指导区间。计算现金流现值所采用的折现率是否符合中国保监会偿二代《寿险合同负债评估折现率曲线》的规定。风险边际采用的方法，以及基础假设和对比假设确定的方法是否符合《保险公司偿付能力监管规则第3号：寿险合同负债评估》的有关规定。③资本方面，包括但不限于以下内容：核心资本的计算是否符合监管规则的规定。或资本补充债券是否按偿二代规定计入实际资本，有无多计。是否将投资性的评估增值确认为附属资本。对权利受限的资产，是否确认为非认可资产。是否签订修正共保、远期再保险合同等财务再保险合同，相关的准备金计量和资产计量是否符合规定。计算市场风险、信用风险最低资本的投资资产是否全面、准确，是否存在资产遗漏、风险归类不准确、重复计算、本金利息分拆计算等情况。计算市场风险、信用风险最低资本的投资资产风险暴露是否与认可价值一致。计算市场风险、信用风险最低资本的风险基础因子、特征因子的选取是否与投资资产的风险一致。使用穿透法计算最低资本，资产范围是否符合规定，穿透后的基础资产是否为符合规定的具体资产，基础资产最低资本计算是否符合规定。计算人身保险公司利率风险最低资本、再保险公司寿险业务利率风险最低资本时，计算基础情景与不利情景的现金流是否一致，资产负债评估值是否正确，测算不利情景时是否分别计算利率上升情景和利率下降情景，不利情景曲线生成是否符合规定。计算再保险交易对手违约风险最低资本时，对担保措施的认定是否符合规定。④风险综合评级（IRR）方面，包括但不限于2种内容：操作风险、战略风险、声誉风险和流动性风险四类风险的数据报送是否真实、准确、全面；操作风险、战略风险、声誉风险和流动性风险四类风险数据报送的内控制度是否健全、是否执行到位。⑤信息披露方面，包括但不限于3种内容：每季度结束后是否按时公开披露偿付能力相关信息；是否按监管规定完整全面地披露了偿付能力相关信息；披露的偿付能力信息是否真实、准确，相关数据与报送给监管部门的季度偿付能力报告是否一致。

《关于优化保险合同负债评估所适用折现率曲线有关事项的通知》（保监发〔2017〕23号）要求：①对未来保险利益不受对应资产组合投资收益影响的保险合同，

用于计量财务报告未到期责任准备金的折现率曲线，由基础利率曲线附加综合溢价组成。②财务报告目的下保险合同未到期责任准备金计量所适用的折现率曲线，其基础利率曲线应与偿付能力监管目的下未到期责任准备金计量所适用的基础利率曲线保持一致。目前，基础利率曲线分为3段：其中，t表示时间；750日移动平均国债收益率曲线详见中国债券信息网（www.chinabond.com.cn）；终极利率过渡曲线采用2次插值方法计算得到；终极利率暂定为4.5%。③综合溢价的确定可考虑税收、流动性效应和逆周期等因素，溢价幅度最高不得超过120个基点。④对未来保险利益随对应资产组合投资收益变化的保险合同，用于计量未到期责任准备金的折现率，仍按《财政部关于印发〈保险合同相关会计处理规定〉的通知》的规定，根据对应资产组合预期产生的未来投资收益率确定。⑤保险公司应加强公司内控管理，完善准备金计量流程，明确董事会、管理层以及相关部门的职责分工，确保准备金计量真实、公允。⑥调整后的折现率曲线自2017年1月1日起适用于保险公司的财务报告下的保险负债计量。《关于保险业做好〈企业会计准则解释第2号〉实施有关工作的通知》（保监〔2010〕6号）中关于准备金计量折现率曲线的规定同时废止。

### 第69条 【保险公司注册资本的最低限额】

设立保险公司，其注册资本的最低限额为人民币二亿元。

国务院保险监督管理机构根据保险公司的业务范围、经营规模，可以调整其注册资本的最低限额，但不得低于本条第一款规定的限额。

保险公司的注册资本必须为实缴货币资本。

国务院保险监督管理机构根据保险公司业务范围、经营规模，可调整保险公司注册资本的最低限额，但不得低于人民币2亿元。设立保险公司，应向国务院保险监督管理机构提出筹建申请，并符合7种条件：①有符合法律、行政法规和国务院保险监督管理机构规定条件的投资人，股权结构合理。②有符合《保险法》《公司法》规定的章程草案。③投资人承诺出资或认购股份，拟注册资本不低于人民币2亿元，且须为实缴货币资本。④具有明确的发展规划、经营策略、组织机构框架、风险控制体系。⑤拟任董事长、总经理应符合国务院保险监督管理机构规定的任职资格条件。⑥有投资人认可的筹备组负责人。⑦国务院保险监督管理机构规定的其他条件。

设立保险专业代理公司，其注册资本的最低限额为人民币5000万元，国务院保险监督管理机构另有规定的除外。保险专业代理公司的注册资本须为实缴货币资本。

设立保险专业代理公司的8种条件：①股东、发起人信誉良好，最近3年无重大违法记录。②注册资本达到《公司法》和《保险专业代理机构监管规定》（保监会令〔2015〕3号）的最低限额。③公司章程符合有关规定。④董事长、执行董事、高管人员符合保险专业代理机构监管规定的任职资格条件。⑤具备健全的组织机构和管理制度。⑥有与业务规模相适应的固定住所。⑦有与开展业务相适应的业务、财务等计算机软硬件设施。⑧法律、行政法规和国务院保险监督管理机构规定的其他条件。

保险公司设立境外保险类机构的8种条件：①开业2年以上。②上年末总资产不低于人民币 50 亿元。③上年末外汇资金不低于 1500 万美元或其等值的自由兑换货币。④偿付能力额度符合国务院保险监督管理机构有关规定。⑤内部控制制度和风险管理制度符合国务院保险监督管理机构有关规定。⑥最近 2 年内无受重大处罚的记录。⑦拟设立境外保险类机构所在的国家或地区金融监管制度完善，并与中国保险监督管理机构保持有效的监管合作关系。⑧国务院保险监督管理机构规定的其他条件。

**第 70 条　【保险公司申请设立的资料】**

申请设立保险公司，应当向国务院保险监督管理机构提出书面申请，并提交下列材料：

（一）设立申请书，申请书应当载明拟设立的保险公司的名称、注册资本、业务范围等；

（二）可行性研究报告；

（三）筹建方案；

（四）投资人的营业执照或者其他背景资料，经会计师事务所审计的上一年度财务会计报告；

（五）投资人认可的筹备组负责人和拟任董事长、经理名单及本人认可证明；

（六）国务院保险监督管理机构规定的其他材料。

国务院保险监督管理机构应对设立保险公司的申请进行审查，自受理之日起 6 个月内作出批准或不批准筹建的决定，并书面通知申请人。决定不批准，应书面说明理由。申请人应自收到批准筹建通知之日起 1 年内完成筹建工作；筹建期间不得从事保险经营活动。筹建工作完成后，申请人具备《保险法》第 68 条规定的设立条件，可向国务院保险监督管理机构提出开业申请。国务院保险监督管理机构应自受理开业申请之日起 60 日内，作出批准或不批准开业的决定。决定批准，颁发经营保险业务许可证；决定不批准，应书面通知申请人并说明理由。保险公司在中国境内设立分支机构，应经国务院保险监督管理机构批准。保险公司分支机构不具有法人资格，其民事责任由保险公司承担。保险公司申请设立分支机构，应向国务院保险监督管理机构提出书面申请，并提交设立申请书、拟设机构 3 年业务发展规划和市场分析材料、拟任高管的简历及相关证明材料、国务院保险监督管理机构规定的其他材料。国务院保险监督管理机构应对保险公司设立分支机构的申请进行审查，自受理之日起 60 日内作出批准或不批准的决定。决定批准，颁发分支机构经营保险业务许可证；决定不批准，应书面通知申请人并说明理由。经批准设立的保险公司及其分支机构，凭经营保险业务许可证向工商行政管理机关办理登记，领取营业执照。保险公司及其分支机构自取得经营保险业务许可证之日起 6 个月内，无正当理由未向工商行政管理机关办理登记，其经营保险业务许可证失效。保险公司在中国境外设立子公司、分支机构，应经国务院保险监督管理机构批准。

《关于保险公司高级管理人员任职资格有关问题的复函》（保监厅函〔2008〕3 号）指出：保险公司和高管之间的劳动合同纠纷属于民事纠纷，中国保监会不宜介入，该纠纷原则上也不影响中国保监会相关任职资格核准工作正常进行。

《关于外资保险公司设立营销服务部有关事宜的复函》（保监厅函〔2009〕445号）指出：《保险公司管理规定》并未涉及中国保监会与派出机构保险公司分支机构审批的职责分工问题。根据《保险公司管理规定》第18条规定，只要申请人本身满足有关要求，派出机构即可批准其设立营销服务部。

《关于明确保险公司分支机构管理有关问题的复函》（保监厅函〔2010〕477号）指出：根据《关于明确保险公司分支机构管理有关问题的通知》（以下简称《通知》）规定，对《通知》施行前已任命且在任的营销服务部负责人，保险公司决定继续任用，应与其签订劳动合同；未签订劳动合同，保险公司最迟应在2011年10月1日前按《通知》规定的条件更换负责人。保险公司在执行上述规定时，应根据具体情况，妥善处理营销服务部负责人的任用事宜，确保平稳过渡。

《中国保险监督管理委员会关于电话营销规范有关执行问题的复函》（保监厅函〔2010〕388号）指出：关于《促进寿险公司电话营销业务规范发展的通知》作为规范性文件以旧《保险法》为依据。新《保险法》实施后，若其具体规定与新《保险法》不一致，应适用新《保险法》的规定。

《对两个网站代为保险营销员继续教育学习行为合法性进行认定的复函》（保监厅函〔2010〕89号）指出：根据《保险法》《保险营销员管理规定》和《加强保险中介从业人员继续教育管理工作的通知》，保险公司应建立保险代理人登记管理制度，加强对保险代理人的培训和管理，不得唆使、诱导保险代理人进行违背诚信义务的活动；保险营销员申请领取展业证、年审展业证和换发资格证书，应符合中国保监会规定的有关岗前培训和后续教育的条件，岗前培训是保险营销员首次从事保险营销活动前接受的专业培训，后续教育是保险营销员从事保险营销活动过程中每年接受的专业培训；保险公司和专业保险中介机构应根据法律法规要求，对从业人员进行继续教育培训，可自主培训，也可根据实际，委托行业组织或其他单位进行培训。

《关于保险公司地市级分支机构命名等有关问题的批复》（保监法规〔2007〕第1497号）指出：①保险公司新设分支机构的名称或层级由保险公司自行决定，设立条件和程序遵照《保险公司管理规定》等相关规定。②对已设地市中心支公司变更为分公司，视为分支机构改建，采取简易审批程序，按分公司的设立条件进行一次性审核，保险机构得到批复后，进行相应的许可证和营业执照变更，即可开业经营。

### 第71条 【保险公司设立申请的审批】

国务院保险监督管理机构应当对设立保险公司的申请进行审查，自受理之日起六个月内作出批准或者不批准筹建的决定，并书面通知申请人。决定不批准的，应当书面说明理由。

设立保险公司的法定程序：①设立保险公司应经国务院保险监督管理机构批准。②国务院保险监督管理机构审查保险公司的设立申请时，应考虑保险业的发展和公平竞争的需要。③申请设立保险公司，应向国务院保险监督管理机构提出书面申请，并提交设立申请书（申请书应载明拟设立的保险公司的名称、注册资本、业务范围等）；可行性研究报告；筹建方案；投资人的营业执照或其他背景资料，经会计师事务所审计的上一年度财务会计报告；投资人认可的筹备组负责人和拟任董事长、经理名单及本人认可证明；国务院保险监督管理机构规定的其他材料。④国务院保险监督管理机构应对设立保险公司的申请进行审查，自受理之日起6个月内作出批准或不批准筹建的决定，并书面通知申请人。决定不批准的，应书面说明理由。⑤申请人应自收到批准筹建通知之日起1年内完成筹建工作；筹建期间不得从事保险经营活动。⑥筹建工作完成后，申请人具备保险公司设立条件，可向国务院保险监督管理机构提出开业申请。国务院保险监督管理机构应自受理开业申请之日起60日内，作出批准或不批准开业的决定（决定批准，颁发经营保险业务许可证。决定不批准，应书面通知申请人并说明理由）。

### 第72条 【保险公司的筹备】

申请人应当自收到批准筹建通知之日起一年内完成筹建工作；筹建期间不得从事保险经营活动。

《保险公司管理规定》第11条规定："经中国保监会（现为中国银保监会）批准筹建保险公司的，申请人应当自收到批准筹建通知之日起1年内完成筹建工作。筹建期间届满未完成筹建工作的，原批准筹建决定自动失效。"

外国保险机构在中国境内设立代表机构，应经国务院保险监督管理机构批准。外国保险机构代表机构不得从事保险经营活动。

### 第73条 【保险公司的开业申请、审批】

筹建工作完成后，申请人具备本法第六十八条规定的设立条件的，可以向国务院保险监督管理机构提出开业申请。

国务院保险监督管理机构应当自受理开业申请之日起六十日内，作出批准或者不批准开业的决定。决定批准的，颁发经营保险业务许可证；决定不批准的，应当书面通知申请人并说明理由。

国务院保险监督管理机构应自收到设立保险资产管理公司分支机构的完整开业申请文件之日起20日内，作出核准或不予核准的决定。决定核准，颁发经营保险资产管理业务许可证；决定不予核准，应书面通知申请人并说明理由。

国务院保险监督管理机构应自收到设立外资保险公司完整的正式申请文件之日起60日内，作出批准或不批准的决定。决定批准，颁发经营保险业务许可证；决定不批准，应书面通知申请人并说明理由。经批准设立外资保险公司，申请人凭经营保险业务许可证向工商行政管理机关办理登记，领取营业执照。

国务院保险监督管理机构应对设立外资保险公司的申请进行初步审查，自收到完整的申请文件之日起6个月内作出受理或不受理的决定。决定受理，发给正式申请表；决定不受理，应书面通知申请人并说明理由。设立合资保险公司的中国申请人，应提交的有关资料包括营业执照（副本）、公司或企业的章程、业务结构、经营历史、最近3年的年报以及最近3年受处罚的记录。拟设外资保险公司的筹建负责人应具备大专以上学历；从事保险或相关工作2年以上；无违法犯罪记录3种条件。

对设立保险资产管理公司的申请，国务院保险监督管理机构应会同国务院有关部门进行初步审查，自收到完整的申请材料之日起3个月内作出批准或不批准筹建的决定；决定不批准，应书面通知申请人并说明理由。

国务院保险监督管理机构应自收到设立保险资产管理公司完整的开业申请文件之日起20日内，作出核准或不予核准的决定。决定核准，颁发经营保险资产管理业务许可证；决定不予核准，应书面通知申请人并说明理由。

保险资产管理公司设立子公司，从事专项资产管理业务，由国务院保险监督管理机构依据有关法律法规研究制定，应向国务院保险监督管理机构提出申请，并提交5种材料：①设立申请书。②拟设机构的业务范围。③拟设机构未来3年的经营规划和市场分析。④拟设机构筹建负责人的简历及相关证明材料。⑤信息管理系统、资金运用交易设备和安全防范设施的资料。国务院保险监督管理机构对保险资产管理公司设立子公司，从事专项资产管理业务的申请进行初步审查，自收到完整的申请材料之日起20日内作出批准或不批准筹建的决定；决定不批准，应书面通知保险资产管理公司并说明理由。

保险资产管理机构应设立首席风险管理执行官。首席风险管理执行官为公司高管人员，负责组织和指导保险资产管理机构风险管理，履职范围应包括保险资产管理机构运作的所有业务环节，独立向董事会、国务院保险监督管理机构报告有关情况，提出防范和化解重大风险建议。首席风险管理执行官不得主管投资管理。如需更换，应于更换前至少5个工作日向国务院保险监督管理机构书面说明理由和其履职情况。

国务院保险监督管理机构应自受理任职资格核准申请之日起20日内，作出核准或不予核准的决定。20日内不能作出决定，经本机关负责人批准，可延长10日，并应将延长期限的理由告知申请人。决定核准任职资格，应颁发核准文件；决定不予核准，应作出书面决定并说明理由。

### 第74条 【保险公司的分支机构】

保险公司在中华人民共和国境内设立分支机构，应当经保险监督管理机构批准。

保险公司分支机构不具有法人资格，其民事责任由保险公司承担。

保险公司分支机构的设立：①保险公司在中国境内设立分支机构，应经国务院保险监督管理机构批准。保险公司分支机构不具有法人资格，其民事责任由保险公司承担。保险公司申请设立分支机构，应向国务院保险监督管理机构提出书面申请，并提交的材料类型、范围：设立申请书；拟设机构3年业务发展规划和市场分析材料；拟任高管人员的简历及相关证明材料；国务院保险监督管理机构规定的其他材料。国务院保险监督管理机构应对保险公司设立分支机构的申请进行审查，自受理之日起60日内作出批准或不批准的决定（决定批准，颁发分支机构经营保险业务许可证。决定不批准，应书面通知申请人并说明理由）。经批准设立的保险公司及其分支机构，凭经营保险业务许可证向市场监管部门办理登记，领取营业执照。保险公司及其分支机构自取得经营保险业务许可证之日起 6 个月内，无正当理由未向市场监管部门办理登记，其经营保险业务许可证失效。保险公司在中国境外设立子公司、分支机构，应经国务院保险监督管理机构批准。②外国保险机构在中国境内设立代表机构，应经国务院保险监督管理机构批准。外国保险机构代表机构不得从事保险经营活动。

从《民事诉讼法》《保险法解释（三）》的角度，保险公司依法设立并取得营业执照的分支机构属于《民事诉讼法》第 48 条规定的其他组织可作为保险合同纠纷案件的当事人参加诉讼。机关、社会团体、企业事业单位对损害国家、集体或个人民事权益的行为，可支持受损害的单位或个人向法院起诉。

**第 75 条　【保险公司申请设立分支机构的材料】**

保险公司申请设立分支机构，应当向保险监督管理机构提出书面申请，并提交下列材料：

（一）设立申请书；
（二）拟设机构三年业务发展规划和市场分析材料；
（三）拟任高级管理人员的简历及相关证明材料；
（四）国务院保险监督管理机构规定的其他材料。

《保险公司管理规定》第 19 条规定，保险公司设立分支机构，申请人应当提交下列材料一式三份：（一）设立申请书；（二）申请前连续 2 个季度的偿付能力报告和上一年度经审计的偿付能力报告；（三）保险公司上一年度公司治理结构报告以及申请人内控制度；（四）分支机构设立的可行性论证报告，包括拟设机构 3 年业务发展规划和市场分析，设立分支机构与公司风险管理状况和内控状况相适应的说明；（五）申请人分支机构管理制度；（六）申请人作出的其最近 2 年无受金融监管机构重大行政处罚的声明；（七）申请设立省级分公司以外其他分支机构的，提交省级分公司最近 2 年无受金融监管机构重大行政处罚的声明；（八）拟设机构筹建负责人的简历以及相关证明材料；（九）中国保监会规定提交的其他材料。

**第 76 条　【保险公司设立分支机构的审批】**

保险监督管理机构应当对保险公司设立分支机构的申请进行审查，自受理之日起六十日内作出批准或者不批准的决定。决定批准的，颁发分支机构经营保险业务许可证；决定不批准的，应当书面通知申请人并说明理由。

参见《保险法》第 74 条解析。

**第 77 条　【保险公司的工商登记】**

经批准设立的保险公司及其分支机构，凭经营保险业务许可证向工商行政管理机关办理登记，领取营业执照。

从《公司法》角度，设立公司，应依法向公司登记机关申请设立登记。具体为：

①符合《公司法》规定的设立条件，由公司登记机关分别登记为有限责任公司或股份有限公司；不符合《公司法》规定的设立条件，不得登记为有限责任公司或股份有限公司。②法律、行政法规规定设立公司必须报经批准，应在公司登记前依法办理批准手续。③公众可向公司登记机关申请查询公司登记事项，公司登记机关应提供查询服务。④依法设立的公司，由公司登记机关发给公司营业执照。公司营业执照签发日期为公司成立日期。公司营业执照应载明公司的名称、住所、注册资本、经营范围、法定代表人姓名等事项。公司营业执照记载的事项发生变更的，公司应依法办理变更登记，由公司登记机关换发营业执照。

### 第 78 条 【保险公司经营保险业务许可证的失效】

保险公司及其分支机构自取得经营保险业务许可证之日起六个月内，无正当理由未向工商行政管理机关办理登记的，其经营保险业务许可证失效。

本条是对保险公司及其分支机构取得经营保险业务许可证后于市场监督管理部门进行登记期限的规定。该期限为 6 个月，超过期限之后，经营保险业务许可证自动失效。但若保险公司有正当理由而未在规定期限内登记，其经营保险业务许可证继续有效。经保险监督管理机构确认，可于市场监督管理部门办理登记。

### 第 79 条 【保险公司设立境外子公司、分支机构的审批】

保险公司在中华人民共和国境外设立子公司、分支机构，应当经国务院保险监督管理机构批准。

《保险公司设立境外保险类机构管理办法》（保监会令〔2015〕3 号）规定：①保险公司，是经保监会批准设立，并依法登记注册的商业保险公司。境外保险类机构，是保险公司的境外分支机构、境外保险公司和保险中介机构（保险代理机构、保险经纪机构和保险公估机构）。②设立境外保险类机构，是保险公司设立境外分支机构、境外保险公司和保险中介机构；收购境外保险公司和保险中介机构的民商事法律行为。③收购，是保险公司受让境外保险公司、保险中介机构的股权且其持有的股权达到该机构表决权资本总额 20% 及以上或虽不足 20% 但对该机构拥有实际控制权、共同控制权或重大影响的行为。保险公司收购上市的境外保险公司、保险中介机构，适用《保险公司设立境外保险类机构管理办法》。保监会另有规定的从其规定。④保险公司设立境外保险类机构应遵守中国有关保险和外汇管理的法律、行政法规以及保监会相关规定，遵守境外的相关法律及规定。保险公司收购境外保险公司和保险中介机构，应执行现行保险外汇资金的有关规定。⑤保监会依法对保险公司设立境外保险类机构的活动实施监管。⑥保险公司在境外设立代表机构、联络机构或办事处等非营业性机构，适用《保险公司设立境外保险类机构管理办法》。⑦保险公司设立境外保险类机构的 8 种基本条件：开业 2 年以上。上年末总资产不低于 50 亿元。上年末外汇资金不低于 1500 万美元或其等值的自由兑换货币。偿付能力额度符合保监会有关规定。内部控制制度和风险管理制度符合保监会有关规定。最近 2 年内无受重大处罚的记录。拟设立境外保险类机构所在的国家或地区金融监管制度完善，并与中国保险监督管理机构保持有效的监管合作关系。保监会规定的其他条件。⑧保险公司申请设立境外分支机构、境外保险公司和保险中介机构，应向保监会提交9种基本材料：申请书；国家外汇管理局外汇资金来源核准决定的复印件；上一年度经会计师事务所审计的公司财务报表及外币资产负债表；上一年度经会计师事务所审计的偿付能力状况报告；内部控制制度和风险管理制度；拟设境外保险类机构的基本情况说明，包括名称、住所、章程、注册资本或营运资金、股权结构及出资额、业务范围、筹建负责人简历及身份证明材料复印件；拟设境外保险类机构的可行性研究报告、市场分析报告和筹建方案；拟设境外保险类机构所在地法律要求保险公司为其设立的境外保险类机构承担连带责任，提交相关说明材料；保监会规定的其他材料。保险公司在境外设立的保险公司、保险中介机构有其他发起人，还应提交其他发起人的名称、股份认购协议书复印件、营业执照以及上一年度经会计师事务所审计的资产负债表。⑨保险公司申请收购境外保险公司和保险中介机构，应向保监会提交9种材料：申请书；国家外汇管理局外汇资金来源核准决定的复印件；上一年度经会计师事务所审计的公司财务报表及外币资产负债表；上一年度和最近季度经会计师事务所审计的偿付能力状况报告及其说明；内部管理制度和风险控制制度；拟被收购的境外保险类机构的基本情况说明，包括名称、住所、章程、注册资本或营运资金、业务范围、负责人情况说明；拟被收购的境外保险类机构上一年度经会计师事务所审计的公司财务报表；收购境外保险类机构的可行性研究报告、市场分析报告、收购方案；保监会规定的其他材料。拟被收购境外保险类机构为保险公司，还应提交其上一年度和最近季度经会计师事务所审计的偿付能力状况报告及说明。

**第80条　【外国保险机构在中国境内设立代表机构的审批】**

外国保险机构在中华人民共和国境内设立代表机构，应当经国务院保险监督管理机构批准。代表机构不得从事保险经营活动。

外国保险机构未经国务院保险监督管理机构批准，擅自在中国境内设立代表机构，由国务院保险监督管理机构予以取缔，处5万元以上30万元以下罚款。

外国保险机构在中国境内设立的代表机构从事保险经营活动，由国务院保险监督管理机构责令改正，没收违法所得，并处违法所得1倍以上5倍以下罚款；无违法所得或违法所得不足20万元，处20万元以上100万元以下罚款；对其首席代表可责令撤换；情节严重的，撤销其代表机构。

从《保险法》的角度，中国保险公司，是在中国境内依法设立的财产保险公司，包括中资保险公司、中外合资保险公司、外资独资保险公司以及外国保险公司分公司。保险机构是在中国境内依法设立的保险集团（控股）公司、保险公司、保险资产管理公司、再保险公司及其分支机构等。经保险监督管理部门批准设立的其他保险机构可参照执行保险机构内部审计工作规范。保险监督管理部门有IT审计专门规范和要求，保险机构IT审计工作应从其规范。

外资保险公司，是在中国境外注册、经营保险业务的保险公司，是依中国有关法律、行政法规经批准在中国境内设立和营业的3种特殊保险公司：①外国保险公司同中国的公司、企业在中国境内合资经营的保险公司（合资保险公司）。②外国保险公司在中国境内投资经营的外国资本保险公司（独资保险公司）。③外国保险公司在中国境内的分公司（外国保险公司分公司）。外资保险公司的注册资本或营运资金应为实缴货币。外国保险公司分公司成立后，外国保险公司不得以任何形式抽回营运资金。外国保险公司与中国的公司、企业合资在中国境内设立经营人身保险业务的合资保险公司（合资寿险公司），其中外资比例不得超过公司总股本的50%。外国保险公司直接或间接持有的合资寿险公司股份，不得超过公司总股本的50%比例限制。《外资保险公司管理条例》生效前在中国境内设立的外资保险公司，其注册资本或营运资金不足人民币2亿元或其等值的自由兑换货币，应在本细则生效后2年内缴足；未缴足注册资本或营运资金，对其开展新业务的申请，国务院保险监督管理机构不予批准。

设立外资保险公司，应经国务院保险监督管理机构批准。设立外资保险公司的地区，由国务院保险监督管理机构按有关规定确定。设立经营人身保险业务的外资保险公司和经营财产保险业务的外资保险公司，其设立形式、外资比例由国务院保险监督管理机构按有关规定确定。

合资保险公司、独资保险公司的注册资本最低限额为2亿元或等值的自由兑换货币；其注册资本最低限额须为实缴货币资本。外国保险公司分公司应由其总公司无偿拨给不少于2亿元或等值的自由兑换货币的营运资金。国务院保险监督管理机构根据外资保险公司业务范围、经营规模，可提高外资保险公司注册资本或营运资金的最低限额。

申请设立外资保险公司的外国保险公司，应具备7种条件：①经营保险业务30年以上（外国保险公司持续经营保险业务30年以上，外国保险公司吸收合并其他机构或与其他机构合并设立新的保险公司，不影响其经营保险业务年限的计算）。外国保险公司子公司的经营保险业务年限，从该子公司设立时开始计算。②在中国境内已设立代表机构（经国务院保险监督管理机构批准的外国保险公司设立的代表机构；外国保险公司所在的集团公司设立的代表机构）2年以上。外国保险公司或其所在的集团公司设立的代表机构，只能适用于申请设立一家外资保险公司。③提出设立申请前1年年末（申请日的上一个会计年度末）总资产不少于50亿美元。④所在国家或地区有完善的保险监管制度，并且该外国保险公司已受到所在国家或地区有关主管当局的有效监管。⑤符合所在国家或地区偿付能力标准。⑥所在国家或地区有关主管当局同意其申请。⑦国务院保险监督管理机构规定的其他审慎性条件（法人治理结构合理；风险管理体系稳健；内部控制制度健全；管理信息系统有效；经营状况良好，无重大违法违规记录）。

设立外资保险公司，申请人应向国务院保险监督管理机构提出书面申请，并提交7种资料：①申请人法定代表人签署的申请书，其中设立合资保险公司，申请书由合资各方法定代表人共同签署。②外国申请人所在国家或地区有关主管当局核发的营业执照（副本），可提供营业执照的有效复印件或有关主管当局出具的该申请人有权经营保险业务的书面证明书（外国申请人所在国家或地区有关主管当局对其符合偿付能力标准的证明，应包括在有关主管当局出具证明之日的上一个会计年度，该申请人的偿付能力符合该国家或地区的监管要求；在有关主管当局出具证明之日的上一个会计年度中，该申请人没有不符合该国家或地区偿付能力标准的记录）、对其符合偿付能力标准的证明及对其申请的意见书（外国申请人所在国家或地区有关主管当局对其申请的意见书，应包括该申请人申请在中国境内设立保险机构是否符合该国家或地区的法律规定；是否同意该申请人的申请；在有关主管当局出具意见之日的前3年，该申请人受处罚的记录）。③外国申请人的公司章程、最近3年的年报（应包括申请人在申请日的前3个会计年度的资产负债表、利润表和现金流量表；报表应附由申请人所在国家或地区认可的会计师事务所或审计师事务所出具的审计意见书）。④设立合资保险公司，中国申请人的有关资料（除法律、行政法规另有规定或经国务院批准外，中国申请人应符合4种条件：经工商行政管理部门登记注册的具有法人资格的公司或企业，商业银行、证券机构以及《中华人民共和国外资企业法》规定的外资企业除外。经企业行政主管机关或其股东会批准。经营状况良好，且申请日的上一个会计年度为盈利。以自有资金出资，来源合法）。⑤拟设公司的可行性研究报告及筹建方案。⑥拟设公司的筹建负责人员名单、简历和任职资格证明。⑦国务院保险监督管理机构规定提供的其他资料。

国家对外商投资（外国投资者——外国的自然人、企业或其他组织直接或间接在中国境内进行的投资活动，包括外国投资者单独或与其他投资者共同在中国境内设立外商投资企业；外国投资者取得中国境内企业的股份、股权、财产份额或其他类似权益；外国投资者单独或与其他投资者共同在中国境内投资新建项目；法律、行政法规或国务院规定的其他方式的投资4种情形）实行准入前国民待遇（在投资准入阶段给予外国投资者及其投资不低于本国投资者及其投资的待遇）、负面清单（国家规定在特定领域对外商投资实施的准入特别管理措施）管理制度。国家对负面清单外的外商投资，给予国民待遇。现有外商投资企业（全部或部分由外国投资者投资，依中国法律在中国境内经登记注册设立的企业）办理组织形式、组织机构等变更登记的具体事宜，由市场监管总局规定并公布。市场监管总局应加强对变更登记工作的指导，负责办理变更登记的市场监管部门应通过多种方式优化服务，为企业办理变更登记提供便利（参见《外商投资法》第2、4、45条）。

从《外国保险机构驻华代表机构管理办法》（保监会令〔2018〕4号）角度，外国保险机构在中国境内申请设立代表处的4种条件包括：经营状况良好；外国保险机构经营有保险业务的应当经营保险业务20年以上，没有经营保险业务的，应当成立20年以上；申请之日前3年内无重大违法违规记录；中国保监会规定的其他审慎条件。外国保险机构拟设代表处提供的11种资料：①正式申请表（中国保监会提供）。②由董事长或总经理签署的致中国保监会主席的申请书。③所在国家或地区有关主管当局核发的营业执照或合法开业证明或注册登记证明的复印件（须经其所在国家或地区依法设立的公证机构公证或经中国驻该国使领馆认证）。④机构章程，董事会成员名单、管理层人员名单或主要合伙人名单。⑤申请之日前3年的年报。⑥所在国家或地区有关主管当局出具的对申请者在中国境内设立代表处的意见书，或由所在行业协会出具的推荐信、意见书，推荐信应陈述申请者在出具意见书或推荐信之日前3年受处罚的记录。⑦代表机构设立的可行性和必要性研究报告。⑧由董事长或总经理签署的首席代表授权书。⑨申请者就拟任首席代表在申请日前3年没有因重大违法违规行为受到所在国家或地区处罚的声明。⑩拟任首席代表的简历以及相关证明材料。⑪中国保监会规定提交的其他资料。

### 第81条 【保险公司董事、监事、高管的积极资格】

保险公司的董事、监事和高级管理人员，应当品行良好，熟悉与保险相关的法律、行政法规，具有履行职责所需的经营管理能力，并在任职前取得保险监督管理机构核准的任职资格。

保险公司高级管理人员的范围由国务院保险监督管理机构规定。

依《保险公司管理规定》的规定，保险公司应建立健全公司治理结构，加强内部管理，建立严格的内部控制制度。保险机构任命董事、监事、高级管理人员，应当在任命前向国务院保险监督管理机构申请核准上述人员的任职资格。

《关于印发〈保险机构独立董事管理办法〉的通知》（银保监发〔2018〕35号）要求：①独立董事是在所任职的保险机构不担任除董事外的其他职务，并与保险机构股东、实际控制人不存在可能影响其对公司事务进行独立客观判断关系的董事。②保险集团（控股）公司、保险公司、保险资产管理公司、相互保险社应建立独立董事制度，并根据保险机构独立董事管理办法建立健全实施独立董事制度的各项内部配套机制和工作流程。经中国银保监会批准设立，并依法登记注册的外资股东出资额或持股占保险机构注册资本或股本总额25%以上的保险机构参照执行。③保险集团（控股）公司治理结构健全，公司治理运行有效，并已按保险机构独立董事管理办法建立独立董事制度，经保险集团（控股）公司申请，中国银保监会备案，其保险子公司可不适用《保险机构独立董事管理办法》。保险集团（控股）公司或其豁免适用《保险机构独立董事管理办法》的保险子公司出现公司治理机制重大缺陷或公司治理机制失灵，中国银保监会可视情形撤销其保险子公司适用《保险机构独立董事管理办法》的豁免。④保险机构董事会独立董事人数应至少为3名，并不低于董事会成员总数的1/3。保险机构存在出资额或持股占保险机构注册资本或股本总额50%以上控股股东，其独立董事占董事会成员的比例须达到1/2以上。特殊而言，控股股东为保险集团（控股）公司或保险公司的保险机构，可不受其独立董事占董事会成员的比例须达到1/

2以上的限制。存在保险集团（控股）公司或保险公司的保险机构的控股股东的保险机构，其公司治理评价在董事会换届前2年连续为优秀，其下一届董事会（3年）独立董事占比可不受其独立董事占董事会成员的比例须达到1/2以上的限制。公司治理评价未能达到上述要求，应主动调整独立董事人数至占董事会成员比例1/2以上。鼓励公司治理结构健全、公司治理运行规范的保险机构逐步增加独立董事人数，提高独立董事占比。⑤保险机构应结合保险行业特点和自身发展阶段特点，选择具有财务、会计、金融、保险、精算、投资、风险管理、审计、法律等专业背景或经历的人士担任独立董事，不断优化董事会专业结构，提高董事会专业委员会运作效能。⑥保险机构应重视发挥独立董事在董事会专业委员会的作用。董事会审计委、提名薪酬委员会应至少包括2名独立董事，独立董事占比应不低于委员会成员总数的1/3，主任委员应由独立董事担任。担任董事会审计委员会委员的独立董事，应至少有1人为财务、会计或审计专业人士，或具备5年以上财务、会计或审计工作经验。担任董事会提名薪酬委员会委员的独立董事，应至少有1人具备较强的识人用人和薪酬管理能力，并具备在企事业单位担任领导或管理职务的任职经历。⑦保险机构出现公司治理机制失灵，或保险机构控股股东、实际控制人严重侵害保险机构、保险消费者（投保人、被保险人、受益人）和中小股东利益，或出现被中国银保监会限制股东权利等情形，除按法律法规和其他监管规定应实施的行政处罚或监管措施外，中国银保监会还可采取4种措施：一是限制相关股东提名独立董事的权利。二是要求增加独立董事人数和比例。三是责令撤换有关独立董事。四是经保险机构申请，向其派驻独立董事。⑧独立董事应具备较高的专业素质和良好的信誉，除符合国家法律法规和中国银保监会规定的董事任职资格要求外，还应具备6种条件：一是大学本科以上学历或学士以上学位。二是具有5年以上从事管理、财务、会计、金融、保险、精算、投资、风险管理、审计、法律等工作经历。三是符合保险机构独立董事管理办法所要求的独立性。四是有履行职责所必需的时间和精力。五是中国银保监会规定的其他条件。六是保险机构章程规定的其他条件。⑨禁止担任保险机构独立董事的6种情形：一是近3年内在持有保险机构5%以上出资额或股份的股东单位或保险机构前10名股东单位任职的人员及其近亲属、主要社会关系；股东单位包括该股东逐级追溯的各级控股股东及其关联方、一致行动人以及该股东的附属企业。二是近3年内在保险机构或其实际控制的企业任职的人员及其近亲属、主要社会关系。三是近1年内为保险机构及其控股股东、其各自附属企业提供审计、精算、法律和管理咨询等服务的人员。四是近1年内在与保险机构及其控股股东、其各自附属企业有业务往来的银行、法律、咨询、审计等机构担任高管人员、合伙人或控股股东。五是在其他经营同类主营业务的保险机构任职的人员。六是中国银保监会认定的其他可能影响独立判断的人员。⑩独立董事应保证有足够的时间和精力有效履行职责，最多同时在4家境内外企业担任独立董事。⑪独立董事正式任职前，应取得中国银保监会的任职资格核准。拟任独立董事获得中国银保监会任职资格核准后，应在中国银保监会指定的媒体和保险机构官方网站公布拟任独立董事任职声明，表明独立性并承诺勤勉尽职，保证具有足够的时间和精力履行职责。任职声明应报中国银保监会备案。对保险机构拟任独立董事声明的独立性和其他条件有异议，可向中国银保监会反映。

**第82条 【保险公司董事、监事、高管的消极资格】**

有《中华人民共和国公司法》第一百四十六条规定的情形或者下列情形之一的，不得担任保险公司的董事、监事、高级管理人员：

（一）因违法行为或者违纪行为被金融监督管理机构取消任职资格的金融机构的董事、监事、高级管理人员，自被取消任职资格之日起未逾五年的；

（二）因违法行为或者违纪行为被吊销执业资格的律师、注册会计师或者资产评估机构、验证机构等机构的专业人员，自被吊销执业资格之日起未逾五年的。

禁止担任保险公司的董事、监事、高管人员的7种情形：①因违法行为或违纪行为被金融监管机构取消任职资格的金融机构的董事、监事、高管人员，自被取消任职资格之日起未逾5年。②因违法行为或违纪行为被吊销执业资格的律师、注册会计师或资产评估机构、验证机构等机构的专业人员，自被吊销执业资格之日起未逾5年。③无民事行为能力或限制民事行为能力。④因贪污、贿赂、侵占财产、挪用财产或破坏社会主义市场经济秩序，被判处刑罚，执行期满未逾5年，或因犯罪被剥夺政治权利，执行期满未逾5年。⑤担任破产清算的公司、企业的董事或厂长、经理，对该公司、企业的破产负有个人责任，自该公司、企业破产清算完结之日起未逾3年。⑥担任因违法被吊销营业执照、责令关闭的公司、企业的法定代表人，并负有个人责任，自该公司、企业被吊销营业执照之日起未逾3年。⑦个人所负数额较大的债务到期未清偿。

从《公司法》角度，公司董事、监事、高管人员的资格和义务：①公司违反禁止担任公司的董事、监事、高管人员的5种情形（无民事行为能力或限制民事行为能力。因贪污、贿赂、侵占财产、挪用财产或破坏社会主义市场经济秩序，被判处刑罚，执行期满未逾五年，或因犯罪被剥夺政治权利，执行期满未逾5年。担任破产清算的公司、企业的董事或厂长、经理，对该公司、企业的破产负有个人责任的，自该公司、企业破产清算完结之日起未逾3年。担任因违法被吊销营业执照、责令关闭的公司、企业的法定代表人，并负有个人责任的，自该公司、企业被吊销营业执照之日起未逾3年。个人所负数额较大的债务到期未清偿），规定选举、委派董事、监事或聘任高管人员，该选举、委派或聘任无效。董事、监事、高管人员在任职期间出现禁止担任公司的董事、监事、高管人员的5种情形，公司应解除其职务。董事、监事、高管人员应遵守法律、行政法规和公司章程，对公司负有忠实义务和勤勉义务。董事、监事、高管人员不得利用职权收受贿赂或其他非法收入，不得侵占公司的财产。②董事、高管人员违反禁止担任董事、高管人员的8种违法犯罪行为（挪用公司资金。将公司资金以其个人名义或以其他个人名义开立账户存储。违反公司章程的规定，未经股东会、股东大会或董事会同意，将公司资金借贷给他人或以公司财产为他人提供担保。违反公司章程的规定或未经股东会、股东大会同意，与本公司订立合同或进行交易。未经股东会或股东大会同意，利用职务便利为自己或他人谋取属于公司的商业机会，自营或为他人经营与所任职公司同类的业务。接受他人与公司交易的佣金归为己有。擅自披露公司秘密。违反对公司忠实义务的其他行为）的规定所得的收入应归公司所有。③董事、监事、高管人员执行公司职务时违反法律、行政法规或公司章程的规定，给公司造成损失，应承担赔偿责任。④股东会或股东大会要求董事、监事、高管人员列席会议，董事、监事、高管人员应列席并接受股东的质询。董事、高管人员应如实向监事会或不设监事会的有限责任公司的监事提供有关情况和资料，不得妨碍监事会或监事行使职权。⑤董事、高管人员执行公司职务时有违反法律、行政法规或公司章程的规定，给公司造成损失的情形，有限责任公司的股东、股份有限公司连续180日以上单独或合计持有公司1%以上股份的股东，可书面请求监事会或不设监事会的有限责任公司的监事向法院提起诉讼；监事执行公司职务时有违反法律、行政法规或公司章程的规定，给公司造成损失的情形，有限责任公司的股东、股份有限公司连续180日以上单独或合计持有公司1%以上股份的股东，可书面请求董事会或不设董事会的有限责任公司的执行董事向法院提起诉讼（他人侵犯公司合法权益，给公司造成损失，有限责任公司的股东、股份有限公司连续180日以上单独或合计持有公司1%以上股份的股东可向法院提起诉讼）。⑥监事会、不设监事会的有限责任公司的监事，或董事会、执行董事收到前款规定的股东书面请求后拒绝提起诉讼，或自收到请求之日起30日内未提起诉讼，或情况紧急、不立即提起诉讼将会使公司利益受到难以弥补的损害，有限责任公司的股东、股份有限公司连续180日以上单独或合计持有公司1%以上股份的股东，有权为了公司的利益以自己的名义直接向法院提起诉讼（他人侵犯公司合法权益，给公司造成损失，有限责任公司的股东、股份有限公司连续180日以上单独或合计持有公司1%以上股份的股东可向法院提起诉讼）。⑦董事、高管人员违反法律、行政法规或公司章程的规定，损害股东利益，股东可向法院提起诉讼。

从适用的法律后果看，"取消任职资格"在性质上属于行政处罚，而非强制措施。根据《行政处罚法》第12条行政规章仅可在法律、行政法规规定的范围内对行政处罚作具体规定，因《保险法》作为上位法未规定"取消责任人任职资格"的行政处罚，《中国保险监督管理委员会行政处罚程序规定》未将其列入可实施的行政处罚种类。

《关于印发〈中国保监会关于领导干部配偶、子女及其配偶经商办企业有关问题的规定（试行）〉的通知》（保监党委发〔2015〕7号）要求：①保险监督管理机构领导干部（中国保监会机关和派出机构副处级以上干部）配偶、子女及其配偶不准注册保险机构；不准投资非上市保险机构；不准在国（境）外注册保险机构后回国（境）从事经营活动；不准担任外资、中外合资保险机构由外方委派或聘任的高级职务。②在保险机构担任高级职务，不准利用领导干部的职权或影响，在保险经营中谋取商业机会，进行不公平竞争。③在保险业外注册企业或担任企业高级职务，不准有6种违法违规行为：优于同等客户条件购买保险、获得保险服务；向领导干部所在单位

（对会领导班子成员，是中国保监会，包括会机关和派出机构；对会机关部门及事业单位领导干部，是会机关；对派出机构领导干部，是其所在的派出机构）及其监管对象（对会领导班子成员、会机关部门及事业单位领导干部，是中国保监会监管范围内的所有保险机构；对派出机构领导干部，是其所在派出机构监管范围内的所有保险机构）提供社会中介服务；与领导干部所在单位及其监管对象发生商品、劳务、广告宣传、招标投标、经济担保、房屋租赁、资产管理等经济关系；参与领导干部监管对象的资产处置、项目投资等业务；承接领导干部所在单位及其监管对象的基建、装修等工程项目；承办领导干部所在单位及其监管对象组织的展览、会议、培训等活动。④凡不符合《中国保监会关于领导干部配偶、子女及其配偶经商办企业有关问题的规定（试行）》，领导干部应如实向组织报告并进行纠正，其配偶、子女及其配偶退出所从事的经商办企业活动，或领导干部辞去现任职务。不如实报告或拒不纠正，按有关规定给予领导干部组织处理或纪律处分。⑤中国保险行业协会、中国保险学会、中国保险资产管理业协会、中国保险保障基金有限责任公司、中国保险信息技术管理有限责任公司等中国保监会直管单位参照本规定精神制定适合自身情况的具体规定。

**第83条　【保险公司董事、监事、高管职务违法行为的赔偿责任】**

保险公司的董事、监事、高级管理人员执行公司职务时违反法律、行政法规或者公司章程的规定，给公司造成损失的，应当承担赔偿责任。

《保险公司董事、监事和高级管理人员任职资格管理规定》（保监会〔2018〕第4号）规定，保险机构或者其从业人员违反该规定，由中国保监会依照法律、行政法规进行处罚；法律法规没有规定的，由中国保监会责令改正，给予警告，对有违法所得的处以违法所得1倍以上3倍以下罚款，但最高不超过3万元，对没有违法所得的处以1万元以下罚款；涉嫌犯罪的，依法移交司法机构追究刑事责任。

保险公司的控股股东、实际控制人、董事、监事、高管人员不得利用关联交易损害公司的利益（参见《保险法》第109条）。

**第84条　【保险公司重要事项的变更】**

保险公司有下列情形之一的，应当经保险监督管理机构批准：

（一）变更名称；

（二）变更注册资本；

（三）变更公司或者分支机构的营业场所；

（四）撤销分支机构；

（五）公司分立或者合并；

（六）修改公司章程；

（七）变更出资额占有限责任公司资本总额百分之五以上的股东，或者变更持有股份有限公司股份百分之五以上的股东；

（八）国务院保险监督管理机构规定的其他情形。

从《保险公司收购合并管理办法》(保监发〔2014〕26号)角度,保险公司(经中国保监会批准设立,并依法注册的保险集团(控股)公司、保险公司、再保险公司)收购合并须遵守法律、行政法规及中国保监会的规定,不得损害保险消费者的合法权益,不得危害国家金融安全和社会公共利益。具体为:①保险公司收购合并涉及行业准入、经营者集中申报、国有股权转让等事项,需要取得国家相关部门批准,应在取得批准后进行。②保险公司收购合并的有关各方须向中国保监会提供真实、准确、完整的信息,不得有虚假记载、误导性陈述或重大遗漏。③保险公司的董事、监事、高管人员在收购合并活动中应诚实守信、勤勉尽责,维护保险公司资产的安全,保护保险公司和全体股东的合法权益。④会计师事务所、专业评估机构、律所等专业中介服务机构在保险公司收购合并中应勤勉尽责,遵守行业规范和职业道德。⑤保险公司合并(2家或2家以上保险公司合并为一家保险公司)可采取吸收合并或新设合并,但不得违反保险公司分业经营业务范围(《保险法》第95条分业经营的有关规定,保险公司合并应由拟合并的保险公司共同向中国保监会提出申请,并提交7种材料:合并申请书;合并各方的股东会、股东大会或董事会决议;合并协议;合并整体方案,包括保险消费者权益保护安排、债权债务安排、资产分配和资产处分计划、业务范围调整说明、分支机构整合方案、现任和拟任高管人员简历、员工安置计划;经营者集中申报说明或有关批准文件;专业中介服务机构出具的意见;中国保监会根据审慎监管原则要求提供的其他材料)。合并各方应自取得中国保监会批准之日起10日内通知债权人和投保人、被保险人或受益人,30日内在报纸上公告。合并各方的债权债务和保单责任应由存续保险公司或新设保险公司承继。保险公司合并后的业务范围由中国保监会按有关规定重新核准。经中国保监会核准后的业务范围小于合并各方业务范围,合并各方应自取得中国保监会批准后的6个月内将相关业务转让给符合资质的保险公司。合并各方原有分支机构由存续保险公司或新设保险公司承继。保险公司合并后,在中国保监会派出机构同一辖区内的分支机构数量,应符合《保险公司分支机构市场准入管理办法》的有关规定。

保险公司的收购方式方法、程序:①保险公司收购(收购人一次或累计取得保险公司1/3以上股权,且成为该保险公司第一大股东的行为;或收购人一次或累计取得保险公司股权虽不足1/3,但成为该保险公司第一大股东,且对保险公司实现控制的行为)应由被收购保险公司向中国保监会提出申请,并提交9种材料:收购申请书;收购整体方案,包括可行性研究、交易结构、实施步骤、资金来源、支付方式、后续安排;交易价格及定价依据说明,如涉及国有股权转让还应按相关规定提交资产评估报告、主管机构同意其转让或投资的证明材料、公开挂牌转让的证明材料;投资人及其关联方、一致行动人参与本次收购的情况;经营者集中申报说明或有关批准文件;专业中介服务机构出具的意见;采取受让股权方式的,应提交股权转让协议,受让方为新增股东的,还应提交《保险公司股权管理办法》第28条或《外资保险公司管理条例》第9条规定的有关材料;采取认购增发股权方式的,应提交《保险公司股权管理办法》第 29 条或《外资保险公司管理条例》第 9 条规定的有关材料；中国保监会根据审慎监管原则要求提供的其他材料。②被收购保险公司针对收购所做出的决策及采取的措施，应有利于维护保险公司及其股东的利益，不得利用保险公司资源向收购人提供任何形式的财务资助。③自签订股权转让协议、出资协议书或股份认购协议起至相关股权或股份完成过户的期间为收购过渡期。在收购过渡期内，除为挽救面临严重财务困难的保险公司外，收购人不得提议改选保险公司董事会，被收购保险公司不得进行有重大影响的投资、购买和出售资产行为，或与收购人及其关联方进行交易。④除风险处置或同一控制人控制的不同主体之间的转让等特殊情形外，收购人应书面承诺自收购完成之日起 3 年内，不得转让所持有的被收购保险公司股权或股份。

**第 85 条　【保险公司的精算、合理报告】**

保险公司应当聘用专业人员，建立精算报告制度和合规报告制度。

保险公司不得忽视内控合规和风险管控，盲目拼规模、抢份额；不得脱离公司发展基础和市场承受能力，向分支机构下达不切实际的保费增长任务；不得偏离精算定价基础，以低于成本的价格销售车险产品，开展不正当竞争。

保险公司违反监管规定开发设计人身保险产品，或通过产品设计刻意规避监管规定，国务院保险监督管理机构将依法进行行政处罚，采取一定期限内禁止申报新的产品、责令公司停止接受部分或全部新业务等监管措施，并严肃追究公司总经理、总精算师等责任人责任。

保险公司经营健康保险的条件：建立健康保险业务单独核算制度、健康保险精算制度和风险管理制度、健康保险核保制度和理赔制度、健康保险数据管理制度；建立功能完整、相对独立的健康保险信息管理系统；配备具有相关专业知识的精算人员、核保人员和核赔人员；国务院保险监督管理机构规定的其他条件。

养老保障管理产品管理人存在销售未经备案的养老保障管理产品；实际销售的养老保障管理产品与该产品备案材料的主要内容不一致，管理费费率下调的情况除外；国务院保险监督管理机构认定的其他行为 3 种行为之一，国务院保险监督管理机构除了责令公司停止销售养老保障管理产品、公开披露产品停售信息外，还将视情节轻重，禁止其自违规行为认定日起 3 个月至 1 年内报备新的产品，并视情节轻重对其总经理、总精算师、法律责任人、合规负责人等相关责任人进行约谈、通报，依法予以警告、撤销相关人员任职资格等。

保险公司应积极支持行业自律组织搭建销售人员失信行为管理平台，建立销售人员失信联合惩戒机制。保险公司不得录用尚处于失信联合惩戒状态的人员从事保险销售服务活动。保险公司发现销售人员在保险销售服务活动或其他经济社会活动中存在严重失信行为，应及时向失信行为管理平台报告，并严肃处理直至解除代理（劳动）合同，解除合同后 2 年内不得再次录用。

**第 86 条　【报送保险监督管理机构的重要文件】**

保险公司应当按照保险监督管理机构的规定，报送有关报告、报表、文件和资料。

保险公司的偿付能力报告、财务会计报告、精算报告、合规报告及其他有关报告、报表、文件和资料必须如实记录保险业务事项，不得有虚假记载、误导性陈述和重大遗漏。

《保险公司管理规定》第27条规定，保险机构有下列情形之一，应当自该情形发生之日起15日内，向中国保监会报告：（一）变更出资额不超过有限责任公司资本总额5%的股东，或者变更持有股份有限公司股份不超过5%的股东，上市公司的股东变更除外；（二）保险公司的股东变更名称，上市公司的股东除外；（三）保险公司分支机构变更名称；（四）中国保监会规定的其他情形。《保险公司管理规定》第65条规定，中国保监会有权根据监管需要，要求保险机构进行报告或者提供专项资料。《保险公司管理规定》第66条规定，保险机构应当按照规定及时向中国保监会报送营业报告、精算报告、财务会计报告、偿付能力报告、合规报告等报告、报表、文件和资料。保险机构向中国保监会提交的各类报告、报表、文件和资料，应当真实、完整、准确。《保险公司管理规定》第67条规定，保险公司的股东大会、股东会、董事会的重大决议，应当在决议作出后30日内向中国保监会报告，中国保监会另有规定的除外。

**第87条 【保险公司重要文件的保存】**

保险公司应当按照国务院保险监督管理机构的规定妥善保管业务经营活动的完整账簿、原始凭证和有关资料。

前款规定的账簿、原始凭证和有关资料的保管期限，自保险合同终止之日起计算，保险期间在一年以下的不得少于五年，保险期间超过一年的不得少于十年。

保险公司的内部管理制度：①保险公司应聘用专业人员，建立精算报告制度和合规报告制度。②保险公司、保险代理机构和保险经纪人应按国务院保险监督管理机构规定，报送有关报告、报表、文件和资料。③保险公司的偿付能力报告、财务会计报告、精算报告、合规报告及其他有关报告、报表、文件和资料须如实记录保险业务事项，不得有虚假记载、误导性陈述和重大遗漏。④保险公司应按国务院保险监督管理机构规定妥善保管业务经营活动的完整账簿、原始凭证和有关资料（保管期限自保险合同终止之日起算，保险期间在1年以下的不得少于5年，保险期间超过1年的不得少于10年）。⑤保险公司聘请或解聘会计师事务所、资产评估机构、资信评级机构等中介服务机构，应向国务院保险监督管理机构报告；解聘会计师事务所、资产评估机构、资信评级机构等中介服务机构，应说明理由。⑥保险公司，除《保险法》另有规定外，适用《公司法》规定。

保险代理机构应有自己的经营场所，设立专门账簿记载保险代理业务、经纪业务的收支情况；应按中国银保监会规定缴存保证金或投保职业责任保险。

从《会计法》的角度，任何单位或个人不得以任何方式授意、指使、强令会计机构、会计人员伪造、变造会计凭证、会计账簿和其他会计资料，提供虚假财务会计报告，不得对依法履行职责、抵制违反《会计法》规定行为的会计人员实行打击报复，不得以任何方式要求或示意注册会计师及其所在的会计师事务所出具不实或不当的审计报告。具体为：①任何单位不得以虚假的经济业务事项或资料进行会计核算。出纳人员不得兼任稽核、会计档案保管和收入、支出、费用、债权债务账目的登记工作。因有提供虚假财务会计报告，做假账，隐匿或故意销毁会计凭证、会计账簿、财务会计报告，贪污，挪用公款，职务侵占等与会计职务有关的违法行为被依法追究刑事责任的人员，不得再从事会计工作。②任何单位和个人对违反《会计法》和国家统一的会计制度规定的行为，有权检举。收到检举的部门有权处理的，应依法按职责分工及时处理；无权处理的，应及时移送有权处理的部门处理。收到检举的部门、负责处理的部门应为检举人保密，不得将检举人姓名和检举材料转给被检举单位和被检举个人，将检举人姓名和检举材料转给被检举单位和被检举个人的，由所在单位或有关单位依法给予行政处分。③财政、审计、税务、银行、证券监管、保险监管等部门须依有关法律、行政法规，接受有关监督检查部门依法实施的监督检查，如实提供会计凭证、会计账簿、财务会计报告和其他会计资料及有关情况，不得拒绝、隐匿、谎报；依法对有关单位的会计资料实施监督检查的部门及其工作人员对在监督检查中知悉的国家秘密和商业秘密负有保密义务。④授意、指使、强令会计机构、会计人员及其他人员伪造、变造会计凭证、会计账簿，编制虚假财务会计报告或隐匿、故意销毁依法应保存的会计凭证、会计账簿、财务会计报告，构成犯罪的，依法追究刑事责任；尚不构成犯罪的，可处5000元以上5万元以下罚款；属于国家工作人员的，还应由其所在单位或有关单位依法给予降级、撤职、开除的行政处分。⑤隐匿或故意销毁依法应保存的会计凭证、会计账簿、财务会计报告，构成犯罪的，依法追究刑事责任；尚不构成犯罪的，由县级以上政府财政部门通报，可对单位并处5000元以上10万元以下罚款；对其直接负责的主管人员和其他直接责任人员，可处3000元以上5万元以下罚款；属于国家工作人员的，还应由其所在单位或有关单位依法给予撤职直至开除的行政处分；其中的会计人员，5年内不得从事会计工作。

### 第88条 【中介服务机构的聘请、解聘】

保险公司聘请或者解聘会计师事务所、资产评估机构、资信评级机构等中介服务机构，应当向保险监督管理机构报告；解聘会计师事务所、资产评估机构、资信评级机构等中介服务机构，应当说明理由。

从《关于做好保险专业中介业务许可工作的通知》（保监发〔2016〕82号）角度，保险监管部门要按法律法规及保监会关于做好保险专业中介业务许可工作的通知要求严格审核，发现保险专业中介机构隐瞒有关情况、提供虚假材料、不符合法定条件，应依法采取不许可、给予行政处罚等措施。保险专业代理机构申请经营区域由注册地所在省（自治区、直辖市）变更为全国，参照保监会关于做好保险专业中介业务许可工作的通知执行。第一，股东出资自有、真实、合法。股东投资保险专业中介机构，出资资金应自有、真实、合法，不得用银行贷款及其他形式的非自有资金投资。具体要求为：①法人股东投资，其上一年末（设立时间不满1年，出资日上一月末）净资产应不为负数。②法人股东出资，申请业务许可的保险专业中介机构应向保险监管部门提交 4 种材料：出资来源说明及相关证明材料。法人股东上一年末（设立时间不满 1 年，出资日上一月末）的财务会计报告。法人股东出资前银行账户对账单等能证明其货币资金大于出资额的材料。保险监管部门要求的其他证明材料。③自然人股东出资，申请业务许可的保险专业中介机构应向保险监管部门提交 4 种材料：出资来源说明及相关证明材料；自然人股东出资前银行账户交易明细清单等能证明其货币资金大于出资额的材料；个人信用报告；保险监管部门要求的其他证明材料。保险专业中介机构变更注册资本、股东等事项，股东及出资应符合上述要求。第二，注册资本实施托管。①申请保险代理、经纪业务许可的保险专业中介机构应在大型商业银行或股份制商业银行等具有托管经验的银行中选择 1 家，签订托管协议，开立托管账户，将全部注册资本存入托管账户。保险专业中介机构在向保险监管部门提交业务许可申请材料时，应一并提交托管协议复印件。②在取得许可证前，保险专业中介机构不得动用注册资本。取得许可证后，注册资本应在许可证有效期间处于持续托管状态，用途为：投资大额协议存款、定期存款的资金不少于注册资本的 10%，且不得质押。购置不动产，支出总额不高于注册资本的 40%。向基本户转账，用于与业务相关、经营规模相符的日常运营等开支。其他资金运用。注册资本不得以虚构债权债务关系等任何手段抽逃。③保险专业中介机构未取得许可证，可解除资金托管协议。④已取得许可证的保险专业中介机构（除保险中介集团公司外）应自保监会关于做好保险专业中介业务许可工作的通知下发之日起 6 个月内完成注册资本托管，并自签订托管协议之日起 3 个工作日内，向保险监管部门提交托管协议复印件。申请保险公估业务许可的保险专业中介机构应根据业务发展规划，具备日常经营和风险承担所必需的运营资金。第三，职业责任保险足额有效。申请业务许可的保险专业中介机构投保职业责任保险的，应出具按规定投保职业责任保险的承诺函，取得许可证后，应按规定足额投保并将证明提交保险监管部门，在许可证有效期间，每年度均应足额投保职业责任保险，并保持职业责任保险的有效性和连续性，不得违反规定退保职业责任保险或降低职业责任保险保障水平。

### 第 89 条 【保险公司的解散】

保险公司因分立、合并需要解散，或者股东会、股东大会决议解散，或者公司章程规定的解散事由出现，经国务院保险监督管理机构批准后解散。

经营有人寿保险业务的保险公司，除因分立、合并或者被依法撤销外，不得解散。

保险公司解散，应当依法成立清算组进行清算。

保险公司解散，应依法成立清算组，清算组成员可从公司股东、董事、监事、高管人员；依法设立的律师事务所、会计师事务所、破产清算事务所等社会中介机构；依法设立的律师事务所、会计师事务所、破产清算事务所等社会中介机构中具备相关专业知识并取得执业资格的人员或机构中产生。

从《企业破产法》角度，法院应自裁定宣告企业破产之日起 15 日内成立清算组。清算组成员可从破产企业上级主管部门、清算中介机构以及会计、律师中产生，也可从政府财政、工商管理、计委、经委、审计、税务、物价、劳动、社会保险、土地管理、国有资产管理、人事等部门中指定。中国人民银行分（支）行可按有关规定派人参加清算组。清算组经法院同意可聘请破产清算机构、律师事务所、会计师事务所等中介机构承担一定的破产清算工作。中介机构就清算工作向清算组负责。

### 第 90 条 【保险公司的重整、和解、破产清算】

保险公司有《中华人民共和国企业破产法》第二条规定情形的，经国务院保险监督管理机构同意，保险公司或者其债权人可以依法向人民法院申请重整、和解或者破产清算；国务院保险监督管理机构也可以依法向人民法院申请对该保险公司进行重整或者破产清算。

《企业破产法》第 2 条规定：①企业法人不能清偿到期债务，并且资产不足以清偿全部债务或明显缺乏清偿能力，依《企业破产法》规定清理债务。②企业法人不能清偿到期债务，并且资产不足以清偿全部债务或明显缺乏清偿能力，或有明显丧失清偿能力可能，可依《企业破产法》规定进行重整。

《企业破产法》的一般规定：①《企业破产法》的立法目的在于规范企业破产程序，完善优胜劣汰竞争机制，优化社会资源配置，调整社会产业结构，公平清理债权债务，保护债权人和债务人的合法权益，保障债权公平有序受偿，拯救危困企业，吊销、注销僵尸企业，维护社会主义市场经济秩序。②企业破产的基本条件、基本原因：企业法人不能清偿到期债务，且资产不足以清偿全部债务或明显缺乏清偿能力，依《企业破产法》规定清理债务。企业法人不能清偿到期债务，且资产不足以清偿全部债务或明显缺乏清偿能力，或有明显丧失清偿能力可能，可依《企业破产法》进行重整，可向法院提出重整、和解或破产清算申请。债务人不能清偿到期债务，债权人可向法院提出对债务人进行重整或破产清算的申请。企业法人已解散但未清算或未清算完毕，资产不足以清偿债务，依法负有清算责任的人应向法院申请破产清算。债务人向法院提出破产申请，应提交破产申请书（包括申请人、被申请人的基本情况；申请目的；申请的事实和理由；法院认为应载明的其他事项）和有关证据，还应向法院提交财产状况说明、债务清册、债权清册、有关财务会计报告、职工安置预案及职工工资的支付和社会保险费用的缴纳情况。譬如，从《企业破产法》附则、时间效力的角度，《企业破产法》自 2007 年 6 月 1 日起施行后，破产人在《企业破产法》公布之日前所欠职工的工资和医疗、伤残补助、抚恤费用，所欠的应划入职工个人账户的基本养老保险、基本医疗保险费用及法律、行政法规规定应支付给职工的补偿金，破产财产在优先清偿破产费用和共益债务后的顺序清偿后不足以清偿的部分，对破产人的特定财产享有担保权的权利人享有特定财产优先受偿权，对该特定财产享有担保权的权利人受偿。③从《企业破产法》保护债权人合法权益的角度，企业破产原因中不能清偿到期债务要件的认定和适用具有客观性、主观性、因果关系性。具体为：不能清偿到期债务属于破产原因的共同前提和主要依据、债权人申请债务人破产清算时破产原因的推定依据，强调债务人以明示或默示形式表示其不能支付、清偿到期债务的外部客观行为，而不是债务人的财产客观状况。认定不能清偿到期债务的并列要件：债权债务关系依法成立（债务人不否认或无正当理由否认债权债务关系。债务已经生效法律文书确定。债务若已经生效法律文书确认，已取得执行名义，应视为债权债务关系已确定。原则上，当事人对债权债务关系存在争议，应通过诉讼程序解决，若经法院形式审查后，发现债务人提出的异议无任何证据支持或明显与事实不符，不应对法院受理破产案件构成影响，以防止债务人以毫无理由和证据的异议拖延破产程序启动）。债务人不能清偿的债务属于已到偿还期限的债务（若债权人在债务到期前认为债务人到期后将无法偿还，不能视为不能清偿。破产程序属于概括执行程序，债务尚未到期，债务人不负有立即履行的义务，故不应受执行程序的约束）。债务人不能清偿到期债务（未清偿或未完全清偿到期债务）的状态客观存在，不以债务人的客观经济状况如何为前提条件。④从破产原因中资产不足以清偿全部债务要件的认定和适用角度，资不抵债（债务超过或资产不足以清偿全部债务）是对债务人客观偿债能力的基本判断，反映了债务人的实有资产不足以清偿全部债务的资债比例关系，应以债务人的真实财产数额为根本基础。具体为：从司法实践、社会实践角度，债务人的偿还能力或清偿能力以债务人的实有财产为限，不以债务人的信用、能力等外部因素为前提条件。债务数额是否到期，均应纳入债务总额内。一般而言，判断债务人的资产状况、企业资产价值、是否资不抵债的基本标准包括资产负债表、审计报告或资产评估报告，以资产负债表（企业资产、负债、所有者权益的总体规模、结构）为主，以企业资产价值审计报告、资产评估报告等第三方外部报告为辅。资产负债表具有明确性、客观性、期限性、不确定性、人为造假性。特殊而言，当事人认为债务人的资产负债表、审计报告或资产评估报告等记载的资产状况与实际状况不符时，应提交相应证据证明。⑤从破产原因中明显缺乏清偿能力要件的认定和适用角度，债务人明显缺乏清偿能力（债务人因丧失清偿能力而无法偿还到期债务的客观财产状况），以债务关系能否正常了结为出发点或着眼点，不能以财产、信用或能力等任何方式清偿债务。具体为：债务人资不抵债以资债比例关系为出发点或着眼点。从破产原因列举法、破产原因认定角度，债务人不能清偿到期债务（已资不抵债。债务人账面资产尚未超过负债时，可能因资产结构不合理而导致现金严重不足、资产长期无法变现等无法支付，缺乏对到期债务的现实支付能力）且明显缺乏清偿能力（债务人因资金严重不足或财产不能变现等原因无法清偿债务。法定代表人下落不明且无其他人员负责管理财产无法清偿债务。经法院强制执行无法清偿债务。长期亏损且经营扭亏困难无法清偿债务等），涵盖了债务人不能清偿到期债务且资产不足以清偿全部债务外资不抵债的其他情形。⑥企业破产案件的管辖：企业破产案件由债务人住所地法院管辖。破产案件审理程序，《企业破产法》未规定，适用《民事诉讼法》的有关规定。⑦企业破产程序的效力：依《企业破产法》开始的破产程序，对债务人在领域外的财产发生效力。对外国法院作出的发生法律效力的破产案件的判决、裁定，涉及债务人在领域内的财产，申请或请求法院承认和执行，法院依缔结或参加的国际条约，或按互惠原则进行审查，认为不违反法律的基本原则，不损害国家主权、安全和社会公共利益，不损害领域内债权人的合法权益，裁定承认和执行。法院审理破产案件，应依法保障企业职工的合法权益，依法追究破产企业经营管理人员的法律责任。法院受理破产申请后，已开始而尚未终结的有关债务人的民诉或仲裁应中止；在管理人接管债务人的财产后，该诉讼或仲裁继续进行。⑧法院受理破产申请后，有关债务人的民事诉讼，只能向受理破产申请的法院提起。因此，法院受理破产申请后，当事人提起的有关债务人的民诉案件，由受理破产申请的法院管辖。具体为：从《民事诉讼法》的角度，上级法院有权审理下级法院管辖的第一审民事案件；确有必要将本院管辖的第一审民事案件交下级法院审理，应报请其上级法院批准。下级法院对它所管辖的第一审民事案件，认为需由上级法院审理，可报请上级法院审理。因此，受理破产申请的法院管辖的有关债务人的第一审民事案件，由上级法院提审，或报请上级法院批准后交下级法院审理；有管辖权的法院因特殊原因，不能行使管辖权，由上级法院指定管辖。法院间因管辖权发生争议，由争议双方协商解决；协商解决不了的，报请它们的共同上级法院指定管辖。因此，受理破产申请的法院，如对有关债务人的海事纠纷、专利纠纷、证券市场因虚假陈述引发的民事赔偿纠纷等案件不能行使管辖权，可由上级法院指定管辖。

从《民事诉讼法》《企业破产法》角度，破产案件的管辖法院具有类型性，分为地域管辖（企业破产案件由债务人住所地或企业主要办事机构所在地法院管辖。企业的注册地与主要办事机构所在地不一致时，应以企业主要办事机构所在地为准。债务人无办事机构，由企业注册地法院管辖）、级别管辖（《企业破产法》未规定破产案件的级别管辖。破产案件的级别管辖原则：基层法院一般管辖县、县级市或区的市场监管机关核准登记企业的破产案件。中院一般管辖地区、地级市含本级）以上的市场监管机关核准登记企业的破产案件。纳入国家计划调整的企业破产案件，由中院管辖）、移送管辖（上级法院审理下级法院管辖的企业破产案件。将本院管辖的企业破产案件移交下级法院审理。下级法院需将自己管辖的企业破产案件交由上级法院审理。省级范围内因特殊情况需对个别企业破产案件的地域管辖做调整，须经共同上级法院批准）。

破产案件的裁定具有条件性、事项性。①法院在破产案件中裁定的主要事项：受理或不受理破产申请。确认债权表记载的无异议的债权。撤销债权人会议决议。确定债权人会议表决未通过的特定事项。开始重整程序。终止重整程序。批准延期提交重整计划。批准重整计划。延长重整计划执行的监督期限。终止执行重整计划。开始和解程序。认可债权人会议通过的和解协议。终止和解程序。确认和解协议无效。终止执行和解协议。认可债务人和债权人达成的和解协议。破产宣告。认可债权人会议通过的破产财产分配方案。终结破产程序。承认和执行外国法院的破产判决、裁定。②在破产案件中，法院对程序问题、实体问题作出的裁判，一律采用裁定的形式。法院对破产案件作出的裁定以不准上诉为原则，以驳回破产申请的裁定为例外。当事人对裁定有异议，可向作出裁定的原审法院申请复议，复议期间不停止裁定的执行。上级法院有指导、监督下级法院审理企业破产案件的职责。譬如，上级法院发现下级法院的裁定确有错误，应通知其依法纠正，必要时可令下级法院重新作出裁定。③破产案件的公告具有条件性、事项性、形式性、期间性、程序性。在破产案件中，法院通过公告形式，将重大的程序性事件（受理破产案件。开始重整程序。终止重整程序。开始和解程序。终止和解程序。破产宣告。终结破产程序）公之于众。在破产案件中，法院通过公告方式具有类型性、复合性、单一性。具体为：在受理破产案件的法院公告栏内张贴，盖法院印章。根据具体案情（债权人所分布的区域、破产财产所在的区域等），在地方或全国性的报刊上登载。

从《公司法》角度，公司清算具有法定性、规则性。①公司经法院裁定宣告破产后，清算组应将清算事务移交给法院。公司被依法宣告破产，依有关企业破产的法律实施破产清算。公司因公司章程规定的营业期限届满或公司章程规定的其他解散事由出现，或股东会或股东大会决议解散，或依法被吊销营业执照、责令关闭或被撤销，或公司经营管理发生严重困难，继续存续会使股东利益受到重大损失，通过其他途径不能解决，持有公司全部股东表决权10%以上的股东，可请求法院解散公司，应在解散事由出现之日起15日内成立清算组（有限责任公司的清算组由股东组成。股份有限公司的清算组由董事或股东大会确定的人员组成。逾期不成立清算组清算，债权人可申请法院指定有关人员组成清算组清算），开始清算，逾期不成立清算组，法院应受理该申请，并及时组织清算组清算。②清算组成员应忠于职守，依法履行清算义务，不得利用职权收受贿赂或其他非法收入，不得侵占公司财产，因故意或重大过失给公司或债权人造成损失，应承担赔偿责任。③清算组在清算期间（清算期间，公司存续，不得开展与清算无关的经营活动，否则公司财产在未清偿前，不得分配给股东）的基本职权：清理公司财产（公司财产在分别支付清算费用、职工的工资、社会保险费用、法定补偿金，缴纳所欠税款，清偿公司债务后的剩余财产，有限责任公司按股东的出资比例分配，股份有限公司按股东持有的股份比例分配），分别编制资产负债表和财产清单。通知、公告债权人（清算组应登记债权，在申报债权期间，不得对债权人清偿，自清算组成立之日起10日内通知债权人并在60日内在报纸上公告；债权人应自接到通知书之日起30日内，未接到通知书的自公告之日起45日内，向清算组申报其债权，应说明债权的有关事项，并提供证明材料）。处理与清算有关的公司未了结的业务。清缴所欠税款、清算过程中产生的税款。清理债权、债务。处理公司清偿债务后的剩余财产。代表公司参与民诉活动。④清算组在清理公司财产、编制资产负债表和财产清单后，应制定清算方案，并报股东会、股东大会或法院确认，发现公司财产不足以清偿债务的，应依法向法院申请宣告破产。⑤公司清算结束后，清算组应制作清算报告，报股东会、股东大会或法院确认，并报送公司登记机关，申请注销公司登记，公告公司终止。⑥清算组的法律责任：公司在清算时，隐匿财产，对资产负债表或财产清单作虚假记载或在未清偿债务前分配公司财产，由公司登记机关责令改正，对公司隐匿财产或未清偿债务前分配公司财产金额处以5%以上10%以下罚款；对直接负责的主管人员和其他直接责任人员处以1万元以上10万元以下罚款。公司在清算期间开展与清算无关的经营活动，由公司登记机关警告，没收违法所得。清算组不依《公司法》向公司登记机关报送清算报告,或报送清算报告隐瞒重要事实或有重大遗漏,由公司登记机关责令改正。清算组成员利用职权徇私舞弊、谋取非法收入或侵占公司财产,由公司登记机关责令退还公司财产,没收违法所得,并可处以违法所得1倍以上5倍以下罚款。

### 第91条 【保险公司破产清算的清偿顺序】

破产财产在优先清偿破产费用和共益债务后,按照下列顺序清偿:

(一)所欠职工工资和医疗、伤残补助、抚恤费用,所欠应当划入职工个人账户的基本养老保险、基本医疗保险费用,以及法律、行政法规规定应当支付给职工的补偿金;

(二)赔偿或者给付保险金;

(三)保险公司欠缴的除第(一)项规定以外的社会保险费用和所欠税款;

(四)普通破产债权。

破产财产不足以清偿同一顺序的清偿要求的,按照比例分配。

破产保险公司的董事、监事和高级管理人员的工资,按照该公司职工的平均工资计算。

从《保险法解释(三)》角度,保险合同约定按基本医疗保险的标准核定医疗费用,保险人以被保险人的医疗支出超出基本医疗保险范围为由拒绝给付保险金,法院不支持;保险人有证据证明被保险人支出的费用超过基本医疗保险同类医疗费用标准,要求对超出部分拒绝给付保险金,法院应支持。保险人以被保险人未在保险合同约定的医疗服务机构接受治疗为由拒绝给付保险金,法院应支持,但被保险人因情况紧急须立即就医的除外。

从《企业破产法》角度,破产财产不足以清偿同一顺序的清偿要求,按比例分配。具体为:①破产企业的董事、监事和高管人员的工资按该企业职工的平均工资计算。②破产财产在优先清偿破产费用和共益债务后的清偿顺序:破产人所欠职工的工资和医疗、伤残补助、抚恤费用,所欠的应划入职工个人账户的基本养老保险、基本医疗保险费用,以及法律、行政法规规定应支付给职工的补偿金。破产人欠缴的除前项规定外的社会保险费用和破产人所欠税款。普通破产债权。

从《公司法》角度,法人清算具有程序性。具体为:①依法任命清算人。②法人清算公告、通知债权人,催报债权,以维护债权人的利益。③清理法人财产,编制资产负债表、财产清单,制定清算方案。④收取债权,清偿债务具有顺序性(支付清算费用、职工工资和劳动保险费用,缴纳所欠税款,清偿法人的其他债务)。⑤分配剩余财产。法人的财产在清偿所有债务后的剩余,应返还给法人的设立人或成员。⑥办理注销登记、公告。清算人完成清算事务后,应向登记机关办理注销登记并公告,终结清算过程。法人在注销登记公告完成时人格消灭。法人清算事务完结,经办理法人注销登记后,自注销登记之日起法人消灭,法人的民事主体资格、民事权利能力、民事行为能力同时消灭。企业法人解散,依法清算并注销前,以该企业法人为当事人,否则未依法清算即被注销,以该企业法人的股东、发起人或出资人为当事人。

从《企业破产法》及其司法解释的角度,向法院提出破产申请,应提交破产申请书(包含申请人、被申请人的基本情况;申请目的;申请的事实和理由;法院认为应载明的其他事项）和有关证据。债务人提出申请，还应向法院提交财产状况说明、债务清册、债权清册、有关财务会计报告、职工安置预案以及职工工资的支付和社会保险费用的缴纳情况。个人担任管理人，应参加执业责任保险。具体为：①法院受理破产申请，应自裁定作出之日起 5 日内送达申请人。债权人提出申请，法院应自裁定作出之日起 5 日内送达债务人。债务人应自裁定送达之日起 15 日内，向法院提交财产状况说明、债务清册、债权清册、有关财务会计报告以及职工工资的支付和社会保险费用的缴纳情况。②法院受理破产案件后债务人未支付应付款项的滞纳金，包括债务人未执行生效法律文书应加倍支付的迟延利息和劳动保险金的滞纳金，不属于破产债权。③担保物灭失后产生的保险金、补偿金、赔偿金等代位物，不属于破产财产。④破产财产分配方案应包括可供破产分配的财产种类、总值，已变现的财产和未变现的财产；债权清偿顺序、各顺序的种类与数额，包括破产企业所欠职工工资、劳动保险费用和破产企业所欠税款的数额和计算依据，纳入国家计划调整的企业破产，还应说明职工安置费的数额和计算依据，破产债权总额和清偿比例，破产分配的方式、时间，对将来能追回的财产拟进行追加分配的说明。⑤债务人占有的他人财产毁损、灭失，未获得相应的保险金、赔偿金、代偿物，或保险金、赔偿物、代偿物不足以弥补其损失的部分，或保险金、赔偿金已交付给债务人，或代偿物已交付给债务人且不能与债务人财产予以区分，法院处理的 2 种措施：财产毁损、灭失发生在破产申请受理前，权利人因财产损失形成的债权，作为普通破产债权清偿；财产毁损、灭失发生在破产申请受理后，因管理人或相关人员执行职务导致权利人损害产生的债务，作为共益债务清偿。⑥债务人占有的他人财产毁损、灭失，因此获得的保险金、赔偿金、代偿物尚未交付给债务人，或代偿物虽已交付给债务人但能与债务人财产予以区分，权利人主张取回就此获得的保险金、赔偿金、代偿物，法院应支持。⑦破产申请受理后，债务人欠缴款项产生的滞纳金，包括债务人未履行生效法律文书应加倍支付的迟延利息和劳动保险金的滞纳金，债权人作为破产债权申报，法院不确认。⑧法院受理破产申请后，为债务人继续营业而应支付的劳动报酬和社会保险费用以及由此产生的其他债务，为共益债务。破产费用和共益债务由债务人财产随时清偿。债务人财产不足以清偿所有破产费用和共益债务，先行清偿破产费用。债务人财产不足以清偿所有破产费用或共益债务，按比例清偿。债务人财产不足以清偿破产费用，管理人应提请法院终结破产程序。法院应自收到请求之日起 15 日内裁定终结破产程序，并予以公告。⑨债权人应在法院确定的债权申报期限内向管理人申报债权。债务人所欠职工的工资和医疗、伤残补助、抚恤费用，所欠的应划入职工个人账户的基本养老保险、基本医疗保险费用，以及法律、行政法规规定应支付给职工的补偿金，不必申报，由管理人调查后列出清单并予以公示。职工对清单记载有异议，可要求管理人更正；管理人不更正，职工可向法院提起诉讼。⑩对债务人的特定财产享有担保权的债权；债务人所欠职工的工资和医疗、伤残补助、抚恤费用，所欠的应划入职工个人账户的基本养老保险、基本医疗保险费用，以及法律、行政法规规定应支付给职工的补偿金；债务人所欠税款；普通债权的债权人参加讨论重整计划草案的债权人会议，分组对重整计划草案进行表决。法院在必要时可决定在普通债权组中设小额债权组对重整计划草案进行表决。⑪重整计划不得规定减免债务人所欠职工的工资和医疗、伤残补助、抚恤费用，所欠的应划入职工个人账户的基本养老保险、基本医疗保险费用，以及法律、行政法规规定应支付给职工的补偿金外的社会保险费用；该项费用的债权人不参加重整计划草案的表决。

从《合作企业法》角度，特殊的普通合伙企业应建立执业风险基金（执业风险基金应单独立户管理，用于偿付合伙人执业活动造成的债务。执业风险基金的具体管理办法由国务院规定）、办理职业保险。合伙企业财产在支付清算费用和职工工资、社会保险费用、法定补偿金以及缴纳所欠税款、清偿债务后的剩余财产，或合伙企业的利润分配、亏损分担，按合伙协议的约定办理；合伙协议未约定或约定不明确的，由合伙人协商决定；协商不成的，由合伙人按实缴出资比例分配、分担；无法确定出资比例的，由合伙人平均分配、分担。

**第 92 条 【保险公司经营人寿保险业务的转让】**

经营有人寿保险业务的保险公司被依法撤销或者被依法宣告破产的，其持有的人寿保险合同及责任准备金，必须转让给其他经营有人寿保险业务的保险公司；不能同其他保险公司达成转让协议的，由国务院保险监督管理机构指定经营有人寿保险业务的保险公司接受转让。

转让或者由国务院保险监督管理机构指定接受转让前款规定的人寿保险合同及责任准备金的，应当维护被保险人、受益人的合法权益。

从司法实践角度，保险公司以不得破产倒闭为原则，以破产倒闭为例外。具体为：①保险公司因分立、合并需解散，或股东会、股东大会决议解散，或公司章程规定的解散事由出现，经国务院保险监督管理机构批准后解散。经营有人寿保险业务的保险公司，除因分立、合并或被依法撤销外，不得解散。保险公司解散，应依法成立清算组进行清算。保险公司有符合破产条件的情形，经国务院保险监督管理机构同意，保险公司或其债权人可依法向法院申请重整、和解或破产清算；国务院保险监督管理机构也可依法向法院申请对该保险公司进行重整或破产清算。②破产财产在优先清偿破产费用和共益债务后的清偿顺序：所欠职工工资和医疗、伤残补助、抚恤费用，所欠应划入职工个人账户的基本养老保险、基本医疗保险费用，及法律、行政法规规定应支付给职工的补偿金。赔偿或给付保险金。保险公司欠缴的除所欠职工工资和医疗、伤残补助、抚恤费用，所欠应划入职工个人账户的基本养老保险、基本医疗保险费用，及法律、行政法规规定应支付给职工的补偿金外的社保费用和所欠税款。普通破产债权。破产财产不足以清偿同一顺序的清偿要求，按比例分配。破产保险公司的董事、监事和高级管理人员的工资，按该公司职工的平均工资计算。③经营有人寿保险业务的保险公司被依法撤销或被依法宣告破产，其持有的人寿保险合同及责任准备金，须转让给其他经营有人寿保险业务的保险公司；不能同其他保险公司达成转让协议，由国务院保险监督管理机构指定经营有人寿保险业务的保险公司接受转让。转让或由国务院保险监督管理机构指定接受转让前款规定的人寿保险合同及责任准备金，应维护被保险人、受益人的合法权益。④保险公司依法终止其业务活动，应注销其经营保险业务许可证。

从《企业破产法》的角度，债务人违反《企业破产法》规定，拒不向法院提交或提交不真实的财产状况说明、债务清册、债权清册、有关财务会计报告以及职工工资的支付情况和社会保险费用的缴纳情况，法院可对直接责任人员依法处以罚款。债务人违反《企业破产法》规定，拒不向管理人移交财产、印章和账簿、文书等资料，或伪造、销毁有关财产证据材料而使财产状况不明，法院可对直接责任人员依法处以罚款。

### 第93条 【保险公司经营保险业务许可证的注销】

保险公司依法终止其业务活动，应当注销其经营保险业务许可证。

保险公司注销经营保险业务许可证，是指保险公司依法终止保险业务活动时，由主管部门取消其经营保险业务许可证的行政管理措施。保险公司依法终止其保险业务的情况有：①保险公司因破产而终止。②保险公司严重违法，或者偿付能力低于国务院保险监督管理机构规定标准，不予撤销将严重危害保险市场秩序，损害公共利益的。③在法律允许的范围内，某些经营财产保险业务的保险公司，经国务院保险监督管理机构批准，按照公司章程规定解散事由解散，或者进行分立、合并需要解散，或者股东会、股东大会决议解散时。

### 第94条 【公司法的适用】

保险公司，除本法另有规定外，适用《中华人民共和国公司法》的规定。

从司法实践角度，《公司法》是《保险法》的基本法，《保险法》是《公司法》的特别法。保险公司的组织形式和公司的组织形式具有关联性、互补性，属于有限责任公司或股份有限公司。因此，《保险法》和《公司法》的关系是一般法和特殊法的关系，适用特别法优于一般法原则，除《保险法》另有规定外，保险公司适用《公司法》的有关规定。譬如，从《公司法》角度，公司财产在分别支付清算费用、职工的工资、社会保险费用和法定补偿金，缴纳所欠税款，清偿公司债务后的剩余财产，有限责任公司按股东的出资比例分配，股份有限公司按股东持有的股份比例分配。公司须保护职工的合法权益，依法与职工签订劳动合同，参加社会保险，加强劳动保护，实现安全生产。公司职工依《工会法》组织工会，开展工会活动，维护职工合法权益。公司应为本公司工会提供必要的活动条件。公司工会代表职工就职工的劳动报酬、工作时间、福利、保险和劳动安全卫生等事项依法与公司签订集体合同。

# 第4章　保险经营规则

**第95条　【保险公司分业经营的业务范围】**

保险公司的业务范围：

（一）人身保险业务，包括人寿保险、健康保险、意外伤害保险等保险业务；

（二）财产保险业务，包括财产损失保险、责任保险、信用保险、保证保险等保险业务；

（三）国务院保险监督管理机构批准的与保险有关的其他业务。

保险人不得兼营人身保险业务和财产保险业务。但是，经营财产保险业务的保险公司经国务院保险监督管理机构批准，可以经营短期健康保险业务和意外伤害保险业务。

保险公司应当在国务院保险监督管理机构依法批准的业务范围内从事保险经营活动。

《关于组织开展人身保险治理销售乱象打击非法经营专项行动的通知》（保监人身险〔2017〕283号）指出：打好防范化解重大风险攻坚战，做好重点领域风险防范和处置，坚决打击违法违规保险活动。综合采取自查自纠、监管抽查、日常监管、社会监督等手段措施，通过严重重处、重典治乱，严厉打击违法违规行为，有效治理人身保险销售、渠道、产品、非法经营等各类市场乱象问题，强化监管制度落实，提升合法合规经营，彻底清除风险隐患，规范人身保险市场秩序，保护保险消费者合法权益，促进人身保险业规范健康高质量发展。

整治重点：①销售乱象。重点整治保险公司、保险中介机构和保险销售从业人员（商业银行、保险公司及其分支机构销售保险产品的人员）将保险产品混同为银行存款或理财产品进行销售、"存单变保单"，将保险产品与存款、国债、基金、信托等进行片面比较或承诺、夸大收益等问题。重点整治保险公司、保险中介机构、保险销售从业人员或其他机构和个人通过各种名义和形式给予或承诺给予投保人、被保险人、受益人保险合同约定外的保费回扣或其他利益等问题。严厉打击保险销售从业人员通过短信、微信、朋友圈等制造传播虚假信息进行销售误导，通过歪曲监管政策、炒作产品停售等方式进行产品促销，以捏造、散布虚假事实等方式诋毁同业商誉等违法违规行为。②渠道乱象。重点整治保险中介机构特别是银邮代理机构及其工作人员擅自印制使用保险产品宣传资料，使用"商业银行和保险公司联合推出"等类似宣传用语混淆保险经营主体、误导保险消费者，以及在客户投诉、退保等事件发生时消极处理、拖延推诿等问题。严厉打击保险公司对保险代理人"恶意挖角",通过虚列费用套取资金向银邮代理机构等中介渠道账外暗中支付手续费或其他利益等方式扰乱保险市场秩序、进行恶性竞争等违法违规问题。③产品乱象。重点整治保险公司"长险短做",通过保单贷款、部分领取、减少保额等方式变相改变保险期间、变相提高或降低产品现金价值、变相突破监管规定,扰乱保险市场秩序。重点整治保险公司、保险中介机构特别是银邮代理机构和保险销售从业人员通过发布拼噱头、博眼球等不实信息,不如实、准确介绍产品责任、功能和保险期间,欺骗、误导保险消费者等违法违规问题。④非法经营。重点整治不具有合法资质的第三方网络平台等组织和机构非法经营保险业务。严厉打击保险中介机构、保险销售从业人员利用保险业务进行非法集资、传销或洗钱等非法活动,利用开展保险业务为其他机构或个人牟取非法利益,销售未经相关金融监管部门审批的非保险金融产品等违法违规问题。

《关于同意中航安盟财产保险有限公司开展"保险+期货"试点的函》(银保监函〔2018〕50号)指出:①原则同意你公司开展玉米、鸡蛋、苹果等农产品价格保险试点,并通过相应的农产品期货/期权交易对冲风险。参与农产品期货/期权交易应仅限于以风险对冲为目的,严禁参与投机性交易。②你公司应科学厘定保险费率。保险费率应依据试点品种价格风险纯风险损失率确定,可根据期货/期权产品定价结构设置费率调节因子。③你公司参与农产品期货/期权交易应经公司董事会决议通过。④你公司应参照保险资金参与金融衍生产品交易暂行办法有关要求,建立健全参与农产品期货/期权交易的内部管理制度和运作机制,配备熟悉期货/期权业务并具备相关实务经验的专业人员,确保交易行为规范、透明。⑤你公司应建立健全风险管控机制。要建立科学合理的风险分散机制,多层次多渠道分散业务风险;要制定交易对手遴选标准,明确交易对手资质条件,科学审慎选择交易对手,持续跟踪评估并切实防范交易对手信用风险。公司风险管理部门应及时评估风险对冲的有效性,并对期货/期权交易出具独立意见。⑥你公司应尽快将保险产品报我会备案。报备材料除应提供原中国保监会《加强农业保险条款和费率管理的通知》要求的材料外,还应包括董事会风险知晓函、产品精算报告、运用期货/期权对冲风险的具体方案或有关协议文本等。

《关于保证保险条款备案有关法律问题的复函》(保监厅函〔2006〕335号)明确:①条款内容审核的意见。根据《海关法》有关规定,在确定货物的商品归类、估价和提供有效报关单证或办结其他海关手续前,收发货人要求放行货物,海关应在其提供与其依法应履行的法律义务相适应的担保后放行。银行或非银行金融机构的保函可为收发货人提供相应担保。从保险原理上看,保证保险一般承保的是投保人的履约责任,是以被保证人(投保人)的作为或不作为致使权利人(被保险人)遭受经济损失为保险标的。而太平洋财产深圳分公司开发的海关监管中港澳运输企业车辆及驾驶员保证保险条款(深圳地区适用)以投保人违反相关法律法规后未及时补缴税款、罚款等造成海关的税金和罚金损失为保险标的,承保的是投保人的违法责任,这与保证保险的原理相悖。根据《保险法》规定,投保人对保险标的应具有保险利益。保险利益是法律上承认的利益。因违法行为导致罚款是行政处罚的一种方式，起到惩戒和制裁作用，是否能将其作为一种保险利益还有待论证。在中国目前的法律环境和社会经济发展水平下，保险公司尚不适于开发和经营此类保证保险。②备案程序的意见。保监局在受理备案类保险产品过程中，发现保险条款和费率中有违法违规的内容，可不备案，并及时向申报公司提出审核意见。

《关于银行为信用卡客户赠送意外伤害保险有关问题的复函》（保监厅函〔2010〕34号）明确，《人身意外伤害保险业务经营标准》（保监发〔2009〕91号）规定："意外险产品不得捆绑在非保险类商品和服务上向不特定公众销售或变相销售"，其中捆绑是：意外伤害保险产品不单独标价向客户销售，或不作为单独产品向客户赠送。银行作为投保人支付保险费，将意外伤害保险产品单独赠送给信用卡客户，不属于保险公司捆绑销售保险产品的行为。

《财政部、国家税务总局关于保险公司缴纳保险保障基金所得税税前扣除问题的通知》（财税〔2005〕136号）要求：①保险公司按财产保险、意外伤害保险和短期健康保险业务，不得超过自留保费的1%；有保证利率的长期人寿保险和长期健康保险，不得超过自留保费的0.15%；无保证利率的长期人寿保险和长期健康保险，不得超过自留保费的0.05%；其他保险业务不得超过中国保监会规定的比例缴纳的保险保障基金，准予据实税前扣除。②保险公司有财产保险公司、综合再保险公司和财产再保险公司的保险保障基金余额达到公司总资产6%；人寿保险公司、健康保险公司和人寿再保险公司的保险保障基金余额达到公司总资产1%情形之一的，其缴纳的保险保障基金不得在税前扣除。

《关于财产损失保险有关问题的复函》（保监厅函〔2011〕331号）指出：《关于大型商业保险和统括保单业务有关问题的通知》（保监发〔2002〕16号）和《关于统括保单业务有关问题的补充通知》（保监发〔2002〕32号）中明确不能由保险标的物所在地外的保险公司承保或共保，或由统括保单承保的险种，不属于《大型商业风险有关问题的复函》中所指的财产损失保险的范畴。

《关于大型商业保险有关问题的复函》（保监厅函〔2006〕294号）指出：大型工商企业为其所属员工办理的团体短期健康保险和意外伤害保险属于《关于大型商业保险和统括保单业务有关问题的通知》（保监发〔2002〕16号）的大型商业保险范畴。

《关于统括保单有关问题的复函》（保监厅函〔2010〕429号）明确：根据中国保监会《关于大型商业保险和统括保单业务有关问题的通知》（保监发〔2002〕16号）和《关于统括保单业务有关问题的补充通知》（保监发〔2002〕32号）的规定，统括保单是对同一法人在不同地区的财产或责任进行统一承保的保险单。同一集团下不同法人在不同地区的财产或责任不能采用统括保单的形式进行承保。

《关于产险公司经营再保险业务有关问题的复函》（保监厅函〔2012〕153号）指出，《保险法》第95条第2款规定："保险人不得兼营人身保险业务和财产保险业务。

但是，经营财产保险业务的保险公司经国务院保险监督管理机构批准，可以经营短期健康保险业务和意外伤害保险业务。"《保险法》第 96 条规定："经国务院保险监督管理机构批准，保险公司可经营本法第九十五条规定的保险业务的下列再保险业务：（一）分出保险；（二）分入保险。"《保险法》第 96 条通过援引第 95 条的方式，实际上已对财产保险公司可分入、分出保险业务的业务范围进行了限定，财产保险公司分入、分出保险业务不得突破《保险法》第 95 条除财产保险业务外，仅可分入、分出短期健康保险业务和意外伤害保险业务。所请示的业务内容属于分入寿险公司长期寿险产品中的短期健康险和意外伤害保险责任，因该产品本质上仍是一款长期寿险产品，并不符合《保险法》第 95 条第 2 款规定的财产保险公司可经营的业务范围。

《关于保险公司垫付肇事逃逸车辆对第三者经济损害赔偿责任有关问题的复函》（保监厅函〔2004〕208 号）指出，①关于《道路交通事故处理办法》（以下简称《办法》）第 14 条规定的赔偿责任承担问题：1991 年国务院颁布的《办法》第 14 条规定，在实行机动车第三者责任法定保险的行政区域内，由中国保险公司承担相应的预付医疗费和丧葬费的职责。因当时无相关的法律界定"法定保险"的含义，因此，保险公司对一些地方性法规设定的强制三者险给予预付。1995 年《保险法》出台后，明确规定只有法律、行政法规才能设定法定保险。因此按地方性法规推行的第三者责任险不再符合法定保险的要求。②保险合同与《办法》规定相冲突的问题：目前人保股份的保险合同是在意思自治前提下的商业合同，其中将逃逸车辆列明为除外责任的做法，不违反相关法律的要求。③商业三者险与《道路交通安全法》冲突的问题：在国务院正式出台强制三者险制度前，目前保险公司经营的第三者责任险，所遵循的风险管理原则及费率厘定方式都属商业三者险范围，不承担道路交通安全法中规定的强制三者险的职责。相关公司可严格按保险合同履行义务。

《关于机动车第三者责任险有关事项的复函》（保监厅函〔2004〕183 号）指出，①《中华人民共和国保险法》（以下简称《保险法》）第 10 条第 2 款规定："除法律、行政法规规定必须保险的外，保险公司和其他单位不得强制他人订立保险合同。"（修订后的《保险法》第 11 条第 2 款作出了相同规定。）据此，《道路交通安全法》施行前，法律、行政法规，以及中国保监会制定的规章中，均未规定机动车第三者责任保险属于强制保险。②《中国人民银行关于太平洋保险公司和平安保险公司业务范围有关问题的通知》（1992 年 11 月 14 日银发〔1992〕272 号）是由中国人民银行依法制定和发布的，目前在诸多网站均可查找取得。

《关于机动车辆保险条款相关问题的复函》（保监厅函〔2007〕270 号）指出，①定值保险合同在现行保险法律法规中并无明确的界定。从保险理论与保险实务经营看，判定保险合同是否为定值保险合同，主要看保险条款对赔偿处理的约定，即是否按保险合同约定的保险价值或实际损失进行赔偿，而保险单上是否约定并载明保险价值并非认定定值保险合同的充分条件。②投保车辆出险时实际价值的确定，应根据保险合同约定的方式计算，合同未作约定，应根据国家机动车使用、折旧的相关规定或当地市场公允价格确定。③根据《保险法》第40条保险金额不得超过保险价值，超过部分无效。

《关于整治机动车辆保险市场乱象的通知》（保监财险〔2017〕174号）指出：①各财产保险公司应树立科学经营理念，强化合规主体责任。不得忽视内控合规和风险管控，盲目拼规模、抢份额。不得脱离公司发展基础和市场承受能力，向分支机构下达不切实际的保费增长任务。不得偏离精算定价基础，以低于成本的价格销售车险产品，开展不正当竞争。②各财产保险公司应加强对车险中介业务的合规性管控，履行对中介机构及个人的授权和管理责任。不得委托未取得合法资格的机构从事保险销售活动，不得向不具备合法资格的机构支付或变相支付车险手续费。不得委托或放任合作中介机构将车险代理权转授给其他机构。财产保险公司发现非合作机构假借合作名义开展车险销售活动，应及时在官方网站、中保险协网站等公开途径发表声明，并依法追究相关机构的法律责任。未公开声明，财产保险公司应对此承担相应的法律责任。财产保险公司应加强对车险业务归属地的内部管控，不得直接或委托中介机构开展异地车险业务。③各财产保险公司应加强对第三方网络平台合作车险业务的合规性管控。财产保险公司可委托第三方网络平台提供网页链接服务，但不得委托或允许不具备保险中介合法资格的第三方网络平台在其网页上开展保费试算、报价比价、业务推介、资金支付等保险销售活动。④各财产保险公司应按规定报批和使用车险条款费率。未经批准，不得使用口头约定、特别约定、补充协议、批单和退保条款等，变相修改或拆分车险产品的责任范围、保险期限、权利义务和费率水平等。财产保险公司、保险中介机构及个人不得通过返还或赠送现金、预付卡、有价证券、保险产品、购物券、实物或采取积分折抵保费、积分兑换商品等方式，给予或承诺给予投保人、被保险人保险合同约定外的利益，不得以参与其他机构或个人组织的促销活动等方式变相违法支付保险合同约定外的利益。财产保险公司向投保人或被保险人提供机动车辆防灾减损、道路救援等服务，应在保险单特别约定栏目予以注明，并在中保险协"财产保险公司产品自主注册平台"进行登记。中保险协应就相关保险单样本向中国保监会申请备案。⑤各财产保险公司应依法开展保险业务活动，不得利用业务便利为其他机构或个人牟取不正当利益。不得通过虚增零配件项目的、虚构工时项目的、提高零配件价格、提升工时费定价标准等方式，故意扩大保险事故损失或增加保险理赔支出，进行不当利益输送。不得以交纳业务保证金、承保利润分成等方式向其他机构或个人进行不正当利益输送（未经保险监督管理机构批准，保险代理机构、保险经纪人不得动用保证金）。⑥各财产保险公司应对照本通知要求，对车险业务经营活动中的管控漏洞和违法违规行为进行自查，制定整改方案，扎实开展自查整改工作。同时，应专门针对自查过程中发现的车险内控管理薄弱环节，找差距、建制度、补短板、堵漏洞，建立依法合规经营的长效机制。⑦中保险协应依法组织制定、修订车险相关行业标准和行业规范，完善对会员单位车险市场行为的约束、管理机制，建立对会员单位投诉举报的受理、核查制度。对涉嫌违法，可提请保险监管部门或其他执法部门予以处理。⑧各保监局应严格落实《中国保监会关于进一步加强保险监管维护保险业稳定健康发展的通知》（2017）等系列文件精神，结合《2017年车险市场现场检查工作方案》相关要求，牢固树立大局意识、责任意识、担当意识，切实加强领导、精心组织实施，确保车险市场专项整治工作有序推进。对情节严重的违法违规行为，应依法采取限制保险机构业务范围、责令保险机构停止接受车险新业务、吊销保险机构业务许可证、撤销高管人员任职资格等措施，从严从重从快进行行政处罚。

《关于〈再保险业务安全性有关问题的通知〉适用范围的复函》（保监厅函〔2012〕4号）指出：①《关于再保险业务安全性有关问题的通知》（保监发〔2007〕112号，以下简称《通知》）对临时分保业务再保险接受人的最新财务实力评级未作要求。②《通知》第五条明确规定"本通知适用于自2008年1月1日及此后起期的再保险（再保险接受人将其分入的保险业务，转移给其他保险人的经营行为）合同以及转分保合同"。③《通知》是本着防范风险和审慎监管的原则，对再保险接受人的资质作出要求。因此，对于注册地监管当局对偿付能力没有规定的境外公司，境内保险公司要本着审慎控制再保险业务风险的原则，不应选择其作为再保险接受人。

### 第96条 【再保险业务】

经国务院保险监督管理机构批准，保险公司可以经营本法第九十五条规定的保险业务的下列再保险业务：

（一）分出保险；

（二）分入保险。

从《再保险业务管理规定》角度，再保险业务分为寿险再保险、非寿险再保险。具体要求为：①保险人对寿险再保险和非寿险再保险应单独列账、分别核算。保险人应依《保险法》规定，确定当年总自留保险费和每一危险单位自留责任；超过的部分，应办理再保险。②除航空航天保险、核保险、石油保险、信用保险外，直接保险公司办理合约分保或临时分保，应符合规定：以比例再保险方式分出财产直接保险业务时，每一危险单位分给同一家再保险接受人的比例，不得超过再保险分出人承保直接保险合同部分的保险金额或责任限额的80%。每一临时分保合同分给投保人关联企业的保险金额或责任限额，不得超过直接保险业务保险金额或责任限额的20%。③保险人对危险单位的划分应符合国务院保险监督管理机构的相关规定，并于每年3月31日前，将危险单位的划分方法报国务院保险监督管理机构备案。保险人应根据实际情况，科学、合理安排巨灾再保险，并于每年6月30日前，将巨灾风险安排方案报国务院保险监督管理机构备案。④保险人应按国务院保险监督管理机构的规定办理再保险，并审慎选择再保险接受人，选择再保险接受人应符合国务院保险监督管理机构的有关规定。⑤再保险分出人应将影响再保险定价和分保条件的重要信息向再保险接受人书面告知。⑥再保险合同成立后，再保险分出人应及时向再保险接受人提供重大赔案信息、赔款准备金等对再保险接受人的准备金建立及预期赔付有重大影响的信息。⑦保险人和保险经纪人可利用金融工具开发设计新型风险转移产品。保险人应按有关规定向国务院保险监督管理机构报告。⑧中国境内的专业再保险接受人，应配备在中国境内有住所的专职再保险核保人和再保险核赔人。

### 第97条 【保证金】

保险公司应当按照其注册资本总额的百分之二十提取保证金，存入国务院保险监督管理机构指定的银行，除公司清算时用于清偿债务外，不得动用。

保证金，是指保险公司设立后，应当依法提取并向保险监督管理机构指定的金融机构缴存的用于担保保险公司的偿付能力的资金。

依据《关于印发〈保险公司资本保证金管理办法〉的通知》（保监发〔2015〕37号）要求：保险公司应当选择两家（含）以上商业银行作为资本保证金的存放银行。保险公司应当开立独立银行账户存放资本保证金且遵循"足额、安全、稳定"原则提存资本保证金。

### 第98条 【保险责任准备金】

保险公司应当根据保障被保险人利益、保证偿付能力的原则，提取各项责任准备金。

保险公司提取和结转责任准备金的具体办法，由国务院保险监督管理机构制定。

责任准备金，是保险公司为了承担未到期责任和处理未决赔款而从保险费收入中提存的一种资金准备。

责任准备金是保险公司的负债，只有提取足够的责任准备金，才能保障保险公司正常履行赔偿或给付责任、维护被保险人的权益。

### 第99条 【保险公司公积金】

保险公司应当依法提取公积金。

公积金，是公司为了扩大经营，或为了弥补意外亏损，或为了巩固公司的财政基础，作为股东原始投入资金的补充，将本期净收益的一部分甚至全部留存，形成公司的留存收入。有关公积金的具体要求，可参见《公司法》第166条、第168条。

从《公司法》角度，公司分配当年税后利润时，应提取利润的10%列入公司法定公积金。公司法定公积金累计额为公司注册资本的50%以上，可不再提取。公司的法定公积金不足以弥补前年度亏损，在依前款规定提取法定公积金前，应先用当年利润弥补亏损。公司从税后利润中提取法定公积金后，经股东会或股东大会决议，还可从税后利润中提取任意公积金。公司弥补亏损和提取公积金后所余税后利润，有限责任公司依《公司法》第34条的规定分配；股份有限公司按股东持有的股份比例分配，但股份有限公司章程规定不按持股比例分配的除外。股东会、股东大会或董事会违反前款规定，在公司弥补亏损和提取法定公积金前向股东分配利润，股东须将违反规定分配的利润退还公司。公司持有的本公司股份不得分配利润。

股份有限公司以超过股票票面金额的发行价格发行股份所得的溢价款以及国务院财政部门规定列入资本公积金的其他收入，应列为公司资本公积金。公司的公积金用于弥补公司的亏损、扩大公司生产经营或转为增加公司资本。资本公积金不得用于弥补公司的亏损。法定公积金转为资本时，所留存的该项公积金不得少于转增前公司注册资本的25%。公司不依《公司法》规定提取法定公积金，由县级以上政府财政部门责令如数补足应提取的金额，可对公司处20万元以下罚款。

农民专业合作社成员以其账户内记载的出资额和公积金份额为限对农民专业合作社承担责任。农民专业合作社可按章程规定或成员大会决议从当年盈余中提取公积金。公积金用于弥补亏损、扩大生产经营或转为成员出资。每年提取的公积金按章程规定量化为每个成员的份额。在弥补亏损、提取公积金后的当年盈余，为农民专业合作社的可分配盈余。可分配盈余主要按成员与本社的交易量（额）比例返还。可分配盈余按成员与本社的交易量（额）比例返还的返还总额不得低于可分配盈余的60%；返还后的剩余部分，以成员账户中记载的出资额和公积金份额，以及本社接受国家财政直接补助和他人捐赠形成的财产平均量化到成员的份额，按比例分配给本社成员。经成员大会或成员代表大会表决同意，可将全部或部分可分配盈余转为对农民专业合作社的出资，并记载在成员账户中。具体分配办法按章程规定或经成员大会决议确定。

### 第100条 【保险保障基金】

保险公司应当缴纳保险保障基金。

保险保障基金应当集中管理，并在下列情形下统筹使用：

（一）在保险公司被撤销或者被宣告破产时，向投保人、被保险人或者受益人提供救济；

（二）在保险公司被撤销或者被宣告破产时，向依法接受其人寿保险合同的保险公司提供救济；

（三）国务院规定的其他情形。

保险保障基金筹集、管理和使用的具体办法，由国务院制定。

从《保险法》《保险保障基金管理办法》角度，保险保障基金分为财产保险公司保障基金（由财产保险公司、综合再保险公司和财产再保险公司缴纳形成）、人寿保险公司保障基金（由人寿保险公司、健康保险公司和人寿再保险公司缴纳形成）。保险保障基金的管理和使用遵循公开、合理、有效的原则。保险保障基金具有抵御保险经营风险的重要作用。非银行金融业基于保险公司经营失败、丧失偿付能力等经营风险问题，依法设立保险保障基金，分散保险经营风险，促进保险业健康发展。《保险法》规定设立保险业保险保障基金。设立保险保障基金专门账户，由保险监督管理机构集中管理，统筹使用。保险保障基金按保险公司分户核算。保险公司应按《保险法》、金融监管部门的规定，提存保险保障基金。保险公司缴纳保险保障基金，实行按年计算，按季预缴。保险公司应在每季度结束后15个工作日内预缴保险保障基金，在每年度结束后4个月内汇算清缴。保险监督管理机构可根据保险行业发展和风险的实际情况，调整保险保障基金的缴纳比例、规模上限、缴纳方式等规定。对纳入保险保障基金救济范围的保险业务，保险公司缴纳保险保障基金的 4 种比例类型为财产保险、意外伤害保险和短期健康保险，按自留保费的 1% 缴纳；有保证利率的长期人寿保险和长期健康保险，按自留保费的 0.15% 缴纳；无保证利率的长期人寿保险，按自留保费的 0.05% 缴纳；保险公司其他保险业务的缴纳比例由国务院保险监督管理机构另行规定。保险公司应及时、足额将保险保障基金缴纳到保险保障基金专门账户，但有财产保险公司、综合再保险公司和财产再保险公司的保险保障基金余额达到公司总资产 6%；人寿保险公司、健康保险公司和人寿再保险公司的保险保障基金余额达到公司总资产 1% 2 种情形之一，可暂停缴纳保险保障基金。保险公司的保险保障基金余额减少或总资产增加，其保险保障基金余额占总资产比例不能满足前款要求，应自动恢复缴纳保险保障基金。保险公司的保险保障基金余额，等于该公司累计缴纳的保险保障基金金额加上分摊的投资收益，减去各种使用额。保险公司被撤销或被宣告破产，其保险保障基金余额不足以支付应给予保单持有人或保单受让公司的救济，不足部分的金额按其余公司上一年度以自留保费计算的市场份额扣减其保险保障基金余额。

《关于保险保障基金暂停缴纳计算标准有关释义的复函》（保监厅函〔2009〕318号）指出：《保险保障基金管理办法》第 15 条规定，财产保险公司的保险保障基金余额达到公司总资产 6%，该财产保险公司可暂停缴纳保险保障基金。其中，"公司总资产"是法人机构总资产，保险保障基金暂停缴纳限额应依此计算。（保险公司应具有与其业务规模和风险程度相适应的最低偿付能力。保险公司的认可资产减去认可负债的差额不得低于保监会规定的数额；低于规定数额，应按国务院保险监督管理机构的要求采取相应措施达到规定的数额。经营财产保险业务的保险公司当年自留保险费，不得超过其实有资本金加公积金总和的 4 倍。保险公司对每一危险单位，即对一次保险事故可能造成的最大损失范围所承担的责任，不得超过其实有资本金加公积金总和的 10%；超过的部分应办理再保险。保险公司对危险单位的划分应符合国务院保险监督管理机构的规定。保险公司对危险单位的划分方法和巨灾风险安排方案，应报国务院保险监督管理机构备案。保险公司应按国务院保险监督管理机构的规定办理再保险，并审慎选择再保险接受人。保险公司的资金运用须稳健，遵循安全性原则。）

### 第 101 条 【保险公司的最低偿付能力】

保险公司应当具有与其业务规模和风险程度相适应的最低偿付能力。保险公司的认可资产减去认可负债的差额不得低于国务院保险监督管理机构规定的数额；低于规定数额的，应当按照国务院保险监督管理机构的要求采取相应措施达到规定的数额。

国务院保险监督管理机构应建立健全保险公司偿付能力监管体系，对保险公司的偿付能力实施监控。对偿付能力不足的保险公司，国务院保险监督管理机构应将其列为重点监管对象，并可根据具体情况采取 10 种措施：责令增加资本金、办理再保险；限制业务范围；限制向股东分红；限制固定资产购置或经营费用规模；限制资金运用的形式、比例；限制增设分支机构；责令拍卖不良资产、转让保险业务；限制董事、监事、高级管理人员的薪酬水平；限制商业性广告；责令停止接受新业务。

一般而言，保险公司因分立、合并需解散，或股东会、股东大会决议解散，或公司章程规定的解散事由出现，经银保监会批准后解散。特殊而言，经营有人寿保险业务的保险公司，除因分立、合并或被依法撤销外，不得解散。保险公司解散，应依法成立清算组进行清算。保险公司有：公司的偿付能力严重不足；违反《保险法》规定，损害社会公共利益，可能严重危及或已严重危及公司的偿付能力的情形之一，国务院保险监督管理机构可对其实行接管。被接管的保险公司的债权债务关系不因接管而变化。接管组的组成和接管的实施办法，由国务院保险监督管理机构决定，并予以公告。接管期限届满，保险监督管理机构可决定延长接管期限，但不得超过2年。

保险人偿付能力报告中涉及再保险业务的内容，应符合保险公司偿付能力报告编报规则的要求。

保险机构经营农业保险业务的准备金评估和偿付能力报告的编制，应符合国务院保险监督管理机构的规定。保险机构经营农业保险业务，应符合有完善的基层服务网络；有专门的农业保险经营部门并配备相应的专业人员；有完善的农业保险内控制度；有稳健的农业再保险和大灾风险安排及风险应对预案；偿付能力符合国务院保险监督管理机构的规定；国务院保险监督管理机构规定的其他条件，并经国务院保险监督管理机构依法批准，否则未经依法批准，任何单位和个人不得经营农业保险业务。

保险公司因违法经营被依法吊销经营保险业务许可证，或偿付能力低于国务院保险监督管理机构规定标准，不撤销将严重危害保险市场秩序、损害公共利益，由国务院保险监督管理机构予以撤销并公告，依法及时组织清算组进行清算。

保险公司的股东利用关联交易严重损害公司利益，危及公司偿付能力，由国务院保险监督管理机构责令改正。在按要求改正前，国务院保险监督管理机构可限制其股东权利；拒不改正，可责令其转让所持的保险公司股权。

保险公司的偿付能力报告、财务会计报告、精算报告、合规报告及其他有关报告、报表、文件和资料须如实记录保险业务事项，不得有虚假记载、误导性陈述和重大遗漏。

保险公司应根据保障被保险人利益、保证偿付能力的原则，提取各项责任准备金（保险公司提取和结转责任准备金的具体办法，由国务院保险监督管理机构制定）。

## 第102条 【保险公司的当年自留保险费】

经营财产保险业务的保险公司当年自留保险费，不得超过其实有资本金加公积金总和的四倍。

保险公司当年自留保险费，是指保险公司当年收取的所有保险费（包括通过办理分入业务获得的数额），减去按照国务院保险监督管理机构规定办理再保险分出业务减少的数额，保险公司最终获得的保险费。

外国再保险公司分公司的偿付能力状况，按其总公司的偿付能力状况认定。外国再保险公司分公司自留保费以其总公司直接授权的额度为限。

保险公司对每一危险单位，即对一次保险事故可能造成的最大损失范围所承担的责任，不得超过其实有资本金加公积金总和的10%；超过的部分应办理再保险。保险公司对危险单位的划分应符合保监会的规定。

保险人应依《保险法》规定，确定当年总自留保险费和每一危险单位自留责任；超过的部分，应办理再保险。

经国务院保险监督管理机构批准，保险公司可经营保险公司的业务范围的分出保险；分入保险的再保险业务。①保险公司对每一危险单位，即对一次保险事故可能造成的最大损失范围所承担的责任，不得超过其实有资本金加公积金总和的10%；超过的部分应办理再保险。②保险公司对危险单位的划分应符合国务院保险监督管理机构规定。③保险公司对危险单位的划分方法和巨灾风险安排方案，应报国务院保险监督管理机构备案。

### 第103条 【保险公司的最大赔偿责任、分保】

保险公司对每一危险单位，即对一次保险事故可能造成的最大损失范围所承担的责任，不得超过其实有资本金加公积金总和的百分之十；超过的部分应当办理再保险。

保险公司对危险单位的划分应当符合国务院保险监督管理机构的规定。

该条主要目的是保证保险公司具有充足的偿付能力，避免保险公司承担过高的经营风险而难以赔付，进而影响其他投保人、被保险人、受益人的利益。

### 第104条 【保险公司报备案件的类型】

保险公司对危险单位的划分方法和巨灾风险安排方案，应当报国务院保险监督管理机构备案。

从民商事因果关系的角度，近因原则是基于直接促成结果的原因或效果上具有支配力的原因（近因），保险人以被保险人的保险标的的损失和承保的事故风险有无直接的因果关系或接近的因果关系为依据，判断保险赔偿责任的有无或是否属于承保赔偿责任范围（承保范围）内的损害。从社会实践、司法实践的角度，保险事故发生的概率取决于保险标的的固有风险和人为风险。

保险公司应按国务院保险监督管理机构规定，真实、准确、完整地披露财务会计报告、风险管理状况、保险产品经营情况等重大事项。

### 第105条 【保险公司办理再保险的原则】

保险公司应当按照国务院保险监督管理机构的规定办理再保险，并审慎选择再保险接受人。

政策性保险公司办理再保险业务参照适用《再保险业务管理规定》。不能适用《再保险业务管理规定》，政策性保险公司应在3个月内向国务院保险监督管理机构报告有关情况。

直接保险公司应将重大保险赔案（在一次保险事故中，财产损失赔偿在5000万元以上，或人身伤亡赔付在3000万元以上的理赔案件）及其再保险安排情况、再保险政策的重大调整等情况，及时向国务院保险监督管理机构报告。

保险公司、保险经纪人违反《再保险业务管理规定》办理再保险分出业务，由国务院保险监督管理机构责令改正，并处5万元以上30万元以下的罚款；情节严重，可限制业务范围、责令停止接受新业务或吊销经营保险业务许可证。对未按《再保险业务管理规定》办理再保险的行为负直接责任的主管人员和其他直接责任人员给予警告，并处1万元以上10万元以下的罚款；情节严重，撤销任职资格或从业资格；并可禁止有关责任人员一定期限直至终身进入保险业。

### 第106条 【保险公司资金运用的原则、方式方法】

保险公司的资金运用必须稳健，遵循安全性原则。

保险公司的资金运用限于下列形式：

（一）银行存款；

（二）买卖债券、股票、证券投资基金份额等有价证券；

（三）投资不动产；

（四）国务院规定的其他资金运用形式。

保险公司资金运用的具体管理办法，由国务院保险监督管理机构依照前两款的规定制定。

《关于保险资金参与长租市场有关事项的通知》（银保监发〔2018〕26号）要求：①保险公司通过直接投资，保险资产管理机构通过发起设立债权投资计划、股权投资计划、资产支持计划、保险私募基金参与长租市场，所投资的长期租赁住房项目应满足以下条件：具有良好的经济和社会效益，具备稳定的当期或预期现金流。处于北京、上海、雄安新区及人口净流入的大中试点城市。土地性质为集体建设用地，应处于集体建设用地建设租赁住房试点城市。产权清晰，无权属争议及受限情形。土地出让合同或土地使用权证载明土地及地上建筑物仅用于租赁住房，不得转让。履行了立项、规划、建设、竣工验收及运营管理等阶段所必需的审批程序，或履行了项目建设阶段所必需的审批程序。②保险资产管理机构发起设立投资于长期租赁住房项目的债权投资计划、股权投资计划等保险资产管理产品及保险私募基金，应符合2种条件：采用债权投资计划方式，融资主体自有现金流占其全部应还债务本息的比例为100%（含）以上。采用股权投资计划及保险私募基金方式，拟投项目公司的核心资产为租赁住房项目，项目公司股权不得为第三方提供质押，并设置有效的退出机制。③保险机构投资长期租赁住房项目，应要求融资主体与项目主体加强项目建设阶段管理，按工程进度划拨资金，并与融资主体、项目主体、托管银行签订多方账户监管合同或协议，明确各方实行资金专户管理，督促开户银行和托管银行实行资金进出的全程监控，严格审查资金支付及对价取得等事项，确保资金封闭运行，专项用于所投资的租赁住房项目建设或改造升级，不得挪作他用。④保险公司应遵循审慎稳健和安全原则，综合考虑自身资产负债状况、偿付能力状况和流动性要求，制定长期租赁住房项目的投资预算，并纳入年度资产配置计划。⑤保险机构应建立相应的专属岗位，负责投资期内各个长期租赁住房项目的投后管理,并建立全程管理制度,在负债控制、款项支付、工程进展、租金回款、资产抵押等方面采取有效的风控措施,控制投资风险。⑥保险资产管理机构通过债权投资计划、股权投资计划、保险私募基金等方式投资长期租赁住房项目,相关注册机构建立受理及注册绿色通道,优先受理。

《关于保险资金设立股权投资计划有关事项的通知》(保监资金〔2017〕282号)要求:①股权投资计划,是保险资产管理机构作为管理人发起设立,向投资人募集资金并进行投资管理,由托管人进行托管,直接或间接投资于未上市企业股权的金融工具。②股权投资计划应投资符合国家宏观政策导向和监管政策规定的未上市企业股权或私募股权投资基金份额。③股权投资计划取得的投资收益,应与被投资未上市企业的经营业绩或私募股权投资基金的投资收益挂钩,不得采取3种方式承诺保障本金和投资收益:设置明确的预期回报,且每年定期向投资人支付固定投资回报。约定到期、强制性由被投资企业或关联第三方赎回投资本金。中国保监会认定的其他情形。④保险资产管理机构设立股权投资计划,应承担主动管理职责,不得直接或变相开展通道业务,不得投资嵌套其他资产管理产品的私募股权投资基金。⑤股权投资计划投资私募股权投资基金,所投资金额不得超过该基金实际募集金额的80%。⑥保险资产管理机构设立股权投资计划,应设置专职业务岗位,配备足够人员,并切实加强业务全过程管理,防范投资风险。⑦保险资产管理机构设立股权投资计划,应在中国保监会指定机构办理注册。对投向国家重大发展战略、重大改革举措、重点领域、重大建设工程,以及投资于实体经济项目的股权投资计划,中国保监会指定机构予以优先注册。

《关于保险机构投资证券交易问题的通知》(保监发〔2011〕77号)要求:①保险机构投资者的保险资金投资托管人(托管人)应根据保险机构投资者委托,为保险机构投资者申请代理开立证券账户。证券账户按保险产品名称开立,账户名称为保险机构投资者名称和保险产品名称的联名,以中国保监会保险资金运用监管部门确认函的证券账户名称为准。②保险机构投资者应通过独立席位进行股票交易。独立席位是保险机构投资者专门用于保险资金股票投资的专用席位。保险资产管理公司可向证交所申请办理专用席位。保险机构投资者也可向证券经营机构租用专用席位。向保险机构投资者出租专用席位的证券经营机构,应向中国保监会提供符合《保险机构投资者股票投资管理暂行办法》规定条件的证明材料和履行职责的承诺书。中国保监会从资产规模、公司治理、内部控制、诚信状况、研究能力、市场地位等方面,对其进行评估并出具审核意见书。证交所应依据中国保监会保险资金运用监管部门出具的席位确认函办理相关手续。证交所、证券经营机构应协助保险机构投资者采取相关措施,确保专用席位一切交易委托和成交回报数据的信息安全。证券经营机构进入风险处置,保险机构投资者在该机构专用席位的全部业务,可整体转托管到新的专用席位,不因证券经营机构的关闭、清算受到影响。③保险机构投资者、托管人应按《保险机构投资者股票投资登记结算业务指南》,开展保险机构投资者股票投资涉及的账户管理、证券登记、托管、结算等业务。一是托管人负责所托管保险资金股票投资交易的清算与交收。保险机构投资者股票投资运作中出现的证券超买、卖空等行为，托管人应负责追究相关责任人的交收责任，并报告有关监管部门。二是托管人应以其名义在中国证券登记结算有限公司（中国结算公司）申请开立结算备付金账户，用于其所托管的保险资金的清算与交收。三是托管人和保险机构投资者应及时从证交所和中国结算公司获得保险资金股票投资交易的结算数据，发现数据错误应与证交所和中国结算公司核对。四是托管人作为证交所的信息披露联系人，要根据相关法律、行政法规的要求，向交易所报送信息披露资料，及时提醒保险机构投资者履行信息披露义务。④保险机构投资者参与股票发行申购，应遵循股票发行的有关规定。保险机构投资者证券账户申购新股，不设申购上限。一是保险机构投资者的所有传统保险产品和分红保险产品，申报的金额不得超过该保险机构投资者上年末总资产的10%，申报的股票数量不得超过发行股票公司本次股票发售的总量。保险机构投资者的单个投资连结保险产品和万能保险产品，申报的金额分别不得超过该产品账户资产的总额，申报的股票数量分别不得超过发行股票公司本次股票发售的总量。二是保险机构投资者应采取有效措施，保证申购股票后，持有一家公司发行的股票不得超过中国保监会规定的比例。⑤根据《保险法》《证券法》等法律、行政法规，中国保监会可通过证交所、中国结算公司、证券经营机构查询保险机构投资者的证券投资交易情况。证交所、中国结算公司、证券经营机构应积极配合、协助，并按中国保监会的要求向其提供监管所需的信息。⑥保险机构投资者直接到中国结算公司开立国债、基金专用证券账户，应出具中国保监会保险资金运用监管部门的确认函。⑦外国保险公司在中国境内设立的分公司，视同境内保险机构法人管理，可按保险机构投资证券交易问题的通知规定办理保险机构投资者股票投资等有关手续。

《中国保监会国家外汇管理局关于规范保险机构开展内保外贷业务有关事项的通知》（保监发〔2018〕5号）要求：①内保外贷业务是保险机构向境内银行申请开立保函或备用信用证等，由境内银行为特殊目的公司提供担保，或保险集团（控股）公司直接向特殊目的公司提供担保，以获得境外银行向上述特殊目的公司发放贷款的融资行为。特殊目的公司是保险机构以境外投融资为目的，以其合法持有的境内外资产或权益，在境外直接设立或间接控制的持股比例超过95%的境外企业。②保险集团（控股）公司开展内保外贷业务，可向境内银行提供反担保。保险公司开展内保外贷业务，可通过其所属的保险集团（控股）公司向境内银行提供反担保。③保险集团（控股）公司提供担保或反担保可采用保证担保方式或资产抵（质）押方式。采用资产抵（质）押方式，应使用资本金、资本公积金和未分配利润等自有资金形成的资产。④保险机构应按资产负债匹配管理原则，综合考虑资产组合的流动性、国际金融市场利率汇率水平和未来变化趋势、融资成本和收益等因素，审慎开展内保外贷业务，完善风险控制机制，规范业务操作流程，切实防范相关风险。⑤开展内保外贷业务的保险机构应符合保险资金境外投资的资质条件，获准开展保险资金境外投资业务，具有较强的资产负债匹配管理能力和融资管理能力，且建立完善的境外融资管理制度，配备专业的境外融资管理人员，明确境外融资决策机制、职责分工、业务流程和风险管理等相关内容。开展内保外贷业务时，保险机构上季度末综合偿付能力充足率应不低于150%，保险公司偿付能力风险综合评级不低于 A 类监管类别。保险机构开展内保外贷业务的特殊目的公司应担负第一还款人责任，有预期稳定的现金流收入，具备较强的偿还能力。⑥保险机构开展内保外贷业务，应经股东大会或董事会审议通过，形成书面决议，并规范内部操作程序，建立责任追究机制。⑦保险机构开展内保外贷业务，其特殊目的公司单个投资项目取得贷款资金金额在 5000 万美元（或等值货币）以上，需事前向中国保险资产管理业协会报告，由中国保险资产管理业协会组织评估后方可进行。⑧保险机构开展内保外贷业务，应根据自身资产负债匹配管理情况，科学、合理地控制融资杠杆比例，通过内保外贷业务实际融入资金余额不得超过其上季度末净资产的 20%，并纳入融资杠杆监测比例管理。保险集团（控股）公司净资产应为集团本级净资产。⑨保险机构通过内保外贷业务融入资金仅用于特殊目的公司的投资项目，且符合中国保监会、国家外汇局关于保险资金境外运用的相关政策。该特殊目的公司的投资项目应符合国家关于境外投资的政策导向和相关要求，严格执行鼓励类、限制类和禁止类境外投资的规定。⑩保险机构通过内保外贷业务开展境外项目投资，属于重大股权投资，应履行核准程序，其他项目投资应按相关规定履行报告程序，并在具体投资项目核准、报告中将投资项目的资金来源予以说明，同时按国家发展改革委的相关政策要求履行境外投资项目核准、备案等手续。⑪保险机构通过内保外贷业务开展境外投资，应遵循穿透原则，确定投资项目或投资项目的底层资产所属的大类资产类别，并在合并报表的基础上将境外投资与境内投资合并计算保险资金运用比例，确保符合保险资金运用比例监管政策。⑫保险机构开展境外项目投资，应聘请独立第三方专业机构对投资项目进行全面详尽的尽职调查，保证其不存在重大法律障碍或法律瑕疵，避免发生产权纠纷。在境外投资项目交易过程中，相关交易文件均应明确要求交易对手在必要环节完成相关资产的登记备案手续，并在资产交割时提供相关资产证明及确认文件，确保保险机构真实、合法、有效地获得相关资产所有权。保险机构应建立健全完善的文件存档制度，将所有交易文件及时存档、妥善保管，如若出现任何对资产权利的争议或纠纷，保险机构应参照相关法律及具体合同条款，依法维护自身合法权益。⑬保险机构应将开展的内保外贷业务及时通知境外投资托管人，并将内保外贷融入资金和投资项目纳入境外投资托管人托管。保险机构通过内保外贷融入资金的收支活动应通过特殊目的公司在境外托管代理人开立的专用账户进行。境外投资托管人应遵循穿透原则，对保险机构及其特殊目的公司的境外投资项目进行估值和会计核算，合并进行投资运作监督，向中国保监会提交监督报告和相关数据、报表等。保险机构应配合境外投资托管人履行托管职责，及时、准确、完整地向境外投资托管人提供与托管履职相关的信息。⑭保险机构开展内保外贷业务，应选择具有完善的管理机制、市场信誉良好、运作科学高效的境内外相关机构进行合作，科学设计特殊目的公司资本结构，合理安排融入资金的币种、金额、成本和期限，提前做好还款安排或再融资安排，有效管理控制流动性风险和汇率风险。⑮保险机构开展内保外贷业务，应加强对投资项目的经营管理，定期监测境外相关市场动态发展情况，评估投资项目的资产价值和质量，提高特殊目的公司的运营效益和风险防范能力，防范境外银行临时抽贷或特殊目的公司破产清算等导致的突发偿债风险和经营风险。⑯保险机构开展内保外贷业务可能发生担保履约，应首先通过处置特殊目的公司的境外投资项目或通过境外其他合法合规的融资等市场化方式化解担保履约风险，避免担保履约对跨境资金流动的影响。⑰保险机构开展内保外贷业务，应严格遵守境内外相关法律法规、行业监管部门规定、跨境及外汇管理规定，规范融资行为，加强合规管理，防范法律风险。保险机构境外投资的风险责任人应对内保外贷业务的合法合规性承担责任。⑱保险机构开展内保外贷业务，不得有以下 8 种违法违规行为：一是变相开展内保外贷业务，在境外获得信用贷款。二是为除本通知规定的特殊目的公司外的其他境外企业开展内保外贷业务。三是将责任准备金等负债资金投资形成的资产以任何形式用于提供担保或反担保。四是投资项目或投资项目的底层资产违反国家宏观调控政策、产业政策或境外投资政策。五是内保外贷融入资金用于除特殊目的公司的投资项目外的业务，或向第三方发放贷款。六是蓄意进行内保外贷履约以骗取外汇、向境外转移资产。七是虚构业务背景进行套利或非法的投机性交易。八是中国保监会禁止的其他行为。⑲保险机构应按中国保监会的要求报告相关数据和信息，并在签订内保外贷合同后 5 个工作日内向中国保监会报告具体业务情况，报告内容包括但不限于投资项目基本情况、资金来源安排、合作银行和特殊目的公司信息、融资要素信息、融资相关文件、提供担保和反担保措施等情况。如发生内保外贷业务展期，应在签订内保外贷业务展期合同后 5 个工作日内向中国保监会报告投资项目经营情况和风险状况，以及内保外贷业务展期原因、展期要素信息和展期相关文件等。如发生可能导致担保履约的重大风险事件，应在事件发生之日起 3 日内向中国保监会和国家外汇局报告。如在采用本通知第 16 条所述履约风险化解措施后仍无法解决，最终发生担保履约，应自担保履约后 3 日内向中国保监会报告，并按外汇管理规定，由成为对外债权人的境内担保人或境内反担保人办理对外债权登记。⑳已开展内保外贷业务的保险机构应在本通知发布之日起 3 个月内严格按本通知要求调整内保外贷业务，确保公司内保外贷业务符合监管规定。㉑中国保监会将加强与央行、国家外汇局等相关部委的信息共享和协同监管，加强保险资金境外投资监测和风险预警，防范境外投资风险的跨市场、跨行业、跨币种传递。㉒保险机构开展内保外贷业务过程中违反本通知规定，中国保监会将记录其不良行为并责令整改，情节严重，采取暂停该保险机构开展内保外贷业务或境外投资业务等监管措施。

### 第 107 条 【保险资产管理公司】

经国务院保险监督管理机构会同国务院证券监督管理机构批准，保险公司可以设立保险资产管理公司。

保险资产管理公司从事证券投资活动，应当遵守《中华人民共和国证券法》等法律、行政法规的规定。

保险资产管理公司的管理办法，由国务院保险监督管理机构会同国务院有关部门制定。

从《保险资金运用管理办法》（保监会令〔2018〕1号）角度，保险资金可投资创业投资基金等私募基金和设立不动产、基础设施、养老等专业保险资产管理机构；保险公司除可自行投资或委托保险资产管理公司投资外，也可委托符合条件的证券公司、证券资产管理公司、证券投资基金管理公司等专业投资管理机构开展受托保险资金投资业务。

《关于保险资产管理公司设立专项产品有关事项的通知》（银保监发〔2018〕65号）要求：①保险资产管理公司设立专项产品，应符合4种条件：具有规范的公司治理结构、完善的内部控制和风险管理体系。具备发行组合类保险资产管理产品业务资格。最近3年内未因重大违法违规行为、重大失信行为受到行政处罚。中国银保监会规定的其他条件。②专项产品主要用于化解优质上市公司股票质押流动性风险，投资标的包括4种范围：上市公司股票、上市公司及其股东公开发行的债券、上市公司股东非公开发行的可交换债券、经中国银保监会认可的其他资产。③专项产品的投资者主要为保险机构、社保基金等机构投资者及金融机构资产管理产品。④专项产品应设定合理的封闭期及产品存续期限。⑤保险资产管理公司应合理控制产品投资集中度，有效管理各类风险。⑥保险资产管理公司应积极发挥机构投资者作用，支持上市公司改善公司治理，提升公司价值，维护公司长期稳健经营。专项产品主要采取股东受让、上市公司回购、大宗交易与协议转让及其他方式平稳退出。⑦专项产品应单独管理、单独建账和单独核算，确保每只产品与所投资资产相对应。专项产品应选择符合条件的商业银行实施独立托管。⑧专项产品发行前应向中保保险资产登记交易系统有限公司申请登记产品信息，并提交5种材料：产品登记申请、产品合同、产品募集说明书、托管协议、中国银保监会规定的其他材料。⑨保险公司投资专项产品的账面余额，不纳入权益类资产计算投资比例，纳入其他金融资产投资比例监管。⑩保险资产管理公司应按中国银保监会相关规定，向投资者披露专项产品的有关法律文件、产品净值以及产品运作期间发生的重大事项等情况。⑪保险公司和保险资产管理公司不得以专项产品的资金进行不正当关联交易、利益输送、内幕交易和操纵市场。⑫保险资产管理公司应于每月10日前向中保保险资产登记交易系统报告专项产品存续期信息、产品资产负债表及投资持仓明细信息。⑬专项产品存续期内，发生可能对投资者权益产生重大影响的事件，或发生严重影响产品正常运作的重大风险，保险资产管理公司应及时向中国银保监会报告，并在事件发生后的2个工作日内向投资者披露相关信息。⑭符合条件的养老保险公司设立专项产品参照本通知执行。

**第108条　【关联交易的管理、信息披露】**

保险公司应当按照国务院保险监督管理机构的规定，建立对关联交易的管理和信息披露制度。

《关于重大关联交易认定有关事宜的复函》（保监发改〔2018〕1199号）指出：①1个会计年度内保险公司与1个关联方的累计交易额达到《保险公司关联交易管理暂行办法》（以下简称《办法》）第11条标准，应严格按重大关联交易的规定进行管理。在达到上述标准后，保险公司在同一会计年度内，与同一关联方再次进行新的交易，如新交易累计金额未达到《办法》第11条标准，可不认定为重大关联交易。如新交易累计金额再次达到《办法》第11条标准，则应按重大关联交易管理的要求再次报董事会或股东大会审批，并向中国保监会报告。

**第109条 【关联交易的限制】**

保险公司的控股股东、实际控制人、董事、监事、高级管理人员不得利用关联交易损害公司的利益。

从《关于加强相互保险组织信息披露有关事项的通知》（保监发〔2017〕26号）角度，相互保险组织的主要发起会员参照《保险公司关联交易管理暂行办法》中"以股权关系为基础的关联方"进行关联关系认定，董（理）事、监事、高管层参照"以经营管理权为基础的关联方"进行关联关系认定。关联交易管理和信息披露管理参照保险公司关联交易有关规定执行。

相互保险组织应及时披露6种信息：①组织治理信息；②经营管理信息；③董（理）事、监事、高级管理人员信息；④关联交易信息；⑤重大事项信息；⑥国务院保险监督管理机构规定的其他信息。

相互保险组织须披露的经营管理信息应包括5种内容：①董（理）事会报告（应重点阐述相互保险组织在报告期内的经营环境和政策环境变化、董（理）事会日常工作情况、对外投资情况、未来发展战略、下一年度经营计划以及对未来风险因素的分析）；②经营情况报告（应重点阐述报告期内的产品经营情况、赔付支出情况、财务运营情况、资金运用情况、准备金提取情况、偿付能力情况、关联交易情况、重大风险评估分析及其他重要事项）；③财务会计报告、报表和审计报告全文；④盈余分配方案（相互保险组织盈余分配方案应包括4种内容：盈余分配原则、盈余分配方法、盈余分配涉及的其他内容、董（理）事会对盈余分配方案的说明）；⑤初始运营资金偿付情况。

保险公司和保险资产管理公司不得以专项产品的资金进行不正当关联交易、利益输送、内幕交易和操纵市场。

保险集团（控股）公司、保险公司的保险资金运用行为涉及关联交易，应遵守法律、行政法规、国家会计制度，以及国务院保险监督管理机构的有关监管规定。保险集团（控股）公司和保险公司违反《保险资金运用管理办法》规定，存在偿付能力状况不符合国务院保险监督管理机构要求；公司治理存在重大风险；资金运用违反关联交易有关规定的3种情形之一，国务院保险监督管理机构可限制其资金运用的形式和比例。

独立董事应对股东（大）会或董事会讨论事项发表客观、公正的独立意见，尤其应就7种事项向董事会或股东（大）会发表意见：①重大关联交易。②董事的提名、任免以及高级管理人员的聘任和解聘。③董事和高级管理人员的薪酬。④利润分配方案。⑤非经营计划内的投资、租赁、资产买卖、担保等重大交易事项。⑥其他可能对保险机构、保险消费者和中小股东权益产生重大影响的事项。⑦法律法规、监管规定或公司章程约定的其他事项。独立董事对上述事项投弃权或反对票，或认为发表意见存在障碍，应向保险机构提交书面意见，并向国务院保险监督管理机构报告。独立董事的书面意见应存入会议档案。

### 第110条 【保险公司重大事项的披露】

保险公司应当按照国务院保险监督管理机构的规定，真实、准确、完整地披露财务会计报告、风险管理状况、保险产品经营情况等重大事项。

《保险公司信息披露管理办法》（银保监会令〔2018〕2号）规定：①保险公司，是经银监会批准设立，并依法登记注册的商业保险公司。信息披露，是保险公司向社会公众公开其经营管理相关信息的行为。②保险公司信息披露应遵循真实、准确、完整、及时、有效的原则，不得有虚假记载、误导性陈述和重大遗漏；应尽可能使用通俗易懂的语言。③保险公司应按法律、行政法规和银监会的规定进行信息披露。保险公司可在法律、行政法规和银监会规定的基础上披露更多信息。④保险公司按《保险公司信息披露管理办法》拟披露的信息属于国家秘密、商业秘密，以及存在其他因披露将导致违反国家有关保密的法律、行政法规等情形，可豁免披露相关内容。⑤银监会根据法律、行政法规和国务院授权，对保险公司的信息披露行为进行监管。⑥保险公司应披露的9种信息：基本信息；财务会计信息；保险责任准备金信息；风险管理状况信息；保险产品经营信息；偿付能力信息；重大关联交易信息；重大事项信息；银监会规定的其他信息。保险公司应制作年度信息披露报告，年度信息披露报告应至少包括财务会计信息；保险责任准备金信息；风险管理状况信息；保险产品经营信息；偿付能力信息。保险公司应在每年4月30日前在公司网站和银监会指定的媒介上发布年度信息披露报告。保险公司发生重大关联交易信息；重大事项信息的事项之一，应自事项发生之日起10个工作日内编制临时信息披露报告，并在公司网站上发布。保险公司披露的基本信息应包括公司概况、公司治理概要和产品基本信息。⑦保险公司披露的公司概况应包括：公司名称；注册资本；公司住所和营业场所；成立时间；经营范围和经营区域；法定代表人；客服电话、投诉渠道和投诉处理程序；各分支机构营业场所和联系电话。⑧保险公司披露的公司治理概要应包括：实际控制人及其控制本公司情况的简要说明；持股比例在5%以上的股东及其持股情况；近3年股东大会（股东会）主要决议，至少包括会议召开的时间、地点、出席情况、主要议题以及表决情况等；董事和监事简历；高级管理人员简历、职责及其履职情况；公司部门设置情况。⑨保险公司披露的产品基本信息应包括：审批或备案的保险产品目录、条款；人身保险新型产品说明书；银监会规定的其他产品基本信息。⑩保险公司披露的上一年度财务会计信息应与经审计的年度财务会计报告保持一致，并包括：财务报表，包括资产负债表、利润表、现金流量表、所有者权益变动表和财务报表附注（财务报表的编制基础，重要会计政策和会计估计的说明，重要会计政策和会计估计变更的说明，或有事项、资产负债表日后事项和表外业务的说明，对公司财务状况有重大影响的再保险安排说明，企业合并、分立的说明，以及财务报表中重要项目的明细）。审计报告的主要审计意见，审计意见中存在带强调事项段的无保留意见、保留意见、否定意见或无法表示意见，保险公司还应就此作出说明，实际经营期未超过3个月的保险公司年度财务会计报告可不经审计。

### 第111条 【保险代理人的从业资格】

保险公司从事保险销售的人员应当品行良好，具有保险销售所需的专业能力。保险销售人员的行为规范和管理办法，由国务院保险监督管理机构规定。

从《国务院保险监督管理机构关于保险中介从业人员管理有关问题的通知》（保监中介〔2015〕139号）角度，保险中介从业人员执业前，所属公司应为其在中国保监会保险中介监管信息系统进行执业登记，资格证书不作为执业登记管理的必要条件。保险公司、保险中介机构应按修改后的《保险法》第111条和第122条规定，规范从业人员准入管理，认真对从业人员进行甄选，加强专业培训，确保从业人员品行良好，具有相应的专业能力。保监局要认真督促辖内保险公司和保险中介机构严把准入关，加强风险监控。对把关不严，造成客户投诉率、保单退保率等风险指标异常的机构，保监局应采取相关监管措施。

《国务院关于加快发展现代保险服务业的若干意见》（国发〔2014〕29号）要求保险监管部门加强保险消费者合法权益保护。推动完善保险消费者合法权益保护法律法规和规章制度，加大保险监管力度，监督保险机构全面履行对保险消费者的各项义务，严肃查处各类损害保险消费者合法权益的行为。《国务院办公厅关于加强金融消费者权益保护工作的指导意见》（国办发〔2015〕81号）要求金融监管部门规范金融机构行为，健全金融消费者权益保护机制，保障金融消费者财产安全权、知情权、自主选择权、公平交易权。

《保险销售行为可回溯管理暂行办法》（保监发〔2017〕54号）关注可行性，兼顾现实性；坚持问题导向，聚焦重点领域；强调销售主体责任，突出消费者权益保护，要求保险公司、保险中介机构在销售过程中通过录音录像等技术手段采集、固定告知投保人购买的保险产品名称、承保公司名称、缴费方式、缴费金额、缴费期间、保险期间、保险责任、犹豫期后退保损失风险、免责条款的风险提示和明确说明义务等先合同义务，人身保险新型产品的告知投保人保单利益不确定性和健康保险产品的告知投保人等待期、续保条款、指定医疗机构、保险公司和保险中介机构的责任等关键环节信息。①保险公司、保险中介机构开展电话销售业务的应实施全险种全过程录音；开展互联网保险业务的，应依互联网保险业务监管的有关规定开展可回溯管理；保险公司通过保险兼业代理机构销售保险期间超过1年的人身保险产品（包括利用保险兼业代理机构营业场所内自助终端等设备销售），需对关键环节进行录音录像；通过其他销售渠道，向60周岁（含）以上年龄的投保人销售保险期间超过1年的人身保险产品，或销售投资连结保险产品，应对关键环节进行录音录像。②电话销售渠道的业务需全程录音；其他实施可回溯管理，应对销售的关键环节（保险销售人员出示证件和相关资料、履行提示及明确说明义务、投保人被保险人签名等环节）进行录音录像。按谁保存谁质检原则，明确了对可回溯资料进行质量检测的要求，以保证录音录像的质量。③保险公司、保险中介机构应严格依有关法律法规规定，加强对投保人、被保险人的个人信息保护工作，对录音录像等视听资料、电子数据严格保密，不得外泄和擅自复制，严禁将资料用作其他商业用途。保险公司、银行类保险兼业代理机构应制定视听资料管理办法，明确管理责任，规范调阅程序。视听资料保管期限自保险合同终止之日起算，保险期间在1年以下的不得少于5年，保险期间超过1年的不得少于10年。如遇消费者投诉、法律诉讼等纠纷，还应至少保存至纠纷结束后2年。

### 第112条 【保险代理人的登记管理】

保险公司应当建立保险代理人登记管理制度，加强对保险代理人的培训和管理，不得唆使、诱导保险代理人进行违背诚信义务的活动。

严厉打击保险公司对保险代理人"恶意挖角"，通过虚列费用套取资金向银行、邮政代理机构等中介渠道账外暗中支付手续费或其他利益等方式扰乱保险市场秩序、进行恶性竞争等违法违规操作。

从法律渊源角度，滥用代理权的表见代理（行为人无代理权、超越代理权或代理权终止后，仍实施代理行为，相对人有理由相信行为人有代理权，代理行为有效）发生有效代理效果的法律依据是《民法典》第172条，《合同法》第49条等法律法规、司法解释。

从传统代理理论角度，表见代理属于滥用代理权行为。表见代理的概念、特征、性质、本质等基本范畴具有争议性。有专家学者认为，表见代理和有权代理具有转化性、条件性，表见代理转化为有权代理的前提条件在于被代理人本人的同意或追认或基于保护善意第三人的信赖利益等；否则表见代理具有不可逆转性，只能属于滥用代理权的违法行为或不正当行为，由被代理人承担相应的过错责任，表见代理行为人承担连带责任。

表见代理，又称为形式代理、假象代理、表象代理、表征代理、表面代理、表面授权代理、不容否认代理、伪代理，具有法定性、拟制性、表见（表征或表面、假象、形式）性，是行为人在无代理权或无权代理的前提条件下，善意第三人客观上有理由或有完全理由相信该行为人属于有权代理人，具有代理权。因此，第三人和该行为间实施的代理行为活动，是无代理权的行为人以表面现象存在的代理权（表面授权或不容否认的代理权）为原因，足以使第三人相信其有代理权的伪代理或无权代理；是行为人无代理权，相对人有理由相信行为人具有代理权，法律法规被代理人承担授权责任的特殊类型的无权代理，是无代理权人以表面显示之意（明示型显示假象），足以使相对人以善良的信用观念信以为拥有实际代理权须由被代理人本人负授权之责的表面代理；是无代理权的行为人有足以使第三人相信其有代理权的事实和理由，以被代理人本人名义与第三人而为的民事行为。法律确认表见代理发生有权代理法律效果的法律制；是行为人在无代理权、超越代理权或代理权终止后，仍以被代理人的名义订立合同，相对人有理由相信、信赖行为人具有实际代理权的假象代理；是行为人虽无代理权，但善意相对人客观上有充分的理由相信行为人具有代理权，而与其为民事行为。该民事行为的后果直接由被代理人承担，或因本人的行为造成了足以使人相信某人具有代理权的表征，本人须对之负授权人责任的代理。①

从大陆法系、英美法系（普通法系）的民法理论或代理法角度，表见代理的性质或实质、法律效力问题具有争议性，存在有效代理说、有权代理说，或无效代理说、无权代理说，或肯定说、否定说、折中说等不同理论观点。具体为：①大陆法系的代理法认为，代理权具有独立性，被代理人的代理授权行为和代理基础法律关系具有分离性，代理权的发生以被代理人的授权意思或代理权为基本前提条件。因此，从表见代理的性质角度，大陆法系表见代理的法律效力具有法律拟制性、原则性、例外性，以表见代理为有效代理或有权代理为原则，以表见代理为无效代理或无权代理为例外。一般而言，表见代理的本质具有无权代理性，特殊而言，表见代理和有效代理或有权代理具有转换性、转化性，表现为法律为保护善意相对人的交易安全及其信赖利益，特别赋予了发生在表见代理人和善意相对人间的表见代理行为，可转化为一种特殊类型的有效代理行为。也有专家学者认为，从法律赋予表见代理和有权代理相同的法律效果角度，表见代理属于一种特别类型的有权代理，强调善意第三人有足够的事实、理由等外部表征或表面现象，信以为行为人具有被代理人授予的某种代理权，而不是相反。"表见代理为代理之一种，谓之无授权之代理尚可，谓之为无代理权之代理则不可，表见代理人虽未获得本人之授权，法律为维护交易安全及第三人利益仍赋予表见代理人代理权。表见代理人之代理权，与一般有权代理人之代理权并无差别，即同样发生有权的法律效果。"② ②从英美法系的代理等同论、法律行为的功能和效果一致性角度，代理属于委任的结果，被代理人的授权行为具有非独立性，代理权产生的途径具有多样性而非唯一性，不完全要求被代理人本人直接或间接表达授权意思，表见代理属于一种有效代理或有权代理。表面授权（明显代理权）、不容否认代理权或不容否认代理（不容否认表面代理的法律效果，类似于表见代理的法律效果），往往以一种产生代理权的法律事实而存在于商业习惯、国际贸易惯例等社会经济生活之中，属于假象代理或表见代理。"普通法对一种法律关系的思维习惯往往以结果而论，表见代理的'有权'或'有效'并无实质不同。"③ ③从中国民法理论的角度，《民法通则》的表见代理制度具有争议性，存在肯定说、否定说、折中说等不同理论观点。④从《合同法》角度，表见代理分为未授权型表见代理、超越权限型表见代理、代理权终止型表

---

① 张俊浩. 民法学原理 [M]. 北京：中国政法大学出版社，1997：275.
② 梁慧星. 中国民法经济法诸问题 [M]. 北京：中国法制出版社，1999：88.
③ 江帆. 代理法律制度研究 [M]. 北京：中国法制出版社，2000：139.

见代理 3 种类型。⑤从比较法角度，表见代理、有权代理具有对应性、转换性。从法律性质角度，表见代理属于无权代理，源于表见代理人须无代理权。表见代理转化为有效代理的构成要件须符合代理的一般特征、特殊要件，可能产生有权代理的法律后果。

**第 113 条　【保险经营业务许可证的合法使用】**

保险公司及其分支机构应当依法使用经营保险业务许可证，不得转让、出租、出借经营保险业务许可证。

《关于保险经纪公司从事企业年金管理咨询业务的复函》（保监厅函〔2018〕314 号）指出：保险经纪机构从事企业年金管理咨询业务不违反中国保监会保险经纪机构管理的相关规定。

《关于保险分支机构业务范围变更有关事宜的复函》（保监厅函〔2011〕452 号）要求：保险公司分支机构在其法人机构业务范围内扩大自身的业务范围，无须经保监局批准，但应向当地保监局报告，并提交法人机构授权书等相关资料。

《关于放开外资保险经纪公司经营范围的通知》（银保监发〔2018〕19 号）指出：①经国务院保险监督管理机构批准取得经营保险经纪业务许可证的外资保险经纪机构，可在中华人民共和国境内经营下列保险经纪业务：为投保人拟定投保方案、选择保险人、办理投保手续；协助被保险人或者受益人进行索赔；再保险经纪业务；为委托人提供防灾、防损或风险评估、风险管理咨询服务；中国银行保险监督管理委员会批准的其他业务。②本通知自发布之日起执行。《关于印发我国加入 WTO 法律文件有关保险业内容的通知》有关内容与本通知不符的，以本通知为准。③请符合条件的外资保险经纪公司到当地保监局申请办理《经营保险经纪业务许可证》变更手续。

**第 114 条　【保险条款、保险费率的拟定原则】**

保险公司应当按照国务院保险监督管理机构的规定，公平、合理拟订保险条款和保险费率，不得损害投保人、被保险人和受益人的合法权益。

保险公司应当按照合同约定和本法规定，及时履行赔偿或者给付保险金义务。

《保险公司合规管理办法》（保监发〔2016〕116 号）规定：①合规是保险公司及其保险从业人员的保险经营管理行为应符合法律法规、监管规定、公司内部管理制度以及诚实守信的道德准则。合规风险是保险公司及其保险从业人员因不合规的保险经营管理行为引发法律责任、财务损失或声誉损失的风险。②合规管理是保险公司通过建立合规管理机制，制定和执行合规政策，开展合规审核、合规检查、合规风险监测、合规考核以及合规培训等，预防、识别、评估、报告和应对合规风险的行为。合规管理是保险公司全面风险管理的一项重要内容，也是实施有效内部控制的一项基础性工作。保险公司应按《保险公司合规管理办法》建立健全合规管理制度，完善合规管理组织架构，明确合规管理责任，构建合规管理体系，推动合规文化建设，有效识别并积极主动防范、化解合规风险，确保公司稳健运营。③保险公司应倡导和培育良好的合规文化，努力培育公司全体保险从业人员的合规意识，并将合规文化建设作为公司文化建设的一个重要组成部分。保险公司董事会和高级管理人员应在公司倡导诚实守信的道德准则和价值观念，推行主动合规、合规创造价值等合规理念，促进保险公司内部合规管理与外部监管的有效互动。④保险集团（控股）公司应建立集团整体的合规管理体系，加强对全集团合规管理的规划、领导和监督，提高集团整体合规管理水平。各成员公司应贯彻落实集团整体合规管理要求，对自身合规管理负责。保监会及其派出机构依法对保险公司合规管理实施监督检查。⑤保险公司董事会对公司的合规管理承担最终责任，履行6种合规职责：审议批准合规政策，监督合规政策的实施，并对实施情况进行年度评估。审议批准并向保监会提交公司年度合规报告，对年度合规报告中反映出的问题，提出解决方案。决定合规负责人的聘任、解聘及报酬事项。决定公司合规管理部门的设置及其职能。保证合规负责人独立与董事会、董事会专业委员会沟通。公司章程规定的其他合规职责。⑥保险公司董事会可授权专业委员会履行4种合规职责：审核公司年度合规报告。听取合规负责人和合规管理部门有关合规事项的报告。监督公司合规管理，了解合规政策的实施情况和存在的问题，并向董事会提出意见和建议。公司章程规定或董事会确定的其他合规职责。⑦保险公司监事或监事会履行6种合规职责：监督董事和高级管理人员履行合规职责的情况。监督董事会的决策及决策流程是否合规。对引发重大合规风险的董事、高级管理人员提出罢免的建议。向董事会提出撤换公司合规负责人的建议。依法调查公司经营中引发合规风险的相关情况，并可要求公司相关高级管理人员和部门协助。公司章程规定的其他合规职责。⑧保险公司总经理履行6种合规职责：根据董事会的决定建立健全公司合规管理组织架构，设立合规管理部门，并为合规负责人和合规管理部门履行职责提供充分条件。审核公司合规政策，报经董事会审议后执行。每年至少组织一次对公司合规风险的识别和评估，并审核公司年度合规管理计划。审核并向董事会或其授权的专业委员会提交公司年度合规报告。发现公司有不合规的经营管理行为，应及时制止并纠正，追究违规责任人的相应责任，并按规定进行报告。公司章程规定、董事会确定的其他合规职责。保险公司分公司和中心支公司总经理应履行的合规职责（每年至少组织一次对公司合规风险的识别和评估，并审核公司年度合规管理计划。审核并向董事会或其授权的专业委员会提交公司年度合规报告。发现公司有不合规的经营管理行为，应及时制止并纠正，追究违规责任人的相应责任，并按规定进行报告），以及保险公司确定的其他合规职责。

### 第115条 【保险公司的公平竞争原则】

保险公司开展业务，应当遵循公平竞争的原则，不得从事不正当竞争。

《反不正当竞争法》第2条规定：经营者在生产经营活动中，应当遵循自愿、平等、公平、诚信的原则，遵守法律和商业道德。

《最高人民法院关于审理涉及保险公司不正当竞争行为的行政处罚案件时如何确定行政主体问题的复函》（法函〔2003〕65号）指出：中国保监会主要职责内设机构和

人员编制规定明确规定，中国保监会"依法对保险机构和保险从业人员（保险公司工作人员以及其他为保险公司销售保险产品的保险销售从业人员）的不正当竞争等违法、违规行为以及对非保险机构经营或变相经营保险业务进行调查、处罚"。这一规定与《反不正当竞争法》的第 3 条第 2 款（现行《反不正当竞争法》第 4 条）有关"县级以上人民政府工商行政管理部门对不正当竞争行为进行监督检查"的规定并不矛盾。法院在审理涉及保险机构不正当竞争行为的行政处罚案件时，应以中国保监会作为有权进行调查、处罚的主体。

**第 116 条 【保险公司及其工作人员的禁止行为】**

保险公司及其工作人员在保险业务活动中不得有下列行为：

（一）欺骗投保人、被保险人或者受益人；

（二）对投保人隐瞒与保险合同有关的重要情况；

（三）阻碍投保人履行本法规定的如实告知义务，或者诱导其不履行本法规定的如实告知义务；

（四）给予或者承诺给予投保人、被保险人、受益人保险合同约定以外的保险费回扣或者其他利益；

（五）拒不依法履行保险合同约定的赔偿或者给付保险金义务；

（六）故意编造未曾发生的保险事故、虚构保险合同或者故意夸大已经发生的保险事故的损失程度进行虚假理赔，骗取保险金或者牟取其他不正当利益；

（七）挪用、截留、侵占保险费；

（八）委托未取得合法资格的机构从事保险销售活动；

（九）利用开展保险业务为其他机构或者个人牟取不正当利益；

（十）利用保险代理人、保险经纪人或者保险评估机构，从事以虚构保险中介业务或者编造退保等方式套取费用等违法活动；

（十一）以捏造、散布虚假事实等方式损害竞争对手的商业信誉，或者以其他不正当竞争行为扰乱保险市场秩序；

（十二）泄露在业务活动中知悉的投保人、被保险人的商业秘密；

（十三）违反法律、行政法规和国务院保险监督管理机构规定的其他行为。

《关于实施行政处罚适用法律有关问题的复函》（保监厅函〔2008〕233 号）指出：①根据法律的文义解释原则，《保险法》第 106 条（现行《保险法》第 116 条），下同与第 139 条（现行《保险法》第 161 条，下同）中"投保人、被保险人、受益人"的界定，应适用《保险法》第 2 章中的相关定义条款。②《保险法》第 106 条与第 139 条在适用中，可不以"保险合同成立"作为认定保险公司或其工作人员违法行为的要件，但应有相对明确的拟投保人；如因保险公司或其工作人员的相关违法行为，致使投保人最终与保险公司订立了合同，"保险合同成立"可作为违法行为的情节，在裁量处罚方式或幅度时予以考虑。③《保险法》第 106 条第（二）项与第 139 条之间并非完全对应关系，第 139 条中"保险公司及其工作人员在保险业务中隐瞒与保险合同有关的重要情况"在适用时可不局限为"对投保人"。④《保险法》第 139 条中"重要情况"的认定，在法律适用上属行政自由裁量范畴，可结合保险合同的类型、通行的业务操作规范以及具体案件情况，本着保护被保险人利益的原则予以认定。

《关于保险公司假赔案查处问题的批复》（保监函〔2002〕164 号）要求：①对保险公司的工作人员利用职务便利，故意编造未曾发生的保险事故进行虚假理赔，骗取保险金归自己所有，可根据《中华人民共和国刑法》第 113 条，移交司法机关处理。②对保险公司分支机构的虚假理赔行为，若保险金未归保险公司工作人员私人所有，而用于单位日常开支，或无法查清保险金用途，可根据《保险法》按"提供虚假的报告、报表、文件和资料"论，可根据情节轻重，"责令改正，处以 10 万元以上 50 万元以下罚款"。③对虚假理赔的保险金，保险公司用以支付回扣，涉嫌犯罪，移交司法机关处理；尚未构成犯罪，除按《保险法》规定处罚外，还可按《保险法》并处 1 万元以上 5 万元以下罚款。④对虚假理赔行为负有直接责任的高管和其他直接责任人员，可依据《保险法》相关规定处罚。⑤中国保监会的行政处罚不影响其他国家机关的依法处理活动。

《关于保险违法行为管辖问题的复函》（保监厅函〔2004〕70 号）指出：《行政处罚法》规定，"行政处罚由违法行为发生地的县级以上地方人民政府具有行政处罚权的行政机关管辖。法律、行政法规另有规定的除外。""对管辖发生争议，报请共同的上一级行政机关指定管辖。"保监局对辖区内发生的保险违法行为具有管辖权。若与其他保监局就管辖问题发生争议，应报请中国保监会指定管辖。

# 第5章　保险代理人和保险经纪人

**第117条　【保险代理人、保险代理机构的概念】**

保险代理人是根据保险人的委托，向保险人收取佣金，并在保险人授权的范围内代为办理保险业务的机构或者个人。

保险代理机构包括专门从事保险代理业务的保险专业代理机构和兼营保险代理业务的保险兼业代理机构。

《关于保险代理法人机构设立批复文件主送人问题的复函》（保监厅函〔2006〕306号）指出：根据《保险代理机构管理规定》（保监会令〔2004〕14号）的规定，保险代理法人机构已取消筹建阶段，由出资人直接申请设立。同时，《行政许可法》第44条规定，行政机关作出准予行政许可决定，应向申请人颁发、送达行政许可证件。鉴于此，应将出资人作为设立批复文件的主送人。

《保险专业代理机构监管规定》规定：①保险专业代理机构是根据保险公司的委托，向保险公司收取佣金，在保险公司授权的范围内专门代为办理保险业务的机构，包括保险专业代理公司及其分支机构。在中国境内设立保险专业代理公司，应符合保监会规定的资格条件，取得经营保险代理业务许可证（许可证）。②保险专业代理机构应遵守法律、行政法规和保监会有关规定，遵循自愿、诚信和公平竞争的原则。③保监会根据《保险法》和国务院授权，对保险专业代理机构履行监管职责。保监会派出机构，在保监会授权范围内履行监管职责。④除保监会另有规定外，保险专业代理机构的组织形式：有限责任公司；股份有限公司。⑤设立保险专业代理公司的8种基本条件：股东、发起人信誉良好，最近3年无重大违法记录；注册资本达到《公司法》和《保险专业代理机构监管规定》的最低限额；公司章程符合有关规定；董事长、执行董事、高级管理人员符合《保险专业代理机构监管规定》的任职资格条件；具备健全的组织机构和管理制度；有与业务规模相适应的固定住所；有与开展业务相适应的业务、财务等计算机软硬件设施；法律、行政法规和保监会规定的其他条件。⑥设立保险专业代理公司，其注册资本的最低限额为人民币5000万元，保监会另有规定的除外。保险专业代理公司的注册资本须为实缴货币资本。⑦依据法律、行政法规规定不能投资企业的单位或个人，不得成为保险专业代理公司的发起人或股东。保险公司员工投资保险专业代理公司，应书面告知所在保险公司；保险公司、保险中介机构的董事或高级管理人员投资保险专业代理公司，应根据《公司法》有关规定取得股东会或股东大会的同意。⑧保险专业代理机构的名称中应包含"保险代理"或"保险销售"

字样，且字号不得与现有的保险中介机构相同，保监会另有规定的除外。⑨申请设立保险专业代理公司，全体股东或全体发起人应指定代表或共同委托代理人，向保监会办理申请事宜。⑩保险专业代理公司分支机构包括分公司、营业部。保险专业代理公司设立分支机构应具备5种基本条件：内控制度健全；注册资本达到《保险专业代理机构监管规定》的要求；现有机构运转正常，且最近1年内无重大违法行为；拟任主要负责人符合《保险专业代理机构监管规定》的任职资格条件；拟设分支机构具备符合要求的营业场所和与经营业务有关的其他设施。⑪保监会收到保险专业代理公司设立申请后，可对申请人进行风险提示，就申请设立事宜进行谈话，询问、了解拟设公司的市场发展战略、业务发展计划、内控制度建设、人员结构等有关事项。保监会可根据实际需要组织现场验收。⑫保监会依法批准设立保险专业代理公司，应向申请人颁发许可证。申请人收到许可证后，方可开展保险代理业务。⑬保险专业代理机构有变更名称或分支机构名称；变更住所或分支机构营业场所；发起人、主要股东变更姓名或名称；变更主要股东；变更注册资本；股权结构重大变更；变更组织形式；分立、合并；修改公司章程；设立、撤销分支机构10种情形之一，应自事项发生之日起5日内，书面报告保监会。⑭保险专业代理公司变更事项涉及许可证记载内容，应交回原许可证，领取新许可证，并按《保险许可证管理办法》有关规定进行公告。⑮保险专业代理机构高级管理人员，包括保险专业代理公司的总经理、副总经理或具有相同职权的管理人员；保险专业代理公司分支机构的主要负责人。⑯保险专业代理机构拟任董事长、执行董事和高级管理人员应具备大学专科以上学历（从事金融工作10年以上除外）；从事经济工作2年以上；具有履行职责所需的经营管理能力，熟悉保险法律、行政法规及保监会的相关规定；诚实守信，品行良好；保监会规定的其他5种条件，并报经保监会核准。⑰从《公司法》《保险法》角度，禁止担任保险专业代理机构董事长、执行董事或高级管理人员的情形：无民事行为能力或限制民事行为能力。因贪污、贿赂、侵占财产、挪用财产或破坏社会主义市场经济秩序，被判处刑罚，执行期满未逾5年，或因犯罪被剥夺政治权利，执行期满未逾5年。担任破产清算的公司、企业的董事或厂长、经理，对该公司、企业的破产负有个人责任，自该公司、企业破产清算完结之日起未逾3年。担任因违法被吊销营业执照、责令关闭的公司、企业的法定代表人，并负有个人责任，自该公司、企业被吊销营业执照之日起未逾3年。个人所负数额较大的债务到期未清偿。担任因违法被吊销许可证的保险公司或保险中介机构的董事、监事或高级管理人员，并对被吊销许可证负有个人责任或直接领导责任，自许可证被吊销之日起未逾3年。因违法行为或违纪行为被金融监管机构取消任职资格的金融机构的董事、监事或高级管理人员，自被取消任职资格之日起未逾5年。被金融监管机构决定在一定期限内禁止进入金融行业，期限未满。受金融监管机构警告或罚款未逾2年。正在接受司法机关、纪检监察部门或金融监管机构调查。保监会规定的其他情形。⑱未经股东会或股东大会同意，保险专业代理机构的董事和高级管理人员不得在存在利益冲突的机构中兼任职务。

《关于严格规范保险专业中介机构激励行为的通知》(保监中介〔2010〕1333号)规定:①各保险专业中介机构要严格按财政部、中国人民银行、中国银监会、中国证监会、中国保监会联合下发的《关于规范金融企业内部职工持股的通知》(2010)要求,进行自查自纠,确保内部职工持股符合有关法律和政策。②保险专业中介机构只能对在本机构连续执业两年以上的销售人员实施股权激励,不得为快速做大业务规模而随意拓宽股权激励对象的范围。③保险专业中介机构实施激励时,不得对激励方案进行欺骗或误导性宣传,包括夸大或随意承诺未来上市等不确定性收益;不得诱导销售人员为获得激励而购买自保件、借款买保险等;不得以激励为名向客户赠送股权、返还不正当利益。④各保监局要高度重视辖区内保险专业中介机构实施激励过程中的潜在风险,加强监测预警,完善应急预案,及时跟进处置。相关保险专业中介机构应于每年第一季度向当地保监局报告上年度执行本通知的情况。对在激励过程中存在损害被保险人及相关人员利益等违法违规行为的保险专业中介机构,各保监局要依法从严从重快查快处;对因实施激励不当而引发群体性事件、造成不良社会影响,要依法严肃追究相关机构和人员的责任;对利用激励名义从事非法集资、传销等违法犯罪活动,要严厉打击,依法移送;对已查处的违法违规案件,要及时向社会披露,提示公众警惕。

《关于加强保险公司中介业务管理的通知》(保监发〔2010〕107号)要求:①保险公司及其分支机构通过保险代理机构、保险经纪机构等中介机构开展保险业务,应遵守本通知的规定。②保险公司总公司应依据《保险法》和中国保监会的有关规定制定中介业务管理制度,其中包括保险中介机构的选择标准、渠道管理及相应佣金(包括手续费)支付标准、信息系统建设等内容。保险公司分支机构应按总公司的中介业务管理制度选择保险中介机构,并报总公司或省级分公司批准。③保险公司及其分支机构委托保险代理机构开展业务,应签订委托代理协议,明确双方的权利义务及佣金支付标准。④保险公司的业务、财务电子化信息系统,应包括中介业务管理系统,对通过保险中介机构销售的每张保单的保单号、投保人名称、保险标的、保险费、佣金计算标准及金额、中介机构的名称等实时记录,作为佣金支付的依据。⑤保险公司总公司或其省级分公司应使用唯一的支出账户、以转账方式直接向保险中介机构以及签订委托代理协议的个人支付佣金,且不得以现金方式支付。保险公司省级以下分支机构不得支付佣金。保险公司及其分支机构不得以扣除佣金后的保费入账。

《关于做好保险公估机构业务备案及监管工作的通知》(保监中介〔2017〕165号)要求:①实行分级备案管理。从事保险公估业务,须符合《资产评估法》要求并向国务院保险监管部门备案。全国性保险公估机构可在工商注册登记地所在省级、计划单列市外设立分支机构,区域性保险公估机构不得在工商注册登记地所在省级、计划单列市外设立分支机构。保险公估机构采用公司形式,全国性机构向中国保监会进行业务备案,区域性机构向工商注册登记地中国保监会派出机构进行业务备案。合伙形式的保险公估机构向中国保监会进行业务备案。保险公估分支机构,应自领取营业执照之日起 10 个工作日内向工商注册登记地中国保监会派出机构进行业务备案。保险公估机构可登录中国保监会官网相关信息系统查询业务备案申请及相关材料、程序等事项，并按要求向中国保监会及其派出机构备案，领取备案表。②营运资金真实、合法。保险公估机构应根据业务发展规划，具备日常经营和风险承担所必需的营运资金并实施托管。营运资金应真实、合法。其中，全国性保险公估机构营运资金为 200 万元以上；区域性保险公估机构营运资金为 100 万元以上。保险公估机构应在大型商业银行或股份制商业银行等具有托管经验的银行中选择 1 家，签订托管协议，开立托管账户，将全部营运资金存入托管账户，并在备案时提交托管协议复印件、托管户入账凭证。营运资金在机构正常经营期间应处于持续托管状态，营运资金的用途：投资大额协议存款、定期存款，金额不少于营运资金的 10%，且不得质押。购置不动产。向基本户转账，用于与业务相关、经营规模相符的日常运营等开支。其他资金运用。③专业资质人员执业。保险公估机构应具备一定数量的保险公估师。公司形式的保险公估机构应有 8 名以上保险公估师，合伙形式的保险公估机构应有 2 名以上保险公估师。保险公估机构业务备案时，应提交保险公估师名册及相关证明材料。在保险公估师制度建立前，相关人员持有中国保监会颁发的有效保险公估从业人员资格证书，可在备案时予以认可。

### 第 118 条 【保险经纪人的概念】

保险经纪人是基于投保人的利益，为投保人与保险人订立保险合同提供中介服务，并依法收取佣金的机构。

《中国银保监会办公厅关于加强保险公司中介渠道业务管理的通知》（银保监办发〔2019〕19 号）要求：①保险公司要建立权责明晰的中介渠道业务管理制度体系。保险公司通过个人保险代理人、保险专业代理机构、保险经纪机构、保险兼业代理机构、保险公估机构和互联网等保险中介渠道开展保险业务，应加强中介渠道业务管理。保险公司应在总部设置中介渠道业务条线管理部门和专岗，总部管理层应设有中介渠道业务管理责任人，并向中国银保监会报备。保险公司应具备合法、有效、稳健的中介渠道管理制度，至少包括业务管理制度、财务管理制度、信息系统管控制度，确保经营行为依法合规、业务财务数据真实透明。保险公司应具备信息化管理手段，业务管理信息系统、财务管理信息系统能真实、准确、完整覆盖中介渠道业务全流程。保险公司应建立中介渠道业务合规审计制度，健全对业务部门、各级分支机构的合规审计，形成完善的中介业务违法违规行为责任追究机制。②保险公司要加强对合作中介渠道主体的管理。保险公司应与合作中介渠道主体在委托合同中约定相关责任，落实对中介渠道业务合规性的管控责任，及时要求中介渠道业务主体纠正违法违规行为。保险公司应建立中介渠道业务主体管理档案。准确记载合作主体的机构业务资质、人员执业资质、股东风险测评、培训、业务情况以及合规性评价等保险公司应加强中介渠道保单真实性管理，加强客户信息收集、记录、管理和使用的内部管控。保险公司应制定科学有效的个人保险代理人管理制度。完善个人保险代理人执业登记管理，加强执业过程管理，确保执业登记数据真实、准确。建立产品销售定期排查机制，坚决禁止违规销售非保险金融产品。保险公司应做好专业代理、经纪机构等合作主体的业务资质审核与合规管理，业务档案要真实、准确。保险公司应加强银行、邮政、车商等保险兼业代理渠道管理，承担业务合规性管理责任，建立定期数据核对机制，确保保单信息真实性。保险公司委托保险公估机构开展业务的，应完整记录查勘理赔流程，完善理赔档案资料管理。保险公司与第三方互联网平台进行合作的，应由总公司统一管理第三方互联网平台合作业务的接入、签约，明确各省级分公司归口管理部门，加强业务合法合规性考核管理。保险公司发现中介渠道业务主体存在下列严重违法违规行为的，应及时向中国银保监会及当地银保监局报告：利用开展保险业务的便利条件，进行非法集资、传销或洗钱等非法活动；有严重侵害投保人、被保险人或受益人合法权益的违法行为；业务活动涉嫌其他违法犯罪；中国银保监会规定的其他需要报告的事项。③保险公司不得利用中介渠道主体开展违法违规活动。保险公司及其工作人员不得在账外暗中直接或间接给予中介渠道业务主体及其工作人员委托合同约定外的利益。保险公司及其工作人员不得唆使、诱导中介渠道业务主体欺骗投保人、被保险人或受益人。保险公司及其工作人员不得利用中介渠道业务主体，通过虚挂应收保险费、虚开税务发票、虚假批改或注销保单、编造退保等方式套取费用。保险公司及其工作人员不得利用中介渠道业务，为其他机构或个人牟取不正当利益。保险公司及其工作人员不得通过中介渠道业务主体给予或承诺给予投保人、被保险人、受益人保险合同约定外的保险费回扣或其他利益。保险公司及其工作人员不得串通中介渠道业务主体挪用、截留和侵占保险费；不得串通中介渠道业务主体虚构保险合同、故意编造未曾发生的保险事故或故意夸大已发生的保险事故的损失程度进行虚假理赔，骗取保险金或牟取其他不正当利益。保险公司及其工作人员不得委托未取得合法资格的机构或没有进行执业登记、品行不佳、不具有保险销售所需的专业知识的个人从事保险销售活动。保险公司及其工作人员在保险业务活动中不得编造虚假中介渠道业务、虚构中介渠道从业人员资料、虚假列支中介渠道业务费用，或通过其他方式编制或提供虚假的中介渠道业务报告、报表、文件、资料。保险公司及其工作人员不得开展法律、行政法规所禁止的其他活动。④保险公司要完善中介渠道业务合规监督。保险公司要进一步完善中介渠道业务的合规监督。总部应在每季度结束后15日内向中国银保监会报送中介渠道业务报告及数据表格电子版；每年3月1日前向中国银保监会报送上一年度中介渠道业务合规情况内部审计报告，报告应包括保险中介渠道业务情况、风险评估情况、合规审计情况、违法违规问题处罚与整改情况以及公司认为其他应该报告的事项等，公司总经理应在报告上签字，并对报告内容的真实性负责。保险公司省级分公司应在每年3月1日前，向当地银保监局报送中介渠道业务合规情况内部审计报告（内容同上），分公司总经理应在报告上签字，并对报告内容的真实性负责。保险公司总部可授权计划单列市分支机构履行本通知规定的省级分公司职责，并向当地银保监局报送相关报告。中国银保监会及各派出机构加强对保险公司中介渠道业务的现场检查和非现场监管，对存在违法违规行为的保险公司、保险中介渠道业务相关机构和人员要依法依规进行处罚。

《关于提示互联网保险业务风险的公告》（保监公告〔2017〕7号）指出：根据《保险法》《保险代理、经纪公司互联网保险业务监管办法》《保险兼业代理管理暂行办法》等法律法规，除保险公司、保险代理公司、保险经纪公司以外，其他单位和个人不得擅自开展互联网保险业务，包括在互联网站上比较和推荐保险产品、为保险合同订立提供其他中介服务等。

《关于开展以网络互助计划形式非法从事保险业务专项整治工作的通知》（保监发改〔2016〕241号）指出：网络互助涉及变相或实际经营保险业务的主要表现。当前，互联网上出现一些意外事故、重大疾病等网络互助计划，少数也涉及车辆风险及家庭财产风险等领域。推出这些网络互助计划的互联网平台多注册为互联网公司或科技公司，以互联网为主要渠道，以互助计划等名义向公众收取费用、招募会员。若会员发生约定的意外事故、重大疾病等风险事件，再向会员分摊或募集互助金。为大量吸引会员，一些网络互助平台出现违规宣传和经营现象，甚至涉嫌变相或实际经营保险业务，主要表现在5个方面：一是以互助计划名义通过多种形式向社会公众承诺赔偿给付责任，或诱导社会公众产生获取高额保障的刚性赔付预期，公开宣称足额赔付和提取准备金，违规开展保险运营活动。二是违规使用保险术语，将互助计划与保险产品进行对比和挂钩，混淆保险产品与互助计划的区别。三是打着"保险创新""互联网+保险"等名义进行虚假、误导宣传。四是宣称互助计划及资金管理受到政府监管。五是以互助计划名义收取保险费并非法建立资金池。

《关于防范利用网络实施保险违法犯罪活动的通知》（保监稽查〔2014〕73号）指出：①警惕各类利用网络实施保险违法犯罪活动。近期发现一些不法分子通过互联网投保后诈骗保险金、利用互联网非法经营保险业务，以及在网络支付环节盗划、侵占保险客户资金等违法犯罪行为。各单位应提高警惕，发现相关或类似情况，及时向保监会稽查局报告。②强化网络安全技术防范和管理。各保险机构应加强互联网保险的风险管控，组织开展自查，堵塞网络漏洞，加强安全防护。各保监局应指导和监督保险机构提高安全技术防范意识和措施，密切关注新型网上金融业务手段应用中的新情况和新问题。③按规定移送保险违法犯罪线索。各保险机构在发现涉网保险违法犯罪线索时，应按规定向监管部门报告，并依法向公安机关报案，积极配合案件调查工作。④加强与相关部门的沟通协调。各保监局在防范风险和查处案件工作中，应加强与当地公安司法部门和其他金融监管部门的协作配合，指导行业协会充分发挥组织协调作用，依法严厉打击涉网保险违法犯罪活动。

## 第119条 【保险代理机构、保险经纪人的资格条件】

保险代理机构、保险经纪人应当具备国务院保险监督管理机构规定的条件，取得保险监督管理机构颁发的经营保险代理业务许可证、保险经纪业务许可证。

保险代理机构、保险经纪人应有自己的经营场所，设立专门账簿记载保险代理业务、经纪业务的收支情况；应按国务院保险监督管理机构的规定缴存保证金或投保职业责任保险。

保险代理机构、保险经纪人违反《保险法》规定，有未按规定缴存保证金或投保职业责任保险；未按规定设立专门账簿记载业务收支情况2种行为之一，由保险监督管理机构责令改正，处2万元以上10万元以下罚款；情节严重，责令停业整顿或吊销业务许可证。

保险代理机构、保险经纪人有《保险法》第131条保险代理人、保险经纪人及其从业人员在办理保险业务活动中10种行为之一（欺骗保险人、投保人、被保险人或者受益人；隐瞒与保险合同有关的重要情况；阻碍投保人履行《保险法》规定的如实告知义务，或者诱导其不履行《保险法》规定的如实告知义务；给予或者承诺给予投保人、被保险人或者受益人保险合同约定以外的利益；利用行政权力、职务或者职业便利以及其他不正当手段强迫、引诱或者限制投保人订立保险合同；伪造、擅自变更保险合同，或者为保险合同当事人提供虚假证明材料；挪用、截留、侵占保险费或者保险金；利用业务便利为其他机构或个人牟取不正当利益；串通投保人、被保险人或者受益人，骗取保险金；泄露在业务活动中知悉的保险人、投保人、被保险人的商业秘密），由保险监督管理机构责令改正，处5万元以上30万元以下罚款；情节严重，吊销业务许可证。

在中国境内设立保险专业代理公司，应符合国务院保险监督管理机构规定的资格条件，取得经营保险代理业务许可证。①除国务院保险监督管理机构另有规定外，保险专业代理机构应采取有限责任公司、股份有限公司2种组织形式。②保险专业代理机构应遵守法律、行政法规和国务院保险监督管理机构有关规定，遵循自愿、诚实信用和公平竞争的原则。③国务院保险监督管理机构根据《保险法》和国务院授权，对保险专业代理机构履行监管职责。国务院保险监督管理机构派出机构，在国务院保险监督管理机构授权范围内履行监管职责。④依据法律、行政法规规定不能投资企业的单位或个人，不得成为保险专业代理公司的发起人或股东。保险公司员工投资保险专业代理公司，应书面告知所在保险公司；保险公司、保险中介机构的董事或高级管理人员投资保险专业代理公司，应根据《公司法》有关规定取得股东会或股东大会的同意。⑤保险专业代理机构的名称中应包含"保险代理"或"保险销售"字样，且字号不得与现有的保险中介机构相同，国务院保险监督管理机构另有规定除外。⑥申请设立保险专业代理公司，全体股东或全体发起人应指定代表或共同委托代理人，向国务院保险监督管理机构办理申请事宜。

保险经纪公司在中国境内经营保险经纪业务，应符合国务院保险监督管理机构规定的条件，取得经营保险经纪业务许可证（许可证）。除国务院保险监督管理机构另有规定外，保险经纪人应采取有限责任公司、股份有限公司2种组织形式。国务院保险监督管理机构根据《保险法》和国务院授权，对保险经纪人履行监管职责。保险经纪人应遵守法律、行政法规和国务院保险监督管理机构有关规定，遵循自愿、诚实信用和公平竞争的原则。保险经纪从业人员是在保险经纪人中为投保人或被保险人拟订投保方案、办理投保手续、协助索赔的人员，或为委托人提供防灾防损、风险评估、风险管理咨询服务、从事再保险经纪等业务的人员。

设立保险专业代理公司的条件：①股东、发起人信誉良好，最近3年无重大违法记录。②注册资本达到《公司法》和《保险专业代理机构监管规定》的最低限额。③公司章程符合有关规定。④董事长、执行董事、高级管理人员符合《保险专业代理机构监管规定》的任职资格条件。⑤具备健全的组织机构和管理制度。⑥有与业务规模相适应的固定住所。⑦有与开展业务相适应的业务、财务等计算机软硬件设施。⑧法律、行政法规和保监会规定的其他条件。

保险专业代理公司分支机构包括分公司、营业部。保险专业代理公司设立分支机构的条件：①内控制度健全。②注册资本达到《保险专业代理机构监管规定》的要求。③现有机构运转正常，且最近1年内无重大违法行为。④拟任主要负责人符合《保险专业代理机构监管规定》的任职资格条件。⑤拟设分支机构具备符合要求的营业场所和与经营业务有关的其他设施。

保险经纪公司新设分支机构经营保险经纪业务的条件：①保险经纪公司及其分支机构最近1年内无受到刑罚或重大行政处罚。②保险经纪公司及其分支机构未因涉嫌违法犯罪正接受有关部门调查。③保险经纪公司及其分支机构最近1年内未引发30人以上群访群诉事件或100人以上非正常集中退保事件。④最近2年内设立的分支机构不存在运营未满1年退出市场的情形。⑤具备完善的分支机构管理制度。⑥新设分支机构有符合要求的营业场所、业务财务信息系统，以及与经营业务相匹配的其他设施。⑦新设分支机构主要负责人符合《保险经纪人监管规定》的任职条件。⑧保监会规定的其他条件。保险经纪公司因严重失信行为被国家有关单位确定为失信联合惩戒对象且应在保险领域受到相应惩戒，或最近5年内具有其他严重失信不良记录，不得新设分支机构经营保险经纪业务。

保险经纪公司经营保险经纪业务的条件：①股东符合《保险经纪人监管规定》要求，且出资资金自有、真实、合法，不得用银行贷款及各种形式的非自有资金投资。单位或个人有最近5年内受到刑罚或重大行政处罚；因涉嫌重大违法犯罪正接受有关部门调查；因严重失信行为被国家有关单位确定为失信联合惩戒对象且应在保险领域受到相应惩戒，或最近5年内具有其他严重失信不良记录；依据法律、行政法规不能投资企业；国务院保险监督管理机构根据审慎监管原则认定的其他不适合成为保险经纪公司股东的情形5种情形之一，不得成为保险经纪公司的股东。②注册资本符合《保险经纪人监管规定》第10条要求，且按国务院保险监督管理机构的有关规定托管。经营区域不限于工商注册登记地所在省级、计划单列市的保险经纪公司的注册资本最低限额为5000万元。经营区域为工商注册登记地所在省级、计划单列市的保险经纪公司的注册资本最低限额为1000万元。保险经纪公司的注册资本须为实缴货币资本。③营业执照记载的经营范围符合国务院保险监督管理机构的有关规定。④公司章程符合有关规定。⑤公司名称符合《保险经纪人监管规定》要求。⑥高级管理人员符合《保险经纪人监管规定》的任职资格条件。⑦有符合国务院保险监督管理机构规定的治理结构和内控制度，商业模式科学合理可行。⑧有与业务规模相适应的固定住所。⑨有符合国务院保险监督管理机构规定的业务、财务信息管理系统。⑩法律、行政法规和国务院保险监督管理机构规定的其他条件。

再保险经纪业务的要求：①保险经纪人从事再保险经纪业务，不得损害保险人的信誉和合法权益。②保险经纪人可根据业务需引进或设计再保险合同。③保险经纪人应按与再保险分出人的约定，及时寄送账单、结算再保险款项以及履行其他义务，不得挪用或截留再保险费、摊回赔款、摊回手续费以及摊回费用。保险经纪人应将再保险接受人的有关信息及时、准确地告知再保险分出人。④应再保险接受人的要求，保险经纪人应按与再保险分出人的约定，将其知道的再保险分出人的自留责任以及直接保险的有关情况书面告知再保险接受人。⑤应再保险分出人或再保险接受人的要求，保险经纪人应按合同约定配合进行赔案的理赔工作。

### 第120条　【保险代理机构、保险经纪人的注册资本】

以公司形式设立保险专业代理机构、保险经纪人，其注册资本最低限额适用《中华人民共和国公司法》的规定。

国务院保险监督管理机构根据保险专业代理机构、保险经纪人的业务范围和经营规模，可以调整其注册资本的最低限额，但不得低于《中华人民共和国公司法》规定的限额。

保险专业代理机构、保险经纪人的注册资本或者出资额必须为实缴货币资本。

《公司法》规定：有限责任公司的注册资本为在公司登记机关登记的全体股东认缴的出资额，以行政法规、国务院决定对有限责任公司注册资本实缴、注册资本最低限额另有规定，从其规定为例外。股份有限公司采取发起设立方式设立，注册资本为在公司登记机关登记的全体发起人认购的股本总额（在发起人认购的股份缴足前，不得向他人募集股份。股份有限公司采取募集方式设立，注册资本为在公司登记机关登记的实收股本总额，以法律、行政法规以及国务院决定对股份有限公司注册资本实缴、注册资本最低限额另有规定，从其规定为例外）。

一般而言，银行业金融机构、证券公司、期货公司、保险公司、保险专业代理机构、保险经纪人、基金管理公司、融资担保公司、直销企业、对外劳务合作企业，实行注册资本实缴登记制。特殊而言，法律、行政法规、国务院决定对公司注册资本实缴、注册资本最低限额另有规定，从其规定。

从《保险专业代理机构监管规定》角度，保险专业代理机构的设立条件为：①在中国境内设立保险专业代理机构，应符合国务院保险监督管理机构规定的资格条件，取得经营保险代理业务许可证。②保险专业代理机构应遵守法律、行政法规和国务院保险监督管理机构有关规定，遵循自愿、诚实信用和公平竞争的原则。③除国务院保险监督管理机构另有规定外，保险专业代理机构应采取有限责任公司；股份有限公司。

④设立保险专业代理公司的 8 种条件：股东、发起人信誉良好，最近 3 年无重大违法记录；注册资本达到《公司法》和《保险专业代理机构监管规定》的最低限额；公司章程符合有关规定；董事长、执行董事、高管符合《保险专业代理机构监管规定》的任职资格条件；具备健全的组织机构和管理制度；有与业务规模相适应的固定住所；有与开展业务相适应的业务、财务等计算机软硬件设施；法律、行政法规和国务院保险监督管理机构规定的其他条件。⑤保险专业代理公司的注册资本不得少于 200 万元；经营区域不限于注册地所在省级的保险专业代理公司，其注册资本不得少于 1000 万元。保险专业代理公司的注册资本须为实缴货币资本。⑥依据法律、行政法规规定不能投资企业的单位或个人，不得成为保险专业代理公司的发起人或股东。保险公司员工投资保险专业代理公司，应书面告知所在保险公司；保险公司、保险中介机构的董事或高管投资保险专业代理公司，应根据《公司法》有关规定取得股东会或股东大会的同意。⑦保险专业代理机构的名称中应包含"保险代理"或"保险销售"字样，且字号不得与现有的保险中介机构相同，国务院保险监督管理机构另有规定的除外。⑧申请设立保险专业代理公司，全体股东或全体发起人应指定代表或共同委托代理人，向国务院保险监督管理机构办理申请事宜。⑨保险专业代理公司分支机构包括分公司、营业部。保险专业代理公司申请设立分支机构应具备 5 种条件：内控制度健全；注册资本达到《保险专业代理机构监管规定》的要求；现有机构运转正常，且申请前 1 年内无重大违法行为；拟任主要负责人符合《保险专业代理机构监管规定》的任职资格条件；拟设分支机构具备符合要求的营业场所和与经营业务有关的其他设施。⑩保险专业代理公司以《保险专业代理机构监管规定》注册资本最低限额设立，可申请设立 3 家分支机构；此后，每申请增设 1 家分支机构，应至少增加注册资本 20 万元；其中，在住所地外每 1 省、自治区或直辖市首次申请设立分支机构，应至少增加注册资本 100 万元。申请设立分支机构，保险专业代理公司注册资本已达到前款规定增资后额度，可不再增加注册资本。保险专业代理公司注册资本达到 2000 万元，设立分支机构可不再增加注册资本。⑪国务院保险监督管理机构收到保险专业代理机构设立申请后，可对申请人进行风险提示，就申请设立事宜进行谈话，询问、了解拟设机构的市场发展战略、业务发展计划、内控制度建设、人员结构等有关事项。中国保监会可根据实际需组织现场验收。⑫国务院保险监督管理机构依法批准设立保险专业代理机构，应向申请人颁发许可证。申请人收到许可证后，应按有关规定办理工商登记，领取营业执照后方可开业。保险专业代理机构自取得许可证之日起 90 日内，无正当理由未向工商行政管理机关办理登记，其许可证自动失效。⑬依法设立的保险专业代理机构，应自领取营业执照之日起 20 日内，书面报告国务院保险监督管理机构。⑭保险专业代理公司分立、合并或变更组织形式，应经国务院保险监督管理机构批准。

《关于保险代理机构异地设立出单点有关问题的复函》（保监厅函〔2012〕93号）指出：①个人在未取得工商营业执照、经营保险代理业务许可证的情况下，擅自在固定的场所设点从事代为出具保单、收取保费等经营活动，涉嫌违反《保险法》"不得非法从事保险代理业务"的规定。②保险代理公司与非法从事保险代理业务的个人合作，向其提供保险单证及出单员口令密码，涉嫌违反《保险专业代理机构监管规定》"不得与非法从事保险业务或保险中介业务的机构或个人发生保险代理业务往来"的规定。

### 第 121 条 【保险代理机构、保险经纪人高管的资格条件】

保险专业代理机构、保险经纪人的高级管理人员，应当品行良好，熟悉保险法律、行政法规，具有履行职责所需的经营管理能力，并在任职前取得保险监督管理机构核准的任职资格。

从《保险专业代理机构监管规定》《公司法》角度，①保险专业代理机构的两大高管类型：一是保险专业代理公司的总经理、副总经理或具有相同职权的管理人员。二是保险专业代理公司分支机构的主要负责人。②保险专业代理机构拟任董事长、执行董事和高管应具备5种条件：大学专科以上学历（从事金融工作10年以上，可不受大学专科以上学历的限制）；持有国务院保险监督管理机构规定的资格证书（担任金融机构高管5年以上或企业管理职务10年以上，可不受持有国务院保险监督管理机构规定的资格证书限制）；从事经济工作2年以上；具有履行职责所需的经营管理能力，熟悉保险法律、行政法规及国务院保险监督管理机构的相关规定；诚实守信，品行良好，并报经国务院保险监督管理机构核准。③禁止担任保险专业代理机构董事长、执行董事或高管的11种情形：担任因违法被吊销许可证的保险公司或保险中介机构的董事、监事或高管，并对被吊销许可证负有个人责任或直接领导责任，自许可证被吊销之日起未逾3年。因违法行为或违纪行为被金融监管机构取消任职资格的金融机构的董事、监事或高管，自被取消任职资格之日起未逾5年。被金融监管机构决定在一定期限内禁止进入金融行业，期限未满。受金融监管机构警告或罚款未逾2年。正在接受司法机关、纪检监察部门或金融监管机构调查。无民事行为能力或限制民事行为能力（董事、监事、高管在任职期间出现无民事行为能力或限制民事行为能力，公司应解除其职务）。因贪污、贿赂、侵占财产、挪用财产或破坏市场经济秩序，被判处刑罚，执行期满未逾5年，或因犯罪被剥夺政治权利（选举权和被选举权；言论、出版、集会、结社、游行、示威自由的权利；担任国家机关职务的权利；担任国有公司、企业、事业单位和人民团体领导职务的权利），执行期满未逾5年。担任破产清算的公司、企业的董事或厂长、经理，对该公司、企业的破产负有个人责任，自该公司、企业破产清算完结之日起未逾3年。担任因违法被吊销营业执照、责令关闭的公司、企业的法定代表人，并负有个人责任，自该公司、企业被吊销营业执照之日起未逾3年。个人所负数额较大的债务到期未清偿。国务院保险监督管理机构规定的其他情形。因此，公司违反规定，选举、委派董事、监事或聘任高管，该选举、委派或聘任无效。④未经股东会或股东大会同意，保险专业代理机构的董事和高管不得在存在利益冲突的机构中兼任职务。⑤保险专业代理机构向国务院保险监督管理机构提出董事长、执行董事和高管任职资格核准申请，应如实填写申请表、提交相关材料。国务院保险监督管理机构可对保险专业代理机构拟任董事长、执行董事和高管进行考察或谈话。⑥保险专业代理机构董事长、执行董事和高管在保险专业代理机构内部调任、兼任同级或下级职务，无须重新核准任职资格。保险专业代理机构免除董事长、执行董事、高管职务或同意其辞职，其任职资格自动失效。保险专业代理机构任免董事长、执行董事和高管，应自决定作出之日起5日内，书面报告国务院保险监督管理机构。⑦保险专业代理机构的董事长、执行董事和高管因涉嫌经济犯罪被起诉，保险专业代理机构应自其被起诉之日起5日内和结案之日起5日内，书面报告国务院保险监督管理机构。⑧保险专业代理机构在特殊情况下任命临时负责人，应自任命决定作出之日起5日内，书面报告国务院保险监督管理机构。临时负责人任职时间最长不得超过3个月。

《关于高管任职资格审查名称报送问题的复函》（保监厅函〔2007〕284号）指出：保险公司董事和高管任职资格管理规定中规定的各类人员名称代表任职资格，表明拟任人有资格在保险公司内担任相应级别的职务，原则上不影响保险公司在任命文件中根据实际需对经核准的任职资格名称进行适当调整。因此，在申报任职资格核准时，保险公司仍应按保险公司董事和高管任职资格管理规定的相应名称进行申报。拟在任命文件中对该任职资格名称进行调整，应在申报的同时，向中国保监会或当地派出机构另行以书面文件明确说明：①获得任职资格后，保险公司拟任命何种具体职务；②该具体职务与申报的任职资格职务属于相同级别职务。

### 第122条　【保险从业者的资格条件】

个人保险代理人、保险代理机构的代理从业人员、保险经纪人的经纪从业人员，应当品行良好，具有从事保险代理业务或者保险经纪业务所需的专业能力。

《关于个人保险代理人法律地位的复函》（保监厅函〔2006〕265号）指出：个人保险代理人属于保险代理人的一种，其与保险公司之间属于委托代理关系。在具体案件中，保险公司的业务人员是否属于个人保险代理人，保险公司与该业务人员之间是否属于委托代理关系，应依据二者间订立的具体协议的法律性质确定。保险公司对个人保险代理人有培训和管理的责任，以确保个人保险代理人的职业道德和业务素质。

### 第123条　【保险代理机构、保险经纪人的经营场所、专门账簿】

保险代理机构、保险经纪人应当有自己的经营场所，设立专门账簿记载保险代理业务、经纪业务的收支情况。

从《保险专业代理机构监管规定》角度，保险专业代理公司分支机构的经营区域不得超出其所在地的省、自治区或直辖市。保险专业代理机构应建立专门账簿，记载保险代理业务收支情况。保险专业代理机构代收保险费，应开立独立的代收保险费账户进行结算。保险专业代理机构应建立完整规范的业务档案，业务档案应至少包括4种内容：代理销售保单的基本情况，包括保险人、投保人、被保险人名称或姓名，代理保险产品名称，保险金额，保险费，缴费方式等；保险费代收和交付被代理保险公司的情况；保险代理佣金金额和收取情况；其他重要业务信息（保险专业代理机构的记录应真实、完整)。

### 第124条 【保险代理机构、保险经纪人缴存保证金或投保职业责任保险】

保险代理机构、保险经纪人应当按照国务院保险监督管理机构的规定缴存保证金或投保职业责任保险。

从《保险专业代理机构监管规定》角度，保险专业代理机构资本保证金的缴纳方式方法：①保险专业代理机构应向投保人明确提示保险合同中免除责任或除外责任、退保及其他费用扣除、现金价值、犹豫期等条款。②保险专业代理公司应自办理工商登记之日起20日内投保职业责任保险或缴存保证金。③保险专业代理公司应自投保职业责任保险或缴存保证金之日起10日内，将职业责任保险保单复印件或保证金存款协议复印件、保证金入账原始凭证复印件报送国务院保险监督管理机构。④保险专业代理公司投保职业责任保险，应确保该保险持续有效。保险专业代理公司投保的职业责任保险保单对1次事故的赔偿限额不得低于100万元，1年期保单的累计赔偿限额不得低于500万元，同时不得低于保险专业代理机构上年营业收入的2倍。职业责任保险累计赔偿限额达到5000万元，可不再增加职业责任保险的赔偿额度。⑤保险专业代理公司缴存保证金，应按注册资本的5%缴存；保险专业代理公司增加注册资本，应相应增加保证金数额；保险专业代理公司保证金缴存额达到100万元，可不再增加保证金。保险专业代理公司的保证金应以银行存款形式或中国保监会认可的其他形式缴存。保证金以银行存款形式缴存，应专户存储到商业银行。保证金存款协议中应约定：未经国务院保险监督管理机构书面批准，保险专业代理公司不得擅自动用或处置保证金。银行未尽审查义务，应在被动用保证金额度内对保险专业代理公司的债务承担连带责任。⑥保险专业代理公司不得动用保证金，但有注册资本减少；许可证被注销；投保符合条件的职业责任保险；国务院保险监督管理机构规定的其他情形之一的除外。

### 第125条 【个人保险代理人代理的限制】

个人保险代理人在代为办理人寿保险业务时，不得同时接受两个以上保险人的委托。

《关于个人保险代理人法律地位的复函》（保监厅函〔2006〕265号）指出：①根据《保险法》第125条和第128条，个人保险代理人属于保险代理人的一种，其与保险公司之间属于委托代理关系。②在具体案件中，保险公司的业务人员是否属于个人保险代理人，保险公司与该业务人员之间是否属于委托代理关系，应依据二者间订立的具体协议的法律性质确定。③根据《保险法》第136条，保险公司对个人保险代理人有培训和管理的责任，以确保个人保险代理人的职业道德和业务素质。

《关于进一步加强人身保险监管有关事项的通知》（保监发〔2016〕113号）要求：中国保监会将建立人身保险公司保险业务分级分类监管制度。人身保险公司经营不同类型的保险业务，应具备相应的管理能力，符合中国保监会关于产品精算、账户管理、业务管理的有关规定。

### 第 126 条 【委托代理协议】

保险人委托保险代理人代为办理保险业务，应当与保险代理人签订委托代理协议，依法约定双方的权利和义务。

保险专业代理机构从事保险代理业务，应与被代理保险公司签订书面委托代理合同，依法约定双方的权利义务及其他事项。委托代理合同不得违反法律、行政法规及国务院保险监督管理机构有关规定。保险专业代理机构在从事保险代理业务时应遵循以下要求：①保险专业代理机构应制作规范的客户告知书，并在开展业务时向客户出示。客户告知书至少应包括保险专业代理机构以及被代理保险公司的名称、营业场所、业务范围、联系方式等基本事项。保险专业代理机构及其董事、高级管理人员与被代理保险公司或相关中介机构存在关联关系，应在客户告知书中说明。②保险专业代理机构应向投保人明确提示保险合同中免除责任或除外责任、退保及其他费用扣除、现金价值、犹豫期等条款。

### 第 127 条 【有权代理的效力、表见代理】

保险代理人根据保险人的授权代为办理保险业务的行为，由保险人承担责任。

保险代理人没有代理权、超越代理权或者代理权终止后以保险人名义订立合同，使投保人有理由相信其有代理权的，该代理行为有效。保险人可以依法追究越权的保险代理人的责任。

商业银行代理保险业务是商业银行接受保险公司委托，在保险公司授权的范围内，代理保险公司销售保险产品及提供相关服务，并依法向保险公司收取佣金的经营活动。《商业银行代理保险业务管理办法》要求：①商业银行经营保险代理业务，应符合中国银保监会规定的条件，取得保险兼业代理业务许可证。商业银行和保险公司开展保险代理业务合作，应本着互利共赢、共同发展、保护消费者利益的原则，共同促进商业银行代理保险业务的持续健康发展。商业银行应充分发挥销售渠道优势，保险公司应充分发挥长期资产负债匹配管理和风险保障的核心技术优势，在商业银行代理保险业务中大力发展长期储蓄型和风险保障型保险产品，持续调整和优化商业银行代理保险业务结构，为消费者提供全面的金融服务。商业银行经营保险代理业务应遵守法律、行政法规和中国银保监会有关规定，遵循平等、自愿、公平和诚实信用的原则。中国银保监会根据《保险法》《商业银行法》《银行业监督管理法》和国务院授权，对商业银行代理保险业务履行监管职责。中国银保监会派出机构在授权范围内履行监管职责。②在中国境内经国务院银行保险监督管理机构批准设立的吸收公众存款的金融机构、其他金融机构、政策性银行参照《商业银行代理保险业务管理办法》执行。

### 第 128 条 【保险经纪人的过错赔偿责任】

保险经纪人因过错给投保人、被保险人造成损失的，依法承担赔偿责任。

《关于保险代理机构超出代理业务范围经营问题的复函》（保监厅函〔2007〕178 号）规定：根据《行政许可法》第 81 条，公民、法人或其他组织未经行政许可，擅自从事依法应取得行政许可的活动的，行政机关应依法采取措施予以制止，并依法给予行政处罚；构成犯罪的，依法追究刑责。

**第129条 【保险公估机构及其人员的职责】**

保险活动当事人可以委托保险公估机构等依法设立的独立评估机构或者具有相关专业知识的人员，对保险事故进行评估和鉴定。

接受委托对保险事故进行评估和鉴定的机构和人员，应当依法、独立、客观、公正地进行评估和鉴定，任何单位和个人不得干涉。

前款规定的机构和人员，因故意或者过失给保险人或者被保险人造成损失的，依法承担赔偿责任。

《保险公估机构监管规定》（保监会令〔2018〕2号）指出：①保险公估机构是接受委托，专门从事保险标的或保险事故评估、勘验、鉴定、估损理算等业务，并按约定收取报酬的机构。在中国境内设立保险公估机构，应符合中国保监会规定的资格条件，取得经营保险公估业务许可证（许可证）。②保险公估机构应遵守法律、行政法规和中国保监会有关规定，遵循独立、客观、公平、公正的原则。③保险公估机构依法从事保险公估业务受法律保护，任何单位和个人不得干涉。④保险公估机构在办理保险公估业务过程中因过错给保险公司或被保险人造成损害，应依法承担赔偿责任。⑤保险公估机构的组织形式：有限责任公司；股份有限公司；合伙企业。设立保险公估机构的基本条件：股东、发起人或合伙人信誉良好，最近3年无重大违法记录。公司章程或合伙协议符合有关规定。董事长、执行董事和高级管理人员符合规定的条件。具备健全的组织机构和管理制度。有与业务规模相适应的固定住所。有与开展业务相适应的业务、财务等计算机软硬件设施。法律、行政法规和中国保监会规定的其他条件。⑥保险公估机构的注册资本为在公司登记机关登记的全体股东认缴的出资额。⑦依据法律、行政法规规定不能投资企业的单位或个人，不得成为保险公估机构的发起人、股东或合伙人。保险公司员工投资保险公估机构，应书面告知所在保险公司；保险公司、保险中介公司的董事、高级管理人员投资保险公估机构，应根据《公司法》有关规定取得股东会或股东大会的同意。⑧保险公估机构及其分支机构的名称中应包含"保险公估"字样，且字号不得与现有的保险公估机构相同，中国保监会另有规定的除外。⑨申请设立保险公估机构，全体股东、全体发起人或全体合伙人应指定代表或共同委托代理人，向中国保监会办理申请事宜。⑩保险公估机构可申请设立分公司、营业部。保险公估机构申请设立分支机构的基本条件：内控制度健全。现有机构运转正常，且申请前1年内无重大违法行为。拟任主要负责人符合规定的条件。拟设分支机构具备符合要求的营业场所和与经营业务有关的其他设施。⑪中国保监会收到保险公估机构设立申请后，可对申请人进行风险提示，就申请设立事宜进行谈话、询问、了解拟设机构的市场发展战略、业务发展计划、内控制度建设、人员结构等有关事项。中国保监会可根据实际需要组织现场验收。⑫中国保监会依法批准设立保险公估机构、保险公估分支机构，应向申请人颁发许可证。保险公估机构有9种变动情形之一（变更名称或分支机构名称。变更住所或分支机构营业场所。发起人、主要股东或出资人变更姓名或名称。变更主要股东或出资人。股权结构或出资比例重大变更。变更注册资本或出资。修改公司章程或合伙协议。分立、合并、解散或变更组织形式。撤销分支机构），应自变更决议作出之日起5日内，书面报告中国保监会。

### 第130条 【保险佣金的支付对象】

保险佣金只限于向保险代理人、保险经纪人支付，不得向其他人支付。

保险佣金包括保险代理手续费和保险经纪人佣金。

《国家税务总局保险营销员取得佣金收入征免个人所得税问题的通知》（国税函〔2006〕454号）规定：根据中国保监会《明确保险营销员佣金构成的通知》（保监发〔2006〕48号）保险营销员的佣金由展业成本和劳务报酬构成。按税法规定，对佣金中的展业成本，不征收个人所得税；对劳务报酬部分，扣除实际缴纳的营业税金及附加后，依税法有关规定计算征收个人所得税。

### 第131条 【保险代理人、保险经纪人及其从业人员的禁止行为】

保险代理人、保险经纪人及其从业人员在办理保险业务活动中不得有下列行为：

（一）欺骗保险人、投保人、被保险人或者受益人；

（二）隐瞒与保险合同有关的重要情况；

（三）阻碍投保人履行本法规定的如实告知义务，或者诱导其不履行本法规定的如实告知义务；

（四）给予或者承诺给予投保人、被保险人或者受益人保险合同约定以外的利益；

（五）利用行政权力、职务或者职业便利以及其他不正当手段强迫、引诱或者限制投保人订立保险合同；

（六）伪造、擅自变更保险合同，或者为保险合同当事人提供虚假证明材料；

（七）挪用、截留、侵占保险费或者保险金；

（八）利用业务便利为其他机构或者个人牟取不正当利益；

（九）串通投保人、被保险人或者受益人，骗取保险金；

（十）泄露在业务活动中知悉的保险人、投保人、被保险人的商业秘密。

保险专业代理机构及其从业人员的禁止行为：①保险专业代理机构的经营范围不得超出保险专业代理机构监管范围。②保险专业代理公司不得伪造、变造、出租、出借、转让许可证。③保险专业代理机构从事保险代理业务不得超出被代理保险公司的业务范围和经营区域；从事保险代理业务涉及异地共保、异地承保和统括保单，国务院保险监督管理机构另有规定，从其规定。④保险专业代理机构不得以捏造、散布虚假事实等方式损害竞争对手的商业信誉，不得以虚假广告、虚假宣传或其他不正当竞争行为扰乱保险市场秩序。⑤保险专业代理机构不得与非法从事保险业务或保险中介业务的机构或个人发生保险代理业务往来。保险专业代理机构不得坐扣保险佣金。⑥保险专业代理机构不得代替投保人签订保险合同。⑦保险专业代理机构不得以缴纳费用或购买保险产品作为招聘业务人员的条件，不得承诺不合理的高额回报，不得以直接或间接发展人员的数量或销售业绩作为从业人员计酬的主要依据。⑧保险专业代理机构及其从业人员在开展保险代理业务过程中，不得有隐瞒或虚构与保险合同有关的重要情况；误导性销售；伪造、擅自变更保险合同，销售假保险单证，或为保险合同当事人提供虚假证明材料；阻碍投保人履行如实告知义务或诱导其不履行如实告知义务；虚构保险代理业务或编造退保、套取保险佣金；虚假理赔；串通投保人、被保险人或受益人骗取保险金；其他欺骗投保人、被保险人、受益人或保险公司的行为。保险专业代理机构及其从业人员在开展保险代理业务过程中，不得有利用行政权力、股东优势地位或职业便利以及其他不正当手段，强迫、引诱或限制投保人订立保险合同或限制其他保险中介机构正当的经营活动；挪用、截留、侵占保险费、退保金或保险金；给予或承诺给予保险公司及其工作人员、投保人、被保险人或受益人合同约定外的利益；利用业务便利为其他机构或个人牟取不正当利益；泄露在经营过程中知悉的投保人、被保险人、受益人或保险公司的商业秘密和个人隐私的行为。

保险经纪人的禁止行为：①保险经纪人不得委托未通过本机构进行执业登记的个人从事保险经纪业务。②保险经纪人及其从业人员在办理保险业务活动中不得有10种行为：欺骗保险人、投保人、被保险人或受益人。隐瞒与保险合同有关的重要情况。阻碍投保人履行如实告知义务，或诱导其不履行如实告知义务。给予或承诺给予投保人、被保险人或受益人保险合同约定外的利益。利用行政权力、职务或职业便利以及其他不正当手段强迫、引诱或限制投保人订立保险合同。伪造、擅自变更保险合同，或为保险合同当事人提供虚假证明材料。挪用、截留、侵占保险费或保险金。利用业务便利为其他机构或个人牟取不正当利益。串通投保人、被保险人或受益人，骗取保险金。泄露在业务活动中知悉的保险人、投保人、被保险人的商业秘密。③保险经纪人及其从业人员在开展保险经纪业务过程中，不得索取、收受保险公司或其工作人员给予的合同约定外的酬金、其他财物，或利用执行保险经纪业务之便牟取其他非法利益。④保险经纪人不得以捏造、散布虚假事实等方式损害竞争对手的商业信誉，不得以虚假广告、虚假宣传或其他不正当竞争行为扰乱保险市场秩序。⑤保险经纪人不得与非法从事保险业务或保险中介业务的机构或个人发生保险经纪业务往来。⑥保险经纪人不得以缴纳费用或购买保险产品作为招聘从业人员的条件，不得承诺不合理的高额回报，不得以直接或间接发展人员的数量或销售业绩作为从业人员计酬的主要依据。

### 第132条 【其他条款的适用】

本法第八十六条第一款、第一百一十三条的规定，适用于保险代理机构和保险经纪人。

保险公司、保险代理机构和保险经纪人应按保险监督管理机构报送有关报告、报表、文件和资料。保险公司及其分支机构、保险代理机构和保险经纪人应依法使用经营保险业务许可证，不得转让、出租、出借经营保险业务许可证。

# 第6章　保险业监督管理

**第133条　【保险监督管理机构的监管原则】**

保险监督管理机构依照本法和国务院规定的职责，遵循依法、公开、公正的原则，对保险业实施监督管理，维护保险市场秩序，保护投保人、被保险人和受益人的合法权益。

依法、公开、公正是我国保险业的监管原则。《关于保险公司投标行为有关问题的批复》（保监复〔2003〕2号）指出：对于在保险招标过程中违规经营的保险机构，应该严格按照《保险法》《行政处罚法》以及中国保监会规定的有关程序予以行政处罚。

**第134条　【监管根据】**

国务院保险监督管理机构依照法律、行政法规制定并发布有关保险业监督管理的规章。

制定发布有关保险业监督管理的规章是保险监督管理机构对保险业实施监督的重要手段，作为保险业监督管理规章的主体，国务院保险监督管理机构制定并发布规章，不得违反纪律、行政法规的规定。

《关于加强保险业突发事件应急管理工作的通知》（保监发〔2011〕45号）要求：①保险业建立统一领导、综合协调、分类管理、分级负责、条块结合、属地为主的应急管理工作体制。②中国保监会为保险业突发事件应急处理的主管机关，负责指导中国保监会派出机构（中国保监会派出机构）、保险集团公司、保险公司、保险资产管理公司建立突发事件应急报告制度和制定突发事件应急预案（报告制度、应急预案），负责监督、检查中国保监会派出机构、保险集团公司、保险公司、保险资产管理公司各类突发事件的预防、报告和应急处理工作。中国保监会办公厅为保险业突发事件应急处理的工作机构，负责中国保监会派出机构、保险集团公司、保险公司、保险资产管理公司突发事件信息报告的接收和处理工作，组织协调重大突发事件新闻报道和新闻发布工作，承办重大突发事件应急指挥中心的具体事务。③中国保监会派出机构应结合辖区实际情况，建立本辖区保险业突发事件应急预案体系，指导辖区内保险公司分支机构建立报告制度和制定应急预案，监督、检查辖区内保险公司分支机构做好各类突发事件的预防、报告和应急处理工作，并做好辖区突发事件信息的汇总、整理和报告工作。中国保监会派出机构应明确其办公室为本单位突发事件应急处理的工作机构，并明确具体岗位及职责。④保险集团公司、保险公司、保险资产管理公司应结合实际情况，建立本公司应急预案体系，指导其所属子公司及分支机构建立报告制度和制定应急预案，管理和协调其所属子公司及分支机构预防和妥善处理各类突发事件。保险集团公司、保险公司、保险资产管理公司应逐级确定本单位应急管理工作机构和工作岗位，明确工作职责，配备工作人员；应明确各级机构、各个部门在突发事件处置工作中的责任分工，并确定处置工作的第一责任人。⑤保险行业协会应在中国保监会及其派出机构的指导下，结合自身职责，发挥在突发事件应急管理工作中的监测预警和沟通协调职能。⑥中国保监会及其派出机构、保险集团公司、保险公司、保险资产管理公司应建立健全突发事件应急值守制度，并保证应急通信联络渠道24小时畅通。

### 第135条 【保险条款和保险费率的审批、备案】

关系社会公众利益的保险险种、依法实行强制保险的险种和新开发的人寿保险险种等的保险条款和保险费率，应当报国务院保险监督管理机构批准。国务院保险监督管理机构审批时，应当遵循保护社会公众利益和防止不正当竞争的原则。其他保险险种的保险条款和保险费率，应当报保险监督管理机构备案。

保险条款和保险费率审批、备案的具体办法，由国务院保险监督管理机构依照前款规定制定。

《财产保险公司保险条款和保险费率管理办法》规定：中国保监会依法对保险机构（财产保险公司及其分支机构）的保险条款和保险费率实施监督管理。中国保监会派出机构在中国保监会授权范围内行使职权。保险公司应依据法律、行政法规和中国保监会的有关规定制订保险条款和保险费率，并对保险条款和保险费率承担相应的责任；应依据《财产保险公司保险条款和保险费率管理办法》的规定，由其总公司向中国保监会申报保险条款和保险费率审批或备案。关系社会公众利益的保险险种、依法实行强制保险险种的保险条款和保险费率，保险公司应依《财产保险公司保险条款和保险费率管理办法》的规定报中国保监会审批。其他保险险种的保险条款和保险费率，保险公司应依《财产保险公司保险条款和保险费率管理办法》的规定报中国保监会备案。

财产保险公司法律责任人和精算责任人内部管理制度：①保险公司应指定1名法律责任人和1名精算责任人，分别负责保险条款和保险费率的法律和精算事务；应向法律责任人和精算责任人提供其承担工作职责必需的信息，并充分尊重法律责任人和精算责任人的专业意见；应加强对法律责任人和精算责任人的管理，建立健全法律责任人和精算责任人内部管控、问责等机制。②保险公司法律责任人和精算责任人内部管理制度应报送中国保监会。保险公司指定法律责任人和精算责任人，应经中国保监会核准。法律责任人、精算责任人未经核准，中国保监会及其派出机构不认可其出具的法律责任人声明书、精算责任人声明书以及经其签署的其他相关报告。③保险公司法律责任人应具备7种条件：在中国境内有住所；属于公司正式员工，且在公司内担任部门负责人及以上职务；通过律师资格考试或国家统一司法考试，或有其他经历足以证明其具备良好法律专业能力；具备连续3年以上国内保险或法律从业经验；过去2年内未因违法执业行为受到行政处罚；未受过刑罚；中国保监会规定的其他条件。

④保险公司申请核准法律责任人，应向中国保监会提交6种材料：资格审核申请表；拟任人身份证明和住所证明复印件；拟任人学历证明和专业资格证明复印件；国内保险或法律从业经历；本公司任职情况说明；中国保监会规定的其他材料。⑤保险公司精算责任人应具备的条件、保险公司在申请核准精算责任人时应向中国保监会提交的材料，由中国保监会另行规定。⑥保险公司应按《财产保险公司保险条款和保险费率管理办法》的规定提交由法律责任人出具的法律责任人声明书。法律责任人对保险条款承担4种责任：保险条款符合《保险法》等法律、行政法规和中国保监会的有关规定；保险条款不损害社会公共利益、不侵害投保人、被保险人和受益人的合法权益；保险合同要素完备、文字准确、语言通俗、表述严谨；中国保监会规定的其他责任。⑦保险公司应按《财产保险公司保险条款和保险费率管理办法》的规定提交由精算责任人签署的精算报告和出具的精算责任人声明书。精算责任人承担5种责任：精算报告内容完备；精算假设和精算方法符合通用精算原理和中国保监会的有关规定；对有利益演示的产品，利益测算方法符合通用精算原理和中国保监会的有关规定；保险费率厘定合理，结果满足充足性、适当性和公平性原则；中国保监会规定的其他责任。⑧保险行业协会应切实履行保险条款和保险费率的自律管理职能，建立行业自律机制和风险防范机制；应积极推进保险条款和保险费率的通俗化、标准化工作，建立行业基础数据平台及标准产品数据库。

人身保险公司保险条款和保险费率总精算师和法律责任人：①保险公司总精算师应对报送审批或备案的保险条款和保险费率出具总精算师声明书，并签署相关的精算报告、费率浮动管理办法或产品参数调整办法。②保险公司总精算师对报送审批或备案的保险条款和保险费率承担6种责任：分类准确，定名符合《人身保险公司保险条款和保险费率管理办法》规定；精算报告内容完备；精算假设和精算方法符合一般精算原理和中国保监会的精算规定；具有利益演示的险种，利益演示方法符合一般精算原理和中国保监会的有关规定；保险费率厘定合理，满足充足性、适当性和公平性原则；中国保监会规定的其他责任。③保险公司应指定法律责任人，并向中国保监会备案。保险公司指定的法律责任人应符合8种条件：在中国境内有住所；具有本科以上学历；具有中国律师资格证书或法律职业资格证书；属于公司正式员工，且在公司内担任部门负责人及以上职务；具有5年以上国内保险或法律从业经验，其中包括3年以上在保险行业内的法律从业经验；过去3年内未因违法执业行为受到行政处罚；未受过刑罚；中国保监会规定的其他条件。保险公司法律责任人履行5种职责：参与制定人身保险开发策略；审核保险条款的相关材料；定期分析由保险条款引发的诉讼案件；及时向中国保监会报告保险条款的重大风险隐患；中国保监会或保险公司章程规定的其他职责。保险公司法律责任人应对报送审批或备案的保险条款出具法律责任人声明书，并承担5种责任：保险条款公平合理，不损害社会公共利益，不侵害投保人、被保险人和受益人的合法权益；保险条款文字准确，表述严谨；具有产品说明书，产品说明书符合条款表述，内容全面、真实，符合中国保监会的有关规定；保险条款符合《保险法》等法律、行政法规和中国保监会有关规定；中国保监会规定的其他责任。保险公司报送法律责任人备案，应向中国保监会提交法律责任人备案情况表；拟任人身份证明和住所证明复印件；学历证明和专业资格证明复印件；从业经历证明；中国保监会规定的其他5种材料一式2份。保险公司应加强对法律责任人管理，建立法律责任人相关制度，向法律责任人提供其承担工作职责所必需的信息，并保证法律责任人能独立地履行职责。法律责任人因辞职、被免职或被撤职等原因离职，保险公司应自作出批准辞职或免职、撤职等决定之日起30日内，向中国保监会报告，并提交3种材料：法律责任人被免职或被撤职的原因说明；免职、撤职或批准辞职等有关决定的复印件；法律责任人作出的离职报告或保险公司对未作离职报告的法律责任人作出的离职说明报告。

人身保险公司保险条款和保险费率的变更与停止使用：①保险公司变更已审批或备案的保险条款和保险费率，改变其保险责任、险种类别或定价方法，应将保险条款和保险费率重新报送审批或备案。②保险公司变更已审批或备案的保险条款和保险费率，且不改变保险责任、险种类别和定价方法，应在发生变更之日起10日内向中国保监会备案，并提交7种材料：变更备案报送材料清单表；变更原因、主要变更内容的对比说明；已审批或备案的保险条款；变更后的相关材料；总精算师声明书；法律责任人声明书；中国保监会规定的其他材料。特殊而言，保险公司名称变更导致人身保险定名发生变更，但其他内容未变更，可不提交已审批或备案的保险条款；变更后的相关材料；总精算师声明书3种材料。③保险公司决定在全国范围内停止使用保险条款和保险费率，应在停止使用后10日内向中国保监会提交报告，说明停止使用的原因、后续服务的相关措施等情况，并将报告抄送原使用区域的中国保监会派出机构。保险公司决定在部分区域停止使用保险条款和保险费率，不得以停止使用保险条款和保险费率进行宣传和销售误导。保险公司省级分公司及以下分支机构，不得决定停止使用保险条款和保险费率。④保险公司决定重新销售已停止使用的保险条款和保险费率，应在重新销售后10日内向中国保监会提交报告，说明重新使用的原因、管理计划等情况，并将报告抄送拟使用区域的中国保监会派出机构。

人身保险公司保险条款和保险费率的审批与备案：①保险公司总公司负责将保险条款和保险费率报送中国保监会审批或备案。②保险公司关系社会公众利益的保险险种；依法实行强制保险的险种；中国保监会规定的新开发人寿保险险种；中国保监会规定的其他险种的保险条款和保险费率，应在使用前报送中国保监会审批。③保险公司关系社会公众利益的保险险种；依法实行强制保险的险种；中国保监会规定的新开发人寿保险险种；中国保监会规定的险种外的其他险种，应报送中国保监会备案。④保险公司报送保险条款和保险费率备案，应提交的7种材料：人身保险公司保险条款和保险费率备案报送材料清单表；保险条款；保险费率表；总精算师签署的相关精算报告；总精算师声明书；法律责任人声明书；中国保监会规定的其他材料。⑤保险公司报送分红保险、投资连结保险、万能保险条款和保险费率备案，应提交的12种材料;财务管理办法;业务管理办法;信息披露管理制度;业务规划及对偿付能力的影响;产品说明书;人身保险公司保险条款和保险费率备案报送材料清单表;保险条款;保险费率表;总精算师签署的相关精算报告;总精算师声明书;法律责任人声明书;中国保监会规定的其他材料。分红保险,还应提交红利计算和分配办法、收入分配和费用分摊原则;投资连结保险和万能保险,还应提交包括销售渠道、销售区域等内容的销售管理办法。保险公司提交的上述材料与本公司已经中国保监会审批或备案的同类险种对应材料完全一致,可免于提交该材料,但应在材料清单表中予以注明。⑥保险公司报送保险条款和保险费率审批,应提交以下14种材料:财务管理办法;业务管理办法;信息披露管理制度;业务规划及对偿付能力的影响;产品说明书;保险条款;保险费率表;总精算师签署的相关精算报告;总精算师声明书;法律责任人声明书;中国保监会规定的其他材料;人身保险公司保险条款和保险费率审批申请表;人身保险公司保险条款和保险费率审批报送材料清单表;保险条款和保险费率的说明材料,包括保险条款和保险费率的主要特点、市场风险和经需特别说明的内容;中国保监会规定的其他内容。⑦中国保监会收到保险公司报送的保险条款和保险费率审批申请后,应根据申请材料不齐全,自收到材料之日起5日内一次告知保险公司需补正的全部内容;申请材料齐全或保险公司按规定提交全部补正申请材料,受理该申请,并向保险公司出具加盖受理专用印章的书面凭证两种情况分别作出处理。⑧中国保监会应自受理保险条款和保险费率审批申请之日起20日内作出批准或不予批准的决定。20日内不能作出决定的,经中国保监会负责人批准,审批期限可延长10日。中国保监会应将延长期限的理由告知保险公司。决定批准,中国保监会应将批准决定在中国保监会文告或网站上向社会公布。决定不予批准,中国保监会应书面通知保险公司,说明理由并告知其享有依法申请行政复议或提起行政诉讼的权利。⑨中国保监会可对审批的保险条款和保险费率进行专家评审,并将专家评审所需时间书面告知保险公司。中国保监会对涉及社会公共利益的保险条款和保险费率可组织听证,并根据《行政许可法》有关规定予以实施。专家评审时间和听证时间不在中国保监会应自受理保险条款和保险费率审批申请之日起20日内作出批准或者不予批准的审批期限内计算。⑩保险公司报送具有现金价值、减额交清条款、中国保监会允许费率浮动或参数调整、保险期间超过1年的保险条款和保险费率审批或备案,应报送、提交的18种材料:具有现金价值,提交包含现金价值表示例的书面材料以及包含各年龄现金价值全表的电子文档;具有减额交清条款,提交包含减额交清保额表示例的书面材料以及包含各年龄减额交清保额全表的电子文档;中国保监会允许费率浮动或参数调整,提交由总精算师签署的费率浮动管理办法或产品参数调整办法;保险期间超过1年,提交利润测试模型的电子文档;财务管理办法;业务管理办法;信息披露管理制度;业务规划及对偿付能力的影响;产品说明书;保险条款;保险费率表;总精算师签署的相关精算报告;总精算师声明书;法律责任人声明书;中国保监会规定的其他材料;人身保险公司保险条款和保险费率审批申请表;人身保险公司保险条款和保险费率审批报送材料清单表;保险条款和保险费率的说明材料，包括保险条款和保险费率的主要特点、市场风险和经营风险分析、相应的管控措施等。⑪保险公司报送保险条款和保险费率审批或备案，提交的精算报告至少应包括6种内容：数据来源和定价基础；定价方法和定价假设，保险期间超过1年，还应包括利润测试参数、利润测试结果以及主要参数变化的敏感性分析；法定准备金计算方法；主要风险及相应管理意见；总精算师需特别说明的内容；中国保监会规定的其他内容。⑫保险公司报送下列保险条款和保险费率审批或备案，提交的精算报告需包括的内容：具有现金价值，列明现金价值计算方法；具有减额交清条款，列明减额交清保额的计算方法；具有利益演示，列明利益演示的计算方法；数据来源和定价基础；定价方法和定价假设，保险期间超过1年，还应包括利润测试参数、利润测试结果以及主要参数变化的敏感性分析；法定准备金计算方法；主要风险及相应管理意见；总精算师需要特别说明的内容。⑬保险公司在保险条款和保险费率审批申请受理后、审批决定作出前，撤回审批申请，应向中国保监会提交书面申请，中国保监会应及时终止对保险条款和保险费率审批申请的审查，并将审批申请材料退回保险公司。⑭保险公司在保险条款和保险费率审批申请受理后、审批决定作出前，对申报的保险条款和保险费率进行修改，应向中国保监会申请撤回审批。保险公司有在保险条款和保险费率审批申请受理后、审批决定作出前，对申报的保险条款和保险费率进行修改的情形，审批期限自中国保监会收到修改后的完整申请材料之日起重新计算。⑮保险公司对未获批准的保险条款和保险费率，可在修改后重新报送中国保监会审批。⑯保险公司报送保险条款和保险费率备案，不得迟于使用后10日。⑰中国保监会收到人身保险公司保险条款和保险费率的备案材料后，应根据备案材料不齐全，一次告知保险公司在10日内补正全部备案材料；备案材料齐全或保险公司按规定提交全部补正材料，将备案材料存档，并向保险公司出具备案回执；发现备案的保险条款和保险费率有保险公司使用的保险条款（格式条款等）和保险费率违反法律、行政法规或中国银保监会的有关规定，由保险监督管理机构责令停止使用，限期修改；情节严重，可在一定期限内禁止申报新的保险条款和保险费率的情形，责令保险公司立即停止使用3种情况分别作出处理。

### 第136条 【有关保险条款和保险费率的违法后果】

保险公司使用的保险条款和保险费率违反法律、行政法规或者国务院保险监督管理机构的有关规定的，由保险监督管理机构责令停止使用，限期修改；情节严重的，可以在一定期限内禁止申报新的保险条款和保险费率。

国务院保险监督管理机构依法对保险公司的保险条款和保险费率实施监督管理。国务院保险监督管理机构派出机构在国务院保险监督管理机构授权范围内行使职权。保险公司应按《保险法》和国务院保险监督管理机构有关规定，公平、合理拟订保险条款和保险费率，不得损害投保人、被保险人和受益人的合法权益。保险公司对其拟订的保险条款和保险费率承担相应责任；应建立科学、高效、符合市场需求的人身保险开发管理机制，定期跟踪和分析经营情况，及时发现保险条款、保险费率经营管理中存在的问题并采取相应解决措施；应充分发挥核心竞争优势，合理配置公司资源，围绕宏观经济政策、市场需求、公司战略目标开发保险险种；应按人身保险公司保险条款财产保险公司保险条款和保险费率的监管：①中国保险行业协会应切实履行保险条款和保险费率管理相关规定，将保险条款和保险费率报送国务院保险监督管理机构审批或备案。保险公司应严格遵循《人身保险公司保险条款和保险费率管理办法》所规定的人寿保险、年金保险、健康保险、意外伤害保险的分类标准，国务院保险监督管理机构另有规定的除外。②保险公司的保险条款和保险费率，应符合 5 种要求：结构清晰、文字准确、表述严谨、通俗易懂；要素完整，不失公平，不侵害投保人、被保险人和受益人的合法权益，不损害社会公众利益；保险费率按风险损失原则科学合理厘定，不危及保险公司偿付能力或妨碍市场公平竞争；保险费率可上下浮动，应明确保险费率调整的条件；《保险法》等法律、行政法规和中国保监会规定的其他要求。③各保险机构应严格执行经国务院保险监督管理机构批准或备案的保险条款和保险费率，不得违反《财产保险公司保险条款和保险费率管理办法》规定改变保险条款或保险费率。④保险公司需修改已批准或备案的保险条款或保险费率，应按《财产保险公司保险条款和保险费率管理办法》规定重新报送审批或备案。经国务院保险监督管理机构重新批准或备案后，保险公司不得在新订立的保险合同中使用原保险条款和费率。⑤保险机构使用保险协议承保，如协议内容对经批准或备案的保险条款或保险费率予以修改，应按《财产保险公司保险条款和保险费率管理办法》的有关规定报送审批或备案。⑥保险机构使用的保险条款或保险费率被发现违反法律、行政法规或法律责任人负责出具法律责任人声明书，并对保险条款承担责任的规定，由国务院保险监督管理机构或其派出机构责令停止使用，限期修改；情节严重，可在一定期限内禁止申报新的保险条款和保险费率。⑦保险公司与其法律责任人、精算责任人解除聘任或委托关系，应自解除聘任或委托关系之日起 10 个工作日内书面报告国务院保险监督管理机构。保险公司与其法律责任人、精算责任人解除聘用或委托关系，该法律责任人或精算责任人的资格自解除聘用或委托关系之日起自动失效。⑧法律责任人违反保险公司申请核准法律责任人，应向国务院保险监督管理机构提交材料的规定、精算责任人违反保险公司精算责任人应具备的条件、保险公司在申请核准精算责任人时应向国务院保险监督管理机构提交的材料，由国务院保险监督管理机构另行规定，由国务院保险监督管理机构责令改正并可要求其提交书面检查；2 年内 2 次违反上述规定，国务院保险监督管理机构除可依《财产保险公司保险条款和保险费率管理办法》第四十条的规定撤销其法律责任人或精算责任人资格外，还可自发现第二次违规之日起 2 年内不再核准其法律责任人或精算责任人资格。

### 第 137 条 【偿付能力监管体系】

国务院保险监督管理机构应当建立健全保险公司偿付能力监管体系，对保险公司的偿付能力实施监控。

依据《保险公司偿付能力管理规定》（保监会令〔2008〕1 号），中国保监会建立以风险为基础的动态偿付能力监管标准和监管机制,对保险公司偿付能力进行综合评价和监督检查,并依法采取监管措施。①中国保监会对外国保险公司在境内分支机构的偿付能力实施合并评估,偿付能力监管措施适用境内所有分支机构。②保险公司和外国保险公司分公司应指定1名高管人员负责公司偿付能力管理的具体事务。③保险公司董事会和管理层对本公司偿付能力管理负责。保险公司应具有与其风险和业务规模相适应的资本,确保偿付能力充足率(资本充足率:保险公司的实际资本与最低资本的比率)不低于100%,应建立偿付能力管理制度,强化资本约束,保证公司偿付能力充足。④外国保险公司分公司的管理层对本公司的偿付能力管理负责。

保险公司偿付能力监督:①中国保监会对保险公司偿付能力的监督检查采取现场监管与非现场监管相结合的方式,对保险公司报送的偿付能力报告进行审查,可委托中介机构对保险公司报送的偿付能力报告及相关信息实施审查。②中国保监会在每季度结束后,根据保险公司报送的偿付能力报告和其他资料对保险公司偿付能力进行分析,定期或不定期对保险公司偿付能力管理的合规性和有效性;偿付能力评估的合规性和真实性;对中国保监会监管措施的执行情况;中国保监会认为需检查的其他方面实施现场检查。③中国保监会根据保险公司偿付能力状况将保险公司分为不足类公司,指偿付能力充足率低于100%的保险公司;充足Ⅰ类公司,指偿付能力充足率为100%~150%的保险公司;充足Ⅱ类公司,指偿付能力充足率高于150%的保险公司,实施分类监管。中国保监会不将保险公司的动态偿付能力测试结果作为实施监管措施的依据。对不足类公司,中国保监会应区分不同情形,采取责令增加资本金或限制向股东分红;限制董事、高管人员的薪酬水平和在职消费水平;限制商业性广告;限制增设分支机构、限制业务范围、责令停止开展新业务、责令转让保险业务或责令办理分出业务;责令拍卖资产或限制固定资产购置;限制资金运用渠道;调整负责人及有关管理人员;接管;中国保监会认为必要的其他9种监管措施的一项或多项监管措施。中国保监会可要求充足Ⅰ类公司提交和实施预防偿付能力不足的计划。充足Ⅰ类公司和充足Ⅱ类公司存在重大偿付能力风险的,中国保监会可要求其进行整改或采取必要的监管措施。对未按本规定建立和执行偿付能力管理制度的保险公司,中国保监会可要求其进行整改,情节严重,可采取相应的监管措施,并依法给予行政处罚。④中国保监会对外国保险公司在境内分支机构的偿付能力实施合并评估,偿付能力监管措施适用境内所有分支机构。中国保监会派出机构根据中国保监会授权,在偿付能力监管中履行6大职责:对保险公司分支机构的内部风险管理的合规性和有效性实施监督检查;对保险公司分支机构财务信息等偿付能力监管的基础数据的完整性和真实性实施监督检查;防范和化解保险公司分支机构的市场行为风险,防止重大的市场行为风险转化为偿付能力风险;执行中国保监会对保险公司采取的监管措施,确保监管措施在分支机构层面得到严格执行;识别、监测、防范和化解辖区内的重大偿付能力风险;中国保监会授予的其他偿付能力监管职责。

保险公司的偿付能力评估:①在中国境内设有多家分公司的外国保险公司应合并

评估境内所有分支机构的整体偿付能力。②保险公司应以风险为基础评估偿付能力，应按中国保监会的规定进行动态偿付能力测试，对未来规定时间内不同情形下的偿付能力趋势进行预测和评价；应按中国保监会制定的保险公司偿付能力报告编报规则定期进行偿付能力评估，计算最低资本（保险公司为应对资产风险、承保风险等风险对偿付能力的不利影响，依据中国保监会的规定而应具有的资本数额）和实际资本即认可资产（保险公司在评估偿付能力时依据中国保监会的规定适用列举法所确认的资产）与认可负债（保险公司在评估偿付能力时依据中国保监会的规定所确认的负债）的差额，进行动态偿付能力测试。

保险公司的偿付能力报告：①保险公司应按中国保监会制定的保险公司偿付能力报告编报规则及有关规定编制和报送偿付能力报告（年度报告、季度报告、临时报告），确保报告信息真实、准确、完整、合规。②保险公司董事会和管理层对偿付能力报告内容的真实性、准确性、完整性、合规性负责。③保险公司应于每个会计年度结束后，按中国保监会的规定，报送董事会批准的经审计的年度偿付能力报告（董事会和管理层声明；外部机构独立意见；基本信息；管理层的讨论与分析；内部风险管理说明；最低资本；实际资本；动态偿付能力测试）。④保险公司应于每季度结束后，按中国保监会的规定报送季度偿付能力报告。⑤保险公司在定期报告日之外的任何时点出现偿付能力不足的，保险公司董事会和管理层应在发现之日起 5 个工作日内向中国保监会报告，并采取有效措施改善公司的偿付能力。⑥保险公司发生下列对偿付能力产生重大不利影响事项的，应自该事项发生之日起 5 个工作日内向中国保监会报告：重大投资损失；重大赔付、大规模退保或遭遇重大诉讼；子公司和合营企业出现财务危机或被金融监管机构接管；外国保险公司分公司的总公司因偿付能力问题受到行政处罚、被实施强制监管措施或申请破产保护；母公司出现财务危机或被金融监管机构接管；重大资产遭司法机关冻结或受到其他行政机关的重大行政处罚；对偿付能力产生重大不利影响的其他事项。⑦在中国境内有多家分公司的外国保险公司应指定一家在华分公司作为主报告机构，负责履行本规定的报告责任。⑧保险公司投资设立的境外保险公司向当地保险监督管理机构报送按当地监管规则编制的偿付能力报告的，应同时将该报告报送中国保监会。⑨中国保监会可根据监管需求，调整保险公司偿付能力报告的报送频率。⑩保险公司应根据国家法律、行政法规和中国保监会的规定，公开披露偿付能力状况。

保险公司偿付能力管理：①保险公司的综合风险管理，影响公司偿付能力的因素都应纳入公司的内部偿付能力管理体系。保险公司偿付能力管理体系包括资产管理；负债管理；资产负债匹配管理；资本管理。②保险公司应建立有效的资产管理制度和机制，重点从加强对承保、再保、赔付、投资、融资等环节的资金流动的监控；建立有效的资金运用管理机制，根据自身投资业务性质和内部组织架构，建立决策、操作、托管、考核相互分离和相互牵制的投资管理体制；加强对子公司、合营企业及联营企业的股权管理、风险管理和内部关联交易管理，监测集团内部风险转移和传递情况；

加强对固定资产等实物资产管理，建立有效的资产隔离和授权制度；建立信用风险管理制度和机制，加强对债权投资、应收分保准备金等信用风险较集中的资产管理方面识别、防范和化解集中度风险、信用风险、流动性风险、市场风险等资产风险。③保险公司应重点从明确定价、销售、核保、核赔、再保等关键控制环节的控制程序，降低承保风险；建立和完善准备金负债评估制度，确保准备金负债评估的准确性和充足性；建立融资管理制度和机制，明确融资环节的风险控制程序；严格保险业务以外的担保程序，遵循法律、行政法规和中国保监会的有关规定，根据被担保对象的资信及偿债能力，采取谨慎的风险控制措施，及时跟踪监督方面识别、防范和化解承保风险、担保风险、融资风险等各类负债风险。④保险公司应加强资产负债管理，建立资产负债管理制度和机制，及时识别、防范和化解资产负债在期限、利率、币种等方面的不匹配风险及其他风险。⑤保险公司应建立健全资本管理制度，持续完善公司治理，及时识别、防范和化解公司的治理风险和操作风险。⑥保险公司应建立资本约束机制，在制定发展战略、经营规划、设计产品、资金运用等时考虑对偿付能力的影响。⑦保险公司应建立与其发展战略和经营规划相适应的资本补充机制，通过融资和提高盈利能力保持公司偿付能力充足。⑧偿付能力充足率不高于150%的保险公司，应以根据《企业会计准则》确定的可分配利润；根据保险公司偿付能力报告编报规则确定的剩余综合收益的低者作为利润分配的基础。⑨保险公司应建立董事会和管理层负责的偿付能力管理机制，明确相关机构和人员在资产管理、负债管理、资产负债管理、资本管理中的职责、权限以及偿付能力管理的程序和具体措施。⑩保险公司应建立偿付能力管理培训制度，对公司偿付能力管理人员和其他相关人员定期进行偿付能力管理及合规培训。⑪保险公司管理层应定期对偿付能力管理的有效性进行评估和改进，并向董事会或股东（大）会报告。

### 第138条 【重点监管对象、措施】

对偿付能力不足的保险公司，国务院保险监督管理机构应当将其列为重点监管对象，并可以根据具体情况采取下列措施：

（一）责令增加资本金、办理再保险；

（二）限制业务范围；

（三）限制向股东分红；

（四）限制固定资产购置或者经营费用规模；

（五）限制资金运用的形式、比例；

（六）限制增设分支机构；

（七）责令拍卖不良资产、转让保险业务；

（八）限制董事、监事、高级管理人员的薪酬水平；

（九）限制商业性广告；

（十）责令停止接受新业务。

保险公司有偿付能力严重不足；违反《保险法》规定，损害社会公共利益，可能严重危及或已严重危及公司偿付能力的情形之一，国务院保险监督管理机构可对其实行接管。

保险机构经营农业保险业务的准备金评估和偿付能力报告的编制，应符合国务院保险监督管理机构的规定。保险机构经营农业保险业务，应符合有完善的基层服务网络、有专门的农业保险经营部门并配备相应的专业人员、有完善的农业保险内控制度、有稳健的农业再保险和大灾风险安排及风险应对预案、偿付能力符合国务院保险监督管理机构的规定、国务院保险监督管理机构规定的其他条件，并经国务院保险监督管理机构依法批准；否则未经依法批准；任何单位和个人不得经营农业保险业务。

### 第139条 【保险违法行为影响偿付能力的处理方式】

保险公司未依照本法规定提取或者结转各项责任准备金，或者未依照本法规定办理再保险，或者严重违反本法关于资金运用的规定的，由保险监督管理机构责令限期改正，并可以责令调整负责人及有关管理人员。

参见《保险法》第98条解析。

中国银保监会办公厅《关于完善人身保险业责任准备金评估利率形成机制及调整责任准备金评估利率有关事项的通知》（银保监办法〔2019〕182号）要求，人身保险业责任准备金评估利率：①2013年8月5日及后签发的普通型人身保险保单评估利率上限为年复利3.5%和预定利率的较小者；2013年8月5日前签发的普通型人身保险保单评估利率继续执行原规定。②分红型人身保险责任准备金的评估利率上限为年复利3%和预定利率的较小者。③万能型人身保险责任准备金的评估利率上限为年复利3%。

### 第140条 【整顿】

保险监督管理机构依照本法第一百三十九条的规定作出限期改正的决定后，保险公司逾期未改正的，国务院保险监督管理机构可以决定选派保险专业人员和指定该保险公司的有关人员组成整顿组，对公司进行整顿。

整顿决定应当载明被整顿公司的名称、整顿理由、整顿组成员和整顿期限，并予以公告。

整顿是法律赋予保险监督管理机构的一项重要职责，是制止保险公司违法行为和维护保险业健康发展的有效手段。保险公司必须按《保险法》第98条规定，按要求提取或结转各项责任准备金；否则，保险监督管理机构可依《保险法》规定责其限期改正，逾期未改正者，保险监督管理机构可对其进行整顿。

### 第141条 【整顿组的权力】

整顿组有权监督被整顿保险公司的日常业务。被整顿公司的负责人及有关管理人员应当在整顿组的监督下行使职权。

国务院保险监督管理机构依法履行职责，可采取7种措施：①对保险公司、保险代理人、保险经纪人、保险资产管理公司、外国保险机构的代表机构进行现场检查。②进入涉嫌违法行为发生场所调查取证；询问当事人及与被调查事件有关的单位和个人，要求其对与被调查事件有关的事项作出说明。③查阅、复制与被调查事件有关的财产权登记等资料。④查阅、复制保险公司、保险代理人、保险经纪人、保险资产管理公司、外国保险机构的代表机构及与被调查事件有关的单位和个人的财务会计资料及其他相关文件和资料。⑤对可能被转移、隐匿或毁损的文件和资料予以封存。⑥查询涉嫌违法经营的保险公司、保险代理人、保险经纪人、保险资产管理公司、外国保险机构的代表机构及与涉嫌违法事项有关的单位和个人的银行账户。⑦对有证据证明已或可能转移、隐匿违法资金等涉案财产或隐匿、伪造、毁损重要证据，经国务院保险监督管理机构主要负责人批准，申请法院予以冻结或查封。

### 第142条 【整顿期间业务的开展】

整顿过程中，被整顿保险公司的原有业务继续进行。但是，国务院保险监督管理机构可以责令被整顿公司停止部分原有业务、停止接受新业务，调整资金运用。

保险公司整顿期间仍可继续经营其原有的合法业务。但整顿组拥有业务停止权，对保险公司在整顿期间经营原有业务或接受新业务，导致保险公司赔付能力下降，保险监督管理机构可责令其停止部分原有业务，停止接受新业务。

《关于单秀梅非法所得案的批复》（保监复〔2000〕310号）指出：①虽单秀梅本人和中国平安保险股份有限公司广州分公司无直接的代理与被代理关系，但因其协助作为中国平安保险股份有限公司广州分公司保险代理人的黎作凯欺骗投保人，并有非法所得，此种行为违反了《保险法》第142条（1995版）及其他相关规定。②《保险法》第142条规定并未明确其中"从事保险代理业务的"仅指机构。③应依据有关法律规定，接受对该案的移交，并将单秀梅非法所得予以没收。

《关于企业内部自保问题的批复》（保监函〔2003〕629号）指出：宁夏太西集团有限责任公司采取内部统筹的办法对其自有车辆进行风险管理，其性质属于企业内部的一种财务安排，不属于《保险法》第142条（1995版）规定的"擅自设立保险公司或非法从事商业保险业务活动"的情形。

### 第143条 【整顿的结束】

被整顿保险公司经整顿已纠正其违反本法规定的行为，恢复正常经营状况的，由整顿组提出报告，经国务院保险监督管理机构批准，结束整顿，并由国务院保险监督管理机构予以公告。

保险监督管理机构依《保险法》第139条规定作出限期改正的决定后，保险公司逾期未改正，国务院保险监督管理机构可决定选派保险专业人员和指定该保险公司的有关人员组成整顿组，对公司进行整顿。整顿决定应载明被整顿公司的名称、整顿理由、整顿组成员和整顿期限，并予以公告。

整顿组有权监督被整顿保险公司的日常业务。被整顿公司的负责人及有关管理人员应在整顿组的监督下行使职权。整顿过程中，被整顿保险公司的原有业务继续进行。但国务院保险监督管理机构可责令被整顿公司停止部分原有业务、停止接受新业务，调整资金运用。被整顿保险公司经整顿已纠正其违反《保险法》规定的行为，恢复正常经营状况，由整顿组提出报告，经国务院保险监督管理机构批准，结束整顿，并由国务院保险监督管理机构予以公告。被整顿、被接管的保险公司符合破产条件，请对该保险公司进行重整或破产清算。国务院保险监督管理机构根据履行监管职责的需要，可与保险公司董事、监事和高级管理人员进行监管谈话，要求其就公司的业务活动和风险管理的重大事项作出说明。保险公司在整顿、接管、撤销清算期间，或出现重大风险时，国务院保险监督管理机构可对该公司直接负责的董事、监事、高级管理人员和其他直接责任人员采取 2 种措施：通知出境管理机关依法阻止其出境；申请司法机关禁止其转移、转让或以其他方式处分财产，或在财产上设定其他权利。

### 第 144 条 【接管情形】

保险公司有下列情形之一的，国务院保险监督管理机构可以对其实行接管：

（一）公司的偿付能力严重不足的；

（二）违反本法规定，损害社会公共利益，可能严重危及或者已经严重危及公司的偿付能力的。

被接管的保险公司的债权债务关系不因接管而变化。

保险公司的接管，是指由保险监督管理机构直接介入保险公司的日常经营管理。而保险公司的整顿是一种相对温和的措施，保险监督管理机构不直接介入保险公司的日常经营活动。接管组的组成和接管的实施办法由保险监督管理机构决定，并予以公告。接管期限届满，保险监督管理机构可决定延长接管期限，但不得超过 2 年。

### 第 145 条 【保险公司接管组的组成、接管办法】

接管组的组成和接管的实施办法，由国务院保险监督管理机构决定，并予以公告。

从司法实践、社会实践角度，保险公司因违法经营，赔付能力受到严重影响，被保险监管部门决定接管，经接管后，赔付能力得到恢复，能从事正常经营，由保险监管部门决定终止接管。对实施接管措施后，至接管期限届满，接管组织认为，被接管的保险公司的赔付能力已无力恢复，其财产对出现的保险事故已无力赔付或给付保险金，也不能支付其他到期债务，应报经保险监管部门批准，依法向法院申请宣告该保险公司破产。至此，该保险公司将由行政接管转入破产清算。

接管组的组成和接管办法由国务院保险监督管理机构决定。保险监督管理机构的接管决定应包括以下内容：被接管的保险公司名称、接管理由、接管期限等。

### 第 146 条 【接管保险公司期限的延长】

接管期限届满，国务院保险监督管理机构可以决定延长接管期限，但接管期限最长不得超过二年。

依据《保险法》相关规定，国务院保险监督管理机构基于接管的保险公司经营状况、财务状况、偿付能力状况等确定接管期限。接管期限届满后，保险公司经过接管仍不能恢复正常经营，有必要继续采取接管措施，国务院保险监督管理机构可延长接管期限，但最长不得超过二年。

### 第 147 条 【接管的终止】

接管期限届满，被接管的保险公司已恢复正常经营能力的，由国务院保险监督管理机构决定终止接管，并予以公告。

国务院保险监督管理机构通过复核和审查被接管保险公司的偿付能力，认为保险公司已恢复正常经营能力，可终止对保险公司的接管，并通过公共媒体予以公告。

### 第 148 条 【被整顿、接管保险公司的重整、破产清算】

被整顿、被接管的保险公司有《中华人民共和国企业破产法》第二条规定情形的，国务院保险监督管理机构可以依法向人民法院申请对该保险公司进行重整或者破产清算。

《企业破产法》第二条规定：企业法人不能清偿到期债务，并且资产不足以清偿全部债务或明显缺乏清偿能力的，依《企业破产法》规定清理债务。企业法人不能清偿到期债务，并且资产不足以清偿全部债务或明显缺乏清偿能力，或有明显丧失清偿能力可能，可依《企业破产法》规定进行重整。国务院保险监督管理机构可以依法向人民法院申请对保险公司进行重整或者破产清算，破产案件由债务人住所地法院管辖。

从《企业破产法》角度，《企业破产法》施行后，破产人在《企业破产法》公布之日前所欠职工的工资和医疗、伤残补助、抚恤费用，所欠的应划入职工个人账户的基本养老保险、基本医疗保险费用，以及法律、行政法规规定应支付给职工的补偿金，依破产财产在优先清偿破产费用和共益债务后的清偿顺序的规定清偿后不足以清偿的部分，以对破产人的特定财产享有担保权的权利人，对该特定财产享有优先受偿的权利规定的特定财产优先于对该特定财产享有担保权的权利人受偿。商业银行、证券公司、保险公司等金融机构有企业破产的条件或情形，国务院金融监管机构可向法院提出对该金融机构进行重整或破产清算的申请。国务院金融监管机构依法对出现重大经营风险的金融机构采取接管、托管等措施，可向法院申请中止以该金融机构为被告或被执行人的民诉程序或执行程序。金融机构实施破产，国务院可依据企业破产法和其他有关法律的规定制定实施办法。其他法律规定企业法人外的组织的清算，属于破产清算，参照适用《企业破产法》规定的程序。

企业法人有不能清偿到期债务，并且资产不足以清偿全部债务或明显缺乏清偿能力，依《企业破产法》规定清理债务的情形，或有明显丧失清偿能力可能，可依《企业破产法》规定进行重整。破产案件审理程序，《企业破产法》未规定，适用《民事诉讼法》的有关规定。依《企业破产法》开始的破产程序，对债务人在中国领域外的财产发生效力。对外国法院作出的发生法律效力的破产案件的判决、裁定，涉及债务人在中国领域内的财产，申请或请求法院承认和执行，法院依中国缔结或参加的国际条约，或按互惠原则进行审查，认为不违反中国法律的基本原则，不损害国家主权、安全和社会公共利益，不损害中国领域内债权人的合法权益，裁定承认和执行。法院审理破产案件，应依法保障企业职工的合法权益，依法追究破产企业经营管理人员的法律责任。

### 第149条 【保险公司的撤销】

保险公司因违法经营被依法吊销经营保险业务许可证的，或者偿付能力低于国务院保险监督管理机构规定标准，不予撤销将严重危害保险市场秩序、损害公共利益的，由国务院保险监督管理机构予以撤销并公告，依法及时组织清算组进行清算。

保险公司被撤销的主要原因有：①偿付能力低于国务院保险监督管理机构的规定，偿付能力充足率不够。②保险公司违反法律、行政法规。

外资保险公司《违反外资保险公司管理条例》规定，超出核定的业务范围、业务地域范围或服务对象范围从事保险业务活动，依《刑法》关于非法经营罪或其他罪依法追究刑事责任；尚不够刑事处罚，由国务院保险监督管理机构责令改正，责令退还收取的保险费，没收违法所得，并处违法所得1倍以上5倍以下罚款，没有违法所得或违法所得不足10万元，处10万元以上50万元以下罚款；逾期不改正或造成严重后果的，责令限期停业或吊销经营保险业务许可证。

### 第150条 【保险公司股东、实际控制人提供资料的义务】

国务院保险监督管理机构有权要求保险公司股东、实际控制人在指定的期限内提供有关信息和资料。

参见《保险法》第108条解析。

### 第151条 【关联交易严重损害保险公司利益的法律后果】

保险公司的股东利用关联交易严重损害公司利益，危及公司偿付能力的，由国务院保险监督管理机构责令改正。在按照要求改正前，国务院保险监督管理机构可以限制其股东权利；拒不改正的，可以责令其转让所持的保险公司股权。

对保险公司股东利用关联交易严重损害公司利益，危及公司偿付能力的，国务院保险监督管理机构可采取责令改正、限制其股东权利、责令转让所持的保险公司股权等措施。

此外《关于完善监管公开质询制度有关事项的通知》（保监发〔2017〕22号）明确：①质询范围。社会媒体关注、涉及公众利益或可能引发重大风险的事项。一是公司治理类：包括保险公司股权、股东关联关系、入股资金、关联交易、治理运作，董事、监事及高管人员履职行为等有关问题。二是业务经营类：包括保险产品设计、业务模式、销售理赔行为、重大保险消费投诉等有关问题。三是资金运用类：包括保险资金举牌、收购、境外投资，以及与关联方之间开展的保险资金运用等有关问题。四是监管机构关注的其他问题。②质询对象。包括保险公司；保险公司的实际控制人、股东、投资人及其关联方和一致行动人；保险公司的董事、监事和高管人员；其他利益相关方。③质询形式。一是中国保监会将质询函在官方网站上予以公示，并将质询函发至保险公司。针对保险公司股东等其他法人、自然人的质询函，由保险公司及时转交。二是保险公司的质询回复应采取书面回复的方式，按规定时限报送中国保监会，并在保险公司官方网站及中国保监会指定网站予以公示。三是如被质询事项涉及国家秘密、商业秘密等情形，披露可能违反国家保密法律法规、损害公司利益，保险公司应向中国保监会书面说明情况，经批准可免予披露。④质询要求及责任追究。一是被质询人应真实、准确、清晰、完整地回答质询函涉及的有关问题，不得存在虚假记载、误导性陈述或重大遗漏。二是被质询人未按规定期限回复，或质询回复存在故意隐瞒或虚假信息等情况，中国保监会将其纳入不良诚信记录，并依据《保险法》《保险公司股权管理办法》等有关规定进行处理。三是经质询和调查核实，保险公司、保险公司股东或相关当事人违反监管规定，中国保监会将依据《保险法》《保险公司股权管理办法》等有关规定，采取公开谴责、责令改正、限制其股东权利、责令转让股权、限制其在保险业的投资活动等措施。四是质询情况纳入保险公司治理评价体系。

**第152条 【保险监督管理机构的监管谈话】**

保险监督管理机构根据履行监督管理职责的需要，可以与保险公司董事、监事和高级管理人员进行监督管理谈话，要求其就公司的业务活动和风险管理的重大事项作出说明。

国务院保险监督管理机构有权对保险集团（控股）公司、保险公司的董事、监事、高级管理人员和保险资产管理部门负责人进行监管谈话，要求其就保险资金运用情况、风险控制、内部管理等有关重大事项作出说明。

保险资产管理公司应按国务院保险监督管理机构相关规定，向投资者披露专项产品的有关法律文件、产品净值以及产品运作期间发生的重大事项等情况。

相互保险组织发生17种重大事项，应在该事项发生之日起10个工作日内披露相关信息并作出简要说明：①初始运营资金、注册地、名称、企业住所或营业场所发生变更；②经营方针和经营范围发生重大变化；③订立重要合同，可能对相互保险组织的资产、负债、权益和经营成果产生重要影响；④发生重大债务和未能清偿到期重大债务的违约情况，或发生大额赔偿责任；⑤发生重大亏损或重大损失；⑥董（理）事、1/3以上监事或高级管理人员发生变动；董（理）事长或高级管理人员无法履行职责；⑦主要发起会员发生变化；⑧减资、合并、分立、解散及申请破产的决定或依法进入破产程序、被责令关闭；⑨涉及相互保险组织的重大诉讼、仲裁，会员（代表）大会、董（理）事会决议被依法撤销或宣告无效；⑩相互保险组织及其董（理）事、监事、高级管理人员涉嫌违法违规被有权机关调查，或受到刑事处罚、重大行政处罚，或采取强制措施；⑪法院裁决禁止主要发起会员转让其所持初始运营资金借款债权；⑫主要资产被查封、扣押、冻结或被抵押、质押；⑬主要或全部业务陷入停顿；⑭变更会计政策、会计估计；⑮因前期已披露的信息存在差错、未按规定披露或虚假记载，被有关机关责令改正或经董（理）事会决定进行更正；⑯依相互保险组织章程的有关要求，应予披露的其他重大信息；⑰国务院保险监督管理机构规定的其他情况。

**第 153 条 【保险监督管理机构对保险公司直接责任人员的限制措施】**

保险公司在整顿、接管、撤销清算期间，或者出现重大风险时，国务院保险监督管理机构可以对该公司直接负责的董事、监事、高级管理人员和其他直接责任人员采取以下措施：

（一）通知出境管理机关依法阻止其出境；

（二）申请司法机关禁止其转移、转让或者以其他方式处分财产，或者在财产上设定其他权利。

对于保险公司在整顿、接管、撤销清算期间，对重大风险负有直接责任的保险公司董事、监事、高级管理人员和其他直接责任人员采取本条两种措施的目的在于查清有关事实和问题并追究相关责任人的法律责任。

**第 154 条 【保险监督管理机构的监管措施、程序】**

保险监督管理机构依法履行职责，可以采取下列措施：

（一）对保险公司、保险代理人、保险经纪人、保险资产管理公司、外国保险机构的代表机构进行现场检查；

（二）进入涉嫌违法行为发生场所调查取证；

（三）询问当事人及与被调查事件有关的单位和个人，要求其对与被调查事件有关的事项作出说明；

（四）查阅、复制与被调查事件有关的财产权登记等资料；

（五）查阅、复制保险公司、保险代理人、保险经纪人、保险资产管理公司、外国保险机构的代表机构以及与被调查事件有关的单位和个人的财务会计资料及其他相关文件和资料；对可能被转移、隐匿或者毁损的文件和资料予以封存；

（六）查询涉嫌违法经营的保险公司、保险代理人、保险经纪人、保险资产管理公司、外国保险机构的代表机构以及与涉嫌违法事项有关的单位和个人的银行账户；

（七）对有证据证明已经或者可能转移、隐匿违法资金等涉案财产或者隐匿、伪造、毁损重要证据的，经保险监督管理机构主要负责人批准，申请人民法院予以冻结或者查封。

保险监督管理机构采取前款第（一）项、第（二）项、第（五）项措施的，应当经保险监督管理机构负责人批准；采取第（六）项措施的，应当经国务院保险监督管理机构负责人批准。

保险监督管理机构依法进行监督检查或者调查，其监督检查、调查的人员不得少于二人，并应当出示合法证件和监督检查、调查通知书；监督检查、调查的人员少于二人或者未出示合法证件和监督检查、调查通知书的，被检查、调查的单位和个人有权拒绝。

本条规定了国务院保险监督管理部门的检查权和调查权。但在采取本条规定的措施应当慎重，遵循批准程序。

**第155条【被检查、调查的单位和个人的配合义务】**

保险监督管理机构依法履行职责，被检查、调查的单位和个人应当配合。

国务院保险监督管理机构及其派出机构依法对保险经纪人进行现场检查，主要包括以下内容：业务许可及相关事项是否依法获得批准或履行报告义务资本金是否真实、足额。保证金是否符合规定。职业责任保险是否符合规定。业务经营是否合法。财务状况是否良好。向国务院保险监督管理机构及其派出机构提交的报告、报表及资料是否及时、完整和真实。内控制度是否符合国务院保险监督管理机构的有关规定。任用高级管理人员和省级分公司外分支机构主要负责人是否符合规定。是否有效履行从业人员管理职责。对外公告是否及时、真实。业务、财务信息管理系统是否符合国务院保险监督管理机构的有关规定。国务院保险监督管理机构规定的其他事项。

国务院保险监督管理机构及其派出机构依法履行职责，被检查、调查的单位和个人应配合。保监会及其派出机构可在现场检查中，委托会计师事务所等社会中介机构提供相关服务；委托上述中介机构提供服务，应签订书面委托协议。国务院保险监督管理机构及其派出机构应将委托事项告知被检查的保险经纪人。

**第156条【保险监督管理机构工作人员的廉洁保密义务】**

保险监督管理机构工作人员应当忠于职守，依法办事，公正廉洁，不得利用职务便利牟取不正当利益，不得泄露所知悉的有关单位和个人的商业秘密。

国务院保险监督管理机构或国务院授权的部门工作人员，不履行《保险法》规定的职责，滥用职权、玩忽职守，利用职务便利牟取不正当利益，或泄露所知悉的有关单位和个人的商业秘密，依法追究法律责任。

**第157条【信息共享机制、配合调查义务】**

国务院保险监督管理机构应当与中国人民银行、国务院其他金融监督管理机构建立监督管理信息共享机制。

保险监督管理机构依法履行职责，进行监督检查、调查时，有关部门应当予以配合。

国务院保险监督管理机构必须与其他金融监督管理机构建立监督管理信息共享机制，相互交流和沟通有关信息，方便实现各项金融监管政策之间的协调，提高监管效率。以下几条金融领域相关监管规定要求可供参考。

《关于切实加强和改进保险服务的通知》（银保监发〔2018〕40号）要求严格规范保险销售行为。各保险公司、各保险中介机构要强化销售宣传内容管理，防止片面不实宣传。保险销售宣传内容要与保险合同条款保持一致，不得错误解读监管政策，不得使用或变相使用监管机构及其工作人员的名义或形象作商业宣传。保险产品在宣传时应与其他性质、类别的金融产品区分展示，并标明其保险性质。严格管控本公司及所属保险从业人员的自媒体保险营销宣传行为，杜绝出现违法违规和不当宣传。要用通俗清晰的语言，准确、全面地向消费者说明保险产品和服务，重点突出承保公司、产品类别、保障范围、保险期限、保险金额、保险费用、免除保险人责任条款等可能影响其决策的信息。不得夸大产品功能，不得虚假承诺，不得诱导误导消费者。严格执行销售行为可回溯制度，切实落实"销售行为可回放、重要信息可查询、问题责任可确认"的监管要求。

《关于印发〈商业银行净稳定资金比例信息披露办法〉的通知》（银保监发〔2019〕11号）指出：①为强化市场约束，提高商业银行流动性风险管理水平，根据《银行业监督管理法》《商业银行法》等法律法规和《商业银行流动性风险管理办法》（银保监会令〔2018〕3号）、《商业银行信息披露办法》（银监会令〔2007〕7号），制定本办法。②根据《商业银行流动性风险管理办法》适用净稳定资金比例监管要求的商业银行应按本办法的规定披露净稳定资金比例信息。③银行业监管机构依法对商业银行净稳定资金比例信息披露实施监管。④经中国银监会根据《商业银行资本管理办法（试行）》（银监会令〔2012〕1号）核准实施资本计量高级方法的银行（以下简称高级法银行），应至少按半年度频率，在财务报告中或官方网站上披露最近2个季度的净稳定资金比例信息。若只在官方网站上披露，银行应在财务报告中提供查阅上述信息的网址链接。⑤银行应按本办法所附模板、说明和要求，自2019年起按并表口径披露季末净稳定资金比例及各明细项目数值。除特殊规定外，净稳定资金比例各项目折算前和折算后的金额均需披露。⑥高级法银行还应披露与净稳定资金比例有关的定性信息。根据相关性和重要性原则，银行可披露的信息：一是净稳定资金比例季内及跨季变化情况。二是净稳定资金比例计算中的各构成要素对净稳定资金比例的影响及其变化情况。三是流动性风险管理策略、融资结构和经营环境等对净稳定资金比例的影响。四是相互依存的资产和负债项目以及相关交易的关联程度。⑦高级法银行应在官方网站上至少保留已披露的最近4个季度的净稳定资金比例信息。⑧其他商业银行应至少按半年度频率和并表口径，在财务报告中或官方网站上披露最近2个季度的净稳定资金比例、可用的稳定资金及所需的稳定资金期末数值。⑨商业银行首次披露时，应按本办法要求披露最近3个季度的净稳定资金比例相关信息。⑩商业银行因特殊原因不能按时披露净稳定资金比例信息，应至少提前15个工作日向银监会申请延迟披露。⑪商业银行董事会应确保所披露的净稳定资金比例信息真实、准确、完整，并承担相应责任。商业银行应保证净稳定资金比例对外披露数据与监管报送数据之间的一致性；如有重大差异，应及时向银行业监管机构解释说明。⑫对未按本办法要求进行信息披露的商业银行，银行业监管机构应要求其限期整改，并视情形按有关法律法规采取监管措施或实施行政处罚。

# 第7章　法律责任

**第 158 条　【非法经营商业保险业务的法律责任】**

违反本法规定，擅自设立保险公司、保险资产管理公司或者非法经营商业保险业务的，由保险监督管理机构予以取缔，没收违法所得，并处违法所得一倍以上五倍以下的罚款；没有违法所得或者违法所得不足二十万元的，处二十万元以上一百万元以下的罚款。

设立保险公司的法定条件：①主要股东具有持续盈利能力，信誉良好，最近3年内无重大违法违规记录，净资产不低于2亿元。②有符合《保险法》和《公司法》规定的章程。③有符合《保险法》规定的注册资本。设立保险公司的注册资本的最低限额为2亿元。国务院保险监督管理机构根据保险公司的业务范围、经营规模，可调整其注册资本的最低限额，但不得低于设立保险公司注册资本的最低限额2亿元限额。保险公司的注册资本须为实缴货币资本。④有具备任职专业知识和业务工作经验的董事、监事和高级管理人员。⑤有健全的组织机构和管理制度。⑥有符合要求的营业场所和与经营业务有关的其他设施。⑦法律、行政法规和国务院保险监督管理机构规定的其他条件。

保险公司分支机构的设立：①保险公司在中国境内设立分支机构，应经国务院保险监督管理机构批准。保险公司分支机构不具有法人资格，其民事责任由保险公司承担。保险公司申请设立分支机构，应向国务院保险监督管理机构提出书面申请，并提交设立申请书、拟设机构3年业务发展规划和市场分析材料、拟任高级管理人员的简历及相关证明材料、国务院保险监督管理机构规定的其他材料。国务院保险监督管理机构应对保险公司设立分支机构的申请进行审查，自受理之日起60日内作出批准或不批准的决定（决定批准，颁发分支机构经营保险业务许可证。决定不批准，应书面通知申请人并说明理由）。经批准设立的保险公司及其分支机构，凭经营保险业务许可证向市场监管部门办理登记，领取营业执照。保险公司及其分支机构自取得经营保险业务许可证之日起6个月内，无正当理由未向市场监管部门办理登记，其经营保险业务许可证失效。保险公司在中国境外设立子公司、分支机构，应经国务院保险监督管理机构批准。②外国保险机构在中国境内设立代表机构，应经国务院保险监督管理机构批准。外国保险机构代表机构不得从事保险经营活动。

保险公司总公司经营农业保险业务的条件：①符合《保险法》《农业保险条例》等法律法规规定。②公司业务范围包含农业保险。③公司治理和内控管理良好，近

3年内未因农业保险业务受到重大行政处罚。④有经股东会或董事会批准的农业保险发展规划，包括经营策略、组织架构和风控体系等。⑤有专门的农业保险管理部门，并配备8名以上农业、保险等相关专业人员，具有较强的农业保险经营和风险管理能力。⑥具备相对独立、完善的农业保险信息管理系统，与设立在中国银行保险信息技术管理有限公司的全国农业保险信息管理平台实现数据对接，能完整、及时、准确报送农业保险数据信息。⑦有稳健的农业再保险、大灾风险安排以及风险应对预案。⑧上一年度末及最近两个季度末综合偿付能力充足率180%以上；其中专业性农业保险公司上一年度末及最近两个季度末综合偿付能力充足率150%以上。⑨农业保险业务与其他业务分开管理，单独核算损益。⑩国务院保险监督管理机构规定的其他条件。

保险公司省级分公司经营农业保险业务额的条件：①符合《保险法》《农业保险条例》等法律法规规定。②总公司符合农业保险业务经营条件。③总公司批准同意开展农业保险业务。④具备完善的农业保险管理制度体系，内控管理良好，近3年内未因农业保险业务受到重大行政处罚。⑤有专门的农业保险管理部门，并配备5名以上农业、保险等相关专业人员，具有较强的核保核赔和风险管理能力。⑥在经营农业保险业务的县级区域内设有分支机构，分支机构的信息系统、查勘设备和交通工具等办公条件能够满足业务管理和农业保险服务的要求，并建立与业务规模相适应的农业保险基层服务网络。⑦在经营农业保险业务的县级分支机构应配备农业保险专职人员，专职人员的数量应当能满足当地农业保险业务管理和服务的需要。

保险公司总公司所在地的省级分公司的条件，可向所在地保险监督管理机构提出豁免适用总公司符合保险公司总公司经营农业保险业务的10种条件规定的农业保险业务经营条件规定的申请，所在地保险监督管理机构在统筹考虑相关情况的基础上按程序予以豁免：①拟开展的农业保险业务符合国家精准扶贫、乡村振兴等战略。②总公司上一年度末和最近两个季度末综合偿付能力充足率100%以上。③符合保险公司总公司经营农业保险业务的10种条件规定的农业保险业务经营条件外的其他条件。所在地保险监督管理机构豁免的省级分公司家数不得超过1家。

### 第159条 【非法从事保险代理业务、保险经纪业务的法律责任】

违反本法规定，擅自设立保险专业代理机构、保险经纪人，或者未取得经营保险代理业务许可证、保险经纪业务许可证从事保险代理业务、保险经纪业务的，由保险监督管理机构予以取缔，没收违法所得，并处违法所得一倍以上五倍以下的罚款；没有违法所得或者违法所得不足五万元的，处五万元以上三十万元以下的罚款。

证券业和银行业、信托业、保险业实行分业经营、分业管理，证券公司与银行、信托、保险业务机构分别设立，国家另有规定的除外。

从《保险法》《公司法》角度，向国务院保险监督管理机构提出书面申请设立保险公司，应符合程序要件（设立申请书，申请书应载明拟设立的保险公司的名称、注册资本、业务范围等。可行性研究报告。筹建方案。投资人的营业执照或其他背景资料，经会计师事务所审计的上一年度财务会计报告。投资人认可的筹备组负责人和拟任董事长、经理名单及本人认可证明。国务院保险监督管理机构规定的其他材料）、实体要件（主要股东具有持续盈利能力，信誉良好，最近3年无重大违法违规记录，净资产限额不低于2亿元。有符合《保险法》《公司法》规定的章程。有符合《保险法》规定的注册资本。国务院保险监督管理机构根据保险公司的业务范围、经营规模，可调整其注册资本的最低限额，但不得低于2亿元实缴货币资本的限额。有具备任职专业知识和业务工作经验的董事、监事、高级管理人员。有健全的组织机构和管理制度。有符合要求的营业场所和与经营业务有关的其他设施。法律、行政法规和国务院保险监督管理机构规定的其他条件）。

从《公司法》角度，外国公司违反《公司法》规定，擅自在中国境内设立分支机构，由公司登记机关责令改正或关闭，可并处5万元以上20万元以下的罚款。

### 第160条 【非法从事超出保险业务范围经营的法律责任】

保险公司违反本法规定，超出批准的业务范围经营的，由保险监督管理机构责令限期改正，没收违法所得，并处违法所得一倍以上五倍以下的罚款；没有违法所得或者违法所得不足十万元的，处十万元以上五十万元以下的罚款。逾期不改正或者造成严重后果的，责令停业整顿或者吊销业务许可证。

保险公司的经营规则：①保险公司的业务有人身保险业务，包括人寿保险、健康保险、意外伤害保险等保险业务；财产保险业务，包括财产损失保险、责任保险（第三者责任保险）、信用保险、保证保险等保险业务；国务院保险监督管理机构批准的与保险有关的其他业务。②保险人不得兼营人身保险业务和财产保险业务，但经营财产保险业务的保险公司经国务院保险监督管理机构批准，可经营短期健康保险业务和意外伤害保险业务。③保险公司应在国务院保险监督管理机构依法批准的业务范围内从事保险经营活动。④经国务院保险监督管理机构批准，保险公司可经营保险公司的业务范围的分出保险；分入保险的再保险业务。保险公司对每一危险单位，即对1次保险事故可能造成的最大损失范围所承担的责任，不得超过其实有资本金加公积金总和的10%；超过的部分应办理再保险。保险公司对危险单位的划分应符合国务院保险监督管理机构规定。保险公司对危险单位的划分方法和巨灾风险安排方案，应报国务院保险监督管理机构备案。保险公司应按国务院保险监督管理机构规定办理再保险，并审慎选择再保险接受人。⑤保险公司应按其注册资本总额的20%提取保证金，存入国务院保险监督管理机构指定的银行，除公司清算时用于清偿债务外，不得动用。⑥保险公司应根据保障被保险人利益、保证偿付能力的原则，提取各项责任准备金（保险公司提取和结转责任准备金的具体办法，由国务院保险监督管理机构制定）。

保险机构不符合条件经营农业保险业务，由国务院保险监督管理机构或其派出机构责令限期改正，停止接受新业务；逾期不改正或者造成严重后果，处10万元以上50万元以下的罚款，可以责令停业整顿或者吊销经营保险业务许可证。

### 第161条 【保险公司违反保险法禁止规定的法律责任】

保险公司有本法第一百一十六条规定行为之一的，由保险监督管理机构责令改正，处五万元以上三十万元以下的罚款；情节严重的，限制其业务范围、责令停止接受新业务或者吊销业务许可证。

参见《保险法》第116条解析。

保险人将法律、行政法规中的禁止性规定情形作为保险合同免责条款的免责事由，保险人对该条款作出提示后，投保人、被保险人或受益人以保险人未履行明确说明义务为由主张该条款不生效，法院不支持。

### 第 162 条 【保险公司擅自变更公司重要事项的法律责任】

保险公司违反本法第八十四条规定的，由保险监督管理机构责令改正，处一万元以上十万元以下的罚款。

保险公司有变更名称；变更注册资本；变更公司或分支机构的营业场所；撤销分支机构；公司分立或合并；修改公司章程；变更出资额占有限责任公司资本总额5%以上的股东，或变更持有股份有限公司股份5%以上的股东；国务院保险监督管理机构规定的其他情形之一，应经国务院保险监督管理机构批准。

### 第 163 条 【保险公司违法承保的法律责任】

保险公司违反本法规定，有下列行为之一的，由保险监督管理机构责令改正，处五万元以上三十万元以下的罚款：

（一）超额承保，情节严重的；

（二）为无民事行为能力人承保以死亡为给付保险金条件的保险的。

从《保险法解释（二）》的角度，投保人不得为无民事行为能力人投保以死亡为给付保险金条件的人身保险，保险人也不得承保。父母为其未成年子女投保的人身保险，不受投保人不得为无民事行为能力人投保以死亡为给付保险金条件的人身保险，保险人也不得承保的限制，但因被保险人死亡给付的保险金总和不得超过银保监会规定的限额。

未成年人父母外的其他履行监护职责的人为未成年人订立以死亡为给付保险金条件的合同，当事人主张参照父母为其未成年子女投保的人身保险，不受投保人不得为无民事行为能力人投保以死亡为给付保险金条件的人身保险，保险人也不得承保的限制，但因被保险人死亡给付的保险金总和不得超过国务院保险监督管理机构规定的限额；父母为其未成年子女投保的人身保险，不受以死亡为给付保险金条件的合同，未经被保险人同意并认可保险金额，合同无效的限制规定认定该合同有效，法院不支持，但经未成年人父母同意除外。以被保险人死亡为给付保险金条件的合同，自合同成立或合同效力恢复之日起2年内，被保险人自杀，保险人不承担给付保险金的责任（应按合同约定退还保险单的现金价值），但被保险人自杀时为无民事行为能力人除外。保险人以被保险人自杀为由拒绝承担给付保险金责任，由保险人承担举证责任。受益人或被保险人的继承人以被保险人自杀时无民事行为能力为由抗辩，由其承担举证责任。投保人为被保险人订立以死亡为给付保险金条件的人身保险合同，被保险人被宣告死亡后，当事人要求保险人按保险合同约定给付保险金，法院应支持。被保险人被宣告死亡之日在保险责任期间外，但有证据证明下落不明之日在保险责任期间内，当事人要求保险人按保险合同约定给付保险金，法院应支持。被保险人死亡，继承保险标的当事人主张承继被保险人的权利和义务，法院应支持。

### 第164条 【保险公司未提取保证金等违法行为的法律责任】

违反本法规定，有下列行为之一的，由保险监督管理机构责令改正，处五万元以上三十万元以下的罚款；情节严重的，可以限制其业务范围、责令停止接受新业务或者吊销业务许可证：

（一）未按照规定提存保证金或者违反规定动用保证金的；
（二）未按照规定提取或者结转各项责任准备金的；
（三）未按照规定缴纳保险保障基金或者提取公积金的；
（四）未按照规定办理再保险的；
（五）未按照规定运用保险公司资金的；
（六）未经批准设立分支机构；
（七）未按照规定申请批准保险条款、保险费率的。

参见《保险法》第96~99条、第106条、第136条和第159条相关规定。

### 第165条 【保险代理机构、保险经纪人违反保险法禁止规定的法律责任】

保险代理机构、保险经纪人有本法第一百三十一条规定行为之一的，由保险监督管理机构责令改正，处五万元以上三十万元以下的罚款；情节严重的，吊销业务许可证。

保险代理人、保险经纪人及其从业人员在办理保险业务活动中不得有以下10种违法犯罪行为：①欺骗保险人、投保人、被保险人或受益人。②隐瞒与保险合同有关的重要情况（在法律适用上属行政自由裁量范畴，可结合保险合同的类型、通行的业务操作规范以及具体案件情况，本着保护被保险人利益的原则予以认定）。③阻碍投保人履行《保险法》规定的如实告知义务，或诱导其不履行《保险法》规定的如实告知义务。④给予或承诺给予投保人、被保险人或受益人保险合同约定外的利益。⑤利用行政权力、职务或职业便利以及其他不正当手段强迫、引诱或限制投保人订立保险合同。⑥伪造、擅自变更保险合同，或为保险合同当事人提供虚假证明材料。⑦挪用、截留、侵占保险费或保险金。⑧利用业务便利为其他机构或个人牟取不正当利益。⑨串通投保人、被保险人或受益人，骗取保险金。⑩泄露在业务活动中知悉的保险人、投保人、被保险人的商业秘密；否则，由保险监督管理机构责令改正，处5万元以上30万元以下罚款，情节严重的，吊销业务许可证。

### 第166条 【保险代理机构、保险经纪人未缴存保证金等违法行为的法律责任】

保险代理机构、保险经纪人违反本法规定，有下列行为之一的，由保险监督管理机构责令改正，处二万元以上十万元以下的罚款；情节严重的，责令停业整顿或者吊销业务许可证：

（一）未按照规定缴存保证金或者投保职业责任保险的；

（二）未按照规定设立专门账簿记载业务收支情况的。

见《保险法》第 123~124 条相关规定。

财政部《关于印发〈保险公司个人住房抵押贷款保险等业务会计处理规定〉的通知》（财会〔2000〕24 号）规定：①个人住房抵押贷款保险：公司办理个人住房抵押贷款保险业务，按保险期限一次性收取的保费，借记"现金""银行存款"科目，贷记"预收保费"科目；按承保期分期确认保费收入时，借记"预收保费"科目，贷记"保费收入"科目。公司按保险期限向银行一次性支付的代理手续费，借记"长期待摊费用"科目，贷记"银行存款"科目；按承保期分期摊销代理手续费时，借记"手续费支出"科目，贷记"长期待摊费用"科目。②基金投资业务：公司从事短期基金投资业务，按照财政部《关于印发〈保险公司证券回购和基金投资业务会计处理规定〉的通知》（财会字〔1999〕48 号）的有关规定进行会计处理。如果公司持有的证券投资基金未改变投资意图，且持有时间超过一年，在基金持有期间取得的现金股利，作为投资收益处理，即借记"银行存款"科目，贷记"投资收益"科目。

**第 167 条 【保险公司违法聘请不具有任职资格人员的法律责任】**

违反本法规定，聘任不具有任职资格的人员的，由保险监督管理机构责令改正，处二万元以上十万元以下的罚款。

禁止担任保险公司的董事、监事、高级管理人员的情形：①因违法行为或违纪行为被金融监管机构取消任职资格的金融机构的董事、监事、高级管理人员，自被取消任职资格之日起未逾 5 年。②因违法行为或违纪行为被吊销执业资格的律师、注册会计师或资产评估机构、验证机构等机构的专业人员，自被吊销执业资格之日起未逾 5 年。③无民事行为能力或限制民事行为能力。④因贪污、贿赂、侵占财产、挪用财产或破坏社会主义市场经济秩序，被判处刑罚，执行期满未逾 5 年，或因犯罪被剥夺政治权利，执行期满未逾 5 年。⑤担任破产清算的公司、企业的董事或厂长、经理，对该公司、企业的破产负有个人责任，自该公司、企业破产清算完结之日起未逾 3 年。⑥担任因违法被吊销营业执照、责令关闭的公司、企业的法定代表人，并负有个人责任，自该公司、企业被吊销营业执照之日起未逾 3 年。⑦个人所负数额较大的债务到期未清偿。公司违反前款规定选举、委派董事、监事或聘任高级管理人员，该选举、委派或聘任无效。董事、监事、高级管理人员在任职期间出现以上第 3~7 条所列情形，公司应解除其职务（参见《公司法》第 146 条、《保险法》第 83 条）。

**第 168 条 【保险公司违法使用业务许可证的法律责任】**

违反本法规定，转让、出租、出借业务许可证的，由保险监督管理机构处一万元以上十万元以下的罚款；情节严重的，责令停业整顿或者吊销业务许可证。

在中国境内设立保险机构、保险专业代理公司、保险经纪公司，均应符合国务院保险监督管理机构规定的资格条件，取得经营保险经纪业务许可证。

保险公司、保险经纪人违反《再保险业务管理规定》办理再保险分出业务，由国务院保险监督管理机构责令改正，并处以 5 万元以上 30 万元以下罚款；情节严重的，可限制业务范围、责令停止接受新业务或吊销经营保险业务许可证。对未按《再保险业务管理规定》办理再保险的行为负直接责任的主管人员和其他直接责任人员给予警告，并处 1 万元以上 10 万元以下的罚款；情节严重的，撤销任职资格或从业资格，并可禁止有关责任人员一定期限直至终身进入保险业。

**第 169 条 【保险公司未报送重要资料等违规行为的法律责任】**

违反本法规定，有下列行为之一的，由保险监督管理机构责令限期改正；逾期不改正的，处一万元以上十万元以下的罚款：

（一）未按照规定报送或者保管报告、报表、文件、资料的，或者未按照规定提供有关信息、资料的；

（二）未按照规定报送保险条款、保险费率备案的；

（三）未按照规定披露信息的。

保险公司应按国务院保险监督管理机构制定的保险公司偿付能力报告编报规则及有关规定编制和报送偿付能力报告，确保报告信息真实、准确、完整、合规。保险公司偿付能力报告包括年度报告、季度报告和临时报告。保险公司董事会和管理层对偿付能力报告内容的真实性、准确性、完整性、合规性负责。

国务院保险监督管理机构可将保险经纪机构列为重点检查对象的 4 种情形：①业务或财务出现异动。②不按时提交报告、报表或提供虚假的报告、报表、文件和资料。③涉嫌重大违法行为或受到国务院保险监督管理机构行政处罚。④国务院保险监督管理机构认为需重点检查的其他情形。国务院保险监督管理机构可在现场检查中，委托会计师事务所等社会中介机构提供相关服务；委托上述中介机构提供服务，应签订书面委托协议。国务院保险监督管理机构应将委托事项告知被检查的保险经纪机构。

保险经纪机构未按《保险经纪机构监管规定》报送或保管有关报告、报表、文件或资料，或未按规定提供有关信息、资料，由保监会责令限期改正；逾期不改正，处 1 万元以上 10 万元以下罚款；对该机构直接负责的主管人员和其他责任人员，给予警告，并处 1 万元以上 5 万元以下罚款。

保险经纪机构有编制或提供虚假的报告、报表、文件或资料；拒绝、妨碍依法监督检查的情形之一，由国务院保险监督管理机构责令改正，处 10 万元以上 50 万元以下罚款；情节严重的，可限制其业务范围、责令停止接受新业务或吊销业务许可证；对该机构直接负责的主管人员和其他责任人员，给予警告，并处 5 万元以上 10 万元以下罚款。

保险公司总公司因自身原因主动退出农业保险经营，应当向国务院保险监督管理机构报告。保险公司省级分公司因自身原因主动退出农业保险经营，应当向所在地国务院保险监督管理机构报告。保险公司总公司退出农业保险经营，其所有省级分公司自动退出农业保险经营。保险机构退出农业保险经营，要严格按规定处理未了责任，做好交接工作，妥善做好后续事宜。保险机构退出后，未妥善做好后续事宜造成严重影响，国务院保险监督管理机构或其派出机构将依法依规采取监管措施。

### 第 170 条 【虚报重要资料等违规行为的法律责任】

违反本法规定，有下列行为之一的，由保险监督管理机构责令改正，处十万元以上五十万元以下的罚款；情节严重的，可以限制其业务范围、责令停止接受新业务或者吊销业务许可证：

（一）编制或者提供虚假的报告、报表、文件、资料的；

（二）拒绝或者妨碍依法监督检查的；

（三）未按照规定使用经批准或者备案的保险条款、保险费率的。

保险经纪机构有编制或提供虚假的报告、报表、文件或资料；拒绝、妨碍依法监督检查的情形之一，由国务院保险监督管理机构责令改正，处 10 万元以上 50 万元以下罚款；情节严重，可限制其业务范围、责令停止接受新业务或吊销业务许可证；对该机构直接负责的主管人员和其他责任人员，给予警告，并处 5 万元以上 10 万元以下罚款。

参见《保险法》第 86 条的相关规定。

### 第 171 条 【对有关直接责任人的行政处罚】

保险公司、保险资产管理公司、保险专业代理机构、保险经纪人违反本法规定的，保险监督管理机构除分别依照本法第一百六十条至第一百七十条的规定对该单位给予处罚外，对其直接负责的主管人员和其他直接责任人员给予警告，并处一万元以上十万元以下的罚款；情节严重的，撤销任职资格。

保险公司、保险资产管理公司、保险专业代理机构、保险经纪人违反《保险法》规定，未按照规定提存保证金或违反规定动用保证金；未按照规定提取或结转各项责任准备金；未按照规定缴纳保险保障基金或提取公积金；未按照规定办理再保险；未按照规定运用保险公司资金；未经批准设立分支机构；未按照规定申请批准保险条款、保险费率；未按照规定缴存保证金或投保职业责任保险；未按照规定设立专门账簿记载业务收支情况；未按照规定报送或保管报告、报表、文件、资料的，或未按照规定提供有关信息、资料；未按照规定报送保险条款、保险费率备案；未按照规定披露信息；未按照规定使用经批准或备案的保险条款、保险费率；超出批准的业务范围经营；超额承保，情节严重；为无民事行为能力人承保以死亡为给付保险金条件的保险；欺骗投保人、被保险人或受益人；对投保人隐瞒与保险合同有关的重要情况；阻碍投保人履行《保险法》规定的如实告知义务，或诱导其不履行《保险法》规定的如实告知义务；给予或承诺给予投保人、被保险人、受益人保险合同约定以外的保险费回扣或其他利益；拒不依法履行保险合同约定的赔偿或给付保险金义务；故意编造未曾发生的保险事故、虚构保险合同或故意夸大已经发生的保险事故的损失程度进行虚假理赔，骗取保险金或牟取其他不正当利益；挪用、截留、侵占保险费；委托未取得合法资格的机构从事保险销售活动；利用开展保险业务为其他机构或个人牟取不正当利益；利用保险代理人、保险经纪人或保险评估机构，从事以虚构保险中介业务或编造退保等方式套取费用等违法活动；以捏造、散布虚假事实等方式损害竞争对手的商业信誉，或以其他不正当竞争行为扰乱保险市场秩序；泄露在业务活动中知悉的投保人、被保险人的商业秘密；违反法律、行政法规和国务院保险监督管理机构规定的其他行为；聘任不具有任职资格的人员；转让、出租、出借业务许可证；编制或提供虚假的报告、报表、文件、资料；拒绝或妨碍依法监督检查；未经保险监督管理机构批准的撤销分支机构、公司分立或合并、修改公司章程、变更名称、变更注册资本、变更公司或分支机构的营业场所、变更出资额占有限责任公司资本总额5%以上的股东，或变更持有股份有限公司股份5%以上的股东、国务院保险监督管理机构规定的其他情形的，对该单位给予处罚外，对其直接负责的主管人员和其他直接责任人员给予警告，并处1万元以上10万元以下罚款；情节严重的，撤销任职资格。

### 第172条 【个人保险代理人的违法行为的法律责任】

个人保险代理人违反本法规定的，由保险监督管理机构给予警告，可以并处二万元以下的罚款；情节严重的，处二万元以上十万元以下的罚款。

个人保险代理人应当品行良好，具有从事保险代理业务或者保险经纪业务所需的专业能力。个人保险代理人在代办人寿保险业务时，必须严格按《保险法》规定办理相关业务，且不得同时接受两个以上保险人的委托。

### 第173条 【外国保险机构非法在中国境内设立保险代表机构、非法从事保险经营活动的法律责任】

外国保险机构未经国务院保险监督管理机构批准，擅自在中华人民共和国境内设立代表机构的，由国务院保险监督管理机构予以取缔，处五万元以上三十万元以下的罚款。

外国保险机构在中华人民共和国境内设立的代表机构从事保险经营活动的，由保险监督管理机构责令改正，没收违法所得，并处违法所得一倍以上五倍以下的罚款；没有违法所得或者违法所得不足二十万元的，处二十万元以上一百万元以下的罚款；对其首席代表可以责令撤换；情节严重的，撤销其代表机构。

### 第174条 【保险诈骗的法律责任】

投保人、被保险人或者受益人有下列行为之一，进行保险诈骗活动，尚不构成犯罪的，依法给予行政处罚：

（一）投保人故意虚构保险标的，骗取保险金的；

（二）编造未曾发生的保险事故，或者编造虚假的事故原因或者夸大损失程度，骗取保险金的；

（三）故意造成保险事故，骗取保险金的。

保险事故的鉴定人、评估人、证明人故意提供虚假的证明文件，为投保人、被保险人或者受益人进行保险诈骗提供条件的，依照前款规定给予处罚。

保险事故的鉴定人、证明人、财产评估人故意提供虚假的证明文件，为他人诈骗提供条件（以保险诈骗构成犯罪为前提条件），以保险诈骗的共犯论处。

行为人不具有诈骗保险金的诈骗故意，不构成保险诈骗罪的过失情形：①因不知保险标的不合格而以合格标的保险；保险标的价值计算错误而逾额保险等过失虚构保险标的。②保险事故成因的认识错误导致错报或计算经济损失错误、夸大。③误认为发生保险事故。④投保人、被保险人的过失行为或意外行为，导致财产损失或被保险人死亡、伤残或疾病。

从司法解释的角度，行为人已着手实施保险诈骗行为或已着手进行诈骗行为，但因其主观意志外的原因未能获得保险赔偿或只是因行为人意志外的原因而未获取财物，是诈骗未遂，情节严重，也应定罪并依法处罚。具体有：①投保人、被保险人或受益人为获取保险金而人为地故意制造保险事故，进行保险诈骗，实际骗取了保险金，构成保险诈骗罪的既遂状态，提供虚假证明文件的鉴定人、证明人、财产评估人的行为也不应视为犯罪；尚未骗取保险金，不构成犯罪时，对提供虚假证明文件的鉴定人、证明人、财产评估人的行为也不应视为犯罪，但可追究其行政责任等非刑事责任。②保险公司对违反《保险法》的违法行为（骗赔行为被及时揭穿而未骗得保险金等），可根据《保险法》规定，有权解除保险合同，并不退还投保人的保险费。

投保人、被保险人或受益人进行保险欺诈活动，构成犯罪，依法追究刑责的5种行为：投保人故意虚构保险标的，骗取保险金。未发生保险事故而谎称发生保险事故，骗取保险金。故意造成财产损失的保险事故，骗取保险金。故意造成被保险人死亡、伤残或疾病等人身保险事故，骗取保险金。伪造、变造与保险事故有关的证明、资料和其他证据，或指使、唆使、收买他人提供虚假证明、资料或其他证据，编造虚报的事故原因或夸大损失程度，骗取保险金。对此，情节轻微，不构成犯罪，依国家有关规定给予行政处罚。

### 第175条 【损害赔偿责任】

违反本法规定，给他人造成损害的，依法承担民事责任。

民事责任是民事法律关系的当事人不依法履行民事法律义务，应当承担的法律后果。据《民法通则》，承担民事责任的方式有：①停止侵害；②排除妨碍；③消除危险；④返还财产；⑤恢复原状；⑥修理、重作、更换；⑦赔偿损失；⑧支付违约金；⑨消除影响、恢复名誉；⑩赔礼道歉。

### 第176条 【保险公司的行政处罚】

拒绝、阻碍保险监督管理机构及其工作人员依法行使监督检查、调查职权，未使用暴力、威胁方法的，依法给予治安管理处罚。

保险监督管理机构依法行使监督检查、调查职权，被检查、调查单位应配合，如实提供相关文件和资料，不得拒绝、阻碍。拒绝、阻碍保险监督管理机构依法行使检查、调查职权，未使用暴力、威胁方法的，依法给予治安管理处罚；使用暴力、威胁方法的，依据《刑法》第277条规定，可处3年以下有期徒刑、拘役、管制或罚金。

### 第177条 【终身禁业】

违反法律、行政法规的规定，情节严重的，国务院保险监督管理机构可以禁止有关责任人员一定期限直至终身进入保险业。

保险业禁入措施针对不同的违法行为及其危害程度，采用不同标准。一般将保险市场禁入的期限划分为3~5年、5~10年及终身3个档次。对严重违法、构成犯罪的；行为特别恶劣，严重扰乱保险市场秩序并造成严重社会影响，或致公众利益遭受特别严重损害的；组织策划、领导或实施重大违法活动等情况特别严重的人员，可采取终身保险市场禁入措施。

### 第178条 【保险监管人员的违法责任】

保险监督管理机构从事监督管理工作的人员有下列情形之一的，依法给予处分：

（一）违反规定批准机构的设立的；

（二）违反规定进行保险条款、保险费率审批的；

（三）违反规定进行现场检查的；

（四）违反规定查询账户或者冻结资金的；

（五）泄露其知悉的有关单位和个人的商业秘密的；

（六）违反规定实施行政处罚的；

（七）滥用职权、玩忽职守的其他行为。

保险监督管理机构的工作人员具有本条的7种情形之一的，依据其违法行为实际情况，承担相应的法律责任。具体为：①刑事责任。违法行为情节严重的，可构成滥用职权罪、玩忽职守罪。根据《刑法》第397条的规定，处3年以上7年以下有期徒刑。徇私舞弊，犯上述罪者，处5年以下有期徒刑或拘役；特别严重者，处5年以上10年以下有期徒刑。②行政责任。对具有本条所列的7种情形，尚不构成犯罪者，由保险监督管理机构或者行政监察部门对直接负责的主管人员或其他直接责任人员，给予行政处分。

### 第179条 【构成犯罪的刑事责任】

违反本法规定，构成犯罪的，依法追究刑事责任。

违反本法规定，情节严重，构成犯罪的，应当依《刑法》的规定追究当事人的刑事责任。

# 第8章　附则

**第180条　【保险行业协会的会员对象】**

保险公司应当加入保险行业协会。保险代理人、保险经纪人、保险公估机构可以加入保险行业协会。

保险行业协会是保险业的自律性组织，是社会团体法人。

从《民法通则》角度，有独立经费的机关从成立之日起，具有法人资格。具备法人条件的事业单位、社会团体，依法不需办理法人登记，从成立之日起，具有法人资格；依法需办理法人登记的，经核准登记，取得法人资格。

从《民法总则》角度，非法人组织是不具有法人资格，但是能依法以自己的名义从事民事活动的组织（个人独资企业、合伙企业、不具有法人资格的专业服务机构等）。法人是具有民事权利能力和民事行为能力，依法独立享有民事权利和承担民事义务的组织。机关法人、农村集体经济组织法人、城镇农村的合作经济组织法人、基层群众性自治组织法人，为特别法人。以取得利润并分配给股东等出资人为目的成立的法人，为营利法人（有限责任公司、股份有限公司和其他企业法人等）。为公益目的或其他非营利目的成立，不向出资人、设立人或会员分配所取得利润的法人，为非营利法人（事业单位、社会团体、基金会、社会服务机构等）。

**第181条　【保险公司外其他保险组织的适法】**

保险公司以外的其他依法设立的保险组织经营的商业保险业务，适用本法。

保险公司以外的其他依法设立的保险组织主要指保险合作社、相互保险组织（社团法人，出资人属于保单持有人、被保险人）等。

从《民法通则》角度，全民所有制企业法人以国家授予它经营管理的财产承担民事责任。集体所有制企业法人以企业所有的财产承担民事责任。中外合资经营企业法人、中外合作经营企业法人和外资企业法人以企业所有的财产承担民事责任，法律另有规定的除外。企业之间或企业、事业单位之间联营，组成新的经济实体，独立承担民事责任、具备法人条件，经主管机关核准登记，取得法人资格。企业之间或企业、事业单位之间联营，共同经营、不具备法人条件，由联营各方按出资比例或协议的约定，以各自所有的或经营管理的财产承担民事责任。依法律的规定或协议的约定负连带责任，承担连带责任。企业之间或企业、事业单位之间联营，按合同的约定各自独立经营，它的权利和义务由合同约定，各自承担民事责任。

### 第182条 【海上保险的适法】

海上保险适用《中华人民共和国海商法》的有关规定；《中华人民共和国海商法》未规定的，适用本法的有关规定。

从法律渊源的角度，海商法的诉讼时效的国际法根据是《统一提单若干法律法规的国际公约》（《海牙规则》）、《修改统一提单若干法律法规的国际公约议定书》（《海牙—维斯比规则》）、《1974年海上旅客及其行李运输雅典公约》（《雅典公约1974》）、《联合国海上货物运输公约》（《汉堡规则》）、《1989年国际救助公约》等国际私法，国内法根据是《海商法》《合同法》《民法通则》《海上保险纠纷案件解释》等法律法规、司法解释。

国际私法的诉讼时效的法律渊源是《1910年碰撞公约》《1910年国际救助公约》《统一提单若干法律法规的国际公约》（《海牙规则》）、《联合国海上货物运输公约》（《汉堡规则》）、《美国第二次冲突法重述》（1971）、《国际货物买卖时效期限公约》（《1974年时效公约》）、《威斯巴登协议》（1975）、《修改国际货物买卖时效期限公约的议定书》（《1980年议定书》或《1980年时效公约议定书》）等国际公约、法律法规、司法解释。

《最高人民法院指导案例16号》裁判要点：①对申请设立海事赔偿责任限制基金，法院仅就申请人主体资格、事故所涉及的债权性质和申请设立基金的数额进行程序性审查。有关申请人实体上应否享有海事赔偿责任限制，以及事故所涉债权除限制性债权外是否同时存在其他非限制性债权等问题，不影响法院依法作出准予设立海事赔偿责任限制基金的裁定。②利害关系人对申请人申请设立海事赔偿责任限制基金有异议，应在收到通知之日起7日内或未收到通知的在公告之日起30日内，以书面形式向海事法院提出。海事法院收到利害关系人提出的书面异议后，应进行审查，在15日内作出裁定。异议成立，裁定驳回申请人的申请；异议不成立，裁定准予申请人设立海事赔偿责任限制基金。当事人对裁定不服，可在收到裁定书之日起7日内提起上诉。第二审法院应在收到上诉状之日起15日内作出裁定。

从最高人民法院公报角度，判断海事赔偿责任限制权利是否丧失，应综合考量船舶所有人等责任人本人是否对损害结果的发生具有故意，或明知可能造成损失而轻率地作为或不作为。但诸多严重违法航行行为（如无证航行、超航区航行、不办理签证航行、肇事后擅自驶离现场等）的集合和长期、屡次或反复实施，可能足以推定船舶所有人等责任人本身具有重大主观过错。因此，对严重违法航行，应综合行为的内容、性质及违法的严重程度等因素，综合认定责任人是否丧失海事赔偿责任限制权利。

从最高人民法院公报角度，对救助款项的请求不适用海事赔偿责任限制。但当被救助人将自己对外支付的救助款项作为己方损失要求碰撞对方赔偿时，该款项的性质已转化为碰撞事故所致的损害，碰撞对方就该款项可享受海事赔偿责任限制。在适用《海商法》第215条（享受《海商法》海事赔偿责任限制规定的责任限制的人，就同一事故向请求人提出反请求，双方的请求金额应相互抵销，赔偿限额仅适用于2个请求金额之间的差额)"先抵销、后限制"的规则时,若双方同时存在非人身伤亡的赔偿请求和人身伤亡的赔偿请求,2类不同性质的赔偿请求应分别抵销,分别限制。

从《海商法》角度,相关概念界定、托运人责任、涉外关系的法律适用等规定如下。

相关概念及规定:①海上运输,是海上货物运输和海上旅客运输,包括海江之间、江海之间的直达运输。《海商法》规定,不适用于中国港口之间的海上货物运输。②船舶,是海船和其他海上移动式装置,包括船舶属具。但用于军事、政府公务的船舶和20总吨以下的小型船艇除外。中国港口之间的海上运输和拖航,由悬挂中国国旗的船舶经营,但法律、行政法规另有规定的除外。非经交通运输部批准,外国籍船舶不得经营中国港口之间的海上运输和拖航。船舶经依法登记取得中国国籍,有权悬挂中国国旗航行。船舶非法悬挂中国国旗航行,由有关机关予以制止,处以罚款。海上运输由交通运输部统一管理,海上运输的具体办法由交通运输部制定,报国务院批准后施行。③船舶所有权,是船舶所有人依法对其船舶享有占有、使用、收益和处分的权利。国家所有的船舶由国家授予具有法人资格的全民所有制企业经营管理,《海商法》有关船舶所有人的规定适用于该法人。船舶所有权的取得、转让和消灭,应向船舶登记机关登记;未经登记,不得对抗第三人。船舶所有权的转让,应签订书面合同。船舶由2个以上的法人或个人共有,应向船舶登记机关登记;未经登记,不得对抗第三人。④船舶抵押权,是抵押权人对抵押人提供的作为债务担保的船舶,在抵押人不履行债务时,可依法拍卖,从卖得的价款中优先受偿的权利。船舶所有人或船舶所有人授权的人可设定船舶抵押权。船舶抵押权的设定,应签订书面合同。设定船舶抵押权,由抵押权人和抵押人共同向船舶登记机关办理船舶抵押权登记(内容包含船舶抵押权人和抵押人的姓名或名称、地址;被抵押船舶的名称、国籍、船舶所有权证书的颁发机关和证书号码;所担保的债权数额、利息率、受偿期限);未经登记,不得对抗第三人。船舶抵押权的登记状况,允许公众查询。建造中的船舶可设定船舶抵押权。建造中的船舶办理抵押权登记,还应向船舶登记机关提交船舶建造合同。除合同另有约定外,抵押人应对被抵押船舶进行保险;未保险,抵押权人有权对该船舶进行保险,保险费由抵押人负担。船舶共有人就共有船舶设定抵押权,应取得持有2/3以上份额的共有人的同意,共有人之间另有约定的除外。船舶共有人设定的抵押权,不因船舶共有权的分割而受影响。船舶抵押权设定后,未经抵押权人同意,抵押人不得将被抵押船舶转让给他人。抵押权人将被抵押船舶所担保的债权全部或部分转让他人,抵押权随之转移。同一船舶可设定2个以上抵押权,其顺序以登记的先后为准。同一船舶设定2个以上抵押权,抵押权人按抵押权登记的先后顺序,从船舶拍卖所得价款中依次受偿。同日登记的抵押权,按同一顺序受偿。被抵押船舶灭失,抵押权随之消灭。因船舶灭失得到的保险赔偿,抵押权人有权优先于其他债权人受偿。⑤船舶优先权,是海事请求人根据具有船舶优先权的海事请求依顺序受偿,向船舶所有人、光船承租人、船舶经营人提出海事请求,对产生该海事请求的船舶具有优先受偿的权利。具体如下:一是具有船舶优先权的海事请求的情形船长、船员和在船上工作的其他在编人员根据劳动法律、行政法规或劳动合同所产生的工资、其他劳动报酬、船员遣返费用和社会保险费用的给付请求。在船舶营运中发生的人身伤亡的赔偿请求。船舶吨税、引航费、港务费和其他港口规费的缴付请求。海难救助的救助款项的给付请求。船舶在营运中因侵权行为产生的财产赔偿请求。二是载运 2000 吨以上的散装货油的船舶，持有有效的证书，证明已进行油污损害民责保险或具有相应的财务保证，对其造成的油污损害的赔偿请求，不属于船舶在营运中因侵权行为产生的财产赔偿请求的范围。三是具有船舶优先权的海事请求，依顺序受偿，但海难救助的救助款项的给付请求（海事请求），后于船长、船员和在船上工作的其他在编人员根据劳动法律、行政法规或劳动合同所产生的工资、其他劳动报酬、船员遣返费用和社会保险费用的给付请求；在船舶营运中发生的人身伤亡的赔偿请求；船舶吨税、引航费、港务费和其他港口规费的缴付请求的发生，应先于船长、船员和在船上工作的其他在编人员根据劳动法律、行政法规或劳动合同所产生的工资、其他劳动报酬、船员遣返费用和社会保险费用的给付请求；在船舶营运中发生的人身伤亡的赔偿请求；船舶吨税、引航费、港务费和其他港口规费的缴付请求的受偿。四是船长、船员和在船上工作的其他在编人员根据劳动法律、行政法规或劳动合同所产生的工资、其他劳动报酬、船员遣返费用和社会保险费用的给付请求；在船舶营运中发生的人身伤亡的赔偿请求；船舶吨税、引航费、港务费和其他港口规费的缴付请求；船舶在营运中因侵权行为产生的财产赔偿请求中有 2 个以上海事请求，不分先后，同时受偿；不足受偿，按比例受偿。海难救助的救助款项的给付请求，有 2 个以上海事请求，后发生的先受偿。五是因行使船舶优先权产生的诉讼费用，保存、拍卖船舶和分配船舶价款产生的费用，以及为海事请求人的共同利益而支付的其他费用，应从船舶拍卖所得价款中先行拨付。六是船舶优先权先于船舶留置权（造船人、修船人在合同另一方未履行合同时，可留置所占有的船舶，以保证造船费用或修船费用得以偿还的权利）受偿，船舶抵押权后于船舶留置权受偿。船舶留置权在造船人、修船人不再占有所造或所修的船舶时消灭。船舶优先权不因船舶所有权的转让而消灭，但船舶转让时，船舶优先权自法院应受让人申请予以公告之日起满 60 日不行使的除外。海事请求权转移，其船舶优先权随之转移。船舶优先权应通过法院扣押产生优先权的船舶行使。七是船舶优先权不因船舶所有权的转让而消灭，但船舶转让时，船舶优先权自法院应受让人申请予以公告之日起满 60 日不行使的除外，但因具有船舶优先权的海事请求，自优先权产生之日起满 1 年期限（不得中止或中断）不行使；船舶经法院强制出售；船舶灭失的原因之一而消灭。八是船舶优先权的规定不影响海事赔偿责任限制规定的实施。⑥船员，是包括船长在内的船上一切任职人员。船长、驾驶员、轮机长、轮机员、电机员、报务员，须由持有相应适任证书的人担任。从事国际航行船舶的中国籍船员，须持有中国港务监督机构颁发的海员证和有关证书。船员的任用和劳动方面的权利、义务，《海商法》未规定，适用有关法律、行政法规的规定。⑦船长负责船舶的管理和驾驶。船长在其职权范围内发布的命令，船员、旅客和其他在船人员都须执行。船长应采取必要的措施，保护船舶和在船人员、文件、邮件、货物以及其他财产。为保障在船人员和船舶的安全，船长有权对在船上进行违法、犯罪活动的人采取禁闭或其他必要措施，并防止其隐匿、毁灭、伪造证据。船长采取前款措施，应制作案情报告书，由船长和 2 名以上在船人员签字，连同人犯送交有关当局处理。船长应将船上发生的出生或死亡事件记入航海日志，并在 2 名证人的参加下制作证明书。死亡证明书应附有死者遗物清单。死者有遗嘱，船长应予以证明。死亡证明书和遗嘱由船长负责保管，并送交家属或有关方面。船舶发生海上事故，危及在船人员和财产的安全时，船长应组织船员和其他在船人员尽力施救。在船舶的沉没、毁灭不可避免的情况下，船长可作出弃船决定；但除紧急情况外，应报经船舶所有人同意。弃船时，船长须采取一切措施，首先组织旅客安全离船，然后安排船员离船，船长应最后离船。在离船前，船长应指挥船员尽力抢救航海日志、机舱日志、油类记录簿、无线电台日志、本航次使用过的海图和文件，以及贵重物品、邮件和现金。船长管理船舶和驾驶船舶的责任，不因引航员引领船舶而解除。船长在航行中死亡或因故不能执行职务时，应由驾驶员中职务最高的人代理船长职务；在下一个港口开航前，船舶所有人应指派新船长接任。

托运人的责任：①托运人托运货物，应妥善包装，并向承运人保证，货物装船时所提供的货物的品名、标志、包数或件数、重量或体积的正确性；因包装不良或上述资料不正确，对承运人造成损失，托运人应负赔偿责任。因此，承运人享有受偿权，但不影响承运人根据货物运输合同对托运人外的人所承担的责任。②托运人应及时向港口、海关、检疫、检验和其他主管机关办理货物运输所需的各项手续，并将已办理各项手续的单证送交承运人；因办理各项手续的有关单证送交不及时、不完备或不正确，使承运人的利益受到损害，托运人应负赔偿责任。③托运人托运危险货物，应依有关海上危险货物运输的规定，妥善包装，作出危险品标志和标签，并将其正式名称和性质以及应采取的预防危害措施书面通知承运人；托运人未通知或通知有误，承运人可在任何时间、任何地点根据情况需将货物卸下、销毁或使之不能为害，而不负赔偿责任。托运人对承运人因运输此类货物所受到的损害，应负赔偿责任。承运人知道危险货物的性质并已同意装运，仍可在该项货物对船舶、人员或其他货物构成实际危险时，将货物卸下、销毁或使之不能为害，而不负赔偿责任。但本款规定不影响共同海损的分摊。④托运人应按约定向承运人支付运费。托运人与承运人可约定运费由收货人支付；但此项约定应在运输单证中载明。⑤托运人对承运人、实际承运人所遭受的损失或船舶所遭受的损坏，不负赔偿责任；但此种损失或损坏是因托运人或托运人的受雇人、代理人的过失造成的除外。托运人的受雇人、代理人对承运人、实际承运人所遭受的损失或船舶所遭受的损坏，不负赔偿责任；但这种损失或损坏是因托运人的受雇人、代理人的过失造成的除外。

《海商法》涉外关系的法律运用：①中国缔结或参加的国际条约同《海商法》有不同规定，适用国际条约的规定；但中国声明保留的条款除外。中国法律和中国缔结或参加的国际条约未规定，可适用国际惯例（适用外国法律或国际惯例，不得违背中国的社会公共利益）。②合同当事人可选择合同适用的法律，法律另有规定的除外。合同当事人未选择，适用与合同有最密切联系的国家的法律。③船舶所有权的取得、转让和消灭，适用船旗国法律。④船舶抵押权适用船旗国法律。⑤船舶在光船租赁前或光船租赁期间，设立船舶抵押权，适用原船舶登记国的法律。⑥船舶优先权，适用受理案件的法院所在地法律。⑦船舶碰撞的损害赔偿，适用侵权行为地法律。船舶在公海上发生碰撞的损害赔偿，适用受理案件的法院所在地法律。同一国籍的船舶，不论碰撞发生于何地，碰撞船舶之间的损害赔偿适用船旗国法律。⑧共同海损理算，适用理算地法律。⑨海事赔偿责任限制，适用受理案件的法院所在地法律。

从《民法通则》角度，中国法和中国缔结或参加的国际条约未规定，可适用国际惯例，但不得违背中国的社会公共利益或公共秩序（《民法通则》第142条、第150条）。国际私法的国际惯例渊源具有类型性、多样性。①贸易类国际惯例：《华沙—牛津规则》（1932，国际法协会）、《美国外贸定义修订本》（1941，美国商会、美国进口商协会、美国全国外贸协会）、《国际商事合同通则》（2004，国际统一私法协会）、《国际贸易术语解释通则》（2010，国际商会）等。②支付类国际惯例：《托收统一规则》（1995，国际商会）、《ICC 跟单信用证统一惯例》（2006，国际商会）等。③担保类国际惯例：《合同担保统一规则》（1978，国际商会）、《见索即付担保统一规则》（URDG458，1991，国际商会）等。④运输、保险类国际惯例：《约克—安特卫普规则》（1974，1994，2004，国际海事委）、《伦敦保险协会货物保险条款》（英国伦敦保险协会）等。

从法律渊源角度，特别法优于一般法原则的中国法根据是《涉外民事关系法律适用法》第2条（涉外民事关系适用的法律，依《涉外民事关系法律适用法》确定；其他法律对涉外民事关系法律适用另有特别规定，依其规定。《涉外民事关系法律适用法》和其他法律对涉外民事关系法律适用未规定，适用与该涉外民事关系有最密切联系的法律）、《保险法》第26条（人寿保险以外的其他保险的被保险人或者受益人，向保险人请求赔偿或者给付保险金的诉讼时效期间为二年，自其知道或者应当知道保险事故发生之日起算。人寿保险的被保险人或者受益人向保险人请求给付保险金的诉讼时效期间为五年，自其知道或者应当知道保险事故发生之日起计算）、《立法法》第102条（其他接受备案的机关对报送备案的地方性法规、自治条例和单行条例、规章的审查程序，按照维护法制统一的原则，由接受备案的机关规定）、《票据法》第96条（票据债务人的民事行为能力，适用其本国法律。票据债务人的民事行为能力，依照其本国法律为无民事行为能力，或者为限制民事行为能力而依照行为地法律为完全民事行为能力的，适用行为地法律）、《海商法》第268~276条（中国缔结或参加的国际条约同《海商法》有不同规定，适用国际条约的规定；但中国声明保留的条款除外。中国法律和中国缔结或参加的国际条约没有规定，可适用国际惯例。合同当事人可选择合同适用的法律，法律另有规定的除外。合同当事人没有选择，适用与合同有最密切联系的国家的法律。船舶所有权的取得、转让和消灭，适用船旗国法律。船舶抵押权适用船旗国法律。船舶在光船租赁前或光船租赁期间，设立船舶抵押权，适用原船舶登记国的法律。船舶优先权，适用受理案件的法院所在地法律。船舶碰撞的损害赔偿，适用侵权行为地法律。船舶在公海上发生碰撞的损害赔偿，适用受理案件的法院所在地法律。同一国籍的船舶，不论碰撞发生于何地，碰撞船舶之间的损害赔偿适用船旗国法律。共同海损理算，适用理算地法律。海事赔偿责任限制，适用受理案件的法院所在地法律。依《海商法》涉外关系的法律适用规定适用外国法律或国际惯例，不得违背中国的社会公共利益）等。

《海商法》的诉讼时效具有特殊性、差异性、复杂性、类型性。具体表现为：①有关海上拖航合同的请求权，时效期间为1年，自知道或应知道权利被侵害之日起算。②有关共同海损分摊的请求权，时效期间为1年，自理算结束之日起算。③就海上货物运输向承运人要求赔偿的请求权，时效期间为1年，自承运人交付或应交付货物之日起算；在时效期间内或时效期间届满后，被认定为负有责任的人向第三人提起追偿请求，时效期间为90日，自追偿请求人解决原赔偿请求之日起或收到受理对其本人提起诉讼的法院的起诉状副本之日起算。有关航次租船合同的请求权，时效期间为2年，自知道或应知道权利被侵害之日起算。④有关船舶碰撞的请求权，时效期间为2年，自碰撞事故发生之日起算；《海商法》第169条（共同海损应由受益方按各自的分摊价值的比例分摊）第3款（船舶、货物和运费的共同海损分摊价值、运费分摊价值，按承运人承担风险并于航程终止时有权收取的运费，减除为取得该项运费而在共同海损事故发生后，为完成本航程所支付的营运费用）规定的追偿请求权，时效期间为1年，自当事人连带支付损害赔偿之日起算。⑤有关海难救助的请求权，时效期间为2年，自救助作业终止之日起算。⑥有关船舶租用合同的请求权，时效期间为2年，自知道或应知道权利被侵害之日起算。⑦根据海上保险合同向保险人要求保险赔偿的请求权，时效期间为2年，自保险事故发生之日起算。⑧就海上旅客运输向承运人要求赔偿的请求权，时效期间为2年，计算方式方法如下：有关旅客人身伤害的请求权，自旅客离船或应离船之日起算。有关旅客死亡的请求权，发生在运送期间，自旅客应离船之日起算；因运送期间内的伤害而导致旅客离船后死亡，自旅客死亡之日起算，但此期限自离船之日起不得超过3年。有关行李灭失或损坏的请求权，自旅客离船或应离船之日起算。⑨有关船舶发生油污损害的请求权，时效期间为3年，自损害发生之日起算；但在任何情况下时效期间不得超过从造成损害的事故发生之日起6年。⑩在时效期间的最后6个月内，因不可抗力或其他障碍不能行使请求权，时效中止。自中止时效的原因消除之日起，时效期间继续计算。⑪时效因请求人提起诉讼、提交仲裁或被请求人同意履行义务而中断。但请求人撤回起诉、撤回仲裁或起诉被裁定驳回，时效不中断。请求人申请扣船，时效自申请扣船之日起中断。自中断时起，时效期间重算（参见《海商法》第257~267条）。

保险人接受了投保人提交的投保单并收取了保险费，尚未作出是否承保的意思表示，发生保险事故，被保险人或受益人请求保险人按保险合同承担赔偿或给付保险金责任，符合承保条件，法院应支持；不符合承保条件，保险人不承担保险责任，但应退还已收取的保险费。保险人主张不符合承保条件，应承担举证责任。

保险人主张根据《保险法》第45条（因被保险人故意犯罪或者抗拒依法采取的刑事强制措施导致其伤残或者死亡的，保险人不承担给付保险金的责任。投保人已交足二年以上保险费的，保险人应当按照合同约定退还保险单的现金价值）的规定不承担给付保险金责任，应证明被保险人的死亡、伤残结果与其实施的故意犯罪或抗拒依法采取的刑事强制措施的行为之间存在因果关系。被保险人在羁押、服刑期间因意外或疾病造成伤残或死亡，保险人主张根据《保险法》第45条的规定不承担给付保险金责任，法院不支持。

保险事故发生后，被保险人或受益人起诉保险人，保险人以被保险人或受益人未要求第三者承担责任为由抗辩不承担保险责任，法院不予支持。财产保险事故发生后，被保险人就其所受损失从第三者取得赔偿后的不足部分提起诉讼，请求保险人赔偿，法院应依法受理。

《海商法》属于特别法，优先适用于海上货物运输合同纠纷的审理，但中国港口之间的海上货物运输，包括内河货物运输和沿海货物运输，不能适用《海商法》的规定，应适用《合同法》的有关规定（参见《海商法》第2条）。

### 第183条 【涉外保险公司的适法】

中外合资保险公司、外资独资保险公司、外国保险公司分公司适用本法规定；法律、行政法规另有规定的，适用其规定。

从《关于外资保险公司关联交易范围界定问题的复函》（保监厅函〔2008〕280号）、《外资保险公司管理条例》及其实施细则角度：①外资保险公司，是在中国境外注册、经营保险业务的保险公司，是依中国有关法律、行政法规经批准在中国境内设立和营业的特殊保险公司，包括外国保险公司同中国的公司（企业）在中国境内合资经营的保险公司（合资保险公司）、外国保险公司在中国境内投资经营的外国资本保险公司（独资保险公司）和外国保险公司在中国境内的分公司（外国保险公司分公司）。外资保险公司的注册资本或营运资金应为实缴货币。外国保险公司分公司成立后，外国保险公司不得以任何形式抽回营运资金。外国保险公司与中国的公司、企业合资在中国境内设立经营人身保险业务的合资保险公司（合资寿险公司），其中外资比例不得超过公司总股本的50%。外国保险公司直接或间接持有的合资寿险公司股份，不得超过公司总股本的50%比例限制。《外资保险公司管理条例》生效前在中国境内设立的外资保险公司，其注册资本或营运资金不足2亿元或其等值的自由兑换货币，应在本细则生效后2年内缴足；未缴足注册资本或营运资金，对其开展新业务的申请，国务院保险监督管理机构不批准。②外资保险公司须遵守中国法律、法规，不得损害中国的社会公共利益。外资保险公司的正当业务活动和合法权益受中国法律保护。④国务院保险监督管理机构负责对外资保险公司实施监管。国务院保险监督管理机构的派出机构根据国务院保险监督管理机构的派出机构根据的授权，对本辖区的外资保险公司进行日常监管。⑤设立外资保险公司,应经国务院保险监督管理机构的派出机构根据批准。设立外资保险公司的地区,由国务院保险监督管理机构的派出机构根据按有关规定确定。⑥设立经营人身保险业务的外资保险公司和经营财产保险业务的外资保险公司,其设立形式、外资比例由国务院保险监督管理机构的派出机构根据按有关规定确定。⑦合资保险公司、独资保险公司的注册资本最低限额为 2 亿元或等值的自由兑换货币;其注册资本最低限额须为实缴货币资本。外国保险公司分公司应由其总公司无偿拨给不少于 2 亿元或等值的自由兑换货币的营运资金。国务院保险监督管理机构的派出机构根据外资保险公司业务范围、经营规模,可提高前 2 款规定的外资保险公司注册资本或营运资金的最低限额。⑧申请设立外资保险公司的外国保险公司,应具备以下条件:经营保险业务 30 年以上(外国保险公司持续经营保险业务 30 年以上,外国保险公司吸收合并其他机构或与其他机构合并设立新的保险公司,不影响其经营保险业务年限的计算)。外国保险公司子公司的经营保险业务年限,从该子公司设立时开始计算。在中国境内已设立代表机构(经国务院保险监督管理机构的派出机构根据批准的外国保险公司设立的代表机构;外国保险公司所在的集团公司设立的代表机构)2 年以上。外国保险公司或其所在的集团公司设立的代表机构,只能适用于申请设立一家外资保险公司。提出设立申请前 1 年年末(申请日的上一个会计年度末)总资产不少于 50 亿美元。所在国家或地区有完善的保险监管制度,并该外国保险公司已受到所在国家或地区有关主管当局的有效监管。符合所在国家或地区偿付能力标准。所在国家或地区有关主管当局同意其申请。国务院保险监督管理机构的派出机构根据规定的其他审慎性条件(法人治理结构合理;风险管理体系稳健;内部控制制度健全;管理信息系统有效;经营状况良好,无重大违法违规记录)。⑨设立外资保险公司,申请人应向国务院保险监督管理机构的派出机构根据提出书面申请,并提交以下资料:申请人法定代表人签署的申请书,其中设立合资保险公司,申请书由合资各方法定代表人共同签署。外国申请人所在国家或地区有关主管当局核发的营业执照(副本)、对其符合偿付能力标准的证明及对其申请的意见书(外国申请人所在国家或地区有关主管当局对其申请的意见书,应包括该申请人申请在中国境内设立保险机构是否符合该国家或地区的法律规定;是否同意该申请人的申请;在有关主管当局出具意见之日的前 3 年,该申请人受处罚的记录)。外国申请人的公司章程、最近 3 年的年报(应包括申请人在申请日的前 3 个会计年度的资产负债表、利润表和现金流量表;报表应附由申请人所在国家或地区认可的会计师事务所或审计师事务所出具的审计意见书)。设立合资保险公司,中国申请人的有关资料(除法律、行政法规另有规定或经国务院批准外,中国申请人应符合以下条件:经工商行政管理部门登记注册的具有法人资格的公司或企业,商业银行、证券机构以及外资企业法规定的外资企业除外。经企业行政主管机关或其股东会批准。经营状况良好,且申请日的上一个会计年度为盈利。以自有资金出资,来源合法)。拟设公司的可行性研究报告及筹建方案。拟设公司的筹建负责人员名单、简历和任职资格证明。国务院保险监督管理机构的派出机构根据规定提供的其他资料。

⑩国务院保险监督管理机构的派出机构根据应对设立外资保险公司的申请进行初步审查，自收到完整的申请文件之日起 6 个月内作出受理或不受理的决定。决定受理，发给正式申请表；决定不受理，应书面通知申请人并说明理由。设立合资保险公司的中国申请人，应提交的有关资料包括营业执照（副本）、公司或企业的章程、业务结构、经营历史、最近 3 年的年报以及最近 3 年受处罚的记录。拟设外资保险公司的筹建负责人应具备大专以上学历；从事保险或相关工作 2 年以上；无违法犯罪记录 3 种条件。

### 第184条 【农业保险、强制保险的适法】

国家支持发展为农业生产服务的保险事业。农业保险由法律、行政法规另行规定。强制保险，法律、行政法规另有规定的，适用其规定。

国家支持发展为农业生产服务的保险事业。农业保险是保险机构（保险公司以及依法设立的农业互助保险等保险组织）根据农业保险合同，对被保险人在种植业、林业、畜牧业和渔业生产中因保险标的遭受约定的自然灾害、意外事故、疫病、疾病等保险事故所造成的财产损失，承担赔偿保险金责任的保险活动，由法律、行政法规另行规定（农业保险实行政府引导、市场运作、自主自愿和协同推进的原则，任何单位和个人不得利用行政权力、职务或职业便利以及其他方式强迫、限制农民或农业生产经营组织参加农业保险）。强制保险（以商业保险为主，投保、保险费率、保险条款的强制），法律、行政法规另有规定，适用其规定。农业保险的类型具体如表8-1所示。

《农业保险条例》的适用范围：①《农业保险条例》对农业保险合同未作规定，参照适用《保险法》中保险合同的有关规定；对农业保险经营规则未作规定，适用《保险法》中保险经营规则及监管的有关规定。②保险机构经营有政策支持的涉农保险（农业保险外为农民在农业生产生活中提供保险保障的保险，包括农房、农机具、渔船等财产保险，涉及农民的生命和身体等方面的短期意外伤害保险），参照适用《农业保险条例》有关规定。③保险机构违反《农业保险条例》规定的法律责任，《农业保险条例》未作规定，适用《保险法》的有关规定。

表8-1 政策性农业保险和商业性农业保险

| 区别 | 政策性农业保险 | 商业性农业保险 |
| --- | --- | --- |
| 1. 经营目标不同 | 依据政策目标（或服务特定的政策规划）建立；非营利 | 根据市场目标建立；营利 |
| 2. 经营主体不同 | 通常由专门成立的农业保险公司承保，或者委托商业保险公司承保，同时国家给予优惠政策 | 商业保险公司 |
| 3. 经营机制不同 | 自由选择品种，在可保利益的范围内自行决定投保金额，保险费率（保险价格）可以谈判 | 特定的险种，单一费率等 |
| 4. 经营范围不同 | 多风险农作物保险、家畜家禽死亡保险等 | 单风险农作物保险，特种养殖保险等 |
| 5. 政府所发挥的作用不同 | 部分由政府买单；包含只有通过政府行为才能协调开展的工作 | 完全由投保人买单；通过市场机制运作 |

违反《农业保险条例》，可能承担行政责任、民事责任、刑事责任等法律责任。农业保险的行政责任：①保险机构未经批准经营农业保险业务，由保险监督管理机构责令改正，没收违法所得，并处违法所得 1 倍以上 5 倍以下罚款；无违法所得或违法所得不足 10 万元，处 10 万元以上 50 万元以下罚款；逾期不改正或造成严重后果，责令停业整顿或吊销经营保险业务许可证。②保险机构外的其他组织或个人非法经营农业保险业务，由保险监督管理机构予以取缔，没收违法所得，并处违法所得 1 倍以上 5 倍以下罚款；无违法所得或违法所得不足 20 万元，处 20 万元以上 100 万元以下罚款。③保险机构经营农业保险业务，有编制或提供虚假的报告、报表、文件、资料；拒绝或妨碍依法监督检查；未按规定使用经批准或备案的农业保险条款、保险费率的行为之一，由保险监督管理机构责令改正，处 10 万元以上 50 万元以下罚款；情节严重的，可限制其业务范围、责令停止接受新业务或取消经营农业保险业务资格。④保险机构经营农业保险业务，违反《农业保险条例》规定，有利用开展农业保险业务为其他机构或个人牟取不正当利益；未按规定将农业保险业务与其他保险业务分开管理，单独核算损益；未按规定申请批准农业保险条款、保险费率的行为之一，由保险监督管理机构责令改正，处 5 万元以上 30 万元以下罚款；情节严重的，可限制其业务范围、责令停止接受新业务或取消经营农业保险业务资格。⑤保险机构经营农业保险业务，未按规定报送农业保险条款、保险费率备案，由保险监督管理机构责令限期改正；逾期不改正，处 1 万元以上 10 万元以下罚款。⑥保险机构违反《农业保险条例》，保险监督管理机构除依《农业保险条例》的规定给予处罚外，对其直接负责的主管人员和其他直接责任人员给予警告，并处 1 万元以上 10 万元以下罚款；情节严重的，对取得任职资格或从业资格的人员撤销其相应资格。

违反农业保险法规的刑事责任：①禁止任何单位和个人挪用、截留、侵占保险机构应赔偿被保险人的保险金，否则挪用、截留、侵占保险金，由有关部门依法处理；构成犯罪，依法追究刑责。②禁止以虚构或虚增保险标的或以同一保险标的进行多次投保；以虚假理赔、虚列费用、虚假退保或截留、挪用保险金、挪用经营费用等方式冲销投保人应缴的保险费或财政给予的保险费补贴的方式或其他任何方式骗取农业保险的保险费补贴，由财政部门依《财政违法行为处罚处分条例》（国务院令第 588 号）的有关规定予以处理；构成犯罪，依法追究刑责。

### 第 185 条 【保险法的生效日期】

本法自 2009 年 10 月 1 日起施行。

从《保险法解释（一）》角度，《保险法》施行后成立的保险合同发生的纠纷，适用《保险法》的规定。《保险法》施行前成立的保险合同发生的纠纷，除《保险法解释（一）》另有规定外，适用当时的法律规定；当时的法律未规定，参照适用《保险法》的有关规定。具体如下：①认定保险合同是否成立，适用合同订立时的法律。②对《保险法》施行前成立的保险合同，适用当时的法律认定无效而适用《保险法》认定有效，适用《保险法》的规定。③保险合同成立于《保险法》施行前而保险标的转让、保险事故、理赔、代位求偿等行为或事件，发生于《保险法》施行后，适用《保险法》的规定。④保险合同成立于《保险法》施行前，《保险法》施行后，保险人以投保人未履行如实告知义务或申报被保险人年龄不真实为由，主张解除合同，适用《保险法》的规定。⑤《保险法》施行前已终审的案件，当事人申请再审或按审判监督程序提起再审的案件，不适用《保险法》的规定。⑥《保险法》施行前成立的保险合同，在 4 种情形下的期间自 2009 年 10 月 1 日起算：一是从《保险法解释（一）》角度，《保险法》施行前，保险人收到赔偿或给付保险金的请求，《保险法》施行后，适用《保险法》第 23 条（保险人收到被保险人或者受益人的赔偿或者给付保险金的请求后，应及时作出核定；情形复杂的，应当在三十日内作出核定，但合同另有约定的除外。保险人应当将核定结果通知被保险人或者受益人；对属于保险责任的，在与被保险人或者受益人达成赔偿或者给付保险金的协议后十日内，履行赔偿或者给付保险金义务。保险合同对赔偿或者给付保险金的期限有约定的，保险人应当按照约定履行赔偿或者给付保险金义务）的规定。二是从《保险法解释（一）》的角度，《保险法》施行前，保险人知道解除事由，《保险法》施行后，按《保险法》第 16 条和第 32 条行使解除权，适用《保险法》第 16 条保险人针对投保人故意或因重大过失未履行订立保险合同时保险人就保险标的的或被保险人的有关情况提出询问的如实告知义务，足以影响保险人决定是否同意承保或提高保险费率，有权行使合同解除权，自保险人知道有解除事由之日起，超过 30 日不行使而消灭的规定。三是从《保险法解释（一）》的角度，《保险法》施行后，保险人按《保险法》第 16 条第 2 款（投保人故意或者因重大过失未履行前款规定的如实告知义务，足以影响保险人决定是否同意承保或者提高保险费率的，保险人有权解除合同）请求解除合同，适用《保险法》第 16 条规定的自合同成立之日起超过二年的，保险人不得解除合同。四是从《保险法解释（一）》的角度，《保险法》施行前，保险人收到保险标的转让通知，《保险法》施行后，以保险标的转让导致危险程度显著增加为由请求按合同约定增加保险费或解除合同，适用《保险法》第 49 条规定的保险人自收到被保险人或受让人的通知之日起 30 日内。

《保险法解释（三）》施行后尚未终审的保险合同纠纷案件，适用《保险法解释（三）》；《保险法解释（三）》施行前已终审，当事人申请再审或按审判监督程序决定再审的案件，不适用《保险法解释（三）》。

# 第9章 机动车交通事故责任

## 第1节 机动车交通事故责任的法律关系

### 一、机动车交通事故责任的内涵和外延

机动车交通事故责任是机动车的所有人或使用人发生交通事故，造成他人人身伤害或财产损失，应承担机动车交通事故损害赔偿责任（侵权损害赔偿责任）。

从《道路交通安全法》《刑法》角度，机动车交通事故责任具有多样性、复杂性、差异性，涉及机动车的所有人或使用人发生交通事故的侵权损害赔偿责任；租赁、借用机动车发生交通事故的责任承担；已交付但未办理所有权转移登记的机动车发生交通事故致人损害时的责任承担；转让人和受让人对拼装或已达到报废标准的机动车致人损害的责任承担；盗窃、抢劫或抢夺的机动车发生交通事故致人损害时的责任承担；发生交通事故的机动车驾驶人逃逸时损害赔偿责任的承担；机动车交通事故责任强制保险（交强险）；交通肇事罪；危险驾驶罪等。

### 二、机动车交通事故责任的认定

交通事故责任认定是公安机关查明交通事故原因后，根据当事人的违章行为和交通事故之间的因果关系，违章行为在交通事故中的作用，认定交通事故责任的行政行为。

交通事故责任认定的前提是基本事实清楚（交通事故发生的时间、地点、当事人、后果；当事人违章行为及其交通事故有无因果联系，违章行为在交通事故中的作用大小），基本证据充分（交通事故的基本事实、证据证明，证据与事实之间的印证关系）。

### 三、机动车交通事故的赔偿

#### （一）机动车交通事故的赔偿项目

机动车交通事故的赔偿项目主要包括医疗费、误工费、护理费、交通费、住宿费、

住院期间伙食补助费、营养费、鉴定费、残疾赔偿金、残疾辅助器具费、丧葬费、被扶养人生活费、死亡赔偿金、精神损害抚慰金。

受害人遭受人身损害，因就医治疗支出的各项费用以及因误工减少的收入，包括医疗费、误工费、护理费、交通费、住宿费、住院期间伙食补助费、必要的营养费，赔偿义务人应予以赔偿。

**（二）机动车交通事故赔偿的计算方式**

（1）残疾赔偿金＝受诉法院所在地上一年度（一审法庭辩论终结时的上一统计年度）居民人均收入×残疾系数×赔偿年限。

城镇居民人均可支配收入、农村居民人均纯收入、城镇居民人均消费性支出、农村居民人均年生活消费支出、职工平均工资，按政府统计部门公布的各省、自治区、直辖市以及经济特区和计划单列市上一年度相关统计数据确定。

（2）残疾辅助器具费＝适用普通器具的合理费用。

（3）丧葬费＝事故责任人所在地上一年度职工月平均工资×6。

（4）被扶养人生活费＝事故责任人所在地人均年消费性支出×抚养年限。

（5）住院伙食补助费＝国家机关一般工作人员出差伙食补助标准×住院天数。

（6）医疗费赔偿金＝诊疗费＋医药费＋住院费＋其他。

（7）精神损害抚慰金。精神损害抚慰金，原则上应一次性给付。受害人或死者近亲属遭受精神损害，赔偿权利人（因侵权行为或其他致害原因直接遭受人身损害的受害人、依法由受害人承担扶养义务的被扶养人以及死亡受害人的近亲属）向法院请求赔偿精神损害抚慰金，适用《最高人民法院关于确定民事侵权精神损害赔偿责任若干问题的解释》予以确定。精神损害抚慰金的请求权，不得让与或继承。但赔偿义务人（因自己或他人的侵权行为以及其他致害原因依法应承担民事责任的自然人、法人或其他组织）已以书面方式承诺给予金钱赔偿，或赔偿权利人已向法院起诉的除外。

**四、机动车交通事故的赔偿标准**

交通事故的赔偿标准是因交通事故造成损失，肇事者向受害者、保险公司对承保车辆造成的损失进行赔偿的依据，主要包括人身损害赔偿标准、财产损失赔偿标准、精神损害抚慰金标准。

赔偿义务人请求以定期金方式给付残疾赔偿金、被扶养人生活费、残疾辅助器具费，应提供相应的担保。法院可根据赔偿义务人的给付能力和提供担保的情况，确定以定期金方式给付相关费用。但一审法庭辩论终结前已发生的费用、死亡赔偿金以及精神损害抚慰金，应一次性给付。

法院应在法律文书中明确定期金的给付时间、方式以及每期给付标准。执行期间有关统计数据发生变化，给付金额应适时进行相应调整。定期金按赔偿权利人的实际生存年限给付，不受人身损害赔偿司法解释有关赔偿期限的限制。

### (一) 一般车祸赔偿标准

1. 医疗费的赔偿标准

医疗费=诊疗费+医药费+住院费。

医疗费是受害人在遭受人身伤害后接受医学检查、治疗、康复训练的支出费用。医疗费的赔偿数额，按一审法庭辩论终结前实际发生的数额确定。器官功能恢复训练必要的康复费、适当的整容费、其他后续治疗费，赔偿权利人可待实际发生后另行起诉。根据医疗证明或鉴定结论确定必然发生的费用，可与已发生的医疗费一并予以赔偿。

2. 误工费的赔偿标准

误工费是受害人在遭受伤害到完全治愈期间内（误工时间）无法从事正常工作或劳动而失去或减少的工作、劳动收入的赔偿费用。

患者有无固定收入，误工费的计算方式不同。①患者有固定收入，误工费按本人因误工减少的固定收入计算，对收入高于医疗事故发生的上一年度职工平均工资3倍以上，按3倍计算。受害人有固定收入的误工费赔偿金额=受害人工资（元/天）×误工时间（天）。②受害人无固定收入的误工费按医疗事故发生地上一年度职工年平均工资计算。受害人无固定收入，根据其能否举证证明其最近3年的平均收入状况，区分处理。当受害人能举证证明其最近3年的平均收入状况：误工费赔偿金额=受害人最近3年平均收入（元/天）×误工时间（天）。当受害人不能举证证明其最近3年的平均收入状况，误工费参照受诉法院所在地相同或相近行业上一年职工的平均工资计算：误工费赔偿金额=受诉法院所在地相同或相近行业上一年职工的平均工资（元/天）×误工时间（天）。

确定误工时间时，一般以医院建休为准。受害人因伤致残，误工时间可定至定残日的前一天。

3. 护理费的赔偿标准

护理费是受害人因遭受人身伤害，生活无法自理需要他人帮助而付出的费用。受害人定残后的护理，应根据其护理依赖程度并结合配制残疾辅助器具的情况确定护理级别。

护理费的计算依据护理人员有无收入而区别对待。按患者有无固定收入，护理费计算方式分为两种：①护理人员有收入，参照误工费的规定计算。护理费赔偿金额=护理人工资（元/天）×护理期限（天）。②护理人员无收入或雇用护工，参照当地护工从事同等级别护理的劳务报酬标准计算。护理费赔偿金额=同级别护理劳务报酬（元/天）×护理期限（天）。

4. 交通费的赔偿标准

交通费是受害人及其必要的陪护人员因就医或转院治疗实际发生的交通费用，根据受害人及其必要的陪护人员因就医或转院治疗实际发生的费用计算，一般应参照侵权行为地的国家机关一般工作人员出差的车旅费标准支付交通费。

交通费赔偿金额=就医、转院实际发生的交通费用。

在工伤事故中，交通费由所在单位按本单位职工因公出差标准报销。

交通费应以正式票据为凭；有关交通凭据应与就医地点、时间、人数、次数相符。如不相符，应从赔偿额中扣除相应的款项。

一般而言，乘坐的交通工具以普通公共汽车为主；特殊而言，可乘坐救护车、出租车，但应由受害人说明使用的合理性。

5. 住宿费

住宿费赔偿金额=国家机关一般工作人员出差住宿标准×住宿时间

在工伤事故中，食宿费用由所在单位按照本单位职工因公出差标准报销。

6. 住院伙食补助费的赔偿标准

住院伙食补助费=当地国家机关一般工作人员出差伙食补助标准×住院天数

住院伙食补助费是受害人在住院治疗期间或死亡的受害人在生前住院治疗期间补助伙食所需要的费用，可参照当地国家机关一般工作人员的出差伙食补助标准予以确定。

住院伙食补助费是补助住院的受害人。受害人未住院，即无住院伙食补助费。

受害人确有必要到外地治疗，因客观原因不能住院，受害人本人及其陪护人员实际发生的住宿费和伙食补助费，合理部分应予赔偿。

职工住院治疗工伤，由所在单位按本单位因公出差伙食补助标准的70%发给住院伙食补助费；经医疗机构出具证明，报经办机构同意，工伤职工到统筹地区以外就医，所需交通费、食宿费用由所在单位按本单位职工因公出差标准报销。

7. 营养费的赔偿标准

营养费是人体遭受损害后发生代谢改变，通过日常饮食不能满足受损机体对热能和各种营养素的要求，须从其他食品中获得营养所给付的费用。营养费根据受害人伤残情况参照医疗机构的意见确定。

8. 残疾辅助器具费

残疾辅助器具费按照普通适用器具的合理费用标准计算。伤情有特殊需要，可参照辅助器具配制机构的意见确定相应的合理费用标准。辅助器具的更换周期、赔偿期限参照配制机构的意见确定。

残疾辅助器具费=普通适用器具的合理费用。

**（二）受害人因伤致残的赔偿标准**

受害人因伤致残，其因增加生活上需支出的必要费用以及因丧失劳动能力导致的收入损失，包括残疾赔偿金、残疾辅助器具费、被扶养人生活费，以及因康复护理、继续治疗实际发生的必要的康复费、护理费、后续治疗费，赔偿义务人也应赔偿。

1. 残疾赔偿金的赔偿标准

残疾赔偿金根据受害人丧失劳动能力程度或伤残等级，按受诉法院所在地上一年度城镇居民人均可支配收入或农村居民人均纯收入标准，自定残之日起按 20 年计算。其中，60 周岁以上，年龄每增加 1 岁减少 1 年；75 周岁以上，按 5 年计算。

残疾赔偿金=受诉法院所在地上一年度城镇居民（农村居民）人均可支配收入×赔偿年限×伤残系数。

（1）残疾赔偿金的性质，是对因残疾而导致收入减少或生活来源丧失给予的财产损害性质的赔偿。

（2）丧失劳动能力程度的认定标准。职工发生工伤，经治疗伤情相对稳定后存在残疾、影响劳动能力，应进行劳动能力鉴定。劳动功能障碍程度分为 10 个伤残等级，1 级最重，10 级最轻。生活自理障碍分 3 个等级：生活完全不能自理、生活大部分不能自理和生活不能自理部分。

2. 残疾辅助器具费的赔偿标准

残疾辅助器具是因伤致残的受害人为补偿其遭受创伤的身体器官功能、辅助其实现生活自理或从事生产劳动而购买、配制的生活自助器具。

残疾辅助器具费按普通（排斥奢侈型、豪华型）适用（确能起到功能补偿作用；符合稳定性、安全性）器具的合理费用标准计算。伤情有特殊情况，可参照辅助器具配制机构（民政部门假肢与矫形康复机构等）的意见确定残疾辅助器具的合理费用标准。辅助器具更换周期、赔偿期限参照配制机构的意见确定。

超过确定的护理期限、辅助器具费给付年限或者残疾赔偿金给付年限，赔偿权利人向法院起诉请求继续给付护理费、辅助器具费或残疾赔偿金，法院应受理。赔偿权利人确需继续护理、配制辅助器具，或无劳动能力和生活来源，法院应判令赔偿义务人继续给付相关费用 5~10 年。

残疾辅助器具费=普通适用器具的合理费用。

3. 被扶养人生活费的赔偿标准

按城镇居民人均消费性支出、农村居民人均年生活消费支出标准计算。作为被扶养人，未成年人计算至 18 周岁，60 周岁以上年龄每增加 1 岁减少 1 岁；75 周岁以上，按 5 年计算。

残疾赔偿金（60 周岁以下）= 伤残等级×受诉法院所在地上一年度城镇居民人均可支配收入或农村居民人均纯收入×20。

残疾赔偿金（60 周岁以上）= 伤残等级×受诉法院所在地上一年度城镇居民人均可支配收入或农村居民人均纯收入×（20-增加岁数）。

残疾赔偿金（75 周岁以上）= 伤残等级×受诉法院所在地上一年度城镇居民人均可支配收入或农村居民人均纯收入×5。

#### 4. 康复费、护理费等费用

康复费要有相关证据，如医疗费用票据。

护理费根据护理人员的收入状况和护理人数、护理期限确定。具体为：①护理人员有收入，参照误工费的规定计算；护理人员无收入或雇用护工，参照当地护工从事同等级别护理的劳务报酬标准计算。护理人员原则上为 1 人，但医疗机构或鉴定机构有明确意见，可参照确定护理人员人数。②护理期限应计算至受害人恢复生活自理能力时止。③受害人因残疾不能恢复生活自理能力，可根据其年龄、健康状况等因素确定合理的护理期限，但最长不超过 20 年。

受害人定残后的护理，应根据其护理依赖程度并结合配制残疾辅助器具的情况确定护理级别。

器官功能恢复训练所必要的康复费、适当的整容费以及其他后续治疗费，赔偿权利人可待实际发生后另行起诉。根据医疗证明或鉴定结论确定必然发生的费用，可与已发生的医疗费一并予以赔偿。

### （三）受害人死亡的赔偿标准

受害人死亡，赔偿义务人除应根据抢救治疗情况赔偿括医疗费、误工费、护理费、交通费、住宿费、住院伙食补助费、必要的营养费等相关费用外，还应赔偿丧葬费、被扶养人生活费、死亡补偿费以及受害人亲属办理丧葬事宜支出的交通费、住宿费和误工损失等其他合理费用。

#### 1. 死亡赔偿金的性质

死亡赔偿金的内容是对受害人损失的赔偿，其性质是财产损害赔偿，而不是精神损害赔偿。

#### 2. 死亡赔偿金的计算

死亡赔偿金按受诉法院所在地上一年度城镇居民人均可支配收入或农村居民人均纯收入标准，按 20 年计算。其中，60 周岁以上，年龄每增加 1 岁减少 1 年；75 周岁以上，按 5 年计算。

死亡赔偿金＝受诉法院所在地上一年度城镇居民人均可支配收入或农村居民人均纯收入×赔偿年限。具体为：①死亡赔偿金（60 周岁以下）＝受诉法院所在地上一年度城镇居民人均可支配收入或农村居民人均纯收入×20。②死亡赔偿金（60 周岁以上）＝受诉法院所在地上一年度城镇居民人均可支配收入或农村居民人均纯收入×（20－增加岁数）。③死亡赔偿金（75 周岁以上）＝受诉法院所在地上一年度城镇居民人均可支配收入或农村居民人均纯收入×5。

#### 3. 被扶养人生活费的赔偿标准

被扶养人生活费根据扶养人丧失劳动能力程度，按受诉法院所在地上一年度城镇居民人均消费性支出或农村居民人均年生活消费支出标准计算。被扶养人是受害人依法应承担扶养义务的未成年人或丧失劳动能力又无其他生活来源的成年近亲属，以及其他扶养人，赔偿义务人只赔偿受害人依法应负担的部分。被扶养人有数人，年赔偿总额累计不超过上一年度城镇居民人均消费性支出额或农村居民人均年生活消费支出额。

被扶养人属于未成年人，计算至 18 周岁；被扶养人无劳动能力又无其他生活来源，计算 20 年；被扶养人 60 周岁以上，年龄每增加 1 岁减少 1 年；被扶养人 75 周岁以上，按 5 年计算。

不满 18 周岁的被扶养人生活费＝城镇居民人均消费性支出（农村人均年生活消费性支出）×（18－实际年龄）。

18～60 周岁被扶养人无劳动能力又无其他生活来源的生活费＝城镇居民人均消费性支出（农村居民人均年生活消费性支出）×20。

60～75 周岁被扶养人无劳动能力又无其他生活来源的生活费＝城镇居民人均消费性支出（农村居民人均年生活消费性支出）×［20－（实际年龄－60）］。

75 周岁以上被扶养人无劳动能力又无其他生活来源的生活费＝城镇居民人均消费性支出（农村居民人均年生活消费性支出）×5。

有其他扶养人时，赔偿义务人承担的被扶养人生活费＝被扶养人生活费÷扶养人数。

被扶养人有数人时，赔偿义务承担的年赔偿总额≤城镇居民人均消费性支出（农村居民人均年生活消费性支出）。

4. 丧葬费的赔偿标准

丧葬费按受诉法院所在地上一年度职工月平均工资标准，以 6 个月总额计算。

丧葬费赔偿额＝受诉法院所在地上一年度职工月平均工资（元/月）×6。

赔偿权利人举证证明其住所地或经常居住地城镇居民人均可支配收入或农村居民人均纯收入高于受诉法院所在地标准，残疾赔偿金或死亡赔偿金可按其住所地或者经常居住地的相关标准计算。被扶养人生活费的相关计算标准，依照以上原则确定。

### 四、人身损害赔偿的精神损害赔偿标准

从司法实践角度，《最高人民法院关于确定民事侵权精神损害赔偿责任若干问题的解释（2001）》《民法典》《国家赔偿法》等法律法规、司法解释提出了精神损害赔偿及其请求权问题。譬如，《最高人民法院关于法院赔偿委员会审理国家赔偿案件适用精神损害赔偿若干问题的意见》指出，法院赔偿委员会确定精神损害抚慰金的具体金额，原则上不超过人身自由赔偿金、生命健康赔偿金总额的 35%，最低不少于 1000 元。

（1）《北京市高级人民法院关于印发关于审理人身伤害赔偿案件若干问题的处理意见》要求：①侵权行为致人身体伤残，受害人请求精神损害抚慰金，可根据受害人承受的肉体与精神痛苦情况给予一定金钱抚慰，给付数额可根据伤残程度及侵害人的过错程度予以裁量。因侵害行为致受害人残疾，赔偿数额一般不超过北京市城镇职工上一年平均工资收入的 5 倍。受害人身体受到伤害，造成严重后果，确有必要给予精神损害抚慰金，参照致人残疾的情况酌减。②死者的近亲属以受害人死亡给自己造成精

神痛苦为由请求死亡赔偿金，应支持。赔偿金数额可根据致害行为的性质、致害人的过错程度、请求权人所受痛苦之程度以及其与死者的关系等酌定，但一般不得超过北京市城镇职工上年平均工资的10倍。死者的近亲属限于死者的配偶、父母、子女。死者的配偶、父母、子女缺位，形成赡养、扶养、抚养关系的其他近亲属有权请求死亡赔偿金。③对损害事故的发生，受害人也有过错，应根据其过错的比例酌情减轻致害人的赔偿责任，包括经济赔偿责任、精神损害赔偿责任。

（2）《重庆市高级人民法院关于确定知识产权侵权损害赔偿数额若干问题的指导意见》规定：①权利人可请求精神损害赔偿的条件有侵犯自然人的著作权中的人身权，包括发表权、署名权、修改权和保护作品完整权，侵犯自然人的著作邻接权中的表演者人身权，包括表演者身份权、表演者形象不受歪曲权。②法院应综合考虑5种因素以决定是否适用精神损害赔偿：权利人的意愿是否被严重违背；权利人体现在作品中的精神是否被严重歪曲；是否给权利人的声誉和社会评价带来较大的负面影响；侵权人是否因此获得较大的名誉或经济利益；其他严重损害权利人精神利益的情形。③法院应根据权利人的知名度、作品的知名度和价值、当地的社会经济情况、侵权人的过错程度、侵权情节、影响范围等因素合理确定精神损害赔偿数额。精神损害赔偿数额一般不超过10万元。④权利人可单独就精神损害赔偿提起诉讼，也可与财产权利损害赔偿一并提起诉讼。在后一种情形下，权利人若将精神损害赔偿列为独立的诉讼请求，法院应就该诉讼请求单独确定赔偿额。

（3）《广东省高级人民法院关于在国家赔偿工作中适用精神损害抚慰金若干问题的座谈会纪要》要求：①确定精神损害抚慰金数额，应以丧失人身自由的时间长短为主要依据，结合其他损害或损失的情况综合确定。20日以下，1000元以下；精神损害后果特别严重，2000元以下。20日以上，2个月以下，3000元以下；精神损害后果特别严重，5000元以下。2个月以上，3个月以下，1万元以下；精神损害后果特别严重，3万元以下。3个月以上，1年以下，2万元以下；精神损害后果特别严重，5万元以下。1年以上，3年以下，5万元以下；精神损害后果特别严重，10万元以下。3年以上，5年以下，10万元以下；精神损害后果特别严重，15万元以下。5年以上，10年以下，15万元以下；精神损害后果特别严重，20万元以下。10年以上，20万元以下；精神损害后果特别严重，30万元以下。②致受损害人重伤、残疾或死亡，可不受受损害人丧失人身自由时间长短限制，在30万元以下确定。

（4）《福建省高级人民法院关于审理人身损害赔偿案件若干问题的意见》规定：根据侵权人的主观过错程度、侵害手段、侵权行为所造成的后果，侵权行为分为一般侵权行为、严重侵权行为、特别严重侵权行为。一般侵权行为的精神损害赔偿在1000~10000元酌情判定；严重侵权行为的精神损害赔偿在10000~50000元酌情判定；特别严重侵权行为的精神损害赔偿在50000~100000元酌情判定。

（5）《江苏省高级人民法院、公安厅关于处理交通事故损害赔偿案件有关问题的指导意见》规定：因交通事故遭受精神损害的受害人或死者近亲属，向主持调解的公安机关交管部门或向法院请求赔偿精神损害抚慰金，公安机关交管部门、法院应根据《最高人民法院关于确定民事侵权精神损害赔偿责任若干问题的解释》予以确定。确定精神损害抚慰金时，一般不宜超过5万元。

（6）《云南省高级人民法院关于审理人身损害赔偿案件若干问题的会议纪要》规定：精神抚慰金的赔偿数额，一般不得超过5万元，情况特殊的不得超过10万元。

（7）《河南省高级人民法院关于当前民事审判若干问题的指导意见》规定：①侵害自然人生命权，精神损害赔偿费称为死亡抚慰金；侵害自然人健康权致残，称为残疾抚慰金，侵害自然人健康权但未致残以及侵害自然人其他权利或法益有必要进行精神损害赔偿，统称为精神抚慰金；精神抚慰金的数额应根据《最高人民法院关于确定民事侵权精神损害赔偿责任若干问题的解释》的规定，依侵权人的过错、侵权行为的情节、影响和后果以及给受害人造成精神损害的程度并结合当事人双方的特定社会状况及加害人的认错态度等因素酌定。②侵害自然人生命权，死亡抚慰金参照在5000元至10万元之间酌定。

（8）《山东省高级人民法院关于审理人身损害赔偿案件若干问题的意见》规定自然人的生命权、健康权、身体权等物质性人格权和自然人的名誉权、姓名权、肖像权、荣誉权、人格尊严权、人身自由权、隐私权等精神性人格权因受到不法侵害，造成受害人精神利益损害而请求精神损害赔偿或精神损害抚慰金赔偿（残疾赔偿金、死亡赔偿金及其他情形的赔偿金），具体赔偿标准为：①侵害人是自然人的一般性精神损害赔偿标准为1000~3000元；严重精神损害，赔偿标准为3000~5000元。②侵害人是法人或其他社会组织，一般按公民赔偿标准的5~10倍赔偿。侵害人侵害行为特别恶劣、受害人的伤害程度特别严重或社会影响特别大，可根据实际需要，适当提高上述赔偿标准，但判决前须呈报省法院复核。

（9）《安徽省高级人民法院审理人身损害案件若干问题的指导意见》规定：①公民身体权、健康权遭受轻微伤害，不支持赔偿权利人的精神抚慰金请求。②公民身体权、健康权遭受一般伤害没有构成伤残等级，精神抚慰金的数额一般为1000~5000元。③公民身体权、健康权遭受的伤害已经构成伤残等级，精神抚慰金的数额可结合受害人的伤残等级确定，一般不低于5000元，但不高于80000元。④造成公民死亡，精神抚慰金的数额一般不低于50000元，但不高于80000元。案件有其他特殊侵权情节，精神抚慰金的数额可不按上述标准确定。受害人自身有过错，应按其过错程度减少精神抚慰金数额。

（10）《陕西省审判委员会审判工作会议纪要》规定：①致人死亡，精神赔偿数额一般不少于1000元，最高不能超过20000元。②致人残疾，精神赔偿数额一般不少于1000元，最高不能超过20000元。③因民事侵权致人精神损害，造成严重后果，精神抚慰金可分为4个等级：1级15000~20000元，2级10000~15000元，3级5000~10000元，4级1000~5000元；若在以上规定的最高限额内仍不足以给当事人精神抚慰，经该院审判委员会讨论决定，可在20000~50000元范围内决定赔偿数额。

(11)《四川省高级人民法院贯彻执行〈最高人民法院关于确定民事侵权精神损害赔偿责任若干问题的解释〉的意见》规定：①确定精神损害抚慰金数额的具体标准。确定精神损害抚慰金的数额，应根据精神损害赔偿具有抚慰性、补偿性的特点，并结合四川省经济发展的现状综合考虑。同时，由于物质性人格权和精神性人格权本身存在一定区别，因此在确定精神损害抚慰金的数额标准时还应区别物质性人格权和精神性人格权不同情况而定。因侵权行为致人死亡，精神损害抚慰金为死亡赔偿金。死亡赔偿金应按受诉法院所在地平均生活费计算20年；对70周岁以上的受害人，年龄每增加1岁少计1年，但补偿年限最低不少于10年。受诉法院所在地，是指受理案件的基层法院所在的县（区、市），平均生活费标准，应以政府有关部门统计公布的上一年度城镇居民人均生活水平为准，不应区分城市和农村。②因侵权行为致人残疾，精神损害抚慰金为残疾赔偿金。残疾赔偿金的上限为100000元。残疾赔偿金＝100000（元）×伤残等级系数×责任系数。计算残疾赔偿金不应考虑年限。伤残等级系数，1级伤残为1；2级伤残为0.9；依此类推，10级伤残为0.1。责任系数按当事人过错责任的大小确定。如责任人承担全部责任，责任系数为1；承担一半责任，责任系数为0.5。侵权行为手段、情节、方式特别恶劣，残疾赔偿金的数额可适当高于通过上述公式计算出的数额。残疾人生活补助费与残疾赔偿金系两个不同的法律概念，侵权人因侵权造成受害人精神损害严重后果，除应承担残疾赔偿金外，还应依法支付残疾人生活补助费。③侵犯他人姓名权、肖像权、名誉权、荣誉权、人格尊严权、人身自由权、监护权、隐私权及其他人格利益等精神性人格权利，其精神损害抚慰金的数额标准原则上应掌握在500~50000元的幅度内。鉴于各地经济发展状况的差异，各地法院可在上述幅度内确定侵犯精神性人格权利的精神损害抚慰金的具体标准，由审判人员按《最高人民法院关于确定民事侵权精神损害赔偿责任若干问题的解释》第10条规定的精神损害的赔偿数额根据侵权人的过错程度，法律另有规定的除外；侵害的手段、场合、行为方式等具体情节；侵权行为所造成的后果；侵权人的获利情况；侵权人承担责任的经济能力；受诉法院所在地平均生活水平6种因素综合确定侵权人应承担的精神损害抚慰金数额。④因侵权行为导致具有人格象征意义的特定纪念物品永久性毁损、灭失，其精神损害抚慰金数额的确定标准适用上一条的规定。⑤以获取经济利益为目的侵犯他人精神性人格权利，精神损害抚慰金的数额不受上述最高限额50000元规定的限制，具体赔偿数额应根据侵权人获利的多少而定。⑥同一侵权行为分别侵害2个或2个以上自然人人格权利，侵权人应按《四川省高级人民法院贯彻执行〈最高人民法院关于确定民事侵权精神损害赔偿责任若干问题的解释〉的意见》确定的赔偿标准分别向各受害人支付精神损害抚慰金。⑦在共同侵权案件中，无论被告人数的多少，作为多个被告共同所应承担的精神损害抚慰金数额均不能超过上述最高限额。⑧侵权行为造成受害人死亡，或侵害死者姓名、肖像、名誉、荣誉、遗体、遗骨、隐私，无论主张精神损害抚慰金的人数多少，作为被告所应承担的精神损害抚慰金数额均不能超过上述最高限额。

## 第 2 节　机动车交通事故责任的法律适用

### 一、机动车交通事故责任的法律适用

从司法实践角度，机动车交通事故责任具有特殊性、复杂性、多样性、差异性，涉及民商事、行政、刑事等不同部门法的适用问题。

（1）从《民事诉讼法》《人身损害赔偿司法解释》角度，因侵权行为提起的诉讼，由侵权行为地（侵权行为实施地、侵权结果发生地）或被告住所地法院管辖。因生命、健康、身体遭受侵害，赔偿权利人起诉请求赔偿义务人赔偿财产损失和精神损害，法院应受理。①以公司纠纷、侵权纠纷、合同纠纷、保险合同纠纷、运输合同纠纷、共同海损纠纷、海难救助费用纠纷、船舶碰撞或其他海事损害事故请求损害赔偿纠纷提起的诉讼，实行特殊地域管辖。②因铁路、公路、水上和航空事故请求损害赔偿提起的诉讼，由事故发生地或车辆、船舶最先到达地、航空器最先降落地或被告住所地法院管辖。③因船舶碰撞或其他海事损害事故请求损害赔偿提起的诉讼，由碰撞发生地、碰撞船舶最先到达地、加害船舶被扣留地或被告住所地法院管辖。④因海难救助费用提起的诉讼，由救助地或被救助船舶最先到达地法院管辖。⑤因共同海损提起的诉讼，由船舶最先到达地、共同海损理算地或航程终止地的法院管辖。⑥因港口作业中发生纠纷提起的诉讼，由港口所在地法院管辖。

（2）从《合同法》角度，出卖人就同一船舶、航空器、机动车等特殊动产订立多重买卖合同，在买卖合同均有效的情况下，买受人均要求实际履行合同，法院应分别支持处理的情形：先行受领交付的买受人请求出卖人履行办理所有权转移登记手续等合同义务。均未受领交付，先行办理所有权转移登记手续的买受人请求出卖人履行交付标的物等合同义务。均未受领交付，也未办理所有权转移登记手续，依法成立在先合同的买受人请求出卖人履行交付标的物、办理所有权转移登记手续等合同义务。出卖人将标的物交付给买受人之一，又为其他买受人办理所有权转移登记，已受领交付的买受人请求将标的物所有权登记在自己名下。

（3）《最高人民法院关于人民法院办理财产保全案件若干问题的规定》（法释〔2016〕22号）从法院办理财产保全案件解释（2016）的角度，被保全人有多项财产可供保全，在能实现保全目的的情况下，法院应选择对其生产经营活动影响较小的财产进行保全。法院对厂房、机器设备等生产经营性财产进行保全时，指定被保全人保管，应允许其继续使用。被保全财产系机动车、航空器等特殊动产，以被保全人下落不明为例外，法院应责令被保全人书面报告该动产的权属、占有、使用等情况，并核实。法院应依据财产保全裁定采取相应的查封、扣押、冻结措施。可供保全的土地、房屋等不动产的整体价值明显高于保全裁定载明金额，法院应对该不动产的相应价值

部分采取查封、扣押、冻结措施，该不动产在使用上不可分或分割会严重减损其价值为例外。对银行账户内资金采取冻结措施，法院应明确具体的冻结数额。法院在财产保全中采取查封、扣押、冻结措施，需有关单位协助办理登记手续，有关单位应在裁定书、协助执行通知书送达后立即办理。针对同一财产有多个裁定书、协助执行通知书，应按送达的时间先后办理登记手续。

（4）从不动产登记的法律效果角度，大陆法系不动产登记主义的民法立法例主要包括不动产登记对抗主义（法国）、不动产登记要件主义（德国）、地券交付主义（英美法系国家）等类型。具体为：①法国不动产登记对抗主义，以登记为不动产物权状态的公示方法，表现为不动产物权变动具有合意性、对抗性，依当事人间合意即产生法律效力，非经登记，不能对抗第三人。从《物权法》角度，中国民法性质的特殊动产（船舶、飞行器、机动车等）物权变动实行登记对抗主义。②德国不动产登记要件主义，以不动产登记为不动产物权变动的基本要件，强调当事人间的合意、登记，非经登记不能对抗第三人，对当事人也不发生法律效力。③英美国家地券交付主义（澳大利亚托伦斯主义）具有程序性、登记性、审查性、确认性。不动产登记机关初次登记不动产物权时，依法定程序确定不动产权利状态，制成地券。当事人让与不动产时，经不动产登记机关审查让与契约、地券后，在不动产登记簿上记载权利的移转。受让人交付新地券或在原地券上记载权利的移转，有利于第三人从该地券中了解不动产的权利状态。

（5）从民事法律事实角度，登记动产物权变动关系发生于登记物权人与相对人间，而登记动产物权变动登记对抗要件具有程序性、实体性、差异性。①从登记动产（准不动产）的角度，中国《物权法》（船舶、航空器和机动车等物权的设立、变更、转让和消灭，未经登记，不得对抗善意第三人），属于登记动产物权变动登记对抗要件。②船舶所有权转移与船舶抵押权设立未经登记不能对抗"第三人"，航空器所有权转移与抵押权设立未经登记不能对抗"第三人"。③船舶所有权、航空器所有权、机动车所有权的变动非经登记不得对抗"第三人"（《日本商法典》第 687 条、《日本小型船舶登记法》第 4 条、《日本航空法》第 3 条、《日本道路运送车辆法》第 5 条）。船舶抵押权的变动非经登记不得对抗"第三人"（《日本商法典》第 848 条）。对已在船舶登记簿中登记的海洋船舶的所有权的转让，未经登记不能对抗"第三人"（《德国登记船舶与在建船舶权利法》第 3 条）。船舶所有权转移未经登记不能对抗"第三人"（《韩国商法典》第 743 条）。海洋船舶所有权的转移未经登记不得对抗"第三人"（《法国 1967 年 10 月 27 日法令》第 93 条）。④航空器抵押权、机动车抵押权的变动非经登记不得对抗"第三人"（《日本航空器抵押法》《日本机动车抵押法》）。⑤从中国《海商法》第 14 章涉外关系的法律适用角度，船舶所有权的取得、转让、消灭，适用船旗国法律（《海商法》第 270 条）。船舶抵押权也适用船旗国法律，但船舶在光船租赁前或光船租赁期间，设立船舶抵押权，适用原船舶登记国法（《海商法》第 271 条）。船舶优先权，适用受理案件的法院所在地法（《海商法》第 272 条）。

(6) 从《物权法司法解释》角度，当事人以《物权法》（动产物权受让人先行占有：船舶、航空器和机动车等物权的设立、变更、转让和消灭，未经登记，不得对抗善意第三人）规定的方式交付动产，转让动产法律行为生效时为动产交付之时；当事人以《物权法》（动产物权指示交付：动产物权设立和转让前，第三人依法占有该动产，负有交付义务的人可通过转让请求第三人返还原物的权利代替交付）规定的方式交付动产，转让人与受让人之间有关转让返还原物请求权的协议生效时为动产交付之时。法律对不动产、动产物权的设立另有规定，应按法律规定的时间认定权利人是否为善意。

中国《物权法》遵循动产物权交付主义原则，动产物权的设立、转让，自交付时发生法律效力，以法律另有规定为例外。从特殊动产交付角度，特殊动产的公示方式方法具有交付性、登记性、法定性、特定性、原则性，要求以交付为公示方式方法，以船舶、飞行器和机动车等特殊动产为基本对象，法律法规以登记为物权变动的对抗要件（特别动产的物权变动非经登记，不能对抗善意第三人）。

从《物权法司法解释（一）》角度，转让人转移船舶、航空器和机动车等所有权，受让人已支付对价并取得占有，虽未经登记，但转让人的债权人主张其为《物权法》第 24 条（船舶、航空器和机动车等物权的设立、变更、转让和消灭，未经登记，不得对抗善意第三人）所指的"善意第三人"，不予支持，法律另有规定的除外。转让人将《物权法》第 24 条所指的船舶、航空器和机动车等交付给受让人，应认定符合《物权法》第 106 条的规定。

(7)《民法典》规定：航空器和机动车等的物权的设立、变更、转让和消灭，未经登记，不得对抗善意第三人。

## 二、界定机动车交通事故责任的根据

处理机动车交通事故责任纠纷的法律依据主要有《民法典》第 1208~1217 条、《道路交通安全法》第 76 条、《侵权责任法》第 48~53 条等法律法规、司法解释。

(1) 从《道路交通安全法》角度，机动车交通事故责任，以过错责任原则为主，以过错推定责任原则为辅，以免责为例外。譬如，机动车发生交通事故造成人身伤亡、财产损失，由保险公司在机动车第三者责任强制保险责任限额范围内予以赔偿；不足的部分，承担赔偿责任的两种规则为：①机动车之间发生交通事故，由有过错的一方承担赔偿责任；双方都有过错，按各自过错的比例分担责任（过错责任）。②机动车与非机动车驾驶人、行人之间发生交通事故，非机动车驾驶人、行人无过错，由机动车一方承担赔偿责任；有证据证明非机动车驾驶人、行人有过错，根据过错程度适当减轻机动车一方的赔偿责任；机动车一方无过错，承担不超过 10% 的赔偿责任。交通事故的损失是由非机动车驾驶人、行人故意碰撞机动车造成，机动车一方不承担赔偿责任（免责责任）。

（2）从《侵权责任法》角度，机动车交通事故责任：①机动车发生交通事故造成损害，依《道路交通安全法》有关规定承担赔偿责任。②因租赁、借用等情形机动车所有人与使用人不是同一人时，发生交通事故后属于该机动车一方责任，由保险公司在机动车强制保险责任限额范围内予以赔偿。不足部分，由机动车使用人承担赔偿责任；机动车所有人对损害的发生有过错，承担相应的赔偿责任。③当事人之间已以买卖等方式转让并交付机动车但未办理所有权转移登记，发生交通事故后属于该机动车一方责任，由保险公司在机动车强制保险责任限额范围内予以赔偿。不足部分，由受让人承担赔偿责任。④以买卖等方式转让拼装或已达到报废标准的机动车，发生交通事故造成损害，由转让人和受让人承担连带责任。⑤盗窃、抢劫或抢夺的机动车发生交通事故造成损害，由盗窃人、抢劫人或抢夺人承担赔偿责任。保险公司在机动车强制保险责任限额范围内垫付抢救费用，有权向交通事故责任人追偿。⑥机动车驾驶人发生交通事故后逃逸，该机动车参加强制保险，由保险公司在机动车强制保险责任限额范围内予以赔偿；机动车不明或该机动车未参加强制保险，需支付被侵权人人身伤亡的抢救、丧葬等费用，由道路交通事故社会救助基金垫付。道路交通事故社会救助基金垫付后，其管理机构有权向交通事故责任人追偿。

（3）从《民法典》角度，有关机动车交通事故责任基本内容有：①机动车发生交通事故造成损害，依《道路交通安全法》和本法的有关规定承担赔偿责任。②因租赁、借用等情形机动车所有人、管理人与使用人不是同一人时，发生交通事故造成损害，属于该机动车一方责任，由机动车使用人承担赔偿责任；机动车所有人、管理人对损害的发生有过错，承担相应的赔偿责任。③当事人之间已以买卖或其他方式转让并交付机动车但未办理登记，发生交通事故造成损害，属于该机动车一方责任，由受让人承担赔偿责任。④以挂靠形式从事道路运输经营活动的机动车，发生交通事故造成损害，属于该机动车一方责任，由挂靠人和被挂靠人承担连带责任。⑤未经允许驾驶他人机动车，发生交通事故造成损害，属于该机动车一方责任，由机动车使用人承担赔偿责任；机动车所有人、管理人对损害的发生有过错，承担相应的赔偿责任，但《民法典》第7编侵权责任第5章机动车交通事故责任另有规定的除外。⑥机动车发生交通事故造成损害，属于该机动车一方责任，先由承保机动车强制保险的保险人在强制保险责任限额范围内予以赔偿；不足部分，由承保机动车商业保险的保险人按保险合同的约定予以赔偿；仍不足或没有投保机动车商业保险，由侵权人赔偿。⑦以买卖或其他方式转让拼装或已达到报废标准的机动车，发生交通事故造成损害，由转让人和受让人承担连带责任。⑧盗窃、抢劫或抢夺的机动车发生交通事故造成损害，由盗窃人、抢劫人或抢夺人承担赔偿责任。盗窃人、抢劫人或抢夺人与机动车使用人不是同一人，发生交通事故造成损害，属于该机动车一方责任，由盗窃人、抢劫人或抢夺人与机动车使用人承担连带责任。保险人在机动车强制保险责任限额范围内垫付抢救费用，有权向交通事故责任人追偿。⑨机动车驾驶人发生交通事故后逃逸，该机动车参加强制保险，由保险人在机动车强制保险责任限额范围内予以赔偿；机动车不明、该机动车未参加强制保险或抢救费用超过机动车强制保险责任限额,需支付被侵权人人身伤亡的抢救、丧葬等费用,由道路交通事故社会救助基金垫付。道路交通事故社会救助基金垫付后,其管理机构有权向交通事故责任人追偿。⑩非营运机动车发生交通事故造成无偿搭乘人损害,属于该机动车一方责任,应减轻其赔偿责任,但机动车使用人有故意或重大过失的除外。

《民法典》有关机动力交通事故责任的具体规定:

(1)《民法典》第1208条:机动车发生交通事故造成损害的,依照道路交通安全法律和本法的有关规定承担赔偿责任。

在交通事故损害赔偿案件中,若受害人以被损车辆正用于货物运输或旅客运输经营活动,要求赔偿被损车辆修复期间的停运损失(车辆停运损失费是营运车辆在道路交通事故中发生车辆的损害,被损车辆在修复期间,受害人因无法进行正常的货物运输或旅客运输经营而造成经济收入的减少或停运损失,由相关事故责任人对该损失进行的赔偿),交通事故责任者应赔偿。

多辆机动车发生交通事故造成第三人损害,损失超出各机动车交强险责任限额之和,由各保险公司在各自责任限额范围内承担赔偿责任;损失未超出各机动车交强险责任限额之和,当事人请求由各保险公司按其责任限额与责任限额之和的比例承担赔偿责任,法院应支持。依法分别投保交强险的牵引车和挂车连接使用时发生交通事故造成第三人损害,当事人请求由各保险公司在各自的责任限额范围内平均赔偿,法院应支持。多辆机动车发生交通事故造成第三人损害,其中部分机动车未投保交强险,当事人请求先由已承保交强险的保险公司在责任限额范围内予以赔偿,法院应支持。保险公司就超出其应承担的部分向未投保交强险的投保义务人或侵权方行使追偿权,法院应支持。

具有驾驶人未取得驾驶资格或未取得相应驾驶资格;醉酒、服用国家管制的精神药品或麻醉药品后驾驶机动车发生交通事故;驾驶人故意制造交通事故3种情形之一导致第三人人身损害,当事人请求保险公司在交强险责任限额范围内予以赔偿,法院应支持。保险公司在赔偿范围内向侵权人主张追偿权,法院应支持。追偿权的诉讼时效期间自保险公司实际赔偿之日起算。

因道路交通事故造成维修被损坏车辆所支出的费用、车辆所载物品的损失、车辆施救费用;因车辆灭失或无法修复,为购买交通事故发生时与被损坏车辆价值相当的车辆重置费用;依法从事货物运输、旅客运输等经营性活动的车辆,因无法从事相应经营活动所产生的合理停运损失;非经营性车辆因无法继续使用,所产生的通常替代性交通工具的合理费用4种财产损失,当事人请求侵权人赔偿,法院应支持。

机动车发生交通事故造成损害,机动车所有人或管理人有知道或应知道机动车存在缺陷,且该缺陷是交通事故发生原因之一;知道或应知道驾驶人无驾驶资格或未取得相应驾驶资格;知道或应知道驾驶人因饮酒、服用国家管制的精神药品或麻醉药品,或患有妨碍安全驾驶机动车的疾病等依法不能驾驶机动车;其他应认定机动车所有人或管理人有过错 3 种情形之一，法院应认定其对损害的发生有过错，并适用《侵权责任法》第 49 条（因租赁、借用等情形机动车所有人与使用人不是同一人时，发生交通事故后属于该机动车一方责任，由保险公司在机动车强制保险责任限额范围内予以赔偿。不足部分，由机动车使用人承担赔偿责任；机动车所有人对损害的发生有过错的，承担相应的赔偿责任）的规定确定其相应的赔偿责任。

道路交通安全工作，应遵循依法管理、方便群众的原则，保障道路交通有序、安全、畅通。国家实行机动车第三者责任强制保险制，设立道路交通事故社会救助基金；具体办法由国务院规定。驾驶人驾驶机动车上道路行驶前，应对机动车的安全技术性能进行认真检查；不得驾驶安全设施不全或机件不符合技术标准等具有安全隐患的机动车。公安机关交管部门依法律、行政法规的规定，定期对机动车驾驶证实施审验。被侵权人因道路交通事故死亡，无近亲属或近亲属不明，未经法律授权的机关或有关组织向法院起诉主张死亡赔偿金，法院不受理。侵权人以已向未经法律授权的机关或有关组织支付死亡赔偿金为理由，请求保险公司在交强险责任限额范围内予以赔偿，法院不支持。被侵权人因道路交通事故死亡，无近亲属或近亲属不明，支付被侵权人医疗费、丧葬费等合理费用的单位或个人，请求保险公司在交强险责任限额范围内予以赔偿，法院应支持。

投保人通过保险公司设立的营销部购买机动车第三者责任险。营销部营销人员为侵吞保费，将自己伪造的、内容和形式与真保单一致的假保单加盖伪造的保险公司业务专用章交付投保人。作为不知情的善意投保人有理由相信其购买的保险是真实的，保单的内容并不违反有关法律的规定，营销部营销人员的行为应视为保险公司的行为。因此，投保人持有的保单虽是假，但并不能据此免除保险公司根据保险合同依法应承担的民事责任。

受害人横向穿越未封闭的铁路线路时存在过错，造成人身损害，或铁路机车车辆与机动车发生碰撞造成机动车驾驶人员人身损害的处理方法：①铁路运输造成人身损害，铁路运输企业应承担赔偿责任，以法律另有特别规定而依其规定为例外。②铁路运输中发生人身损害，铁路运输企业举证证明存在不可抗力或受害人故意以卧轨、碰撞等方式造成而不承担赔偿责任。③因受害人翻越、穿越、损毁、移动铁路线路两侧防护围墙、栅栏或其他防护设施穿越铁路线路，偷乘货车，攀附行进中的列车，在未设置人行通道的铁路桥梁、隧道内通行，攀爬高架铁路线路，其他未经许可进入铁路线路、车站、货场等铁路作业区域的过错行为，造成人身损害，应根据受害人的过错程度适当减轻铁路运输企业的赔偿责任，分别处理的情形：铁路运输企业未充分履行安全防护、警示等义务，受害人有翻越、穿越、损毁、移动铁路线路两侧防护围墙等过错行为，铁路运输企业应在全部损失的 20%～80% 承担赔偿责任。铁路运输企业已充分履行安全防护、警示等义务，受害人仍施以卧轨、碰撞等过错行为，铁路运输企业应在全部损失的 10%～20% 承担赔偿责任。④受害人不听从值守人员劝阻或无视禁行警示信号、标志硬行通过铁路平交道口、人行过道，或沿铁路线路纵向行走，或在铁路线路上坐卧，造成人身损害，铁路运输企业举证证明已充分履行安全防护、警示等义务，不承担赔偿责任。

在车站设有上下车安全通道，且铁路运输企业已采取必要的安全措施并尽到警示义务的情况下，受害人未经许可、违反众所周知的安全规则，进入正有列车驶入的车站内轨道、横穿线路，导致生命健康受到损害，属于《铁路法》第58条规定的因受害人自身原因造成人身伤亡的情形（因铁路行车事故及其他铁路运营事故造成人身伤亡的，铁路运输企业应当承担赔偿责任；如果人身伤亡是因不可抗力或者由于受害人自身的原因造成的，铁路运输企业不承担赔偿责任。违章通过平交道口或者人行过道，或者在铁路线路上行走、坐卧造成的人身伤亡，属于受害人自身的原因造成的人员伤亡），铁路运输企业不承担赔偿责任。

（2）《民法典》第1209条：因租赁、借用等情形机动车所有人、管理人与使用人不是同一人时，发生交通事故造成损害，属于该机动车一方责任的，由机动车使用人承担赔偿责任；机动车所有人、管理人对损害的发生有过错的，承担相应的赔偿责任。

机动车的管理人、使用人的范围、类型具有多样性、复杂性、类型性，包括机动车的承租人、借用人；机动车出质期间的质权人、维修期间的维修人、他人保管期间的保管人等不同类型。在机动车出质、维修、他人保管期间，机动车质权人、维修人、保管人具有占有权、支配权，因此擅自驾驶该机动车发生交通事故，应承担赔偿责任。

机动车所有权在交强险合同有效期内发生变动，保险公司在交通事故发生后，以该机动车未办理交强险合同变更手续为由主张免除赔偿责任，法院不支持。机动车在交强险合同有效期内发生改装、使用性质改变等导致危险程度增加的情形，发生交通事故后，当事人请求保险公司在责任限额范围内予以赔偿，法院应支持。机动车在交强险合同有效期内发生改装、使用性质改变等导致危险程度增加的情形，发生交通事故后，保险公司另行起诉请求投保义务人按重新核定后的保险费标准补足当期保险费，法院应支持。

同一交通事故的多个被侵权人同时起诉，法院应按各被侵权人的损失比例确定交强险的赔偿数额。

租赁、借用机动车造成损害时的赔偿责任：因租赁、借用等情形机动车所有人与使用人（侵权责任主体）不是同一人时，发生交通事故后属于该机动车一方责任，由保险公司在机动车强制保险责任限额范围内予以赔偿。不足部分，由机动车使用人承担赔偿责任；机动车所有人对损害的发生有过错，承担相应的赔偿责任。

《机动车交通事故责任强制保险条例》（国务院令第618号）规定：①被保险机动车发生道路交通事故造成本车人员、被保险人外的受害人人身伤亡、财产损失，由保险公司依法在机动车交通事故责任强制保险责任限额范围内予以赔偿。道路交通事故的损失由受害人故意造成，保险公司不赔偿。②有驾驶人未取得驾驶资格或醉酒；被保险机动车被盗抢期间肇事；被保险人故意制造道路交通事故3种情形之一，发生道路交通事故，造成受害人的财产损失，保险公司不承担赔偿责任。有驾驶人未取得驾驶资格或醉酒；被保险机动车被盗抢期间肇事；被保险人故意制造道路交通事故3种情形之一，保险公司在机动车交通事故责任强制保险责任限额范围内垫付抢救费用，并有权向致害人追偿。③机动车交通事故责任强制保险在全国范围内实行统一的责任限额。责任限额分为死亡伤残赔偿限额、医疗费用赔偿限额、财产损失赔偿限额以及被保险人在道路交通事故中无责任的赔偿限额。机动车交通事故责任强制保险责任限额由银保监会会同公安部、国家卫健委、农业农村部规定。④国家设立道路交通事故社会救助基金（救助基金）。有抢救费用超过机动车交通事故责任强制保险责任限额；肇事机动车未参加机动车交通事故责任强制保险；机动车肇事后逃逸3种情形之一时，道路交通事故中受害人人身伤亡的丧葬费用、部分或全部抢救费用，由救助基金先行垫付，救助基金管理机构有权向道路交通事故责任人追偿。⑤救助基金的5种来源：按机动车交通事故责任强制保险的保险费的一定比例提取的资金。对未按规定投保机动车交通事故责任强制保险的机动车的所有人、管理人罚款。救助基金管理机构依法向道路交通事故责任人追偿的资金。救助基金孳息。其他资金。⑥救助基金的具体管理办法，由财政部会同银保监会、公安部、国家卫健委、农业农村部制定试行。⑦被保险机动车发生道路交通事故，被保险人或受害人通知保险公司，保险公司应立即给予答复，告知被保险人或受害人具体的赔偿程序等有关事项。⑧被保险机动车发生道路交通事故，由被保险人向保险公司申请赔偿保险金。保险公司应自收到赔偿申请之日起1日内，书面告知被保险人需向保险公司提供的与赔偿有关的证明和资料。⑨保险公司应自收到被保险人提供的证明和资料之日起5日内，对是否属于保险责任作出核定，并将结果通知被保险人；对不属于保险责任的，应书面说明理由；对属于保险责任的，在与被保险人达成赔偿保险金的协议后10日内，赔偿保险金。⑩被保险人与保险公司对赔偿有争议，可依法申请仲裁或向法院提起诉讼。⑪保险公司可向被保险人赔偿保险金，也可直接向受害人赔偿保险金；但因抢救受伤人员需保险公司支付或垫付抢救费用，保险公司在接到公安机关交管部门通知后，经核对应及时向医疗机构支付或垫付抢救费用。因抢救受伤人员需救助基金管理机构垫付抢救费用，救助基金管理机构在接到公安机关交管部门通知后，经核对应及时向医疗机构垫付抢救费用。⑫医疗机构应参照国家卫健委组织制定的有关临床诊疗指南，抢救、治疗道路交通事故中的受伤人员。⑬保险公司赔偿保险金或垫付抢救费用，救助基金管理机构垫付抢救费用，需向有关部门、医疗机构核实有关情况，有关部门、医疗机构应配合。⑭保险公司、救助基金管理机构的工作人员对当事人的个人隐私应保密。⑮道路交通事故损害赔偿项目和标准依有关法律的规定执行。

(3)《民法典》第1210条：当事人之间已经以买卖或者其他方式转让并交付机动车但是未办理登记，发生交通事故造成损害，属于该机动车一方责任的，由受让人承担赔偿责任。

被多次转让但未办理转移登记的机动车发生交通事故造成损害，属于该机动车一方责任，当事人请求由最后一次转让并交付的受让人承担赔偿责任，法院应支持。

请求人申请对船舶采取限制处分或抵押等保全措施，海事法院可依《民事诉讼法》的有关规定，裁定准许并通知船舶登记机关协助执行。

船舶、航空器和机动车等的物权的设立、变更、转让和消灭，未经登记，不得对抗善意第三人。造成不动产或动产毁损，权利人可依法请求修理、重作、更换或恢复原状。妨害物权或可能妨害物权，权利人可请求排除妨害或消除危险。侵害物权，造成权利人损害，权利人可依法请求损害赔偿，也可依法请求承担其他民事责任。

采取分期付款方式购车，出卖方在购买方付清全部车款前保留车辆所有权，购买方以自己名义与他人订立货物运输合同并使用该车运输时，因交通事故造成他人财产损失，出卖方不承担民事责任。

连环购车未办理过户手续，因车辆已交付，原车主既不能支配该车的营运，也不能从该车的营运中获得利益，故原车主不应对机动车发生交通事故致人损害承担责任。但连环购车未办理过户手续的行为，违反有关行政管理法规，应受其规定的调整。

《最高人民法院指导案例 24 号》裁判要点：①交通事故的受害人无过错，其体质状况对损害后果的影响不属于可减轻侵权人责任的法定情形。②被侵权人对损害的发生也有过错，可减轻侵权人的责任。机动车与非机动车驾驶人、行人之间发生交通事故，非机动车驾驶人、行人无过错，由机动车一方承担赔偿责任；有证据证明非机动车驾驶人、行人有过错，根据过错程度适当减轻机动车一方的赔偿责任。因此，在计算残疾赔偿金是否应扣减时应根据受害人对损失的发生或扩大是否存在过错进行分析。③机动车发生交通事故造成人身伤亡、财产损失，由保险公司在机动车第三者责任强制保险责任限额范围内予以赔偿。而中国交强险立法并未规定在确定交强险责任时应依据受害人体质状况对损害后果的影响作相应扣减，保险公司的免责事由仅限于受害人故意造成交通事故的情形，即便是投保机动车无责，保险公司也应在交强险无责限额内予以赔偿。因此，对受害人符合法律规定的赔偿项目和标准的损失，均属交强险的赔偿范围，参照"损伤参与度"确定损害赔偿责任和交强险责任均无法律依据。

（4）《民法典》第 1211 条：以挂靠形式从事道路运输经营活动的机动车，发生交通事故造成损害，属于该机动车一方责任的，由挂靠人和被挂靠人承担连带责任。

以挂靠形式从事道路运输经营活动的机动车发生交通事故造成损害，属于该机动车一方责任，当事人请求由挂靠人和被挂靠人承担连带责任，法院应支持。

连带责任，由法律规定或当事人约定。2 人以上依法承担连带责任，权利人有权请求部分或全部连带责任人承担责任。连带责任人的责任份额根据各自责任大小确定；难以确定责任大小，平均承担责任。实际承担责任超过自己责任份额的连带责任人，有权向其他连带责任人追偿。

（5）《民法典》第 1212 条：未经允许驾驶他人机动车，发生交通事故造成损害，属于该机动车一方责任的，由机动车使用人承担赔偿责任；机动车所有人、管理人对损害的发生有过错的，承担相应的赔偿责任，但是本章另有规定的除外。

未经允许驾驶他人机动车发生交通事故造成损害，当事人请求由机动车驾驶人承担赔偿责任，法院应支持。机动车所有人或管理人有过错，承担相应的赔偿责任，但具有盗窃、抢劫或抢夺的机动车发生交通事故造成损害，由盗窃人、抢劫人或抢夺人承担赔偿责任。保险公司在机动车强制保险责任限额范围内垫付抢救费用，有权向交通事故责任人追偿情形的除外。

投保人允许的驾驶人驾驶机动车致使投保人遭受损害，当事人请求承保交强险的保险公司在责任限额范围内予以赔偿，法院应支持，但投保人为本车上人员的除外。

（6）《民法典》第1213条：机动车发生交通事故造成损害，属于该机动车一方责任的，先由承保机动车强制保险的保险人在强制保险责任限额范围内予以赔偿；不足部分，由承保机动车商业保险的保险人按照保险合同的约定予以赔偿；仍然不足或者没有投保机动车商业保险的，由侵权人赔偿。

保险公司以保险合同格式条款限定被保险人患病时的治疗方式，既不符合医疗规律，也违背保险合同签订的目的。被保险人有权根据自身病情选择最佳的治疗方式，而不必受保险合同关于治疗方式的限制。保险公司不能以被保险人无选择保险合同指定的治疗方式而免除自己的保险责任。

凡机动车商业保险不能理赔的部分，机动车的所有人、管理人或使用人应按相关的侵权责任形式、规则共同承担赔偿责任（共同连带责任）。

未依法投保交强险的机动车发生交通事故造成损害，当事人请求投保义务人在交强险责任限额范围内予以赔偿，法院应支持。投保义务人和侵权人不是同一人，当事人请求投保义务人和侵权人在交强险责任限额范围内承担连带责任，法院应支持。

同时投保机动车第三者责任强制保险（交强险）和第三者责任商业保险（商业三者险）的机动车发生交通事故造成损害，当事人同时起诉侵权人和保险公司，法院确定赔偿责任的3种方式方法：①先由承保交强险的保险公司在责任限额范围内予以赔偿。②不足部分，由承保商业三者险的保险公司根据保险合同予以赔偿。③仍有不足，依《道路交通安全法》和《侵权责任法》的相关规定由侵权人予以赔偿。被侵权人或其近亲属请求承保交强险的保险公司优先赔偿精神损害，法院应支持。

具有从事交强险业务资格的保险公司违法拒绝承保、拖延承保或违法解除交强险合同，投保义务人在向第三人承担赔偿责任后，请求该保险公司在交强险责任限额范围内承担相应赔偿责任，法院应支持。

因保险合同纠纷提起的诉讼，由被告住所地或保险标的物所在地法院管辖。因财产保险合同纠纷提起的诉讼，若保险标的物是运输工具或运输中的货物，可由运输工具登记注册地、运输目的地、保险事故发生地法院管辖。因人身保险合同纠纷提起的诉讼，可由被保险人住所地法院管辖。

法院审理道路交通事故损害赔偿案件，应将承保交强险的保险公司列为共同被告。但该保险公司已在交强险责任限额范围内予以赔偿且当事人无异议的除外。法院审理道路交通事故损害赔偿案件，当事人请求将承保商业三者险的保险公司列为共同被告，法院应准许。

对道路交通事故社会救助基金的基本要求：①道路交通事故社会救助基金（救助基金：依法筹集用于垫付机动车道路交通事故中受害人人身伤亡的丧葬费用、部分或全部抢救费用的社会专项基金）实行统一政策、地方筹集、分级管理、分工负责。②地方财政部门负责对同级救助基金的筹集、使用和管理进行指导和监督。③救助基金主管部门依法确定救助基金管理机构，并对救助基金管理机构筹集、使用和管理救助基金情况实施监督检查。

（7）《民法典》第1214条：以买卖或者其他方式转让拼装或者已经达到报废标准的机动车，发生交通事故造成损害的，由转让人和受让人承担连带责任。

套牌机动车发生交通事故造成损害，属于该机动车一方责任，当事人请求由套牌机动车的所有人或管理人承担赔偿责任，法院应支持；被套牌机动车所有人或管理人同意套牌，应与套牌机动车的所有人或管理人承担连带责任。拼装车、已达到报废标准的机动车或依法禁止行驶的其他机动车被多次转让，并发生交通事故造成损害，当事人请求由所有的转让人和受让人承担连带责任，法院应支持。

国家对报废机动车回收企业实行资质认定制度。未经资质认定，任何单位或个人不得从事报废机动车回收活动。国家鼓励机动车生产企业从事报废机动车回收活动。机动车生产企业按国家有关规定承担生产者责任。取得报废机动车回收资质认定，应具备企业法人资格；具有符合环保等有关法律、法规和强制性标准要求的存储、拆解场地，拆解设备、设施以及拆解操作规范；具有与报废机动车拆解活动相适应的专业技术人员。

国家实行机动车强制报废制，根据机动车的安全技术状况和不同用途，规定不同的报废标准。应报废的机动车须及时办理注销登记。达到报废标准的机动车不得上道路行驶。报废的大型客、货车及其他营运车辆应在公安机关交管部门的监督下解体。任何单位或个人不得有4种违法违规行为：拼装机动车或擅自改变机动车已登记的结构、构造或特征；改变机动车型号、发动机号、车架号或车辆识别代号；伪造、变造或使用伪造、变造的机动车登记证书、号牌、行驶证、检验合格标志、保险标志；使用其他机动车的登记证书、号牌、行驶证、检验合格标志、保险标志。驾驶拼装的机动车或已达到报废标准的机动车上道路行驶，公安机关交管部门应收缴，强制报废。

对驾驶拼装的机动车或已达到报废标准的机动车上道路行驶的驾驶人，处200元以上2000元以下罚款，并吊销机动车驾驶证。出售已达到报废标准的机动车，没收违法所得，处销售金额等额罚款，对该机动车应收缴，强制报废。

（8）《民法典》第1215条：盗窃、抢劫或者抢夺的机动车发生交通事故造成损害，由盗窃人、抢劫人或者抢夺人承担赔偿责任。盗窃人、抢劫人或者抢夺人与机动车使用人不是同一人，发生交通事故造成损害，属于该机动车一方责任的，由盗窃人、抢劫人或者抢夺人与机动车使用人承担连带责任。

保险人在机动车强制保险责任限额范围内垫付抢救费用的，有权向交通事故责任人追偿。

使用盗窃的机动车辆肇事，造成被害人物质损失，肇事人应依法承担损害赔偿责任，被盗机动车辆的所有人不承担损害赔偿责任。

(9)《民法典》第1216条：机动车驾驶人发生交通事故后逃逸，该机动车参加强制保险的，由保险人在机动车强制保险责任限额范围内予以赔偿；机动车不明、该机动车未参加强制保险或者抢救费用超过机动车强制保险责任限额，需要支付被侵权人人身伤亡的抢救、丧葬等费用的，由道路交通事故社会救助基金垫付。道路交通事故社会救助基金垫付后，其管理机构有权向交通事故责任人追偿。

(10)《民法典》第1217条：非营运机动车发生交通事故造成无偿搭乘人损害，属于该机动车一方责任的，应当减轻其赔偿责任，但是机动车使用人有故意或者重大过失的除外。

# 第10章 外资保险公司与涉外民事诉讼

## 第1节 外资保险公司

### 一、概述

外资保险公司是在中国境外注册、经营保险业务的保险公司。依中国有关法律、行政法规的规定，经批准在中国境内设立和营业的保险公司有：①外国保险公司同中国的公司、企业在中国境内合资经营的保险公司（合资保险公司）。②外国保险公司在中国境内投资经营的外国资本保险公司（独资保险公司）。③外国保险公司在中国境内的分公司（外国保险公司分公司）。

外国保险公司与中国的公司、企业合资在中国境内设立经营人身保险业务的合资保险公司（合资寿险公司），其中外资比例不得超过公司总股本的51%。国务院保险监督管理机构另有规定，适用其规定。外国保险公司直接或间接持有的合资寿险公司股份，不得超过前款规定的比例限制。

外资保险公司须遵守中国法律、法规，不得损害中国的社会公共利益。外资保险公司的正当业务活动和合法权益受中国法律保护。

国务院保险监督管理机构负责对外资保险公司实施监管。国务院保险监督管理机构的派出机构根据国务院保险监督管理机构的授权，对本辖区的外资保险公司进行日常监管。

对外资保险公司的管理，《外资保险公司管理条例》未作规定，适用《保险法》和其他有关法律、行政法规。

外资保险公司违反《外资保险公司管理条例实施细则》有关规定，由国务院保险监督管理机构依据《保险法》《外资保险公司管理条例》等法律、行政法规进行处罚。

《外资保险公司管理条例》及《外资保险公司管理条例实施细则》要求提交、报送的文件、资料和书面报告，应提供中文本，中外文本表述不一致，以中文本的表述为准。

《外资保险公司管理条例》及《外资保险公司管理条例实施细则》规定的期限，从有关资料送达国务院保险监督管理机构之日起计算。申请人申请文件不全、需补交资料，期限应从申请人的补交资料送达国务院保险监督管理机构之日起重算。《外资保险公司管理条例实施细则》有关批准、报告期间的规定是工作日。

外资再保险公司的设立适用《再保险公司设立规定》，《再保险公司设立规定》未作规定，适用《外资保险公司管理条例实施细则》。

香港特别行政区、澳门特别行政区和台湾地区的保险公司在内地（大陆）设立和营业的保险公司，比照适用《外资保险公司管理条例》。

港、澳、台地区的保险公司在内地（大陆）设立和营业的保险公司，比照适用《保险公司管理条例》《外资保险公司管理条例实施细则》；法律、行政法规或行政协议另有规定，适用其规定。

外国保险集团公司可在中国境内设立外资保险公司，具体管理办法由国务院保险监督管理机构依《外资保险公司管理条例》的原则制定。

境外金融机构可入股外资保险公司，具体管理办法由国务院保险监督管理机构制定。

### 二、外资保险公司的设立与登记

设立外资保险公司，应经国务院保险监督管理机构批准。设立外资保险公司的地区，由国务院保险监督管理机构按有关规定确定。设立经营人身保险业务的外资保险公司和经营财产保险业务的外资保险公司，其设立形式、外资比例由国务院保险监督管理机构按有关规定确定。

合资保险公司、独资保险公司的注册资本最低限额为2亿元或等值的自由兑换货币；其注册资本最低限额须为实缴货币资本。外国保险公司分公司应由其总公司无偿拨给不少于2亿元或等值的自由兑换货币的营运资金。国务院保险监督管理机构根据外资保险公司业务范围、经营规模，可提高前两款规定的外资保险公司注册资本或营运资金的最低限额。

外资保险公司的注册资本或营运资金应为实缴货币。外国保险公司分公司成立后，不得以任何形式抽回营运资金。

申请设立外资保险公司的外国保险公司，应具备以下条件：①提出设立申请前1年年末（申请日的上一个会计年度末）总资产不少于50亿美元。②所在国家或地区有完善的保险监管制度，并该外国保险公司已受到所在国家或地区有关主管当局的有效监管。③符合所在国家或地区偿付能力标准。④所在国家或地区有关主管当局同意其申请。⑤国务院保险监督管理机构规定的其他审慎性条件（包括法人治理结构合理；风险管理体系稳健；内部控制制度健全；管理信息系统有效；经营状况良好，无重大违法违规记录）。

设立外资保险公司，申请人应向国务院保险监督管理机构提出书面申请，并提交7种资料：①申请人法定代表人签署的申请书，其中设立合资保险公司，申请书由合资各方法定代表人共同签署。②外国申请人所在国家或地区有关主管当局核发的营业执照（副本：可提供营业执照的有效复印件或有关主管当局出具的该申请人有权经营保险业务的书面证明）、对其符合偿付能力标准的证明及对其申请的意见书（外国申请人所在国家或地区有关主管当局对其申请的意见书，应包括该申请人申请在中国境内设立保险机构是否符合该国家或地区的法律规定；是否同意该申请人的申请；在有关主管当局出具意见之日的前3年，该申请人受处罚的记录。外国申请人所在国家或地区有关主管当局对其符合偿付能力标准的证明，应包括在有关主管当局出具证明之日的上一个会计年度，该申请人的偿付能力符合该国家或地区的监管要求；在有关主管当局出具证明之日的上一个会计年度中，该申请人没有不符合该国家或地区偿付能力标准的记录2种内容之一）。③外国申请人的公司章程、最近3年的年报。年报，应包括申请人在申请日的前3个会计年度的资产负债表、利润表和现金流量表（报表应附由申请人所在国家或地区认可的会计师事务所或审计师事务所出具的审计意见书）。④设立合资保险公司，中国申请人的有关资料（除法律、行政法规另有规定或经国务院批准外，中国申请人应符合《保险公司股权管理办法》等相关规定要求）。⑤拟设公司的可行性研究报告及筹建方案。⑥拟设公司的筹建负责人员名单、简历和任职资格证明（拟设外资保险公司的筹建负责人应具备大专以上学历；从事保险或相关工作2年以上；无违法犯罪记录）。⑦国务院保险监督管理机构规定提供的其他资料。

国务院保险监督管理机构应对设立外资保险公司的申请进行初步审查，自收到完整的申请文件之日起6个月内作出受理或不受理的决定。决定受理，发给正式申请表；决定不受理，应书面通知申请人并说明理由。

申请人应自接到正式申请表之日起1年内完成筹建工作；在规定的期限内未完成筹建工作，有正当理由，经国务院保险监督管理机构批准，可延长3个月（申请延长筹建期，应在筹建期期满之日的前1个月内向国务院保险监督管理机构提交书面申请，并说明理由）。在延长期内仍未完成筹建工作，国务院保险监督管理机构作出的受理决定自动失效。筹建工作完成后，申请人应将填写好的申请表连同以下12种文件报国务院保险监督管理机构审批：①筹建报告（应对该条其他各项的内容作出综述）。②拟设公司的章程。③拟设公司的出资人及其出资额。④法定验资机构出具的验资证明（法定验资机构出具的验资报告；注册资本或营运资金的银行原始入账凭证的复印件）。⑤对拟任该公司主要负责人（拟设外国保险公司分公司的总经理）的授权书（应明确记载被授权人的权限范围，对拟任外国保险公司分公司主要负责人的授权书，由外国保险公司董事长或总经理签署对拟任外国保险公司分公司总经理的授权书）。⑥拟设公司的高级管理人员名单、简历和任职资格证明（拟设公司的高管人员，应符合国务院保险监督管理机构规定的任职资格条件。外国保险公司分公司的高管人员，应具备保险公司总公司高管人员的任职资格条件）。⑦拟设公司未来3年的经营规划和分保方案。⑧拟在中国境内开办保险险种的保险条款、保险费率及责任准备金的计算说明书。⑨拟设公司的营业场所资料（营业场所所有权或使用权的证明文件）、与业务有关的其他设施的资料（至少包括计算机设备配置、网络建设情况以及信息管理系统情况）。

⑩设立外国保险公司分公司，其总公司对该分公司承担税务、债务的责任担保书。⑪设立合资保险公司，其合资经营合同。⑫国务院保险监督管理机构规定提供的其他文件。

申请设立外资保险公司的外国保险公司提供的营业执照（副本）或营业执照的有效复印件；对拟任外国保险公司分公司主要负责人的授权书；外国保险公司对其中国境内分公司承担税务、债务的责任担保书3种文件或资料，应真实有效。

国务院保险监督管理机构应自收到设立外资保险公司完整的正式申请文件之日起60日内，作出批准或不批准的决定。决定批准，颁发经营保险业务许可证；决定不批准，应书面通知申请人并说明理由。经批准设立外资保险公司，申请人凭经营保险业务许可证向市场监管部门办理登记，领取营业执照。

外资保险公司成立后，应按其注册资本或营运资金总额的20%提取保证金，存入国务院保险监督管理机构指定的银行；保证金除外资保险公司清算时用于清偿债务外，不得动用。

外资保险公司在中国境内设立分支机构，由国务院保险监督管理机构按有关规定审核批准。

外资保险公司可根据业务发展需要申请设立分支机构。具体为：①外国保险公司分公司只能在其所在省、自治区或直辖市的行政辖区内开展业务，国务院保险监督管理机构另有规定的除外。②合资保险公司、独资保险公司在其住所地外的各省、自治区、直辖市开展业务，应设立分支机构。分支机构的设立和管理适用国务院保险监督管理机构的有关规定。

外资保险公司及其分支机构的高级管理人员，其任职资格审核与管理，按国务院保险监督管理机构的有关规定执行，《外资保险公司管理条例实施细则》另有规定的除外。

### 三、外资保险公司的业务范围

外资保险公司按国务院保险监督管理机构核定的业务范围，可全部或部分依法经营两种种类的保险业务：①财产保险业务，包括财产损失保险、责任保险、信用保险等保险业务；②人身保险业务，包括人寿保险、健康保险、意外伤害保险等保险业务。

外资保险公司经国务院保险监督管理机构按有关规定核定，可在核定的范围内经营大型商业风险保险业务、统括保单保险业务。

同一外资保险公司不得同时兼营财产保险业务和人身保险业务。

外资保险公司可依法经营《外资保险公司管理条例》第15条规定的保险业务的两种再保险业务：①分出保险。②分入保险。

外资保险公司的具体业务范围、业务地域范围和服务对象范围，由国务院保险监督管理机构按有关规定核定。外资保险公司只能在核定的范围内从事保险业务活动。

### 四、外资保险公司的监管

国务院保险监督管理机构有权检查外资保险公司的业务状况、财务状况及资金运用状况,有权要求外资保险公司在规定的期限内提供有关文件、资料和书面报告,有权对违法违规行为依法进行处罚、处理。

外资保险公司应接受国务院保险监督管理机构依法进行的监督检查,如实提供有关文件、资料和书面报告,不得拒绝、阻碍、隐瞒。

除经国务院保险监督管理机构批准外,外资保险公司不得与其关联企业进行资产买卖或其他交易。关联企业,是指与外资保险公司在股份、出资方面存在控制关系;在股份、出资方面同为第三人所控制;在利益上具有其他相关联的关系 3 种关系之一的企业。

外国保险公司分公司应于每一会计年度终了后 3 个月内,将该分公司及其总公司上一年度的财务会计报告报送国务院保险监督管理机构,并予公布。

外国保险公司分公司的总公司有变更名称、主要负责人或注册地;变更资本金;变更持有资本总额或股份总额 10%以上的股东;调整业务范围;受到所在国家或地区有关主管当局处罚;发生重大亏损;分立、合并、解散、依法被撤销或被宣告破产;国务院保险监督管理机构规定的其他情形 8 种情形之一,该分公司应自各该情形发生之日起 10 日内,将有关情况向国务院保险监督管理机构提交书面报告。

外资保险公司至少有 1 家经营正常的保险公司作为主要股东,进行股权变更,变更后至少有 1 家经营正常的保险公司作为主要股东。主要股东是持股比例最大的股东,以及法律、行政法规、国务院保险监督管理机构规定的其他对公司经管有重大影响的股东。股东与其关联方、一致行动人的持股比例合并计算。

外资保险公司主要股东应承诺自取得股权之日起 5 年内不转让所持有的股权,并在外资保险公司章程中载明。经国务院保险监督管理机构批准进行风险处置,国务院保险监督管理机构责令依法转让,涉及司法强制执行,或在同一控制人控制的不同主体之间转让股权等特殊情形除外。

外资保险公司主要股东拟减持股权或退出中国市场,应履行股东义务,保证保险公司偿付能力符合监管要求。

外国保险公司分公司的总公司解散、依法被撤销或被宣告破产,国务院保险监督管理机构应停止该分公司开展新业务。

外资保险公司经营外汇保险业务,应遵守国家有关外汇管理的规定。除经国家外汇管理机关批准外,外资保险公司在中国境内经营保险业务,应以计价结算。

《外资保险公司管理条例》规定外资保险公司向国务院保险监督管理机构提交、报送文件、资料和书面报告,应提供中文本。

### 五、外资保险公司的终止与清算

外资保险公司因分立、合并或公司章程规定的解散事由出现，经国务院保险监督管理机构批准后解散。外资保险公司解散，应依法成立清算组，进行清算。经营人寿保险业务的外资保险公司，除分立、合并外，不得解散。

合资、独资财产保险公司因分立、合并或公司章程规定的解散事由出现，申请解散，应报国务院保险监督管理机构批准，并提交公司董事长签署的申请书；公司股东会的决议；拟成立的清算组人员构成及清算方案；未了责任的处理方案4种资料。

外资保险公司违反法律、行政法规，被国务院保险监督管理机构吊销经营保险业务许可证，依法撤销，由国务院保险监督管理机构依法及时组织成立清算组进行清算。

经国务院保险监督管理机构批准解散的合资、独资财产保险公司，应自收到国务院保险监督管理机构批准文件之日起，停止新的业务经营活动，向国务院保险监督管理机构缴回经营保险业务许可证，并在15日内成立清算组。

清算组应自成立后5日内将公司开始清算程序的情况书面通知市场监管、税务、人力资源社会保障等有关部门。清算组应自成立之日起1个月内聘请符合国务院保险监督管理机构要求的会计师事务所进行审计；自聘请之日起3个月内向国务院保险监督管理机构提交审计报告。清算组应在每月10号前向国务院保险监督管理机构报送有关债务清偿、资产处置等最新情况报告。

外资保险公司因解散、依法被撤销而清算，应自清算组成立之日起60日内在报纸（具有一定影响的全国性报纸）上至少公告3次。公告内容应经国务院保险监督管理机构核准。

外资保险公司不能支付到期债务，经国务院保险监督管理机构同意，由法院依法宣告破产。外资保险公司被宣告破产，由法院组织国务院保险监督管理机构等有关部门和有关人员成立清算组，进行清算。

外资保险公司解散、依法被撤销或被宣告破产，未清偿债务前，不得将其财产转移至中国境外。

外国财产保险公司申请撤销其在中国境内分公司，应报国务院保险监督管理机构批准，并提交外国财产保险公司董事长或总经理签署的申请书；拟成立的清算组人员构成及清算方案；未了责任的处理方案3种资料。外国财产保险公司撤销其在中国境内分公司的具体程序，适用《外资保险公司管理条例》及《外资保险公司管理条例实施细则》有关合资、外资财产保险公司申请解散的程序。外国财产保险公司分公司的总公司解散、依法被撤销或宣告破产，外国财产保险公司分公司的清算及债务处理适用《外资保险公司管理条例》及《外资保险公司管理条例实施细则》有关合资、独资财产保险公司解散的相应规定。

## 六、外资保险公司的法律责任

违反《外资保险公司管理条例》规定，擅自设立外资保险公司或非法从事保险业务活动，由国务院保险监督管理机构予以取缔；依《刑法》关于擅自设立金融机构罪、非法经营罪或其他罪的规定，依法追究刑事责任；尚不够刑事处罚的，由国务院保险监督管理机构没收违法所得，并处违法所得1倍以上5倍以下罚款，没有违法所得或违法所得不足20万元，处20万元以上100万元以下罚款。

外资保险公司违反《外资保险公司管理条例》规定，超出核定的业务范围、业务地域范围或服务对象范围从事保险业务活动，依《刑法》关于非法经营罪或其他罪的规定，依法追究刑事责任；尚不够刑事处罚的，由国务院保险监督管理机构责令改正，责令退还收取的保险费，没收违法所得，并处违法所得1倍以上5倍以下罚款，没有违法所得或违法所得不足10万元，处10万元以上50万元以下罚款；逾期不改正或造成严重后果，责令限期停业或吊销经营保险业务许可证。

外资保险公司违反《外资保险公司管理条例》规定，有未按规定提存保证金或违反规定动用保证金；违反规定与其关联企业从事交易活动；未按规定补足注册资本或营运资金3种行为之一，由国务院保险监督管理机构责令改正，处5万元以上30万元以下罚款；情节严重，可责令停止接受新业务或吊销经营保险业务许可证。

外资保险公司违反《外资保险公司管理条例》规定，有未按规定提交、报送有关文件、资料和书面报告；未按规定公告两种行为之一，由国务院保险监督管理机构责令限期改正；逾期不改正，处1万元以上10万元以下罚款。

外资保险公司违反《外资保险公司管理条例》规定，有提供虚假的文件、资料和书面报告；拒绝或阻碍依法监督检查两种行为之一，由国务院保险监督管理机构处10万元以上50万元以下罚款。

外资保险公司违反《外资保险公司管理条例》规定，将其财产转移至中国境外，由国务院保险监督管理机构责令转回转移的财产，处转移财产金额20%以上等值以下罚款。

外资保险公司违反中国有关法律、行政法规和《外资保险公司管理条例》规定，国务院保险监督管理机构可取消该外资保险公司高级管理人员一定期限直至终身在中国的任职资格。

# 第2节　涉外民事诉讼

## 一、涉外民事诉讼的管辖

在中国领域内进行涉外民事诉讼，适用涉外民事诉讼程序的特别规定。涉外民事诉讼程序的特别规定未规定，适用《民事诉讼法》其他有关规定。

法院可认定为涉外民事案件的5种情形：①当事人一方或双方是外国人、无国籍人、外国企业或组织。②当事人一方或双方的经常居所地在中国领域外。③标的物在中国领域外。④产生、变更或消灭民事关系的法律事实发生在中国领域外。⑤可认定为涉外民事案件的其他情形。

从《民事诉讼法》角度，由中级人民法院管辖的3种第一审民事案件：①重大涉外案件，包括争议标的额大的案件、案情复杂的案件，或一方当事人人数众多（一般指10人以上）等具有重大影响的案件。②在本辖区有重大影响的案件。③最高人民法院确定由中级人民法院管辖的案件。

不适用小额诉讼程序审理的5种民事案件：①人身关系、财产确权纠纷。②涉外民事纠纷。③知识产权纠纷。④需评估、鉴定或对诉前评估、鉴定结果有异议的纠纷。⑤其他不宜适用一审终审的纠纷。

因合同纠纷或其他财产权益纠纷，对在中国领域内无住所的被告提起的诉讼，若合同在中国领域内签订或履行，或诉讼标的物在中国领域内，或被告在中国领域内有可供扣押的财产，或被告在中国领域内设有代表机构，可由合同签订地、合同履行地、诉讼标的物所在地、可供扣押财产所在地、侵权行为地或代表机构住所地法院管辖。

合同约定履行地点，以约定的履行地点为合同履行地。合同对履行地点无约定或约定不明确，争议标的为给付货币，接收货币一方所在地为合同履行地；交付不动产，不动产所在地为合同履行地；其他标的，履行义务一方所在地为合同履行地。即时结清的合同，交易行为地为合同履行地。合同无实际履行，当事人双方住所地都不在合同约定的履行地，由被告住所地法院管辖。

财产租赁合同、融资租赁合同以租赁物使用地为合同履行地。合同对履行地有约定，从其约定。

以信息网络方式订立的买卖合同，通过信息网络交付标的，以买受人住所地为合同履行地；通过其他方式交付标的，收货地为合同履行地。合同对履行地有约定，从其约定。

因财产保险合同纠纷提起的诉讼，若保险标的物是运输工具或运输中的货物，可由运输工具登记注册地、运输目的地、保险事故发生地法院管辖。因人身保险合同纠纷提起的诉讼，可由被保险人住所地法院管辖。

涉外合同或其他财产权益纠纷的当事人，可书面协议选择被告住所地、合同履行地、合同签订地、原告住所地、标的物所在地、侵权行为地等与争议有实际联系地点的外国法院管辖。

根据《民事诉讼法》第33条、第216条规定，属于中国法院专属管辖的案件，当事人不得协议选择外国法院管辖，但协议选择仲裁的除外。

涉外民事案件同时符合6种情形，法院可裁定驳回原告的起诉，告知其向更方便的外国法院提起诉讼：①被告提出案件应由更方便外国法院管辖的请求，或提出管辖异议。②当事人之间不存在选择中国法院管辖的协议。③案件不属于中国法院专属管辖。④案件不涉及中国国家、公民、法人或其他组织的利益。⑤案件争议的主要事实不是发生在中国境内，且案件不适用中国法律，法院审理案件在认定事实和适用法律方面存在重大困难。⑥外国法院对案件享有管辖权，且审理该案件更加方便。

中国法院和外国法院都有管辖权的案件，一方当事人向外国法院起诉，而另一方当事人向中国法院起诉，法院可予受理。判决后，外国法院申请或当事人请求法院承认和执行外国法院对本案作出的判决、裁定，不予准许；但双方共同缔结或参加的国际条约另有规定的除外。外国法院判决、裁定已被法院承认，当事人就同一争议向法院起诉，法院不予受理。

因在中国履行中外合资经营企业合同、中外合作经营企业合同、中外合作勘探开发自然资源合同发生纠纷提起的诉讼，由中国法院管辖。

## 二、涉外民事诉讼案件的处理原则

### （一）国际条约优先适用原则

中国缔结或参加的国际条约同《民事诉讼法》有不同规定，适用该国际条约的规定，但中国声明保留的条款除外。

### （二）外交特权与豁免

对享有外交特权与豁免的外国人、外国组织或国际组织提起的民诉，应依中国有关法律和中国缔结或参加的国际条约的规定办理。

外国人、外国企业或组织的代表人在法院法官的见证下签署授权委托书，委托代理人进行民事诉讼，法院应予认可。

外国人、外国企业或组织的代表人在中国境内签署授权委托书，委托代理人进行民事诉讼，经中国公证机构公证，法院应予认可。

外国人参加诉讼，应向法院提交护照等用以证明自己身份的证件。外国企业或组织参加诉讼，向法院提交的身份证明文件，应经所在国（外国企业或组织的设立登记地国，也可是办理了营业登记手续的《民事诉讼法》第三国）公证机关公证，并经中国驻该国使领馆认证，或履行中国与该所在国订立的有关条约中规定的证明手续。代表外国企业或组织参加诉讼的人，应向法院提交其有权作为代表人参加诉讼的证明，该证明应经所在公证机关公证，并经中国驻该国使领馆认证，或履行中国与该所在国订立的有关条约中规定的证明手续。

依《民事诉讼法》第 264 条涉外公证和认证、《民诉法司法解释》第 523 条法院可认定为涉外民事案件的 5 种情形（当事人一方或双方是外国人、无国籍人、外国企业或组织；当事人一方或双方的经常居所地在中国领域外；标的物在中国领域外；产生、变更或消灭民事关系的法律事实发生在中国领域外；可认定为涉外民事案件的其他情形）规定，需办理公证、认证手续，而外国当事人所在国与中国无建立外交关系，可经该国公证机关公证，经与中国有外交关系的《民事诉讼法》第三国驻该国使领馆认证，再转由中国驻该民诉法第三国使领馆认证。

### （三）使用中国语言文字原则

法院审理涉外民事案件，应使用中国通用的语言、文字。当事人要求提供翻译，可提供，费用由当事人承担。

当事人向法院提交的书面材料是外文，应同时向法院提交中文翻译件。当事人对中文翻译件有异议，应共同委托翻译机构提供翻译文本；当事人对翻译机构的选择不能达成一致，由法院确定。

### （四）聘请中国律师代理原则

外国人、无国籍人、外国企业和组织在法院起诉、应诉，须委托律师代理诉讼，须委托中国的律师。

涉外民事诉讼中的外籍当事人，可委托本国人为诉讼代理人，也可委托本国律师以非律师身份担任诉讼代理人；外国驻华使领馆官员，受本国公民的委托，可以个人名义担任诉讼代理人，但在诉讼中不享有外交或领事特权和豁免。

涉外民事诉讼中，外国驻华使领馆授权其本馆官员，在作为当事人的本国国民不在中国领域内的情况下，可以外交代表身份为其本国国民在中国聘请中国律师或中国公民代理民事诉讼。

### （五）中国公证和认证原则

在中国领域内无住所的外国人、无国籍人、外国企业和组织委托中国律师或其他人代理诉讼，从中国领域外寄交或托交的授权委托书，应经所在国公证机关证明，并经中国驻该国使领馆认证，或履行中国与该所在国订立的有关条约中规定的证明手续后，才具有效力。

## 三、涉外民事诉讼的期间

### （一）答辩期间

被告在中国领域内无住所，法院应将起诉状副本送达被告，并通知被告在收到起诉状副本后30日内提出答辩状。被告申请延期，是否准许，由法院决定。

### （二）上诉期间

在中国领域内无住所的当事人，不服第一审法院判决、裁定，有权在判决书、裁定书送达之日起30日内提起上诉。被上诉人在收到上诉状副本后，应在30日内提出答辩状。当事人不能在法定期间提起上诉或提出答辩状，申请延期，是否准许，由法院决定。

### （三）审理期间不受限制

法院审理涉外民事案件的期间，不受《民事诉讼法》规定的限制。

### 四、涉外民事诉讼的仲裁

#### (一) 仲裁协议

涉外经济贸易、运输和海事中发生的纠纷，当事人在合同中订有仲裁条款或事后达成书面仲裁协议，提交中国涉外仲裁机构或其他仲裁机构仲裁，当事人不得向法院起诉。当事人在合同中无订有仲裁条款或事后无达成书面仲裁协议，可向法院起诉。

#### (二) 财产保全

当事人申请采取保全，中国的涉外仲裁机构应将当事人的申请，提交被申请人住所地或财产所在地的中级人民法院裁定。

#### (三) 仲裁裁决执行

经中国涉外仲裁机构裁决，当事人不得向法院起诉。一方当事人不履行仲裁裁决，对方当事人可向被申请人住所地或财产所在地的中级人民法院申请执行。

#### (四) 不予执行情形

对中国涉外仲裁机构作出的裁决，被申请人提出证据证明仲裁裁决有下列情形之一，经法院组成合议庭审查核实，裁定不予执行：①当事人在合同中无订有仲裁条款或事后无达成书面仲裁协议。②被申请人无得到指定仲裁员或进行仲裁程序的通知，或因其他不属于被申请人负责的原因未能陈述意见。③仲裁庭的组成或仲裁的程序与仲裁规则不符。④裁决的事项不属于仲裁协议的范围或仲裁机构无权仲裁。法院认定执行该裁决违背社会公共利益，裁定不予执行。

#### (五) 不予执行后果

仲裁裁决被法院裁定不予执行，当事人可根据双方达成的书面仲裁协议重新申请仲裁，也可向法院起诉。

### 五、涉外民事诉讼的国际民事司法协助

#### (一) 国际民事司法协助的内容和原则

根据中国缔结或参加的国际条约，或按互惠原则，法院和外国法院可相互请求，代为送达文书、调查取证以及进行其他诉讼行为。外国法院请求协助的事项有损于中国的主权、安全或社会公共利益，法院不予执行。

#### (二) 国际民事司法协助的途径

请求和提供司法协助，应依中国缔结或参加的国际条约所规定的途径进行；无条约关系，通过外交途径进行。外国驻中国的使领馆可向该国公民送达文书和调查取证，但不得违反中国的法律，并不得采取强制措施。除前款规定的情况外，未经中国主管机关准许，任何外国机关或个人不得在中国领域内送达文书、调查取证。

### （三）国际民事司法协助的文字要求

外国法院请求法院提供司法协助的请求书及其所附文件，应附有中文译本或国际条约规定的其他文字文本。法院请求外国法院提供司法协助的请求书及其所附文件，应附有该国文字译本或国际条约规定的其他文字文本。

### （四）国际民事司法协助的程序

法院提供司法协助，依中国法律规定的程序进行。外国法院请求采用特殊方式，也可按其请求的特殊方式进行，但请求采用的特殊方式不得违反中国法律。

### （五）国际民事司法协助之申请外国承认的执行

法院作出的发生法律效力的判决、裁定，若被执行人或其财产不在中国领域内，当事人请求执行，可由当事人直接向有管辖权的外国法院申请承认和执行，也可由法院依中国缔结或参加的国际条约的规定，或按互惠原则，请求外国法院承认和执行。中国涉外仲裁机构作出的发生法律效力的仲裁裁决，当事人请求执行，若被执行人或其财产不在中国领域内，应由当事人直接向有管辖权的外国法院申请承认和执行。

外国法院作出的发生法律效力的判决、裁定，需中国法院承认和执行，可由当事人直接向中国有管辖权的中级人民法院申请承认和执行，也可由外国法院依该国与中国缔结或参加的国际条约的规定，或按互惠原则，请求法院承认和执行。

### （六）国际民事司法协助之承认和执行外国法院裁判

法院对申请或请求承认和执行外国法院作出的发生法律效力的判决、裁定，依中国缔结或参加的国际条约，或按互惠原则进行审查后，认为不违反中国法律的基本原则或国家主权、安全、社会公共利益，裁定承认其效力，需执行，发出执行令，依《民事诉讼法》的有关规定执行。违反中国法律的基本原则或国家主权、安全、社会公共利益，不予承认和执行。

国外仲裁机构的裁决，需中国法院承认和执行，应由当事人直接向被执行人住所地或其财产所在地的中级人民法院申请，法院应依中国缔结或参加的国际条约，或按互惠原则办理。

## 六、涉外民事诉讼文书的送达

法院对在中国领域内无住所的当事人送达诉讼文书，可采用下列方式：①依受送达人所在国与中国缔结或共同参加的国际条约中规定的方式送达。②通过外交途径送达。③对具有中国国籍的受送达人，可委托中国驻受送达人所在国的使领馆代为送达。④向受送达人委托的有权代其接受送达的诉讼代理人送达。⑤向受送达人在中国领域内设立的代表机构或有权接受送达的分支机构、业务代办人送达。⑥受送达人所在国的法律允许邮寄送达，可邮寄送达，自邮寄之日起满3个月，送达回证无退回，但根据各种情况足以认定已送达，期限届满之日视为送达。⑦采用传真、电子邮件等能确认受送达人收悉的方式送达。⑧不能用上述方式送达，公告送达，自公告之日起满

3 个月，即视为送达。

当庭宣判的案件，除当事人当庭要求邮寄发送裁判文书的外，法院应告知当事人或诉讼代理人领取裁判文书的时间和地点以及逾期不领取的法律后果。上述情况，应记入笔录。

对在中国领域内无住所的当事人，经用公告方式送达诉讼文书，公告期满不应诉，法院缺席判决后，仍应将裁判文书依《民事诉讼法》规定公告送达。自公告送达裁判文书满 3 个月之日起，经 30 日的上诉期当事人无上诉，一审判决即发生法律效力。

受送达人所在国允许邮寄送达，法院可邮寄送达。邮寄送达时应附有送达回证。受送达人未在送达回证上签收但在邮件回执上签收，视为送达，签收日期为送达日期。自邮寄之日起满 3 个月，若未收到送达的证明文件，且根据各种情况不足以认定已送达，视为不能用邮寄方式送达。

法院一审时采取公告方式向当事人送达诉讼文书，二审时可径行采取公告方式向其送达诉讼文书，但法院能采取公告方式外的其他方式送达的除外。

# 下 篇

## 非商业保险法

# 第1章　社会保险法

## 第1节　社会保险概论

### 一、社会保险的概念和特征

社会保险（社会保障）具有普遍性、强制性、保障性、互助性、福利性，是国家根据社会保障对象、社会保障项目、社会保障水平及社会经济发展阶段和水平，对因生育、年老、疾病、失业、工伤、伤残、死亡、遭遇灾害等主客观风险导致丧失劳动能力或暂时失去工作、中断劳动而失去工资收入、无生活来源、退出生产领域的社会弱势群体和所有参加社会保险的劳动者，以国家财力为福利保证，由国家、社会（法人、非法人组织、用人单位、社区等）和劳动者共同筹资形成社会保险基金，通过基本养老保险、基本医疗保险、工伤保险、失业保险、生育保险等社会保险方式，构建互助互济共同分担社会风险，依法给予劳动者本人及其直系亲属物质帮助和生活保障，保障公民基本生活需要，不以营利为目的的保障制度，是国家赋予劳动者的公民权利之一，是一种公共社会福利事业、社会公共资源再分配制度，具有保障劳动者基本生活、维护社会安定、促进经济发展的重要作用。社会保险与商业保险的关系如图1-1所示。

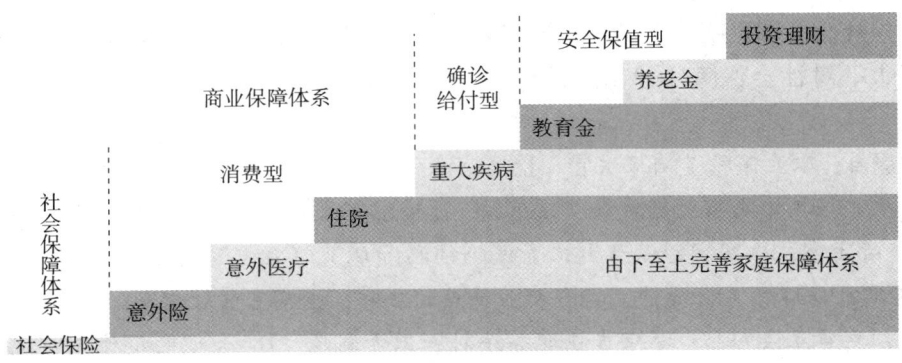

图1-1　保险阶梯

**例题 1**：下列哪些情形不属于《劳动争议处理条例》规定的劳动争议范围？

A. 张某自动离职1年后，回原单位要求复职被拒绝。B. 郑某辞职后，不同意公司按存款本息购回其持有的职工股，要求做市场价评估。C. 秦某退休后，因社会保险经办机构未及时发放社会保险金，要求公司协助解决。D. 刘某因工伤致残后，对劳动能力鉴定委评定的伤残等级不服，要求重新鉴定。【答案】B、C、D。

**例题 2**：张某出差途中突发疾病死亡，被市社会保障局认定为工伤。但张某所在单位认为依据《工伤保险条例》，只有"在工作时间和工作岗位突发疾病死亡"才属于工伤，遂诉至法院。法官认为，张某为完成单位分配任务，须经历从工作单位到达出差目的地这一过程，出差途中应视为工作时间和工作岗位，故构成工伤。关于此案，哪些说法正确？

A. 解释法律时应首先运用文义解释方法。B. 法官对条文作了扩张解释。C. 对条文文义的扩张解释不应违背立法目的。D. 一般而言，只有在法律出现漏洞时才需进行法律解释。【答案】B、D。

**例题 3**：职工薛某被认定为工伤且被鉴定为六级伤残。关于其工伤保险待遇，下列选项正确的是：

A. 如商场未参加工伤保险，薛某可主张商场支付工伤保险待遇或承担民事人身损害赔偿责任。B. 如商场未参加工伤保险也不支付工伤保险待遇，薛某可主张工伤保险基金先行支付。C. 如商场参加了工伤保险，主要由工伤保险基金支付工伤保险待遇，但按月领取的伤残津贴仍由商场支付。D. 如电梯厂已支付工伤医疗费，薛某仍有权获得工伤保险基金支付的工伤医疗费。【答案】B、C。

社会养老保险是社会保障体系的重要组成部分。党的十八大报告指出："要坚持全覆盖，保基本，多层次，可持续方针"，"以增强公平性，适应流动性，保持可持续性为重点，全面建成覆盖城乡居民的社会保障体系"。从社会保障法律制度体系角度，社会保险法律制度、社会救济法律制度、社会福利法律制度、社会互助法律制度、社会优抚法律制度，都是社会保障法律制度的重要组成部分。社会保障法的基本原则有国家发挥主导作用、社会保障措施和经济发展水平相适应、国家用人单位和劳动者个人合理负担社会保障费用开支等。从经济基础决定上层建筑的角度，社会经济发展阶段和发展水平对社会保障法律制度的保障对象、保障项目、保障水平具有天然的制约作用。

**例题 4**：职业保障是确保法官、检察官队伍稳定、发展的重要条件，是实现司法公正的需要。根据中央有关精神和《法官法》《检察官法》规定，下列哪一说法错误？

A. 对法官、检察官的保障由工资保险福利和职业（履行职务）两方面保障构成。B. 完善职业保障体系，要建立符合职业特点的法官、检察官管理制度。C. 完善职业保障体系，要建立法官、检察官专业职务序列和工资制度。D. 合理的退休制度也是保障制度的重要组成部分，应高度重视。【答案】A。

**例题 5**：关于公务员的辞职和辞退，哪些说法正确？

A. 重要公务尚未处理完毕的公务员，不得辞去公职。B. 领导成员对重大事故负有领导责任的，应引咎辞去公职。C. 对患病且在规定的医疗期内的公务员，不得辞退。D. 被辞退的公务员，可根据国家有关规定享受失业保险。【答案】C、D。

《社会保险法》共12章98条，自2011年7月1日起施行，包括总则、附则、基本养老保险、基本医疗保险、工伤保险、失业保险、生育保险、社保费征缴、社会保险基金、社会保险经办、社会保险监督、法律责任，具有规范社会保险关系，维护公民参加社会保险和享受社会保险待遇的合法权益，共享发展成果，促进社会和谐稳定的重要意义。进城务工的农村居民依《社会保险法》规定参加社会保险。征收农村集体所有的土地，应足额安排被征地农民的社会保险费用，按国务院规定将被征地农民纳入相应的社会保险制度。外国人在中国境内就业，参照《社会保险法》规定参加社会保险。

从历史演进角度，社会保障制度经历了习惯法阶段、社会保障法萌芽阶段、济贫法阶段、社会保险法阶段、社会保障法阶段等不同历史阶段。具体可以从以下几个方面分析：①从比较法的角度，社会保险法是社会保障法的一部分。社会保险关系是社会保障关系（社会保险、社会救助、社会福利、社会优抚，或社会保障资金筹集、社会保障待遇支付发放、社会保障监管、社会保障争议解决等）的一部分。②从法律渊源角度，《社会保障法》的法律渊源，根据具有多样性、复杂性、差异性，包括《宪法》《劳动法》《保险法》《社会保险法》《军人保险法》等法律法规、司法解释及一些重要国际公约。③从两大法系社会保障资金筹集方式、社会保障范围、社会保障水平角度，社会保障制度具有多元性、广泛性、社会性、保障性、互助性、自愿性，可分为自我积累型社会保障制度、自保公助型社会保障制度、全民保障型社会保障制度等不同类型；养老保险模式因此也具有多元性、普遍性、长期性等特征，可分为社会保险模式、福利国家模式、储蓄保险模式等不同类型。

从《社会保障最低标准公约》角度，社会风险包括年老、患病、失业、职业伤害、生育和家庭困难6类。社会保障制度涉及医疗补助、病假津贴、残疾津贴、失业津贴、老龄津贴、工伤津贴、生育津贴、遗属津贴、家庭津贴等9种基本社会保障项目。享受工伤待遇的条件：①因工伤身体呈疾病状态者。②因工伤丧失劳动能力并因此中断工资收入者。③因永久或暂时丧失劳动能力而完全丧失或部分丧失工资收入者。④遗属因供养者死亡而失去生活费来源者。

**例题 6**：钱某为益扬有限公司的董事，赵某为公司的职工代表监事。公司为钱某、赵某支出的下列哪些费用须经公司股东会批准？

A. 钱某的年薪。B. 钱某的董事责任保险费。C. 赵某的差旅费。D. 赵某的社保费。【答案】A、B。

## 二、社会保险法的基本原则

从传统社会保险理论角度，社会保险法的基本原则有公民权利保障性、社会性、多支柱性、均衡性等，包括国家普遍责任原则、社会保障社会化原则、社会保障多支柱原则、社会保障货币支付原则、社会保障水平和社会经济发展水平相适应原则等。

国家建立基本养老保险、基本医疗保险、工伤保险、失业保险、生育保险等社会保险制度，保障公民在年老、疾病、工伤、失业、生育等情况下依法从国家和社会获得物质帮助权。

社会保险制度坚持广覆盖、保基本、多层次、可持续的方针，社会保险水平应与经济社会发展水平相适应。中国境内的用人单位和个人依法缴纳社会保险费用，并有权查询缴费记录、个人权益记录，要求社会保险经办机构提供社会保险咨询等相关服务。个人依法享受社会保险待遇，有权监督本单位为其缴费情况，县级以上政府要将社会保险事业纳入国民经济和社会发展规划。

国家多渠道筹集社会保险资金。县级以上政府应对社会保险事业给予必要的经费支持，国家通过税收优惠政策支持社会保险事业。

国家对社会保险基金实行严格监管。国务院和省级政府建立健全社会保险基金监管制度，保障社会保险基金安全、有效运行。县级以上政府应采取措施，鼓励和支持社会各方面参与社会保险基金的监督。人力资源和社会保障部负责全国的社会保险管理工作，国务院其他有关部门在各自的职责范围内负责社会保险工作。县级以上地方政府社会保障部门负责本行政区域的社会保险管理工作，县级以上地方政府其他有关部门在各自的职责范围内负责社会保险工作。

社会保险经办机构提供社会保险服务，负责社会保险登记、个人权益记录、社会保险待遇支付等工作。工会依法维护职工的合法权益，有权参与社会保险重大事项的研究，参与社会保险监督，对与职工社会保险权益有关的事项进行监督。

表1-1　社会保险与商业保险的性质及区别

|  | 社会保险/新农合 | 商业保险 |
| --- | --- | --- |
| 意愿性质 | 国家福利，强制性购买<br>满足基本生活需求，促进生活安定，保障社会稳定 | 个人行为，自愿购买<br>被保险人能够享受最大限度的经济保障 |
| 缴费时长 | 必须连续缴满15年 | 缴费期可选择月交/年交/终身交 |
| 领取时间 | 到达法定退休年龄可领取 | 有分红年金/满期金等多种领取时间 |
| 缴费金额 | 养老保险个人缴纳8%，医疗保险个人缴纳2%，失业保险个人缴纳1%。工资增加，缴费增加 | 险种不同，保费不同<br>自由选择，多缴多得 |

续表

|  | 社会保险/新农合 | 商业保险 |
|---|---|---|
| 保障时长 | 终身，越长寿越受益<br>不能退保，不能代领 | 短期：保障1年<br>中长期：保障定期60~85岁<br>长期：终身保障 |
| 意外伤害涵盖范围 | 工伤保险只针对在单位内或上下班途中，外出旅游或在家发生意外皆不负责，可用个人医疗保险的部分金额，不能报销 | 随时随地都能保障（个别险种除外）涵盖多种意外保障类型治疗费用超过100元的部分，都可以按照保单规定按比例报销（一般为80%~90%）。 |
| 医疗针对性 | 只报销因疾病引起的医疗费用，额度有起付线和上限，病种有限制（先自己垫付，再凭发票报销一定比例） | 补充社会保险，报销包含自费药及进口药社会保险报销后的剩余部分（重大疾病险种一般都是提前给付） |
| 住院补贴 | 无 | 补贴金额50~200元/天不等 |
| 遗产继承 | 限额报销一定的丧葬费，账户随个人去世而消失，家人无法继承与受益 | 根据保单规定比例进行保险赔付，高额赔付作为家人继承费用（免税） |
| 特殊豁免权 | 无 | 被保险人或投保人发生保单规定内的疾病或残疾身故，可以免交续期保费，保单持续有效 |
| 变现灵活度 | 缴满15年，退休后领取。通过医疗保险套现属于违法行为 | 保单可进行借款，可根据保单的借款比例贷款或取现 |
| 其他功能 | 无 | 避税功能、躲债功能、防止通货膨胀 |

从《劳动法》角度，国家通过促进劳动就业，发展职业教育，制定劳动标准，调节社会收入，完善社会保险，协调劳动关系，逐步提高劳动者的生活水平。劳动者享有平等就业和选择职业、取得劳动报酬、休息休假、获得劳动安全卫生保护的权利、接受职业技能培训、享受社会保险和福利、提请劳动争议处理及法律规定的其他劳动权利。劳动者以用人单位未为其办理社会保险手续，且社会保险经办机构不能补办导致其无法享受社会保险待遇为由，要求用人单位赔偿损失而发生争议，法院应受理。劳动者请求社会保险经办机构发放社会保险金的纠纷不属于劳动争议。

从《婚姻法》角度，夫妻在婚姻关系存续期间的夫妻共同财产具有多样性、复杂性、类型性。具体包含①工资、奖金。②生产、经营的收益。③知识产权的收益（婚姻关系存续期间，实际取得或已明确可取得的财产性收益）。④继承或赠与所得的财产，以遗嘱或赠与合同中确定只归夫或妻一方的财产为例外。⑤其他应归共同所有的财产（一方以个人财产投资取得的收益。男女双方实际取得或应取得的住房补贴、住房公积金。男女双方实际取得或应取得的养老保险金、破产安置补偿费）。特殊而言，夫妻一方个人财产在婚后产生的收益应认定为夫妻共同财产，以孳息和自然增值为例外。军人的伤亡保险金、伤残补助金、医药生活补助费属于个人财产。离婚时夫妻一方尚未退休、不符合领取养老保险金条件，另一方请求按夫妻共同财产分割养老保险金，法院不支持。婚后以夫妻共同财产缴付养老保险费，离婚时一方主张将养老金账户中婚姻关系存续期间个人实际缴付部分作为夫妻共同财产分割，法院应支持。

从《社会保险法》角度，个人跨统筹地区就业，其基本养老保险关系随本人转移，缴费年限累计计算。个人达到法定退休年龄时，基本养老金分段计算、统一支付。社会保险金专款专用，任何组织和个人不得侵占或挪用。社会保险基金不得违规投资运营，不得用于平衡其他政府预算，不得用于兴建、改建办公场所和支付人员经费、运行费用、管理费用，或违反法律、行政法规规定挪作其他用途。社会保险基金不能用于平衡政府财政预算。由企业和个人共同缴纳的保费只有养老保险、医疗保险和失业保险，生育保险完全由企业承担，个人不需缴纳。参加基本养老保险的个人，达到法定退休年龄时累计缴费满15年，按月领取基本养老金。参加基本养老保险的个人，达到法定退休年龄时累计缴费不足15年，可缴费至满15年，按月领取基本养老金，也可转入新型农村社会养老保险或城镇居民社会养老保险，按国务院规定享受相应的养老保险待遇。

例题7：关于社会保险制度，哪些说法正确？
A. 国家建立社会保险制度，是为了使劳动者在年老、患病、工伤、失业、生育等情况下获得帮助和补偿。B. 国家设立社会保险基金，按保险类型确定资金来源，实行社会统筹。C. 用人单位和职工都有缴纳社保费的义务。D. 劳动者死亡后，其社会保险待遇由遗属继承。【答案】A、B、C。

例题8：下列说法中符合《社会保险法》规定的是：
A. 个人跨统筹地区就业，其基本养老保险关系随本人转移，缴费年限累计计算，个人达到法定退休年龄时，基本养老金分段计算、统计支付。B. 社会保险基金可用于平衡政府财政预算，但不得用于兴建、改建办公场所和支付人员经费、运行费用、管理费用或违反法律、行政法规规定挪作其他用途。C. 根据《社会保险法》规定，需由企业和个人共同缴纳保费的有养老保险、医疗保险、生育保险和失业保险。D. 参加基本养老保险的个人，若想要按月领取基本养老金，须满足达到法定退休年龄时累计缴费满15年的要求。【答案】A。

法院应受理的劳动纠纷案件具有劳动仲裁前置性，具体为：①劳动者以用人单位的工资欠条为证据直接向法院起诉，诉讼请求不涉及劳动关系其他争议，视为拖欠劳动报酬争议，按普通民事纠纷受理。②当事人在劳动争议调解委员会主持下仅就劳动报酬争议达成调解协议，用人单位不履行调解协议确定的给付义务，劳动者直接向法院起诉，法院可按普通民事纠纷受理。③用人单位和劳动者因劳动关系是否已解除或终止，应否支付解除或终止劳动关系经济补偿金产生的争议，经劳动争议仲裁委仲裁后，当事人依法起诉，法院应受理。④劳动者与用人单位解除或终止劳动关系后，请求用人单位返还其收取的劳动合同定金、保证金、抵押金、抵押物产生的争议，或办理劳动者的人事档案、社保关系等移转手续产生的争议，经劳动争议仲裁委仲裁后，当事人依法起诉，法院应受理。⑤劳动者因工伤、职业病，请求用人单位依法承担给予工伤保险待遇的争议，经劳动争议仲裁委仲裁后，当事人依法起诉，法院应受理。⑥用人单位不履行劳动争议仲裁委作出的预先支付劳动者部分工资或医疗费用裁决的给付义务，劳动者依法向法院申请强制执行，法院应受理。

从司法解释看，《最高人民法院关于审理仲裁司法审查案件若干问题的规定》（法释〔2017〕22号）的适用对象为6种仲裁司法审查案件：申请确认仲裁协议效力案件。申请执行中国内地仲裁机构的仲裁裁决案件。申请撤销中国内地仲裁机构的仲裁裁决案件。申请认可和执行中国港、澳、台地区仲裁裁决案件。申请承认和执行外国仲裁裁决案件。其他仲裁司法审查案件。具体规定有：①申请确认仲裁协议效力的案件，由仲裁协议约定的仲裁机构所在地、仲裁协议签订地、申请人住所地、被申请人住所地的中院或专门法院管辖。②涉及海事海商纠纷仲裁协议效力的案件，由仲裁协议约定的仲裁机构所在地、仲裁协议签订地、申请人住所地、被申请人住所地的海事法院管辖，以该地点无海事法院，由就近的海事法院管辖为例外。③外国仲裁裁决与法院审理的案件存在关联，被申请人住所地、被申请人财产所在地均不在中国内地，申请人申请承认外国仲裁裁决，由受理关联案件的法院管辖。一是受理关联案件的法院为基层法院，申请承认外国仲裁裁决的案件应由该基层法院的上一级法院管辖。二是受理关联案件的法院是高院或最高法，由上述法院决定自行审查或指定中院审查。三是外国仲裁裁决与中国内地仲裁机构审理的案件存在关联，被申请人住所地、被申请人财产所在地均不在中国内地，申请人申请承认外国仲裁裁决，由受理关联案件的仲裁机构所在地的中院管辖。④申请人向2个以上有管辖权的法院提出申请，由最先立案的法院管辖。⑤申请人向法院申请确认仲裁协议效力，应提交申请书（申请人或被申请人为自然人，应载明其姓名、性别、出生日期、国籍、住所；法人或其他组织的名称、住所及法定代表人或代表人的姓名和职务。仲裁协议的内容。具体的请求和理由）及仲裁协议正本或经证明无误的副本。当事人提交的外文申请书、仲裁协议及其他文件，应附有中文译本。申请人向法院申请执行或撤销中国内地仲裁机构的仲裁裁决、申请承认和执行外国仲裁裁决，应提交申请书（申请人或被申请人为自然人，应载明其姓名、性别、出生日期、国籍及住所。为法人或其他组织，应载明其名称、住所及法定代表人或代表人的姓名和职务。裁决书的主要内容及生效日期。具体的请求和理由）及裁决书正本或经证明无误的副本。当事人提交的外文申请书、裁决书及其他文件，应附有中文译本。申请人提交的文件不符合规定，经法院释明后提交的文件仍不符合规定，裁定不受理。申请人向对案件不具有管辖权的法院提出申请，法院应告知其向有管辖权的法院提出申请，申请人仍不变更申请，裁定不受理。申请人对不受理的裁定不服，可提起上诉。法院立案后发现不符合受理条件，裁定驳回申请。申请人对裁定驳回申请的案件，再次申请并符合受理条件，法院应受理。当事人对驳回申请的裁定不服，可提起上诉。⑥对申请人的申请，法院应在7日内审查决定是否受理。法院受理仲裁司法审查案件后，应在5日内向申请人和被申请人发出通知书，告知其受理情况及相关的权利义务。法院受理仲裁司法审查案件后，被申请人对管辖权有异议，应自收到法院通知之日起 15 日内提出。法院对被申请人提出的异议，应审查并作出裁定。当事人对裁定不服，可提起上诉。在中国领域内无住所的被申请人对法院的管辖权有异议，应自收到法院通知之日起 30 日内提出。⑦法院审查仲裁司法审查案件，应组成合议庭并询问当事人。仲裁协议或仲裁裁决具有《最高人民法院关于适用〈中华人民共和国涉外民事关系法律适用法〉若干问题的解释（一）》规定的涉外民事关系或涉外民事争议、涉外民事案件（当事人一方或双方是外国人、无国籍人、外国企业或组织。当事人一方或双方的经常居所地在中国领域外。标的物在中国领域外。产生、变更或消灭民事关系的法律事实发生在中国领域外。可认定为涉外民事案件的其他情形），为涉外仲裁协议或涉外仲裁裁决。当事人协议选择确认涉外仲裁协议效力适用的法律，应作出明确的意思表示，仅约定合同适用的法律，不能作为确认合同中仲裁条款效力适用的法律。当事人可协议选择仲裁协议适用的法律，但未选择时，法院适用仲裁机构所在地法律或仲裁地法律，确定确认涉外仲裁协议效力适用的法律时，当事人无选择适用的法律，适用仲裁机构所在地的法律与适用仲裁地的法律将对仲裁协议的效力作出不同认定，法院应适用确认仲裁协议有效的法律。仲裁协议未约定仲裁机构、仲裁地，但根据仲裁协议约定适用的仲裁规则可确定仲裁机构或仲裁地，应认定其为适用仲裁机构所在地法律或仲裁地法律性质的仲裁机构或仲裁地。法院适用《承认及执行外国仲裁裁决公约（1958）》审查当事人申请承认和执行外国仲裁裁决案件时，被申请人以仲裁协议无效为由提出抗辩，法院应依协定之当事人依对其适用之法律有某种无行为能力情形者，或该项协定依当事人作为协定准据之法律系属无效，或未指明以何法律为准时，依裁决地所在国法律系属无效者，确定确认仲裁协议效力应适用的法律。法院对申请执行中国内地仲裁机构作出的非涉外仲裁裁决案件的审查，适用民事司法豁免权，对享有外交特权与豁免的外国人、外国组织或国际组织提起的民诉，应依中国有关法律和中国缔结或参加的国际条约规定办理（外交特权与豁免条例、领事特权与豁免条例）。法院对申请执行中国内地仲裁机构作出的涉外仲裁裁决案件的审查规定。经法院组成合议庭审查核实，裁定不执行被申请人对中国涉外仲裁机构作出的裁决提出证据证明仲裁裁决的类型：一是当事人在合同中无订有仲裁条款或事后未达成书面仲裁协议。二是被申请人未得到指定仲裁员或进行仲裁程序的通知，或因其他不属于被申请人负责的原因未能陈述意见。三是仲裁庭的组成或仲裁的程序与仲裁规则不符。裁决的事项不属于仲裁协议的范围或仲裁机构无权仲裁。四是法院认定执行该裁决违背社会公共利益，以仲裁员在仲裁该案时存在索贿受贿、徇私舞弊或枉法裁决行为（已由生效刑事法律文书或纪律处分决定所确认的行为）为例外。⑧法院受理仲裁司法审查案件后，作出裁定前，申请人请求撤回申请，裁定准许。法院在仲裁司法审查案件中作出的裁定，除不受理、驳回申请、管辖权异议的裁定外，一经送达即发生法律效力。当事人申请复议、提出上诉或申请再审，法院不受理，以法律和司法解释另有规定为例外。⑨法院受理的申请确认涉及中国港、澳、台地区仲裁协议效力的案件，申请执行或撤销中国内地仲裁机构作出的涉及中国港、澳、台地区仲裁裁决的案件，参照涉外仲裁司法审查案件规定审查。

从《民事诉讼法》、民商事纠纷案件的解决方式方法的角度，民商事仲裁是解决民商事纠纷案件的一种重要途径。譬如，《最高人民法院关于人民法院办理仲裁裁决执行案件若干问题的规定》（法释〔2018〕5号）的根本目的在于规范法院办理仲裁裁决执行案件，依法保护当事人、案外人的合法权益。具体为：①仲裁裁决执行案件，是当事人申请法院执行仲裁机构依据仲裁法作出的仲裁裁决或仲裁调解书的案件。②一般而言，当事人对仲裁机构作出的仲裁裁决或仲裁调解书申请执行由被执行人住所地或被执行的财产所在地的中院管辖。特殊而言，经上级法院批准，中院可指定基层法院管辖的条件：一是执行标的额符合基层法院一审民商事案件级别管辖受理范围。二是被执行人住所地或被执行的财产所在地在被指定的基层法院辖区内。被执行人、案外人对仲裁裁决执行案件申请不执行负责执行的中院应另行立案审查处理。执行案件已指定基层法院管辖应于收到不执行申请后3日内移送原执行法院另行立案审查处理。③仲裁裁决或仲裁调解书执行内容具有权利义务主体不明确，或金钱给付具体数额不明确或计算方法不明确导致无法计算出具体数额，或交付的特定物不明确或无法确定，或行为履行的标准、对象、范围不明确，导致无法执行法院可裁定驳回执行申请（导致部分无法执行可裁定驳回该部分的执行申请。导致部分无法执行且该部分与其他部分不可分可裁定驳回执行申请）。仲裁裁决或仲裁调解书仅确定继续履行合同，但对继续履行的权利义务及履行的方式、期限等具体内容不明确，导致无法执行法院可裁定驳回执行申请。申请执行人对法院作出的驳回执行申请裁定不服可自裁定送达之日起10日内向上一级法院申请复议。④对仲裁裁决主文或仲裁调解书中的文字、计算错误及仲裁庭已认定但在裁决主文中遗漏的事项，可补正或说明法院应书面告知仲裁庭补正或说明，或向仲裁机构调阅仲裁案卷查明。仲裁庭不补正也不说明，且法院调阅仲裁案卷后执行内容仍不明确具体无法执行可裁定驳回执行申请。申请执行人对法院作出的驳回执行申请裁定不服可自裁定送达之日起10日内向上一级法院申请复议。⑤交付物的执行分为交付动产的执行、交付不动产的执行。仲裁裁决或仲裁调解书确定交付的特定物（动产类原物）确已变质、毁损或灭失，经双方当事人同意，可折价赔偿，否则双方当事人对折价赔偿不能协商一致，法院应终结执行程序。申请执行人可另行起诉。⑥被执行人申请撤销仲裁裁决并已由法院受理或被执行人、案外人对仲裁裁决执行案件提出不执行申请并提供适当担保执行法院应裁定中止执行。中止执行期间，法院应停止处分性措施，但申请执行人提供充分、有效的担保请求继续执行的除外。执行标的查封、扣押、冻结期限届满前，法院可根据当事人申请或依职权办理续行查封、扣押、冻结手续。申请撤销仲裁裁决、不执行仲裁裁决案件司法审查期间，当事人、案外人申请对已查封、扣押、冻结外的财产采取保全措施，负责审查的法院处理的基本方式方法：一是法院对可能因当事人一方的行为或其他原因，使判决难以执行或造成当事人其他损害的案件，根据对方当事人的申请，可裁定对其财产进行保全、责令其作出一定行为或禁止其作出一定行为；当事人未提出申请，法院在必要时也可裁定采取保全措施。二是法院采取保全措施，可责令申请人提供担保，申请人不提供担保，裁定驳回申请。三是法院接受申请后，对情况紧急，须在48小时内裁定；裁定采取保全措施，应立即开始执行。司法审查后仍需继续执行保全措施自动转为执行中的查封、扣押、冻结措施。采取保全措施的法院与执行法院不一致应将保全手续移送执行法院，保全裁定视为执行法院作出的裁定。⑦被执行人向法院申请不执行仲裁裁决应在执行通知书送达之日起15日内提出书面申请。有裁决根据的证据属于伪造或仲裁员在仲裁该案时有贪污受贿，徇私舞弊枉法裁决行为的情形且执行程序尚未终结应自知道或应知道有关事实或案件之日起15日内提出书面申请。被执行人在15日期限届满前已向有管辖权的法院申请撤销仲裁裁决且已被受理自法院驳回撤销仲裁裁决申请的裁判文书生效之日起重新计算期限。对仲裁裁决执行案件申请不执行的期限自《最高人民法院关于人民法院办理仲裁裁决执行案件若干问题的规定》施行之日起重新计算。⑧案外人向法院申请不执行仲裁裁决或仲裁调解书应提交申请书及证明其请求成立的证据材料，并符合特定条件：有证据证明仲裁案件当事人恶意申请仲裁或虚假仲裁，损害其合法权益。案外人主张的合法权益所涉及的执行标的尚未执行终结。自知道或应知道法院对该标的采取执行措施之日起30日内提出。因此，案外人申请不执行仲裁裁决或仲裁调解书，法院应支持的4种前提条件在于案外人系权利或利益的主体，或案外人主张的权利或利益合法、真实，或仲裁案件当事人间存在虚构法律关系，捏造案件事实的情形，或仲裁裁决主文或仲裁调解书处理当事人权利义务的结果部分或全部错误，损害案外人合法权益。对仲裁裁决执行案件申请不执行的期限自《最高人民法院关于人民法院办理仲裁裁决执行案件若干问题的规定》施行之日起重新计算。⑨被执行人申请不执行仲裁裁决，对同一仲裁裁决的多个不执行事由应一并提出。不执行仲裁裁决申请被裁定驳回后，再次提出申请法院不审查，以有新证据证明存在裁决根据的证据属于伪造或仲裁员在仲裁该案时有贪污受贿，徇私舞弊枉法裁决行为为例外。⑩法院对不执行仲裁裁决案件应组成合议庭围绕被执行人申请的事由、案外人的申请进行审查；对被执行人未申请的事由不审查，以仲裁裁决可能违背社会公共利益为例外。被执行人、案外人对仲裁裁决执行案件申请不执行法院应进行询问。被执行人在询问终结前提出其他不执行事由应一并审查。法院审查时，认为必要可要求仲裁庭作出说明，或向仲裁机构调阅仲裁案卷。⑪法院对不执行仲裁裁决案件的审查，应在立案之日起2个月内审查完毕并作出裁定。有特殊情况需延长经本院院长批准，可延长1个月。当事人主张未按仲裁法或仲裁规则规定的方式送达法律文书导致其未能参与仲裁，或仲裁员根据仲裁法或仲裁规则规定应回避而未回避，可能影响公正裁决，经审查属实法院应支持。相反，仲裁庭按仲裁法或仲裁规则及当事人约定的方式送达仲裁法律文书，当事人主张不符合民诉法有关送达规定法院不支持。适用的仲裁程序或仲裁规则经特别提示，当事人知道或应知道法定仲裁程序或选择的仲裁规则未被遵守，但仍参加或继续参加仲裁程序且未提出异议，在仲裁裁决作出后以违反法定程序为由申请不执行仲裁裁决法院不支持。⑫从中国法院对申请执行中国内地仲裁机构作出的非涉外仲裁裁决案件的审查根据的角度，一般而言，对依法设立的仲裁机构的裁决，一方当事人不履行，对方当事人可向有管辖权的法院申请执行，受申请的法院应执行。特殊而言，经法院组成合议庭审查核实，裁定不执行，源于被申请人提出证据证明仲裁裁决存在瑕疵性、违法性、越权性。当事人在合同中未订有仲裁条款或事后未达成书面仲裁协议。裁决的事项不属于仲裁协议的范围或仲裁机构无权仲裁（裁决的事项超出仲裁协议约定的范围。裁决的事项属于依法律法规或当事人选择的仲裁规则规定的不可仲裁事项。裁决内容超出当事人仲裁请求的范围。作出裁决的仲裁机构非仲裁协议所约定）。仲裁庭的组成或仲裁的程序违反法定程序（违反《仲裁法》规定的仲裁程序、当事人选择的仲裁规则或当事人对仲裁程序的特别约定，可能影响案件公正裁决）。裁决根据的证据属于伪造（该证据已被仲裁裁决采信。该证据属于认定案件基本事实的主要证据。该证据经查明确属通过捏造、变造、提供虚假证明等非法方式形成或获取，违反证据的客观性、关联性、合法性要求）。对方当事人向仲裁机构隐瞒了足以影响公正裁决的证据（该证据属于认定案件基本事实的主要证据。该证据仅为对方当事人掌握，但未向仲裁庭提交。仲裁过程中知悉存在该证据，且要求对方当事人出示或请求仲裁庭责令其提交，但对方当事人无正当理由未予出示或提交。当事人一方在仲裁过程中隐瞒己方掌握的证据，仲裁裁决作出后以己方所隐瞒的证据足以影响公正裁决为由申请不执行仲裁裁决法院不支持）。仲裁员在仲裁该案时有贪污受贿，徇私舞弊，枉法裁决行为（已由生效刑事法律文书或纪律处分决定所确认的行为）。法院认定执行该裁决违背社会公共利益，裁定不执行（裁定书应送达双方当事人和仲裁机构。仲裁裁决被法院裁定不执行，当事人可根据双方达成的书面仲裁协议重新申请仲裁，也可向法院起诉）。⑬被执行人、案外人对仲裁裁决执行案件逾期申请不执行法院应裁定不受理。已受理应裁定驳回不执行申请。被执行人、案外人对仲裁裁决执行案件申请不执行，经审查理由成立法院应裁定不执行，否则理由不成立应裁定驳回不执行申请。⑭当事人向法院申请撤销仲裁裁决被驳回后，又在执行程序中以相同事由提出不执行申请法院不支持。当事人向法院申请不执行被驳回后，又以相同事由申请撤销仲裁裁决法院不支持。在不执行仲裁裁决案件审查期间，当事人向有管辖权的法院提出撤销仲裁裁决申请并被受理法院应裁定中止对不执行申请的审查。仲裁裁决被撤销或决定重新仲裁法院应裁定终结执行，并终结对不执行申请的审查。撤销仲裁裁决申请被驳回或申请执行人撤回撤销仲裁裁决申请法院应恢复对不执行申请的审查。被执行人撤回撤销仲裁裁决申请法院应裁定终结对不执行申请的审查，以案外人申请不执行仲裁裁决为例外。⑮法院裁定驳回撤销仲裁裁决申请或驳回不执行仲裁裁决、仲裁调解书申请执行法院应恢复执行。法院裁定撤销仲裁裁决或基于被执行人申请裁定不执行仲裁裁决，原被执行人申请执行回转或解除强制执行措施法院应支持。原申请执行人对已履行或被法院强制执行的款物申请保全法院应依法准许。原申请执行人在法院采取保全措施之日起30日内，未根据双方达成的书面仲裁协议重新申请仲裁或向法院起诉法院应裁定解除保全。法院基于案外人申请裁定不执行仲裁裁决或仲裁调解书，案外人申请执行回转或解除强制执行措施法院应支持。⑯法院裁定不执行仲裁裁决、驳回或不受理不执行仲裁裁决申请后，当事人对该裁定提出执行异议或申请复议法院不受理。法院裁定不执行仲裁裁决当事人可据双方达成的书面仲裁协议重新申请仲裁，也可向法院起诉。法院基于案外人申请裁定不执行仲裁裁决或仲裁调解书，当事人不服可自裁定送达之日起 10 日内向上一级法院申请复议。法院裁定驳回或不受理案外人提出的不执行仲裁裁决、仲裁调解书申请，案外人不服可自裁定送达之日起 10 日内向上一级法院申请复议。

从社会保险和福利的关系角度，国家发展社会保险事业，建立社会保险制度，设立社会保险基金，劳动者在年老、患病、工伤、失业、生育等情况下可以获得帮助和补偿。社会保险水平应与社会经济发展水平、社会承受能力相适应。社会保险基金按保险类型确定资金来源，逐步实行社会统筹。用人单位和劳动者须依法参加社会保险，缴纳社会保险费。劳动者在退休、患病、因工伤残或患职业病、失业、生育情形下，依法享受社会保险待遇。劳动者死亡后，其遗属依法享受遗属津贴。劳动者享受社会保险待遇的条件和标准由法律、法规规定。劳动者享受的社会保险金须按时足额支付。社会保险基金经办机构依法律规定收支、管理和运营社会保险基金，并负有使社会保险基金保值增值的责任。社会保险基金监督机构依法律规定，对社会保险基金的收支、管理和运营实施监督。社会保险基金经办机构和社会保险基金监督机构的设立和职能由法律规定。任何组织和个人不得挪用社会保险基金。国家鼓励用人单位根据本单位实际情况为劳动者建立补充保险，提倡劳动者个人进行储蓄性保险。国家发展社会福利事业，兴建公共福利设施，为劳动者休息、休养和疗养提供条件。用人单位应创造条件，改善集体福利，提高劳动者的福利待遇。

从国家政策角度，社会保险已成为大中小城市落户条件的一部分。①建制镇和城区人口 50 万以下小城市的落户条件为在城市市区、县政府驻地镇或其他建制镇有合法稳定住所。②城区人口 50 万至 100 万的中等城市的落户条件为在城市有合法稳定就业并有合法稳定住所，同时按国家规定参加城镇社会保险达到一定年限。其中，城市综合承载能力压力小的地方，可参照建制镇和小城市标准，全面放开落户限制；城市综合承载能力压力大的地方，可对合法稳定就业的范围、年限和合法稳定住所的范围、条件等作出规定，但对合法稳定住所不得设置住房面积、金额等要求，对参加城镇社会保险年限的要求不得超过 3 年。③城区人口 100 万至 500 万的大城市的落户条件为在城市有合法稳定就业达到一定年限并有合法稳定住所，同时按国家规定参加城镇社会保险达到一定年限，但对参加城镇社会保险年限的要求不得超过 5 年。其中，城区人口 300 万至 500 万的大城市可对合法稳定就业的范围、年限和合法稳定住所的范围、条件等作出规定，也可结合本地实际，建立积分落户制度。④城区人口 500 万以上的特大城市和超大城市应根据城市综合承载能力和经济社会发展需要，以具有合法稳定就业和合法稳定住所、参加城镇社会保险年限、连续居住年限等为主要指标，建立完善积分落户制度。

## 第2节　社会保险体系的构成

### 一、基本养老保险

养老保险是国家和社会为解决劳动者达到国家规定的解除劳动义务的劳动年龄界限，或因年老丧失劳动能力退出劳动岗位后的基本生活，根据社会保险法律法规构建的一种社会保险制度。

职工应参加基本养老保险，由用人单位和职工共同缴纳基本养老保险费。无雇工的个体工商户、未在用人单位参加基本养老保险的非全日制从业人员及其他灵活就业人员可参加基本养老保险，由个人缴纳基本养老保险费。公务员和参照公务员法管理的工作人员养老保险的办法由国务院规定。

基本养老保险实行社会统筹与个人账户相结合。具体为：①基本养老保险基金由用人单位和个人缴费及政府补贴等组成。②用人单位应按国家规定的本单位职工工资总额的比例缴纳基本养老保险费，记入基本养老保险统筹基金。③职工应按国家规定的本人工资的比例缴纳基本养老保险费，记入个人账户。④无雇工的个体工商户、未在用人单位参加基本养老保险的非全日制从业人员及其他灵活就业人员参加基本养老保险，应按国家规定缴纳基本养老保险费，分别记入基本养老保险统筹基金和个人账户。⑤国有企业、事业单位职工参加基本养老保险前，视同缴费年限期间应缴纳的基本养老保险费由政府承担。⑥基本养老保险基金出现支付不足时，政府给予补贴。个人账户不得提前支取，记账利率不得低于银行定期存款利率，免征利息税。个人死亡，个人账户余额可继承。

基本养老金由统筹养老金（按国务院规定的基础养老金计发办法计发）、个人账户养老金组成。具体为：①基本养老金根据个人累计缴费年限、缴费工资、当地职工平均工资、个人账户金额、城镇人口平均预期寿命等因素确定。②参加基本养老保险的个人，达到法定退休年龄时累计缴费满15年，按月领取基本养老金。③参加基本养老保险的个人，达到法定退休年龄时累计缴费不足15年，可缴费至满15年，按月领取基本养老金；也可转入新型农村社会养老保险或城镇居民社会养老保险，按国务院规定享受相应的养老保险待遇。④参加基本养老保险的个人，因病或非因工死亡，其遗属可领取丧葬补助金和抚恤金；在未达到法定退休年龄时因病或非因工致残完全丧失劳动能力，可领取病残津贴；所需资金从基本养老保险基金中支付。

**例题9**：郑某因某厂欠缴其社会养老保险费，向区社保局投诉。2004年9月22日，该局向该厂送达《决定书》，要求为郑某缴纳养老保险费1万元。同月30日，该局向郑某送达告知书，称其举报一事属实，并要求他缴纳养老保险费（个人缴纳部分）2,000 元。郑某不服区社保局的《决定书》向法院起诉，法院的生效判决未支持郑某的请求。2005 年 4 月 19 日，郑某不服告知书向市社保局申请复议，后者作出不受理决定，郑某不服提起诉讼。正确选项是：

A. 郑某向市社保局提出的复议申请已超过申请期限。B. 区社保局所在地的法院和市社保局所在地的法院对本案均有管辖权。C. 郑某的起诉属重复起诉。D. 如郑某对告知书不服直接向法院起诉，法院可视被诉行为系重复处理行为为由不受理郑某的起诉。

【答案】A。

参加职工基本养老保险的个人跨省流动就业，符合按月领取基本养老金条件时，基本养老金分段计算、统一支付的具体办法，按《国务院办公厅关于转发〈人力资源和社会保障部、财政部城镇企业职工基本养老保险关系转移接续暂行办法〉的通知》（国办发〔2009〕66 号）执行。具体为：①参加职工基本养老保险的个人跨省流动就业，达到法定退休年龄时累计缴费不足 15 年，按《国务院办公厅关于转发〈人力资源和社会保障部、财政部城镇企业职工基本养老保险关系转移接续暂行办法〉的通知》有关待遇领取地规定确定继续缴费地后，参加职工基本养老保险的个人达到法定退休年龄时，累计缴费不足 15 年，可延长缴费至满 15 年。《社会保险法》实施前参保、延长缴费 5 年后仍不足 15 年，可一次性缴费至满 15 年。参加职工基本养老保险的个人达到法定退休年龄后，累计缴费不足 15 年（含延长缴费至满 15 年），可申请转入户籍所在地新型农村社会养老保险或城镇居民社会养老保险，享受相应的养老保险待遇。参加职工基本养老保险的个人达到法定退休年龄后，累计缴费不足 15 年（含延长缴费），且未转入新型农村社会养老保险或城镇居民社会养老保险，个人可书面申请终止职工基本养老保险关系。社会保险经办机构收到申请后，应书面告知其转入新型农村社会养老保险或城镇居民社会养老保险的权利及终止职工基本养老保险关系的后果，经本人书面确认后，终止其职工基本养老保险关系，并将个人账户储存额一次性支付给本人。②职工基本养老保险个人账户不得提前支取。个人在达到法定的领取基本养老金条件前离境定居，其个人账户予以保留，达到法定领取条件时，按国家规定享受相应的养老保险待遇。其中，丧失中国国籍，可在其离境时或离境后书面申请终止职工基本养老保险关系。社会保险经办机构收到申请后，应书面告知其保留个人账户的权利及终止职工基本养老保险关系的后果，经本人书面确认后，终止其职工基本养老保险关系，并将个人账户储存额一次性支付给本人。参加职工基本养老保险的个人死亡后，其个人账户中的余额可全部依法继承。

国家建立基本养老金正常调整机制。具体为：①根据职工平均工资增长、物价上涨情况，适时提高基本养老保险待遇水平。②个人跨统筹地区就业，其基本养老保险关系随本人转移，缴费年限累计计算。个人达到法定退休年龄时，基本养老金分段计算、统一支付。具体办法由国务院规定。

国家建立和完善新型农村社会养老保险制度。具体为：①新型农村社会养老保险实行个人缴费、集体补助和政府补贴相结合。②新型农村社会养老保险待遇由基础养老金和个人账户养老金组成。③参加新型农村社会养老保险的农村居民，符合国家规定条件，按月领取新型农村社会养老保险待遇。

国家建立和完善城镇居民社会养老保险制度。省级政府根据实际情况，可将城镇居民社会养老保险和新型农村社会养老保险合并实施。

## 二、基本医疗保险

基本医疗保险：①职工应参加职工基本医疗保险，由用人单位和职工按国家规定共同缴纳基本医疗保险费。②无雇工的个体工商户、未在用人单位参加职工基本医疗保险的非全日制从业人员及其他灵活就业人员可参加职工基本医疗保险，由个人按国家规定缴纳基本医疗保险费。

国家建立和完善新型农村合作医疗制度。新型农村合作医疗的管理办法，由国务院规定。

国家建立和完善城镇居民基本医疗保险制度。具体为：①城镇居民基本医疗保险实行个人缴费和政府补贴相结合。②享受最低生活保障的人、丧失劳动能力的残疾人、低收入家庭六十周岁以上的老年人和未成年人等所需个人缴费部分，由政府给予补贴。

职工基本医疗保险、新型农村合作医疗和城镇居民基本医疗保险的待遇标准按国家规定执行。具体为：①参加职工基本医疗保险的个人，达到法定退休年龄时累计缴费达到国家规定年限，退休后不再缴纳基本医疗保险费，按国家规定享受基本医疗保险待遇；未达到国家规定年限，可缴费至国家规定年限。退休人员享受基本医疗保险待遇的缴费年限按各地规定执行。参加职工基本医疗保险的个人，基本医疗保险关系转移接续时，基本医疗保险缴费年限累计计算。参保人员在协议医疗机构发生的医疗费用，符合基本医疗保险药品目录、诊疗项目目录、医疗服务设施标准，按国家规定从基本医疗保险基金中支付。参保人员确需急诊、抢救，可在非协议医疗机构就医；因抢救须使用的药品可适当放宽范围。参保人员急诊、抢救的医疗服务具体管理办法由统筹地区根据当地实际情况制定。②符合基本医疗保险药品目录、诊疗项目目录、医疗服务设施标准及急诊、抢救的医疗费用，按国家规定从基本医疗保险基金中支付。③参保人员医疗费用中应由基本医疗保险基金支付的部分，由社会保险经办机构与医疗机构、药品经营单位直接结算。④社保部门和卫生行政部门应建立异地就医医疗费用结算制度，方便参保人员享受基本医疗保险待遇。

不纳入基本医疗保险基金支付范围的医疗费用的类型：①应从工伤保险基金中支付的医疗费用。②应由第三人负担的医疗费用。医疗费用依法应由第三人负担，第三人不支付或无法确定第三人，由基本医疗保险基金先行支付。基本医疗保险基金先行支付后，有权向第三人追偿。③应由公共卫生负担的医疗费用。④在中国境外就医的医疗费用。

社会保险经办机构根据管理服务的需要，可与医疗机构、药品经营单位签订服务协议，规范医疗服务行为。医疗机构应为参保人员提供合理、必要的医疗服务。个人跨统筹地区就业，其基本医疗保险关系随本人转移，缴费年限累计计算。

### 三、工伤保险

从《国际劳工公约》的历史演进、劳动法的法律渊源角度，劳动法具有渊源性、历史演进性，伴随着近现代资本主义工业革命、工业化进程，从早期民法典的债编仅调整雇佣合同型劳动关系的依附民法，发展到19世纪末20世纪初分离民法调整劳动关系（由劳动关系产生的劳动保险、劳动福利等）独立为一个法律部门。

从国际法、国际劳动法的演进的角度，《国际劳工公约》是两大法系国家劳动法律体系构成的基本风向标和晴雨表，譬如《禁止工厂女工做夜工的公约（1905）》《使用白磷的公约（1905）》《最低年龄（海上）公约（1920）》等国际条约，对世界各国劳动法律体系的构建具有重要指导意义。

《国际劳工公约》的主要内容具有多样性，具体有：①基本权利包括结社自由、废除强迫劳动、就业机会均等与待遇平等。②就业和人力资源开发，包括就业服务、职业培训、就业保障、残疾人就业等。③工资制度，包括最低工资保障、工资支付保障等。④工作条件包括工时、休息、安全、防护、卫生、福利等。⑤社会保障，包括事故赔偿、各种保险、综合性社会保障等。⑥特殊保护，包括女工、童工、未成年工、老年工人和特殊工人的劳动保护等。⑦劳动关系，包括各种有关劳动关系、集体谈判、集体合同、调解、仲裁等。⑧劳动监管，包括劳动管理、劳动监察、劳动统计等。

从行政法规角度，《工伤保险条例》的根本目的在于保障因工作遭受事故伤害或患职业病的职工获得医疗救治和经济补偿，促进工伤预防和职业康复，分散用人单位的工伤风险。《工伤保险条例》自2004年1月1日起施行。《工伤保险条例》施行前已受到事故伤害或患职业病的职工尚未完成工伤认定，按《工伤保险条例》规定执行。具体为：①从适用范围角度，中国境内的企业、事业单位、社会团体、民办非企业单位、基金会、律师事务所、会计师事务所等组织和有雇工的个体工商户（用人单位）应依《工伤保险条例》规定参加工伤保险，为本单位全部职工或雇工（职工）缴纳工伤保险费。中国境内的企业、事业单位、社会团体、民办非企业单位、基金会、律师事务所、会计师事务所等组织的职工和个体工商户的雇工，均有依《工伤保险条例》规定享受工伤保险待遇的权利。公务员和参照公务员法管理的事业单位、社会团体的工作人员因工作遭受事故伤害或患职业病，由所在单位支付费用。具体办法由人力资源社会保障部会同财政部规定。②工伤保险费的征缴按《社会保险费征缴暂行条例》（国务院令第259号）关于基本养老保险费、基本医疗保险费、失业保险费的征缴规定执行。③用人单位应将参加工伤保险的有关情况在本单位内公示。用人单位和职工应遵守有关安全生产和职业病防治的法律法规，执行安全卫生规程和标准，预防工伤事故发生，避免和减少职业病危害。职工发生工伤时，用人单位应采取措施使工伤职工得到及时救治。④从监管部门角度，人力资源社会保障部负责全国的工伤保险工作。县级以上地方各级政府社保部门负责本行政区域内的工伤保险工作。社保部门按国务院有关规定设立的社会保险经办机构（经办机构）具体承办工伤保险事务。社保部门等部门制定工伤保险的政策、标准，应征求工会组织、用人单位代表的意见。

工伤保险基金：①工伤保险基金由用人单位缴纳的工伤保险费、工伤保险基金的利息和依法纳入工伤保险基金的其他资金构成。②工伤保险费根据以支定收、收支平衡的原则，确定费率。国家根据不同行业的工伤风险程度确定行业的差别费率，并根据工伤保险费使用、工伤发生率等情况在每个行业内确定若干费率档次。行业差别费率及行业内费率档次由人力资源社会保障部制定，报国务院批准后公布施行。统筹地区经办机构根据用人单位工伤保险费使用、工伤发生率等情况，适用所属行业内相应的费率档次确定单位缴费费率。③人力资源社会保障部应定期了解全国各统筹地区工伤保险基金收支情况，及时提出调整行业差别费率及行业内费率档次的方案，报国务院批准后公布施行。④用人单位应按时缴纳工伤保险费。职工个人不缴纳工伤保险费。用人单位缴纳工伤保险费的数额为本单位职工工资总额（用人单位直接支付给本单位全部职工的劳动报酬总额）乘以单位缴费费率之积。对难以按工资总额缴纳工伤保险费的行业，其缴纳工伤保险费的具体方式，由人力资源社会保障部规定。⑤工伤保险基金逐步实行省级统筹。跨地区、生产流动性较大的行业，可采取相对集中的方式异地参加统筹地区的工伤保险。具体办法由人力资源社会保障部会同有关行业的主管部门制定。⑥工伤保险基金存入社会保障基金财政专户，用于《工伤保险条例》规定的工伤保险待遇，劳动能力鉴定，工伤预防的宣传、培训等费用，及法律、法规规定的用于工伤保险的其他费用的支付。工伤预防费用的提取比例、使用和管理的具体办法，由人力资源社会保障部会同国务院财政、卫生行政、安全生产监管等部门规定。任何单位或个人不得将工伤保险基金用于投资运营、兴建或改建办公场所、发放奖金，或挪作其他用途。单位或个人挪用工伤保险基金，构成犯罪，依法追究刑责；尚不构成犯罪，依法给予处分或纪律处分；被挪用的基金由社保部门追回，并入工伤保险基金；没收的违法所得依法上缴国库。⑦工伤保险基金应留有一定比例的储备金，用于统筹地区重大事故的工伤保险待遇支付；储备金不足支付，由统筹地区的政府垫付。储备金占基金总额的具体比例和储备金的使用办法，由省级政府规定。

从《社会保险法》角度，涉及工伤保险具体规定有：①职工应参加工伤保险，由用人单位缴纳工伤保险费，职工不缴纳工伤保险费。②国家根据不同行业的工伤风险程度确定行业的差别费率，并根据使用工伤保险基金、工伤发生率等情况在每个行业内确定费率档次。行业差别费率和行业内费率档次由人力资源社会保障部制定，报国务院批准后公布施行。③社会保险经办机构根据用人单位使用工伤保险基金、工伤发生率和所属行业费率档次等情况，确定用人单位缴费费率。用人单位应按本单位职工工资总额，根据社会保险经办机构确定的费率缴纳工伤保险费。职工因工作原因受到事故伤害或患职业病，且经工伤认定，享受工伤保险待遇；其中，经劳动能力鉴定丧失劳动能力，享受伤残待遇。工伤认定和劳动能力鉴定应简捷、方便。职工（包括非全日制从业人员）在2个或2个以上用人单位同时就业，各用人单位应分别为职工缴纳工伤保险费。一般而言，职工发生工伤，由职工受到伤害时工作的单位依法承担工伤保险责任，但因故意犯罪；醉酒［醉酒标准，按车辆驾驶人员血液、呼气酒精含量阈值与检验（GB 19522—2004）执行。从实施《社会保险法》若干规定、车辆驾驶人员血液、呼气酒精含量阈值与检验（2004）的角度，交警部门、医疗机构等有关单位依法出具的检测结论、诊断证明等材料，可作为认定醉酒的依据］或吸毒；自残或自杀；法律、行政法规规定的其他情形之一导致本人在工作中伤亡，不认定为工伤。因工伤发生治疗工伤的医疗费用和康复费用；住院伙食补助费；到统筹地区外就医的交通食宿费；安装配置伤残辅助器具所需费用；生活不能自理，经劳动能力鉴定委确认的生活护理费；一次性伤残补助金和1~4级伤残职工按月领取的伤残津贴；终止或解除劳动合同时，应享受的一次性医疗补助金；因工死亡，其遗属领取的丧葬补助金、供养亲属抚恤金和因工死亡补助金（一次性工亡补助金，标准为工伤发生时上一年度全国城镇居民人均可支配收入的20倍。上一年度全国城镇居民人均可支配收入以国家统计局公布的数据为准）；劳动能力鉴定费，按国家规定从工伤保险基金中支付。因工伤发生治疗工伤期间的工资福利（职工在治疗工伤期间停工留薪期内应享受的工资福利和护理等待遇规定：一是职工因工作遭受事故伤害或患职业病需暂停工作接受工伤医疗，在停工留薪期内，原工资福利待遇不变，由所在单位按月支付。二是停工留薪期一般不超过12个月。三是伤情严重或情况特殊，经设区的市级劳动能力鉴定委确认，可适当延长，延长不得超过12个月。四是工伤职工评定伤残等级后，停发原待遇，按本章的有关规定享受伤残待遇。五是工伤职工在停工留薪期满后仍需治疗，继续享受工伤医疗待遇。六是生活不能自理的工伤职工在停工留薪期需护理，由所在单位负责）；5级、6级伤残职工按月领取的伤残津贴；终止或解除劳动合同时，应享受的一次性伤残就业补助金，按国家规定由用人单位支付。工伤职工符合领取基本养老金条件，停发伤残津贴，享受基本养老保险待遇。基本养老保险待遇低于伤残津贴，从工伤保险基金中补足差额。职工所在用人单位未依法缴纳工伤保险费，发生工伤事故，由用人单位支付工伤保险待遇。用人单位不支付，从工伤保险基金中先行支付。从工伤保险基金中先行支付的工伤保险待遇应由用人单位偿还。用人单位不偿还，社会保险经办机构可依法追偿（用人单位未按时足额缴纳社会保险费，由社会保险费征收机构责令其限期缴纳或补足。用人单位逾期仍未缴纳或补足社会保险费，社会保险费征收机构可向银行和其他金融机构查询其存款账户；并可申请县级以上有关行政部门作出划拨社会保险费的决定，书面通知其开户银行或其他金融机构划拨社会保险费。用人单位账户余额少于应缴纳的社会保险费征收机构可要求该用人单位提供担保，签订延期缴费协议。用人单位未足额缴纳社会保险费且未提供担保，社会保险费征收机构可申请法院扣押、查封、拍卖其价值相当于应缴纳社会保险费的财产，以拍卖所得抵缴社会保险费）。因第三人的原因造成工伤，第三人不支付工伤医疗费用或无法确定第三人，由工伤保险基金先行支付；工伤保险基金先行支付后，有权向第三人追偿。工伤职工有丧失享受待遇条件、拒不接受劳动能力鉴定、拒绝治疗的情形之一，停止享受工伤保险待遇。

工伤保险待遇：①工伤职工有丧失享受待遇条件、拒不接受劳动能力鉴定、拒绝治疗的情形之一，停止享受工伤保险待遇。②职工因工作遭受事故伤害或患职业病进行治疗，享受工伤医疗待遇。职工治疗工伤应在签订服务协议的医疗机构就医，情况紧急时可先到就近的医疗机构急救。治疗工伤所需费用符合工伤保险诊疗项目目录、工伤保险药品目录、工伤保险住院服务标准，从工伤保险基金支付。工伤保险诊疗项目目录、工伤保险药品目录、工伤保险住院服务标准，由人力资源社会保障部会同卫健委、食品药品监管部门等部门规定。职工住院治疗工伤的伙食补助费，及经医疗机构出具证明，报经办机构同意，工伤职工到统筹地区以外就医所需的交通、食宿费用从工伤保险基金支付，基金支付的具体标准由统筹地区政府规定。工伤职工治疗非工伤引发的疾病，不享受工伤医疗待遇，按基本医疗保险办法处理。工伤职工到签订服务协议的医疗机构进行工伤康复的费用，符合规定，从工伤保险基金支付。③社保部门作出认定为工伤的决定后发生行政复议、行政诉讼，行政复议和行政诉讼期间不停止支付工伤职工治疗工伤的医疗费用。工伤职工因日常生活或就业需要，经劳动能力鉴定委确认，可安装假肢、矫形器、假眼、假牙和配置轮椅等辅助器具，所需费用按国家规定的标准从工伤保险基金支付。因工伤发生治疗工伤期间的工资福利（职工在治疗工伤期间停工留薪期内应享受的工资福利和护理等待遇规定：职工因工作遭受事故伤害或患职业病需暂停工作接受工伤医疗，在停工留薪期内，原工资福利待遇不变，由所在单位按月支付。停工留薪期一般不超过12个月。伤情严重或情况特殊，经设区的市级劳动能力鉴定委确认，可适当延长，延长不得超过12个月。工伤职工评定伤残等级后，停发原待遇，按本章的有关规定享受伤残待遇。工伤职工在停工留薪期满后仍需治疗，继续享受工伤医疗待遇。生活不能自理的工伤职工在停工留薪期需护理，由所在单位负责）；5级、6级伤残职工按月领取的伤残津贴；终止或解除劳动合同时，应享受的一次性伤残就业补助金，按国家规定由用人单位支付。④工伤职工经评定伤残等级并经劳动能力鉴定委确认需生活护理，从工伤保险基金按月支付生活护理费。生活护理费按生活完全不能自理、生活大部分不能自理或生活部分不能自理3个不同等级支付，其标准分别为统筹地区上年度职工月平均工资的50%、40%或30%。⑤职工因工致残被鉴定为1~4级伤残，保留劳动关系，退出工作岗位，享受的基本待遇。一是从工伤保险基金按伤残等级支付一次性伤残补助金的标准：1级伤残为27个月的本人工资（工伤职工因工作遭受事故伤害或患职业病前12个月平均月缴费工资），2级伤残为25个月的本人工资，3级伤残为23个月的本人工资，4级伤残为21个月的本人工资。本人工资高于统筹地区职工平均工资300%，按统筹地区职工平均工资的300%计算；本人工资低于统筹地区职工平均工资60%，按统筹地区职工平均工资的60%计算。二是从工伤保险基金按月支付伤残津贴的标准：1级伤残为本人工资的90%，2级伤残为本人工资的85%，3级伤残为本人工资的80%，4级伤残为本人工资的75%。伤残津贴实际金额低于当地最低工资标准，由工伤保险基金补足差额。三是工伤职工达到退休年龄并办理退休手续后，停发伤残津贴，按国家有关规定享受基本养老保险待遇。基本养老保险待遇低于伤残津贴，由工伤保险基金补足差额。职工因工致残被鉴定为1~4级伤残，由用人单位和职工个人以伤残津贴为基数，缴纳基本医疗保险费。⑥职工因工致残被鉴定为5级、6级伤残，享受的基本待遇：一是从工伤保险基金按伤残等级支付一次性伤残补助金，标准为5级伤残为18个月的本人工资，6级伤残为16个月的本人工资。二是保留与用人单位的劳动关系，由用人单位安排适当工作。难以安排工作，由用人单位按月发给伤残津贴，标准：5级伤残为本人工资的70%，6级伤残为本人工资的60%，并由用人单位按规定为其缴纳应缴纳的各项社会保险费。伤残津贴实际金额低于当地最低工资标准，由用人单位补足差额。经工伤职工本人提出，该职工可与用人单位解除或终止劳动关系，由工伤保险基金支付一次性工伤医疗补助金，由用人单位支付一次性伤残就业补助金。一次性工伤医疗补助金和一次性伤残就业补助金的具体标准由省级政府规定。⑦职工因工致残被鉴定为7~10级伤残，享受的基本待遇。一是从工伤保险基金按伤残等级支付一次性伤残补助金的标准：7级伤残为13个月的本人工资，8级伤残为11个月的本人工资，9级伤残为9个月的本人工资，10级伤残为7个月的本人工资。二是劳动、聘用合同期满终止，或职工本人提出解除劳动、聘用合同，由工伤保险基金支付一次性工伤医疗补助金，由用人单位支付一次性伤残就业补助金。一次性工伤医疗补助金和一次性伤残就业补助金的具体标准由省级政府规定。⑧工伤职工工伤复发，确认需治疗，享受职工因工作遭受事故伤害或患职业病进行治疗的工伤医疗待遇；工伤职工因日常生活或就业需要，经劳动能力鉴定委确认，可安装假肢、矫形器、假眼、假牙和配置轮椅等辅助器具，所需费用按国家规定的标准从工伤保险基金支付的辅助器具康复待遇；因工伤发生治疗工伤期间的工资福利；5级、6级伤残职工按月领取的伤残津贴；终止或解除劳动合同时，应享受的一次性伤残就业补助金，按国家规定由用人单位支付的工伤福利、伤残津贴、伤残就业补助金待遇。⑨从职工因工死亡规定的角度，职工因工死亡（职工被法院宣告死亡，按职工因工死亡规定处理），其近亲属从工伤保险基金领取丧葬补助金、供养亲属抚恤金和一次性工亡补助金的标准，一是丧葬补助金为6个月的统筹地区上年度职工月平均工资（1~4级伤残职工在停工留薪期满后死亡的近亲属，伤残职工在停工留薪期内因工伤导致死亡的近亲属享受之）。二是供养亲属抚恤金按职工本人工资的一定比例发给由因工死亡职工生前提供主要生活来源、无劳动能力的亲属。标准：配偶每月40%，其他亲属每人每月30%，孤寡老人或孤儿每人每月在上述标准的基础上增加10%。核定的各供养亲属的抚恤金之和不应高于因工死亡职工生前的工资。供养亲属的具体范围由人力资源社会保障部规定（1~4级伤残职工在停工留薪期满后死亡的近亲属享受之）。三是一次性工亡补助金标准为上一年度全国城镇居民人均可支配收入的 20 倍。⑩伤残津贴、供养亲属抚恤金、生活护理费由统筹地区社保部门根据职工平均工资和生活费用变化等情况适时调整，由省级政府规定调整办法。⑪职工因工外出期间发生事故或在抢险救灾中下落不明，从事故发生当月起 3 个月内照发工资，从第 4 个月起停发工资，由工伤保险基金向其供养亲属按月支付供养亲属抚恤金。生活有困难，可预支一次性工亡补助金的 50%。⑫用人单位分立、合并、转让，承继单位应承担原用人单位的工伤保险责任；原用人单位已参加工伤保险，承继单位应到当地经办机构办理工伤保险变更登记。用人单位实行承包经营，工伤保险责任由职工劳动关系所在单位承担。职工被借调期间受到工伤事故伤害，由原用人单位承担工伤保险责任，原用人单位与借调单位可约定补偿办法。企业破产，在破产清算时依法拨付应由单位支付的工伤保险待遇费用。⑬职工被派遣出境工作，依据前往国家或地区的法律应参加当地工伤保险，参加当地工伤保险，其国内工伤保险关系中止；不能参加当地工伤保险，其国内工伤保险关系不中止。⑭职工再次发生工伤，根据规定应享受伤残津贴，按新认定的伤残等级享受伤残津贴待遇。

无营业执照或未经依法登记、备案的单位及被依法吊销营业执照或撤销登记、备案的单位的职工受到事故伤害或患职业病，由该单位向伤残职工或死亡职工的近亲属给予一次性赔偿，赔偿标准不得低于《工伤保险条例》规定的工伤保险待遇；用人单位不得使用童工，用人单位使用童工造成童工伤残、死亡，由该单位向童工或童工的近亲属给予一次性赔偿，赔偿标准不得低于《工伤保险条例》规定的工伤保险待遇（人力资源社会保障部规定具体办法）。无营业执照或未经依法登记、备案的单位及被依法吊销营业执照或撤销登记、备案的单位的职工受到事故伤害或患职业病，伤残职工或死亡职工的近亲属就赔偿数额与单位发生争议，及童工或童工的近亲属就赔偿数额与单位发生争议，按处理劳动争议的有关规定处理。

工伤认定的基本规则：①职工有在工作时间和工作场所内，因工作原因受到事故伤害；工作时间前后在工作场所内，从事与工作有关的预备性或收尾性工作受到事故伤害；在工作时间和工作场所内，因履行工作职责受到暴力等意外伤害；患职业病；因工外出期间，因工作原因受到伤害或发生事故下落不明；在上下班途中，受到非本人主要责任的交通事故或城市轨道交通、客运轮渡、火车事故伤害；法律、行政法规规定应认定为工伤的其他情形之一，应认定为工伤，但有故意犯罪；醉酒或吸毒；自残或自杀的情形之一，不得认定为工伤或视同工伤。②职工有在工作时间和工作岗位，突发疾病死亡或在 48 小时之内经抢救无效死亡；在抢险救灾等维护国家利益、公共利益活动中受到伤害；职工原在军队服役，因战、因公负伤致残，已取得革命伤残军人证，到用人单位后旧伤复发的情形之一，视同工伤，但有故意犯罪；醉酒或吸毒；自残或自杀的情形之一，不得认定为视同工伤。③职工有在工作时间和工作岗位，突发疾病死亡或在 48 小时之内经抢救无效死亡；在抢险救灾等维护国家利益、公共利益活动中受到伤害的 2 种情形，按《工伤保险条例》的有关规定享受工伤保险待遇；职工有原在军队服役，因战、因公负伤致残，已取得革命伤残军人证，到用人单位后旧伤复发的情形，按《工伤保险条例》的有关规定享受除一次性伤残补助金外的工伤保险待遇。④职工发生事故伤害或按职业病防治法规定被诊断、鉴定为职业病，所在单位应自事故伤害发生之日或被诊断、鉴定为职业病之日起 30 日内（用人单位未在 30 日时限内提交工伤认定申请，在此期间发生符合《工伤保险条例》规定的工伤待遇等有关费用由该用人单位负担），向统筹地区社保部门提出工伤认定申请（应由省级社保部门进行工伤认定的事项，根据属地原则由用人单位所在地设区的市级社保部门办理）。遇有特殊情况，经报社保部门同意，申请时限可适当延长，但用人单位未提出工伤认定申请，工伤职工或其近亲属、工会组织在事故伤害发生之日或被诊断、鉴定为职业病之日起 1 年内，可直接向用人单位所在地统筹地区社保部门提出工伤认定申请。提出工伤认定申请应提交的材料包括工伤认定申请表（事故发生的时间、地点、原因及职工伤害程度等基本情况）；与用人单位存在劳动关系（包括事实劳动关系）的证明材料；医疗诊断证明或职业病诊断证明书（或职业病诊断鉴定书）。工伤认定申请人提供材料不完整，社保部门应一次性书面告知工伤认定申请人需补正的全部材料；申请人按书面告知要求补正材料后，社保部门应受理。社保部门受理工伤认定申请后，根据审核需要对事故伤害进行调查核实，用人单位、职工、工会组织、医疗机构及有关部门应予以协助。职业病诊断和诊断争议的鉴定，依职业病防治法的有关规定执行。对依法取得职业病诊断证明书或职业病诊断鉴定书，社保部门不再进行调查核实。职工或其近亲属认为是工伤，用人单位不认为是工伤，由用人单位承担举证责任。⑤社保部门应自受理工伤认定申请之日起 60 日内作出工伤认定的决定，并书面通知申请工伤认定的职工或其近亲属和该职工所在单位。社保部门对受理的事实清楚、权利义务明确的工伤认定申请，应在 15 日内作出工伤认定的决定。作出工伤认定决定需以司法机关或有关行政主管部门的结论为依据，在司法机关或有关行政主管部门尚未作出结论期间，作出工伤认定决定的时限中止。社保部门工作人员与工伤认定申请人有利害关系，应回避。

　　劳动能力鉴定：①职工发生工伤，经治疗伤情相对稳定后存在残疾、影响劳动能力，应进行劳动能力鉴定。②劳动能力鉴定是劳动功能障碍程度和生活自理障碍程度的等级鉴定。劳动功能障碍分为 10 个伤残等级，最重的为 1 级，最轻的为 10 级。生活自理障碍分为 3 个等级：生活完全不能自理、生活大部分不能自理和生活部分不能自理。劳动能力鉴定标准由人力资源社会保障部会同卫健委等部门制定。③劳动能力鉴定由用人单位、工伤职工或其近亲属向设区的市级劳动能力鉴定委提出申请，并提供工伤认定决定和职工工伤医疗的有关资料。④省级劳动能力鉴定委和设区的市级劳动能力鉴定委分别由省级和设区的市级社保部门、卫生行政部门、工会组织、经办机构代表及用人单位代表组成。劳动能力鉴定委建立医疗卫生专家库。列入专家库的医疗卫生专业技术人员应具有医疗卫生高级专业技术职务任职资格；掌握劳动能力鉴定的相关知识；具有良好的职业品德。⑤设区的市级劳动能力鉴定委收到劳动能力鉴定申请后，应从其建立的医疗卫生专家库中随机抽取3名或5名相关专家组成专家组，由专家组提出鉴定意见。设区的市级劳动能力鉴定委根据专家组的鉴定意见作出工伤职工劳动能力鉴定结论；必要时，可委托具备资格的医疗机构协助进行有关的诊断。设区的市级劳动能力鉴定委应自收到劳动能力鉴定申请之日起60日内作出劳动能力鉴定结论，必要时作出劳动能力鉴定结论的期限可延长30日。劳动能力鉴定结论应及时送达申请鉴定的单位和个人。⑥申请鉴定的单位或个人对设区的市级劳动能力鉴定委作出的鉴定结论不服，可在收到该鉴定结论之日起15日内向省级劳动能力鉴定委提出再次鉴定申请。省级劳动能力鉴定委作出的劳动能力鉴定结论为最终结论。⑦劳动能力鉴定工作应客观、公正。劳动能力鉴定委组成人员或参加鉴定的专家与当事人有利害关系，应回避。⑧自劳动能力鉴定结论作出之日起1年后，工伤职工或其近亲属、所在单位或经办机构认为伤残情况发生变化，可申请劳动能力复查鉴定。⑨申请鉴定的单位或个人对设区的市级劳动能力鉴定委作出的鉴定结论不服，可在收到该鉴定结论之日起15日内向省级劳动能力鉴定委提出再次鉴定申请。省级劳动能力鉴定委作出的劳动能力鉴定结论为最终结论。自劳动能力鉴定结论作出之日起1年后，工伤职工或其近亲属、所在单位或经办机构认为伤残情况发生变化，可申请劳动能力复查鉴定。因此，劳动能力鉴定委进行再次鉴定和复查鉴定的期限，适用于设区的市级劳动能力鉴定委应自收到劳动能力鉴定申请之日起60日内作出劳动能力鉴定结论，必要时作出劳动能力鉴定结论的期限可延长30日。劳动能力鉴定结论应及时送达申请鉴定的单位和个人。从《监狱法》角度，罪犯在劳动中致伤、致残或死亡，由监狱参照国家劳动保险有关规定处理。

工伤保险的监管：①工伤保险经办机构具体承办工伤保险事务的职责有根据省级政府规定，征收工伤保险费；核查用人单位的工资总额和职工人数，办理工伤保险登记，并负责保存用人单位缴费和职工享受工伤保险待遇情况的记录；进行工伤保险的调查、统计；按规定管理工伤保险基金的支出；按规定核定工伤保险待遇；为工伤职工或其近亲属免费提供咨询服务。②经办机构与医疗机构、辅助器具配置机构在平等协商的基础上签订服务协议，并公布签订服务协议的医疗机构、辅助器具配置机构的名单（具体办法由人力资源社会保障部会同卫健委、民政部等部门制定）。③经办机构按协议和国家有关目录、标准对工伤职工医疗费用、康复费用、辅助器具费用的使用情况进行核查，并按时足额结算费用。④经办机构应定期公布工伤保险基金的收支情况，及时向社保部门提出调整费率的建议。⑤社保部门、经办机构应定期听取工伤职工、医疗机构、辅助器具配置机构及社会各界对改进工伤保险工作的意见。⑥社保部门依法对工伤保险费的征缴和工伤保险基金的支付情况进行监督检查。财政部门和审计机关依法对工伤保险基金的收支、管理情况进行监督。⑦任何组织和个人对有关工伤保险的违法行为，有权举报。社保部门对举报应及时调查，按规定处理，并为举报人保密。⑧工会组织依法维护工伤职工的合法权益，对用人单位的工伤保险工作实行监督。⑨职工与用人单位发生工伤待遇方面的争议，按处理劳动争议的有关规定处理。有申请工伤认定的职工或其近亲属、该职工所在单位对工伤认定申请不受理的决定不服；申请工伤认定的职工或其近亲属、该职工所在单位对工伤认定结论不服；用人单位对经办机构确定的单位缴费费率不服；签订服务协议的医疗机构、辅助器具配置机构认为经办机构未履行有关协议或规定；工伤职工或其近亲属对经办机构核定的工伤保险待遇有异议的情形之一，有关单位或个人可依法申请行政复议，也可依法向法院提起行政诉讼。

### 四、失业保险

失业保险：①职工应参加失业保险，由用人单位和职工按国家规定共同缴纳失业保险费。②失业人员符合失业前用人单位和本人已缴纳失业保险费满1年；非因本人意愿中断就业；已进行失业登记，并有求职要求的条件，从失业保险基金中领取失业保险金。③失业人员失业前用人单位和本人累计缴费满1年不足5年，领取失业保险金的期限最长为12个月；累计缴费满5年不足10年，领取失业保险金的期限最长为18个月；累计缴费10年以上，领取失业保险金的期限最长为24个月。重新就业后，再次失业，缴费时间重新计算，领取失业保险金的期限与前次失业应领取而尚未领取的失业保险金的期限合并计算，最长不超过24个月。④失业保险金的标准，由省级政府确定，不得低于城市居民最低生活保障标准。⑤失业人员在领取失业保险金期间，参加职工基本医疗保险，享受基本医疗保险待遇。⑥失业人员应缴纳的基本医疗保险费从失业保险基金中支付，个人不缴纳基本医疗保险费。⑦失业人员在领取失业保险金期间死亡，参照当地对在职职工死亡规定，向其遗属发给一次性丧葬补助金和抚恤金。所需资金从失业保险基金中支付。⑧个人死亡同时符合领取基本养老保险丧葬补助金、工伤保险丧葬补助金和失业保险丧葬补助金条件，其遗属只能选择领取其中的一项。⑨用人单位应及时为失业人员出具终止或解除劳动关系的证明，并将失业人员的名单自终止或解除劳动关系之日起15日内告知社会保险经办机构。失业人员应持本单位为其出具的终止或解除劳动关系的证明，及时到指定的公共就业服务机构办理失业登记。失业人员凭失业登记证明和个人身份证明，到社会保险经办机构办理领取失业保险金的手续。失业保险金领取期限自办理失业登记之日起算。失业人员在领取失业保险金期间有重新就业、应征服兵役、移居境外、享受基本养老保险待遇，无正当理由，拒不接受当地政府指定部门或机构介绍的适当工作或提供的培训的情形之一，停止领取失业保险金，并同时停止享受其他失业保险待遇。职工跨统筹地区就业，其失业保险关系随本人转移，缴费年限累计计算。

失业人员符合失业条件（失业人员符合失业前用人单位和本人已缴纳失业保险费满1年；非因本人意愿中断就业；已进行失业登记，并有求职要求的条件，从失业保险基金中领取失业保险金），可申请领取失业保险金并享受其他失业保险待遇。其中，非因本人意愿中断就业的情形：①劳动合同终止的劳动合同期满；用人单位被依法宣告破产；用人单位被吊销营业执照、责令关闭、撤销或用人单位决定提前解散的情形，终止劳动合同。②由用人单位或劳动者本人可依《劳动合同法》解除劳动合同。具体情形有：劳动者有在试用期间被证明不符合录用条件；严重违反用人单位的规章制度；严重失职，营私舞弊，给用人单位造成重大损害；劳动者同时与其他用人单位建立劳动关系，对完成本单位的工作任务造成严重影响，或经用人单位提出，拒不改正；因以欺诈、胁迫的手段或乘人之危，使对方在违背真实意思的情况下订立或变更劳动合同的情形致使劳动合同无效；被依法追究刑责的情形之一，用人单位可解除劳动合同。有劳动者患病或非因工负伤，在规定的医疗期满后不能从事原工作，也不能从事由用人单位另行安排的工作；劳动者不能胜任工作，经过培训或调整工作岗位，仍不能胜任工作；劳动合同订立时所依据的客观情况发生重大变化，致使劳动合同无法履行，经用人单位与劳动者协商，未能就变更劳动合同内容达成协议情形之一，用人单位提前30日以书面形式通知劳动者本人或额外支付劳动者1个月工资后，可解除劳动合同。有依《企业破产法》规定进行重整；生产经营发生严重困难；企业转产、重大技术革新或经营方式调整，经变更劳动合同后，仍需裁减人员；其他因劳动合同订立时所依据的客观经济情况发生重大变化，致使劳动合同无法履行的情形之一，需裁减人员20人以上或裁减不足20人但占企业职工总数10%以上，用人单位提前30日向工会或全体职工说明情况，听取工会或职工的意见后，裁减人员方案经向劳动行政部门报告，可裁减人员。用人单位裁减人员，在6个月内重新招用人员，应通知被裁减的人员，并在同等条件下优先招用被裁减的人员。用人单位裁减人员时，应优先留用与本单位订立较长期限的固定期限劳动合同；与本单位订立无固定期限劳动合同；家庭无其他就业人员，有需扶养的老人或未成年人。用人单位向劳动者提出解除劳动合同并与劳动者协商一致解除劳动合同（用人单位与劳动者协商一致，可解除劳动合同）。③由用人单位提出解除聘用合同或被用人单位辞退、除名、开除；法律、法规、规章规定的其他情形。失业人员领取失业保险金后重新就业，再次失业时，缴费时间重新计算。失业人员因当期不符合失业保险金领取条件，原有缴费时间予以保留，重新就业并参保，缴费时间累计计算。失业人员在领取失业保险金期间，应积极求职，接受职业介绍和职业培训。失业人员接受职业介绍、职业培训的补贴由失业保险基金按规定支付。

**例题 10**：关于共同犯罪的说法，选项正确的是：（　　）。

A. 甲一开始被恐怖组织胁迫参加犯罪，但在着手实行后，其非常积极，成为主要的实行人之一，甲在共同犯罪中可成为主犯。B. 乙是共同贪污犯罪中的实行犯，但其可能不是主犯。C. 丙为勒索财物绑架王某，在控制人质后，丙将真相告诉好友高某，并委托高某去找王某的父母要钱，高某同意并实施了勒索行为。丙构成绑架罪，高某构成敲诈勒索罪。D. 丁与成某经共谋后，共同伤害被害人汪某，丁的木棒击中了汪某的腹部，成某的短刀刺中了汪某的肺部，汪某因成某的致命伤害在送到医院10小时后死亡。丁需对死亡结果负责。[答案] A、B、D。

**例题11：** 关于单位犯罪，选项错误的是：（　　）。

A. 甲注册某咨询公司后一直亏损，后发现为他人虚开增值税专用发票可盈利，即以此为主要业务，该行为属于咨询公司单位犯罪。B. 乙公司在实施保险诈骗罪后，因没年检而被工商管理局吊销营业执照。案发后对该公司不再追诉，只能对原公司中的直接负责的主管人员和其他直接责任人员追究刑责。C. 丙虚报注册资本构成进出口公司，主要从事正当业务经营，后经公司股东集体讨论，以公司的名义走私汽车，利益均分。因该进出口公司构成时不符合法律规定，该走私行为属于个人犯罪。D. 丁等5名房地产公司领导以公司名义非法经营烟草业务，所得利益归5人均分。该行为属于单位犯罪。[答案] A、C、D。

从《刑诉法司法解释》角度，挪用失业保险基金和下岗职工基本生活保障资金属于挪用救济款物。具体规定有：①挪用失业保险基金和下岗职工基本生活保障资金，情节严重，使国家和群众利益遭受重大损害，对直接责任人员，应以挪用特定款物罪追究刑责。②国家工作人员利用职务便利，挪用失业保险基金和下岗职工基本生活保障资金归个人使用，构成犯罪，应以挪用公款罪追究刑责。职务侵占救灾、抢险、防汛、优抚、扶贫、移民、救济、医疗款物、捐助、社会保险等专项款物，或用于预防、控制突发传染病疫情等灾害款物，增加基准刑的10%～30%（参见《安徽省高级人民法院〈关于常见犯罪的量刑指导意见〉实施细则》）。③职务侵占救灾、抢险、防汛、优抚、扶贫、移民、救济、捐助、社会保险、教育、征地、拆迁等专项款项和物资，增加基准刑的20%以下（《北京市高级人民法院〈关于常见犯罪的量刑指导意见〉实施细则》）。

## 五、生育保险

生育保险政策：①职工应参加生育保险，由用人单位按国家规定缴纳生育保险费，职工不缴纳生育保险费。②用人单位已缴纳生育保险费，其职工享受生育保险待遇；职工未就业配偶按国家规定享受生育医疗费用待遇，包括生育医疗费用（生育的医疗费用；计生的医疗费用；法律、法规规定的其他项目费用）、生育津贴；所需资金从生育保险基金中支付。③职工有女职工生育享受产假；享受计生手术休假；法律、法规规定的其他情形之一，可按国家规定享受生育津贴。④生育津贴按职工所在用人单位上年度职工月平均工资计发。

## 六、农民养老保险

### (一) 农民养老保险

1. 农村养老保险交纳方式

①定期交费，在收入比较稳定或比较富裕的地区和人群采用这种方式。如乡镇企业可按月、按季交纳保费，富裕地区的农民可按半年或按年交纳保费，其交费额既可按收入的比例，也可按一定的数额交纳。②不定期交费，多数地区因收入不稳定而采取的方式。丰年多交，歉年少交，灾年缓交。家庭收入好时交，不好时可不交。③一次性交费，多数是岁数偏大的农民，根据自己年老后的保障水平将保费一次交足，60岁后按规定领取养老金。

2. 农村养老保险办理流程

①参保范围：具有本地农村户籍且年满16周岁（不含在校学生）未参加城镇职工基本养老保险的农村居民。②所需证件：身份证原件、复印件2份。户口本原件、复印件2份。4张1寸免冠照（60周岁以上人员6张）。③办理方法：到所在村、街道填写《登记表》4份，《户籍表》2份，贴相片，并由本人签字按手印确认。16~59周岁人员自主选择缴费档次（100~1000元）缴费，由村街经办人员开具收据并填写《缴费明细表》。60周岁以上人员不需缴费，填写《待遇申领表》2份，提交存折复印件2份。

3. 农村养老保险的退保程序

根据《关于保险对象退出保险有关事宜的通知（1994）》规定，退出保险分为正常退出保险（保险对象的户口由农村户口转为非农村户口；保险对象户口迁移而迁入地还未建立农村社会养老保险制度；保险对象在缴费期内死亡）、非正常退出保险（正常退出保险外的退保）。

办理退保的手续：①退保人要写1份退保申请，写明退保原因，并附带相关材料（升学、招工、户口迁移等），到乡镇管理机构办理手续。②乡镇管理机构对其有关证明审核，并签署意见，与申请退保者的缴费证、缴费记录卡一起上报县级保险机构。县级保险机构要再次对上报的材料进行审核，对符合退保条件者，为其核算退还的保险金数额。③按民办函〔1994〕39号文件精神，退还正常退保者和非正常退保者的保险金额，要按不同的标准计算。对正常退出保险者，按年复利7.5%计息退还个人。集体对其补助部分，在扣除管理服务费并按年复利率7.5%计息的基础上，由各地视情况决定退还个人的比例。集体补助不退给个人的部分，记入基金。对非正常退保者，只退还保险对象个人缴纳的保险费本金，集体补助部分的金额，根据不参加保险集体不补助原则，原已记入个人名下的集体补助不退还，记入基金。

### (二) 失地农民养老保险

失地农民养老保险政策：①政府出资应在50%以上，集体出资应在30%左右，个人出资在 20% 左右，坚持政府保障为主，个人保障为辅的原则。②失地农民达到缴费年限后，可领取养老保险金。

失地农民养老保险的缴费标准：①对男性年龄在 60 周岁以上，女性年龄在 55 周岁以上的失地农民（因政府统一征收农村集体土地而失去全部或部分土地，且征地时对所征土地享有承包经营权的年满 18 周岁及以上的失地农民），地方社会保障部门根据每年养老保险金水平，按 15 年期限，从政府土地征用收益中扣除一部分资金用于养老保险费用的支付，个人不负担缴费。从失地的当月起，开始领取养老保险。②对男性年龄在 45~60 周岁，女性年龄在 40~55 周岁的失地农民，每年所需缴纳的费用由政府、集体、个人三方共同承担。

失地农民养老保险的申请材料及流程。①所需材料：土地 2 轮承包合同（名册、证书）复印件，征地协议复印件，本人身份证、户口簿复印件，5 张同底 2 寸彩照，失地农民基本养老保险参保申报表（1 式 4 份）。②申请流程：符合要求的农民以小组为单位参加养老保险→村委会召开会议表决→公示 7 日→填写申报表及花名册并签字盖章→上报政府、公安、国土资源部门审核→复核并办理登记手续。

### （三）养老保险转移的流程

社保费用通过个人账户、统筹账户进行管理。医疗保险只能在购买地本地消费使用，不支持异地转移。

养老保险异地转移手续需在转入地社保局申请开具调出证明或函，再凭本人身份证、养老保险材料在调出社保局申请。养老保险在统筹区域内可随便办理转移关系，而在非统筹区域只能往户口所在地社保局转入养老保险。跨省市转移养老保险手续，需根据自己的实际情况分别向两地社保局提出申请，且只能转移个人账户部分，不能将个人账户和统筹账户一起取走。公积金可自解除劳动合同之日起 2 年后到当地公积金管理中心申请办退。

养老保险、医疗保险的退保应向当地社保局申请，退保手续需包括本人身份证、退保申请书、交纳社保情况（养老本、医保卡）等材料。

从比较法角度，新型农村社会养老保险（新农保）、城镇社会养老保险的根本差异在于保障对象、保障措施、筹资结构、缴费保障的不同。城镇职工基本养老保险以城镇就业群体为保障对象，雇主、用人单位（主要筹资方）包括劳动者个人须按国家法律法规规定的缴费比例、领取资格、支付标准进行强制缴费。新农保强调自愿原则，以农村居民群体为保障对象，农民自愿参加，政府加以引导，缴费标准具有弹性（100 元、200 元、300 元、400 元、500 元等），允许地方向上向下增设缴费标准，不搞"一刀切"。新农保的主要供款方是政府，对 60 周岁及以上老年人、中青年的养老金缴费予以补助。

### 七、企业养老保险

从社保卡办理流程的角度，个人缴纳社保后，一般可从社保局领取一张社保卡，消费者可查询自己社保的缴纳情况，可直接用于医疗费用的报销。一般而言，企业、公司人事部门都会帮员工办理社保卡，员工只需带个人身份证到社保局领取社保卡即可。

办理社保卡的资料：①企业法人营业执照（副本）及复印件。②组织机构代码证书（副本）及复印件。③地税登记证（副本）及复印件。④工商登记执照（副本）或批准成立的批文等有效证件。⑤职工与单位建立劳动关系的证明材料（劳动合同）。⑥法定代表人或负责人身份证复印件。⑦证明企业经营状况财务报表（资产负债表、损益表）。⑧用于拷贝社会保险参保业务表格及资料的U盘1个。非法人单位须另提供其所属法人单位对该非法人单位出具的参保委托授权书。民办非企业需提供民办非企业单位登记证或民办学校办学许可证等文件，组织机构代码证书（副本）、地税登记证（副本）。

社保卡的办理流程：①参保单位到社保局领取并按要求填制社会保险登记表和社会保险单位新增人员信息采集表（提供纸质、电子资料）《社会保险参保单位银行结算账户情况表》（以上表格均1式2份，可在区社保局网站上下载）。②参保单位带齐所需纸质及电子资料到社保局参保管理窗口审核：办理人员审核单位所交纸质资料是否齐全、有效；填写的社会保险登记表、参加社会保险单位新增人员信息采集表、社会保险参保单位银行结算账户情况表是否规范、签字印章是否齐全。校验参保单位报送的电子文档（参加社会保险单位新增人员信息采集表）是否规范。经审核合格，办理单位参保登记手续。具体见图1-2。

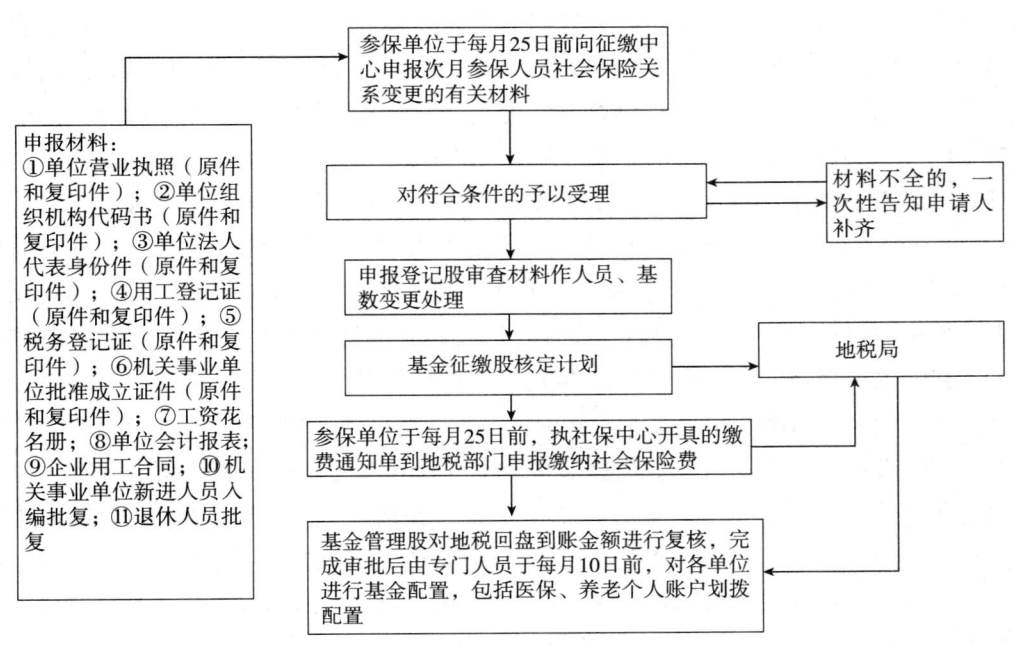

**图1-2 社保卡办理流程**

### (一) 申请养老保险企业参保办理流程

①申请：参保单位提交参保申请书。②受理：企业养老保险管理局综合业务股对参保人员提供的申请和相关资料进行受理。③审核：企业养老保险管理局综合业务股对参保人提供的相关资料进行审核，审核后转基金结算中心。④申报材料：参保单位参保申请书、组织机构代码证、企业营业执照、税务登记证、法人代表证、法人身份证（或办学许可证、卫生许可证等有效证件的复印件）加盖本单位公章。用人单位职工需提供职工花名册、职工档案、职工劳动合同书、身份证、工资表、职工基本情况核对表等原件及复印件。

### (二) 灵活就业人员首次申请养老保险参保办理流程

①申请：申请人提交书面申请。②受理：企业养老保险管理局综合业务股对参保人员提供的申请和相关资料进行受理。③审核：企业养老保险管理局综合业务股对参保人提供的相关资料进行审核，审核后转基金结算中心。④申报材料：参保人员需提供身份证原件及复印件、户口簿原件及复印件、暂住证和工商营业执照等有效证件及有关部门或单位出具的城镇就业证明等资料、1寸照片3张，申请办理。

### (三) 私营企业参加社会保险经办流程

①新开社保账户业务："五证合一"企业，需私营企业工商营业执照、企业法人身份证、购买社保员工近期工资表并加盖公章上传。不属于"五证合一"企业，需企业自行确认本单位所持有证件，如组织机构代码证、税务登记证、私营企业工商营业执照、企业法人身份证、购买社保员工近期工资表并加盖公章上传。建筑行业按项目参加单独工伤险的申请资料：立项批准文件（复印件）；工程项目承包合同原件及复印件（留复印件加盖公章）；项目中标协议书（批文）原件及复印件（留复印件加盖公章）；劳动合同（人力资源社会保障部制式合同）原件；人员花名册（电子版包含姓名、身份证号、联系方式、工资收入、报送方式、参保时间跨度等内容）和纸质版（1式6份，加盖公章）；人力资源社会保障部门下发的农民工人员保证金收据（后续送达，原件及复印件加盖公章）。按工程总造价千分之一进行手动征缴打印缴费单。单位到地税凭缴费单缴费后，持缴费单原件、复印件和发票原件及复印件（加盖公章），审核留档，并将相关资料盖公章交给单位经办人员，所有上报文件均需提供合法、有效原始证件。②企业人员增减变化上报业务：所有企业均需每月（1~15号）在社会保险单位缴费核定管理系统内上报本月企业员工增减变动；若本月企业无人员增减变动，也需上报企业"增减变化上报否"业务（需企业自行完成）。企业新增加人员，需上传参保人员身份证，用人单位与劳动者签订的劳动合同，上传劳动合同首页及甲乙双方签字盖章的最后一页（劳动合同须由省、市劳动局监制的正式劳动合同）。农村户口人员增加：上报人员身份证信息涉及村、组、社区等字样，需上传参保人员在户籍所在地当年未参加新型农村养老保险证明，上报人员身份证、用人单位与劳动者签订的劳动合同、劳动合同首页及甲乙双方签字盖章的最后一页（劳动合同须由省、市劳动局监

制的正式劳动合同）。曾购买过养老保险的增加人员：对于区内转入购买过保险的人员，通过企业的，需上传养老保险手册首页及社会保险局审核盖章的最后一页、身份证、用人单位与劳动者签订的劳动合同，上传劳动合同首页及甲乙双方签字盖章的最后一页（劳动合同须由省、市劳动局监制的正式劳动合同）。购买过灵活就业养老保险人员，首先于每月1~15号暂停灵活就业人员医疗保险，再上传养老保险手册首页及社会保险局审核盖章的最后一页（办理灵活就业人员养老保险需携带银行缴费发票及养老保险手册到灵活就业养老保险办理窗口审核盖章）、身份证、用人单位与劳动者签订的劳动合同，上传劳动合同首页及甲乙双方签字盖章的最后一页（劳动合同须由省、市劳动局监制的正式劳动合同）。对于市内转移的，上传养老保险手册首页及社会保险局审核盖章的最后一页、身份证、用人单位与劳动者签订的劳动合同首页及甲乙双方签字盖章的最后一页（劳动合同须由省、市劳动局监制的正式劳动合同）、其他社保机构关系转移接续表和断保申请。省内及跨省转移的，需上传身份证、用人单位与劳动者签订的劳动合同，上传劳动合同首页及甲乙双方签字盖章的最后一页（劳动合同须由省、市劳动局监制的正式劳动合同）。当月增加人员如需补缴当年养老保险业务，需企业上传补缴人员补缴月份工资表加盖公章。转入人员养老保险若无连续缴费至上月，如要放弃补缴养老保险，需提供断保申请、身份证、用人单位与劳动者签订的劳动合同，上传劳动合同首页及甲乙双方签字盖章的最后一页（劳动合同须由省、市劳动局监制的劳动合同）。减少人员时需上传减少人员离职证明、身份证。人员死亡的，需火化证明、死亡证明。退休的，需养老退休资格认定表。

### 八、机关事业单位养老保险

#### （一）机关事业单位在岗职工养老保险缴费比例

①基本养老保险费由单位和个人共同承担，单位缴纳基本养老保险费的比例，一般不超过单位工资总额的20%。个人缴纳基本养老保险费的比例为本人缴费工资的8%。②缴纳工资基数低于当地在岗职工平均工资60%，按当地在岗职工平均工资的60%计算个人缴费工资基数。缴纳工资基数最高不得超过当地在岗职工平均工资的300%。

#### （二）机关事业单位临聘人员养老保险缴费比例

①用人单位按临聘人员个人缴费工资基数之和的20%、临聘人员本人按上年度月平均工资（新聘用的人员按第一个月的工资标准）的8%缴纳基本养老保险费。临聘人员的月平均工资低于全省上年度在岗职工月平均工资60%，以全省上年度在岗职工月平均工资的60%为缴费基数。②高于全省上年度在岗职工月平均工资300%，以全省上年度在岗职工月平均工资的300%为缴费基数。

### (三) 机关事业单位养老保险缴费基数

①单位缴费基数（包含基本工资、国家统一的津贴补贴、规范后的津贴补贴和年终一次性奖金）：本单位参加机关事业单位养老保险工作人员的个人缴费工资基数之和。②个人缴费基数（包含基本工资、国家统一的津贴补贴、绩效工资）：按规定的统筹工资项目核定，是职工上年度的月平均工资。

从比较法角度，机关企事业单位的养老金具有关联性、互补性、差异性，关键在于养老金缴费基数、养老金计发办法的不同。具体为：①从关联性、互补性角度，机关企事业单位养老保险都是中国社会保障制度的重要组成部分，对保障退休人员生活、维护社会稳定发挥了重要作用。并轨制改革后的机关事业与企业单位人员的基本养老金待遇分基础养老金、个人账户养老金。机关事业单位在参加基本养老保险的基础上，应为其工作人员建立职业年金，保障改革人群的养老金水平不低于现有水平，如基本养老保险实行300%封顶、60%托底政策，即单位按工资总额的20%缴费；个人按本人缴费工资的8%缴费，本人缴费工资高于当地职工平均工资3倍的部分不纳入缴费基数，低于平均工资60%的以60%为基数缴费。②从差异性角度，机关企事业单位养老金的缴费基数、养老金计发办法、缴费方式、赔付方式不同。机关事业单位养老保险缴费基数应不低于档案工资和离退休费2项之和，企业单位养老保险的缴费基数按实发工资或社会平均工资。机关事业单位基本养老金按本人缴费年限、退休、退职前岗位和薪级工资之和的一定比例计发。企业单位基本养老金由基础养老金和个人账户养老金组成，基础养老金月标准以本人退休时全省上年度在岗职工月平均工资和本人指数化月平均缴费工资的平均值为基数，缴费每满1年发给1%。个人账户养老金月标准为个人账户储存额除以计发月数。企业单位参加社保需缴费，机关事业单位不需参加社保缴费，由财政部门补贴。企业单位职工的社保金（包括养老和医疗）赔付完全由个人账户余额决定。事业机关单位的养老金是退休前一年的工资100%，医保费用100%全额报销。

### 九、社保费的征缴

社保费缴纳由单位、个人共同完成，缴费比例有所区别。具体为：①养老保险。目前养老保险缴费比例为单位21%（全部划入统筹基金），个人8%（全部划入个人账户）。②医疗保险。医疗保险缴费比例为单位9%，个人2%+3元。③失业保险。失业保险缴费比例为单位2%，个人1%。④工伤保险。单位每个月缴纳比例为0.5%，个人无须缴纳。⑤生育保险。单位每个月缴纳比例为1%，个人无须缴纳。⑥住房公积金。公积金缴费比例根据企业的实际情况，选择住房公积金缴费比例。原则上，最高缴费额不得超过职工平均工资的10%。2010年下半年起，用人单位按上一年度职工平均工资的12%办理缴纳住房公积金。单位和个人都是12%。

社保费征缴的方式方法：①用人单位应自成立之日起30日内凭营业执照、登记证书或单位印章，向当地社会保险经办机构申请办理社会保险登记。②社会保险经办机构应自收到申请之日起 15 日内予以审核，发给社会保险登记证件。③用人单位的社会保险登记事项发生变更或用人单位依法终止，应自变更或终止之日起 30 日内，到社会保险经办机构办理变更或注销社会保险登记。④市场监管部门、民政部门和机构编制管理机关应及时向社会保险经办机构通报用人单位的成立、终止情况，公安机关应及时向社会保险经办机构通报个人的出生、死亡及户口登记、迁移、注销等情况。⑤用人单位应自用工之日起 30 日内为其职工向社会保险经办机构申请办理社会保险登记。未办理社会保险登记，由社会保险经办机构核定其应缴纳的社保费。自愿参加社会保险的无雇工的个体工商户、未在用人单位参加社会保险的非全日制从业人员及其他灵活就业人员，应向社会保险经办机构申请办理社会保险登记。国家建立全国统一的个人社会保障号码。个人社会保障号码为居民身份证号码。社会保险缴费比例具体如表 1-2 所示。

表 1-2　社会保险缴费比例

| 险种 | | 总费率 | 单位所占费率 | 个人所占费率 |
| --- | --- | --- | --- | --- |
| 养老保险 | 城镇养老保险 | 28% | 20% | 8% |
| 医疗保险 | 基本医疗保险 | 10% | 8% | 2% |
| | 大额医疗保险 | 1%+2 元 | 1% | 2 元 |
| 失业保险（非农业户口） | | 3% | 2% | 1% |
| 失业保险（农业户口） | | 2% | 2% | 0 |
| 工伤保险 | | 0.5%~3.3% | 0.5%~3.3% | 0 |
| 生育保险 | | 0.7% | 0.7% | 0 |

县级以上政府加强社保费的征收工作。社保费实行统一征收，实施步骤和具体办法由国务院规定。具体为：①用人单位应自行申报、按时足额缴纳社保费，非因不可抗力等法定事由不得缓缴、减免。职工应缴纳的社保费由用人单位代扣代缴，用人单位应按月将缴纳社保费的明细情况告知本人。无雇工的个体工商户、未在用人单位参加社会保险的非全日制从业人员及其他灵活就业人员，可直接向社保费征收机构缴纳社保费。②社保费征收机构应依法按时足额征收社保费，并将缴费情况定期告知用人单位和个人。③用人单位未按规定申报应缴纳的社保费数额，按该单位上月缴费额的 110%确定应缴纳数额；缴费单位补办申报手续后，由社保费征收机构按规定结算。④用人单位未按时足额缴纳社保费，由社保费征收机构责令其限期缴纳或补足。用人单位逾期仍未缴纳或补足社保费，社保费征收机构可向银行和其他金融机构查询其存款账户；并可申请县级以上有关行政部门作出划拨社保费的决定，书面通知其开户银行或其他金融机构划拨社保费。用人单位账户余额少于应缴纳的社保费，社保费征收机构可要求该用人单位提供担保，签订延期缴费协议。用人单位未足额缴纳社保费且未提供担保，社保费征收机构可申请法院扣押、查封、拍卖其价值相当于应缴纳社保费的财产，以拍卖所得抵缴社保费。

### 十、社会保险基金

社会保险基金预算、决算草案的编制、审核和批准，依《国务院关于试行社会保险基金预算的意见》（国发〔2010〕2号）规定执行。具体为：①社会保险基金包括基本养老保险基金、基本医疗保险基金、工伤保险基金、失业保险基金和生育保险基金。②除基本医疗保险基金与生育保险基金合并建账及核算外，其他各项社会保险基金按社会保险险种分别建账，分账核算。③社会保险基金执行国家统一的会计制度。④社会保险基金专款专用，任何组织和个人不得侵占或挪用。⑤基本养老保险基金逐步实行全国统筹，其他社会保险基金逐步实行省级统筹，具体时间、步骤由国务院规定。⑥社会保险基金通过预算实现收支平衡。县级以上政府在社会保险基金出现支付不足时，给予补贴。⑦社会保险基金按统筹层次设立预算。除基本医疗保险基金与生育保险基金预算合并编制外，其他社会保险基金预算按社会保险项目分别编制。⑧社会保险基金预算、决算草案的编制、审核和批准，依法律和国务院规定执行。社会保险基金存入财政专户，具体管理办法由国务院规定。社会保险基金在保证安全的前提下，按国务院规定投资运营实现保值增值。⑨社会保险基金不得违规投资运营，不得用于平衡其他政府预算，不得用于兴建、改建办公场所和支付人员经费、运行费用、管理费用，或违反法律、行政法规规定挪作其他用途。⑩社会保险经办机构应定期向社会公布参加社会保险情况及社会保险基金的收入、支出、结余和收益情况。⑪国家设立全国社会保障基金，由中央财政预算拨款及国务院批准的其他方式筹集的资金构成，用于社会保障支出的补充、调剂。全国社会保障基金由全国社会保障基金管理运营机构负责管理运营，在保证安全的前提下实现保值增值。全国社会保障基金应定期向社会公布收支、管理和投资运营的情况。财政部、社保部门、审计机关对全国社会保障基金的收支、管理和投资运营情况实施监督。

**例题12**：下列关于社会保险基金的哪些表述符合劳动法规定？
A. 国家设立社会保险基金，是为了使劳动者在年老、患病、工伤、失业、生育等情况下获得帮助和补偿。B. 用人单位和劳动者都须缴纳社保费。C. 劳动者死亡后，其遗属依法享受社会保险基金支付的遗属津贴。D. 社会保险基金的经办机构负有使社会保险基金保值增值的责任。【答案】A、B、C、D。

### 十一、社会保险的经办

全国社会保险信息系统按国家统一规划，由县级以上政府分级负责共同建设。

社会保险经办：①统筹地区设立社会保险经办机构。社会保险经办机构根据工作需要，经所在地的社保部门和机构编制管理机关批准，可在本统筹地区设立分支机构和服务网点。②社会保险经办机构的人员经费和经办社会保险发生的基本运行费用、管理费用，由同级财政按国家规定予以保障。③社会保险经办机构应建立健全业务、财务、安全和风险管理制度。④社会保险经办机构应按时足额支付社会保险待遇。⑤社会保险经办机构通过业务经办、统计、调查获取社会保险工作所需要的数据，有关单位和个人应及时、如实提供。社会保险经办机构应及时为用人单位建立档案，完整、准确地记录参加社会保险的人员、缴费等社会保险数据，妥善保管登记、申报的原始凭证和支付结算的会计凭证。社会保险经办机构应及时、完整、准确地记录参加社会保险的个人缴费和用人单位为其缴费，及享受社会保险待遇等个人权益记录，定期将个人权益记录单免费寄送本人。用人单位和个人可免费向社会保险经办机构查询、核对其缴费和享受社会保险待遇记录，要求社会保险经办机构提供社会保险咨询等相关服务。⑥社会保险经办机构应每年至少一次将参保人员个人权益记录单通过邮寄方式寄送本人，可通过手机短信或电子邮件等方式向参保人员发送个人权益记录。⑦社保部门、社会保险经办机构及其工作人员应依法为用人单位和个人的信息保密，不得违法向他人泄露涉及用人单位商业秘密或公开后可能损害用人单位合法利益的信息；涉及个人权益的信息。

### 十二、社会保险的监督

社会保险监督：①各级人大常委会听取和审议本级政府对社会保险基金的收支、管理、投资运营及监督检查情况的专项工作报告，组织对《社会保险法》实施情况的执法检查等，依法行使监督职权。②县级以上政府社保部门应加强对用人单位和个人遵守社会保险法律、法规情况的监督检查。③社保部门实施监督检查时，被检查的用人单位和个人应如实提供与社会保险有关的资料，不得拒绝检查或谎报、瞒报。④财政部门、审计机关按各自职责，对社会保险基金的收支、管理和投资运营情况实施监督。⑤社保部门对社会保险基金的收支、管理和投资运营情况进行监督检查，发现存在问题，应提出整改建议，依法作出处理决定或向有关行政部门提出处理建议。社会保险基金检查结果应定期向社会公布。⑥社保部门对社会保险基金实施监督检查，有权采取的措施：查阅、记录、复制与社会保险基金收支、管理和投资运营相关的资料，对可能被转移、隐匿或灭失的资料予以封存。询问与调查事项有关的单位和个人，要求其对与调查事项有关的问题作出说明、提供有关证明材料。对隐匿、转移、侵占、挪用社会保险基金的行为予以制止并责令改正。⑦统筹地区政府成立由用人单位代表、参保人员代表，及工会代表、专家等组成的社会保险监督委员会，掌握、分析社会保险基金的收支、管理和投资运营情况，对社会保险工作提出咨询意见和建议，实施社会监督。社会保险经办机构应定期向社会保险监督委员会汇报社会保险基金的收支、管理和投资运营情况。社会保险监督委员会可聘请会计师事务所对社会保险基金的收支、管理和投资运营情况进行年度审计和专项审计。审计结果应向社会公开。社会保险监督委员会发现社会保险基金收支、管理和投资运营中存在问题，有权提出改正建议；对社会保险经办机构及其工作人员的违法行为，有权向有关部门提出依法处理建议。⑧社保部门和其他有关行政部门、社会保险经办机构、社保费征收机构及其工作人员，应依法为用人单位和个人的信息保密，不得以任何形式泄露。⑨任何组织或个人有权对违反社会保险法律、法规的行为进行举报、投诉。社保部门、卫生行政部门、社会保险经办机构、社保费征收机构和财政部门、审计机关对属于本部门、本机构职责范围的举报、投诉，应依法处理；对不属于本部门、本机构职责范围，应书面通知并移交有权处理的部门、机构处理。有权处理的部门、机构应及时处理，不得推诿。⑩用人单位或个人认为社保费征收机构的行为侵害自己合法权益，可依法申请行政复议或提起行诉。用人单位或个人对社会保险经办机构不依法办理社会保险登记、核定社保费、支付社会保险待遇、办理社会保险转移接续手续或侵害其他社会保险权益的行为，可依法申请行政复议或提起行诉。个人与所在用人单位发生社会保险争议，可依法申请调解、仲裁，提起诉讼。用人单位侵害个人社会保险权益，个人也可要求社保部门或社保费征收机构依法处理。

### 十三、违反社会保险法的法律责任

2011 年 7 月 1 日后对用人单位未按时足额缴纳社保费的处理，按《社会保险法》和《社会保险法实施细则》执行；对 2011 年 7 月 1 日前发生的用人单位未按时足额缴纳社保费的行为，按国家和地方政府的有关规定执行。职工与所在用人单位发生社会保险争议，可依《劳动争议调解仲裁法》《劳动人事争议仲裁办案规则》（人保部令〔2009〕2 号）规定，申请调解、仲裁，提起诉讼。职工认为用人单位有未按时足额为其缴纳社保费等侵害其社会保险权益行为，也可要求社保部门或社保费征收机构依法处理。社保部门或社保费征收机构应按《社会保险法》《劳动保障监察条例》（国务院令第 423 号）等相关规定处理。在处理过程中，用人单位对双方的劳动关系提出异议，社保部门应依法查明相关事实后继续处理。

违反《社会保险法》的法律责任：①用人单位不办理社会保险登记，由社保部门责令限期改正；逾期不改正，对用人单位处应缴社保费数额 1 倍以上 3 倍以下罚款，对其直接负责的主管人员和其他直接责任人员处 500 元以上 3000 元以下罚款。②用人单位拒不出具终止或解除劳动关系证明，依《劳动合同法》规定处理。用人单位在终止或解除劳动合同时拒不向职工出具终止或解除劳动关系证明，导致职工无法享受社会保险待遇，用人单位应依法承担赔偿责任。③用人单位未按时足额缴纳社保费，由社保费征收机构责令限期缴纳或补足，并自欠缴之日起，按日加收万分之五的滞纳金；逾期仍不缴纳，由有关行政部门处欠缴数额 1 倍以上 3 倍以下罚款。因此，用人单位提供担保并与社保费征收机构签订缓缴协议，免收缓缴期间的滞纳金。职工应缴纳的社保费由用人单位代扣代缴。用人单位未依法代扣代缴，由社保费征收机构责令用人单位限期代缴，并自欠缴之日起向用人单位按日加收万分之五的滞纳金。用人单位不得要求职工承担滞纳金。用人单位因不可抗力造成生产经营出现严重困难，经省级政府社保部门批准后，可暂缓缴纳一定期限的社保费，期限一般不超过 1 年；暂缓缴费期间，免收滞纳金；到期后，用人单位应缴纳相应的社保费。用人单位缓缴社保费期间，不影响其职工依法享受社会保险待遇。用人单位未按月将缴纳社保费的明细情况告知职工本人，由社保部门责令改正；逾期不改，可处 2000 元罚款；构成违反治安管理行为，给予治安处罚；构成犯罪，追究刑责。④社会保险经办机构及医疗机构、药品经营单位等社会保险服务机构以欺诈、伪造证明材料或其他手段骗取社会保险基金支出，由社保部门责令退回骗取的社会保险金，处骗取金额 2 倍以上 5 倍以下罚款；属于社会保险服务机构，解除服务协议；直接负责的主管人员和其他直接责任人员有执业资格，依法吊销其执业资格。对与社会保险经办机构签订服务协议的医疗机构、药品经营单位，由社会保险经办机构按协议追究责任，情节严重，可解除与其签订的服务协议。⑤以欺诈、伪造证明材料或其他手段骗取社会保险待遇，由社保部门责令退回骗取的社会保险金，处骗取金额 2 倍以上 5 倍以下罚款。⑥社会保险经办机构及其工作人员有未履行社会保险法定职责；未将社会保险基金存入财政专户；克扣或拒不按时支付社会保险待遇；丢失或篡改缴费记录、享受社会保险待遇记录等社会保险数据、个人权益记录；有违反社会保险法律、法规的其他行为之一，由社保部门责令改正；给社会保险基金、用人单位或个人造成损失，依法承担赔偿责任；对直接负责的主管人员和其他直接责任人员依法给予处分。⑦社保费征收机构擅自更改社保费缴费基数、费率，导致少收或多收社保费，由有关行政部门责令其追缴应缴纳的社保费或退还不应缴纳的社保费；对直接负责的主管人员和其他直接责任人员依法给予处分。⑧违反《社会保险法》规定，隐匿、转移、侵占、挪用社会保险基金或违规投资运营，由社保部门、财政部门、审计机关责令追回；有违法所得，没收违法所得；对直接负责的主管人员和其他直接责任人员依法给予处分。⑨社保部门和其他有关行政部门、社会保险经办机构、社保费征收机构及其工作人员泄露用人单位和个人信息，对直接负责的主管人员和其他直接责任人员依法给予处分；给用人单位或个人造成损失，应承担赔偿责任。⑩国家工作人员在社会保险管理、监督工作中滥用职权、玩忽职守、徇私舞弊，依法给予处分。⑪社会保险经办机构、社保费征收机构、社会保险基金投资运营机构、开设社会保险基金专户的机构和专户管理银行及其工作人员有将应征和已征的社会保险基金，采取隐藏、非法放置等手段，未按规定征缴、入账；违规将社会保险基金转入社会保险基金专户以外的账户；侵吞社会保险基金；将各项社会保险基金互相挤占或其他社会保障基金挤占社会保险基金；将社会保险基金用于平衡财政预算、兴建、改建办公场所和支付人员经费、运行费用、管理费用；违反国家规定的投资运营政策的违法情形，由社保部门对社会保险管理、监督工作中滥用职权、玩忽职守、徇私舞弊的国家工作人员，依法给予处分。⑫违反《社会保险法》规定，构成犯罪，依法追究刑责。

# 第2章　银行保险法

## 第1节　银行业的监管

### 一、银行业监管的法律根据

作为银行业监管的法律根据《银行业监督管理法》对加强对银行业的监管，规范监管行为，防范和化解银行业风险，保护存款人和其他客户的合法权益，促进银行业健康发展具有重要意义。

有原则就有例外。对在中国境内设立的政策性银行、金融资产管理公司的监管，法律、行政法规另有规定，依其规定。对在中国境内设立的外资银行业金融机构、中外合资银行业金融机构、外国银行业金融机构的分支机构的监管，法律、行政法规另有规定，依其规定。

### 二、银行业金融机构的设立

中国银保监会负责对全国银行业金融机构（在中国境内设立的商业银行、城市信用合作社、农村信用合作社等吸收公众存款的金融机构及政策性银行）及其业务活动监管的工作。

在中国境内设立的金融资产管理公司、信托投资公司、财务公司、金融租赁公司及经中国银保监会批准设立的其他金融机构的监管，适用《银行业监督管理法》对银行业金融机构监管的规定。

### 三、银行业金融机构的监管对象

中国银保监会依《银行业监督管理法》有关规定，对经其批准在境外设立的金融机构及全国银行业金融机构、在中国境内设立的金融资产管理公司、信托投资公司、财务公司、金融租赁公司及经中国银保监会批准设立的其他金融机构在境外的业务活动实施监管。审计署、国家监委等机关，应依照法律规定对中国银保监会的活动进行监督。

银行业监管的目标是促进银行业的合法、稳健运行，维护公众对银行业的信心。银行业监管应保护银行业公平竞争，提高银行业竞争能力。中国银保监会对银行业实施监管，应遵循依法、公开、公正和效率的原则。中国银保监会及其从事监管工作的人员依法履行监管职责，受法律保护。地方政府、各级政府部门、社会团体和个人不得干涉。中国银保监会应和中国人民银行、国务院其他金融监管机构建立监管信息共享机制。中国银保监会可和其他国家或地区的金融监管机构建立监管合作机制，实施跨境监管。

中国银保监会根据履行职责的需要设立派出机构。中国银保监会对派出机构实行统一领导和管理。中国银保监会的派出机构在中国银保监会的授权范围内，履行监管职责。

中国银保监会从事监管工作的人员，应具备与其任职相适应的专业知识和业务工作经验。中国银保监会工作人员，应忠于职守，依法办事，公正廉洁，不得利用职务便利牟取不正当的利益，不得在金融机构等企业中兼任职务。中国银保监会工作人员，应依法保守国家秘密，并有责任为其监管的银行业金融机构及当事人保守秘密。中国银保监会同其他国家或地区的金融监管机构交流监管信息，应就信息保密作出安排。中国银保监会应公开监管程序，建立监管责任制度和内部监督制度。中国银保监会在处置银行业金融机构风险、查处有关金融违法行为等监管活动中，地方政府、各级有关部门应以配合和协助。

### 四、银行业金融机构的监管职责

中国银保监会依照法律、行政法规制定并发布对银行业金融机构及其业务活动监管的规章、规则。中国银保监会依法律、行政法规规定的条件和程序，审查批准银行业金融机构的设立、变更、终止及业务范围。申请设立银行业金融机构，或银行业金融机构变更持有资本总额或股份总额达到规定比例以上的股东，中国银保监会应对股东的资金来源、财务状况、资本补充能力和诚信状况进行审查。银行业金融机构业务范围内的业务品种，应按规定经中国银保监会审查批准或备案。需审查批准或备案的业务品种，由中国银保监会依法律、行政法规作出规定并公布。未经中国银保监会批准，任何单位或个人不得设立银行业金融机构或从事银行业金融机构的业务活动。中国银保监会对银行业金融机构的董事和高管人员实行任职资格管理，具体办法由中国银保监会制定。

银行业金融机构应严格遵守审慎经营规则。银行业金融机构的审慎经营规则（包括风险管理、内部控制、资本充足率、资产质量、损失准备金、风险集中、关联交易、资产流动性等内容），由法律、行政法规规定，也可由中国银保监会依法律、行政法规制定。

中国银保监会应对银行业金融机构的设立，自收到申请文件之日起 6 个月内；银行业金融机构的变更、终止，及业务范围和增加业务范围内的业务品种，自收到申请文件之日起 3 个月内；审查董事和高管人员的任职资格，自收到申请文件之日起 30 日内就申请事项作出批准或不批准的书面决定；决定不批准，应说明理由。

中国银保监会应对银行业金融机构的业务活动及其风险状况进行非现场监管，建立银行业金融机构监管信息系统，分析、评价银行业金融机构的风险状况。

中国银保监会应对银行业金融机构的业务活动及其风险状况进行现场检查。中国银保监会应制定现场检查程序，规范现场检查行为。

中国银保监会应对银行业金融机构实行并表监管。中国银保监会对中国人民银行提出的检查银行业金融机构的建议，应自收到建议之日起 30 日内予以回复。

中国银保监会应建立银行业金融机构监管评级体系和风险预警机制，根据银行业金融机构的评级情况和风险状况，确定对其现场检查的频率、范围和需采取的其他措施。

中国银保监会应建立银行业突发事件的发现、报告岗位责任制度。中国银保监会发现可能引发系统性银行业风险、严重影响社会稳定的突发事件，应立即向中国银保监会负责人报告；中国银保监会负责人认为需向国务院报告，应立即向国务院报告，并告知中国人民银行、财政部等有关部门。

中国银保监会应会同中国人民银行、财政部等有关部门建立银行业突发事件处置制度，制定银行业突发事件处置预案，明确处置机构和人员及其职责、处置措施和处置程序，及时、有效地处置银行业突发事件。中国银保监会负责统一编制全国银行业金融机构的统计数据、报表，并按国家有关规定予以公布。

中国银保监会对银行业自律组织的活动进行指导和监督。银行业自律组织的章程应报中国银保监会备案。中国银保监会可开展与银行业监管有关的国际交流、合作活动。

### 五、银行业金融机构的监管措施

中国银保监会根据履行职责的需要，有权要求银行业金融机构按规定报送资产负债表、利润表和其他财务会计、统计报表、经营管理资料及注册会计师出具的审计报告。

中国银保监会根据审慎监管的要求，可采取进入银行业金融机构进行检查；询问银行业金融机构的工作人员，要求其对有关检查事项作出说明；查阅、复制银行业金融机构与检查事项有关的文件、资料，对可能被转移、隐匿或毁损的文件、资料予以封存；检查银行业金融机构运用电子计算机管理业务数据的系统的措施进行现场检查。

进行现场检查，应经中国银保监会负责人批准。现场检查时，检查人员不得少于 2 人，并应出示合法证件和检查通知书；检查人员少于 2 人或未出示合法证件和检查通知书，银行业金融机构有权拒绝检查。

中国银保监会根据履行职责的需要，可与银行业金融机构董事、高管人员进行监管谈话，要求银行业金融机构董事、高管人员就银行业金融机构的业务活动和风险管理的重大事项作出说明。

中国银保监会应责令银行业金融机构按规定，如实向社会公众披露财务会计报告、风险管理状况、董事和高管人员变更及其他重大事项等信息。

银行业金融机构违反审慎经营规则，中国银保监会或其省一级派出机构应责令限期改正；逾期未改正，或其行为严重危及该银行业金融机构的稳健运行、损害存款人和其他客户合法权益，经中国银保监会或其省一级派出机构负责人批准，可区别情形，采取措施：责令暂停部分业务、停止批准开办新业务；限制分配红利和其他收入；限制资产转让；责令控股股东转让股权或限制有关股东的权利；责令调整董事、高管人员或限制其权利；停止批准增设分支机构。

银行业金融机构整改后，应向中国银保监会或其省一级派出机构提交报告。中国银保监会或其省一级派出机构经验收，符合有关审慎经营规则，应自验收完毕之日起三日内解除对其采取的有关措施。

银行业金融机构已或可能发生信用危机，严重影响存款人和其他客户合法权益，中国银保监会可依法对该银行业金融机构实行接管或促成机构重组，接管和机构重组依有关法律和国务院的规定执行。

银行业金融机构有违法经营、经营管理不善等情形，不撤销将严重危害金融秩序、损害公众利益，中国银保监会有权予以撤销。

银行业金融机构被接管、重组或被撤销，中国银保监会有权要求该银行业金融机构的董事、高管人员和其他工作人员，按中国银保监会的要求履行职责。

在接管、机构重组或撤销清算期间，经中国银保监会负责人批准，对直接负责的董事、高管人员和其他直接责任人员，可采取措施：直接负责的董事、高管人员和其他直接责任人员出境将对国家利益造成重大损失，通知出境管理机关依法阻止其出境；申请司法机关禁止其转移、转让财产或对其财产设定其他权利。

经中国银保监会或其省一级派出机构负责人批准，中国银保监会有权查询涉嫌金融违法的银行业金融机构及其工作人员及关联行为人的账户；对涉嫌转移或隐匿违法资金，经中国银保监会负责人批准，可申请司法机关予以冻结。

中国银保监会依法对银行业金融机构进行检查时，经设区的市一级以上中国银保监会负责人批准，可对与涉嫌违法事项有关的单位和个人采取措施：询问有关单位或个人，要求其对有关情况作出说明；查阅、复制有关财务会计、财产权登记等文件、资料；对可能被转移、隐匿、毁损或伪造的文件、资料，予以先行登记保存。

中国银保监会采取现场调查措施，调查人员不得少于2人，并应出示合法证件和调查通知书；调查人员少于2人或未出示合法证件和调查通知书，有关单位或个人有权拒绝。对依法采取的措施，有关单位和个人应配合，如实说明有关情况并提供有关文件、资料，不得拒绝、阻碍和隐瞒。

### 六、银行业金融机构的法律责任

中国银保监会从事监管工作的人员贪污受贿，泄露国家秘密、商业秘密和个人隐私，构成犯罪，依法追究刑责；尚不构成犯罪，依法给予行政处分。

对中国银保监会从事监管工作的人员依法给予行政处分；构成犯罪，依法追究刑责的 7 种情形：①违反规定审查批准银行业金融机构的设立、变更、终止，及业务范围和业务范围内的业务品种。②违反规定对银行业金融机构进行现场检查。③未按规定报告可能引发系统性银行业风险、严重影响社会稳定的突发事件。④违反规定查询账户或申请冻结资金。⑤违反规定对银行业金融机构采取措施或处罚。⑥违反中国银保监会应对银行业金融机构的业务活动及其风险状况进行现场检查；中国银保监会应制定现场检查程序，规范现场检查行为的规定对有关单位或个人进行调查。⑦滥用职权、玩忽职守的其他行为。

银行业金融机构违反法律、行政法规及国家有关银行业监管规定，擅自设立银行业金融机构或非法从事银行业金融机构的业务活动；未经批准设立分支机构；未经批准变更、终止；违反规定从事未经批准或未备案的业务活动；违反规定提高或降低存款利率、贷款利率；未经任职资格审查任命董事、高管人员；拒绝或阻碍非现场监管或现场检查；提供虚假的或隐瞒重要事实的报表、报告等文件、资料；未按规定进行信息披露；严重违反审慎经营规则；拒绝执行责令暂停部分业务；不按规定提供报表、报告等文件、资料，中国银保监会除停止批准开办新业务；限制分配红利和其他收入；限制资产转让；责令控股股东转让股权或限制有关股东的权利；责令调整董事、高管人员或限制其权利；停止批准增设分支机构外，还可区别不同情形，采取措施：①责令银行业金融机构对直接负责的董事、高管人员和其他直接责任人员给予纪律处分。②银行业金融机构的行为尚不构成犯罪，对直接负责的董事、高管人员和其他直接责任人员给予警告，处 5 万元以上 50 万元以下罚款。③取消直接负责的董事、高管人员一定期限直至终身的任职资格，禁止直接负责的董事、高管人员和其他直接责任人员一定期限直至终身从事银行业工作。阻碍中国银保监会工作人员依法执行检查、调查职务，由公安机关依法给予治安管理处罚；构成犯罪，依法追究刑责。

擅自设立银行业金融机构或非法从事银行业金融机构的业务活动，由中国银保监会予以取缔；构成犯罪，依法追究刑责；尚不构成犯罪，由中国银保监会没收违法所得，违法所得 50 万元以上，并处违法所得 1 倍以上 5 倍以下罚款；无违法所得或违法所得不足 50 万元，处 50 万元以上 200 万元以下罚款。银行业金融机构有未经批准设立分支机构；未经批准变更、终止；违反规定从事未经批准或未备案的业务活动；违反规定提高或降低存款利率、贷款利率的情形之一，由中国银保监会责令改正，有违法所得，没收违法所得，违法所得 50 万元以上，并处违法所得 1 倍以上 5 倍以下罚款；无违法所得或违法所得不足 50 万元，处 50 万元以上 200 万元以下罚款；情节特别严重或逾期不改正，可责令停业整顿或吊销其经营许可证；构成犯罪，依法追究刑责。银行业金融机构有未经任职资格审查任命董事、高级管理人员；拒绝或阻碍非现场监管或现场检查；提供虚假的或隐瞒重要事实的报表、报告等文件、资料；未按规定进行信息披露；严重违反审慎经营规则情形之一，由中国银保监会责令改正，并处 20 万元以上 50 万元以下罚款；情节特别严重或逾期不改正，可责令停业整顿或吊销其经营许可证；构成犯罪，依法追究刑责。银行业金融机构不按规定提供报表、报告等文件、资料，由中国银保监会责令改正，逾期不改正，处 10 万元以上 30 万元以下罚款。

## 第 2 节　商业银行的保理和存款保险

### 一、商业银行的保理业务

#### （一）保理业务的概念和分类

保理业务是以债权人转让其应收账款为前提，集应收账款催收、管理、坏账担保及融资于一体的综合性金融服务。具体为：①债权人将其应收账款转让给商业银行，由商业银行向其提供应收账款催收（商业银行根据应收账款账期，主动或应债权人要求，采取电话、函件、上门等方式或运用法律手段等对债务人进行催收）、应收账款管理（商业银行根据债权人的要求，定期或不定期向其提供关于应收账款的回收情况、逾期账款情况、对账单等财务和统计报表，协助其进行应收账款管理）、坏账担保（商业银行与债权人签订保理协议后，为债务人核定信用额度，并在核准额度内，对债权人无商业纠纷的应收账款，提供约定的付款担保）、保理融资（以应收账款合法、有效转让为前提的银行融资服务）等服务中至少一项，即为保理业务。②以应收账款为质押的贷款，不属于保理业务范围。

从基础交易的性质和债权人、债务人所在地等标准角度，保理业务分为国内保理（债权人和债务人均在境内的保理业务）和国际保理（债权人和债务人中至少有一方在境外，包括保税区、自贸区、境内关外等）；有追索权保理当应收账款到期无法从债务人处收回时，商业银行可向债权人反转让应收账款，要求债权人回购应收账款或归还融资）和无追索权保理（应收账款在无商业纠纷等情况下无法得到清偿，由商业银行承担应收账款的坏账风险）；单保理（由一家保理机构单独为买卖双方提供保理服务）和双保理（由两家保理机构分别向买卖双方提供保理服务）。

有保险公司承保买方信用风险的银保合作，视同双保理。买卖双方保理机构为同一银行不同分支机构，原则上可视作双保理。商业银行应在相关业务管理办法中同时明确作为买方保理机构和卖方保理机构的职责。

#### （二）保理业务的法律根据

《商业银行保理业务管理暂行办法》（银监会令〔2014〕5 号）对规范商业银行保

理业务经营行为，加强保理业务审慎经营管理，促进保理业务健康发展，具有重要意义。

中国境内依法设立的商业银行经营保理业务，应遵守《商业银行保理业务管理暂行办法》，《商业银行保理业务管理暂行办法》由中国银保监会负责解释。中国银保监会及其派出机构依《商业银行保理业务管理暂行办法》及有关法律法规对商业银行保理业务实施监管。银行业协会应充分发挥自律、协调、规范职能，建立并持续完善银行保理业务的行业自律机制。政策性银行、外国银行分行、农村合作银行、农村信用社、财务公司等其他银行业金融机构开展保理业务，参照《商业银行保理业务管理暂行办法》执行。商业银行应按《商业银行保理业务管理暂行办法》对具体保理融资产品进行定义，根据自身情况确定适当的业务范围，制定保理融资客户准入标准。

### （三）保理业务的基本原则

商业银行开办保理业务，应遵循依法合规、审慎经营、平等自愿、公平诚信的原则，应妥善处理业务发展与风险管理的关系。

商业银行应按"权属确定，转让明责"的原则，严格审核并确认债权的真实性，确保应收账款（企业因提供商品、服务或出租资产而形成的债权及其产生的收益，但不包括因票据或其他有价证券而产生的付款请求权）初始权属清晰确定、历次转让凭证完整、权责无争议。《商业银行保理业务管理暂行办法》所指应收账款的转让，是与应收账款相关的全部权利及权益的让渡。

### （四）保理融资业务的管理

在双保理业务中，商业银行应对合格买方保理机构制定准入标准，对买方保理机构为非银行机构，应采取名单制管理，并制定严格的准入准出标准与程序。

商业银行应根据自身内部控制水平和风险管理能力，制定保理融资业务的应收账款标准，规范应收账款范围。商业银行不得基于不合法基础交易合同、寄售合同、未来应收账款、权属不清的应收账款、因票据或其他有价证券而产生的付款请求权等开展保理融资业务。未来应收账款是合同项下卖方义务未履行完毕的预期应收账款。权属不清的应收账款是权属具有不确定性的应收账款，包括但不限于已在其他银行或商业保理公司等第三方办理出质或转让的应收账款。获得质权人书面同意解押并放弃抵质押权利和获得受让人书面同意转让应收账款权属的除外。

因票据或其他有价证券而产生的付款请求权是票据或其他有价证券的持票人无须持有票据或有价证券产生的基础交易应收账款单据，仅依据票据或有价证券本身即可向票据或有价证券主债务人请求按票据或有价证券上记载的金额付款的权利。

商业银行受理保理融资业务时，应严格审核卖方和买方的资信、经营及财务状况，分析拟做保理融资的应收账款情况，包括是否出质、转让及账龄结构等，合理判断买方的付款意愿、付款能力及卖方的回购能力，审查买卖合同等资料的真实性与合法性。对因提供服务、承接工程或其他非销售商品原因所产生的应收账款，或买卖双方为关联企业的应收账款，应从严审查交易背景真实性和定价的合理性。

商业银行应对客户和交易等相关情况进行有效的尽职调查，重点对交易对手、交易商品及贸易习惯等内容进行审核，并通过审核单据原件或银行认可的电子贸易信息等方式，确认相关交易行为真实合理存在，避免客户通过虚开发票或伪造贸易合同、物流、回款等手段恶意骗取融资。

在单保理融资中，商业银行除应严格审核基础交易的真实性外，还需确定卖方或买方一方比照流动资金贷款进行授信管理，严格实施受理与调查、风险评估与评价、支付和监测等全流程控制。

商业银行办理单保理业务时，应在保理合同中原则上要求卖方开立用于应收账款回笼的保理专户等相关账户。商业银行应指定专人对保理专户资金进出情况进行监控，确保资金首先用于归还银行融资。

商业银行应充分考虑融资利息、保理手续费、现金折扣、历史收款记录、行业特点等应收账款稀释因素，合理确定保理业务融资比例。

商业银行开展保理融资业务，应根据应收账款的付款期限等因素合理确定融资期限。商业银行可将应收账款到期日与融资到期日间的时间期限设置为宽限期（应根据买卖双方历史交易记录、行业惯例等因素合理确定）。

商业银行提供保理融资时，有追索权保理按融资金额计入债权人征信信息；无追索权保理不计入债权人及债务人征信信息。商业银行进行担保付款或垫款时，应按保理业务的风险实质，决定计入债权人或债务人的征信信息。

### （五）保理业务风险的管理

保理业务规模较大、复杂度较高的商业银行，须设立专门的保理业务部门或团队，配备专业的从业人员，负责产品研发、业务操作、日常管理和风险控制等工作。当发生买方信用风险，保理银行履行垫付款义务后，应将垫款计入表内，列为不良贷款进行管理。

商业银行应科学审慎制定贸易融资业务发展战略，并纳入全行统一战略规划，建立科学有效的贸易融资业务决策程序和激励约束机制，有效防范与控制保理业务风险；应制定详细规范的保理业务管理办法和操作规程，明确业务范围、相关部门职能分工、授信和融资制度、业务操作流程及风险管控、监测和处置等政策；应定期评估保理业务政策和程序的有效性，加强内部审计监督，确保业务稳健运转；应直接开展保理业务，不得将应收账款的催收、管理等业务外包给第三方机构；应将保理业务纳入统一授信管理，明确各类保理业务涉及的风险类别，对卖方融资风险、买方付款风险、保理机构风险分别进行专项管理；应建立全行统一的保理业务授权管理体系，由总行自上而下实施授权管理，不得办理未经授权或超授权的保理业务；应针对保理业务建立完整的前中后台管理流程，前中后台应职责明晰并相对独立；应将保理业务的风险管理纳入全面风险管理体系，动态关注卖方或买方经营、管理、财务及资金流向等风险信息，定期与卖方或买方对账，有效管控保理业务风险；应加强保理业务IT系统建设。

保理业务规模较大、复杂程度较高的银行应建立电子化业务操作和管理系统，对授信额度、交易数据和业务流程等方面进行实时监控，并做好数据存储及备份工作；应按《商业银行资本管理办法（试行）》要求，按保理业务的风险实质，计量风险加权资产，并计提资本。

### （六）保理业务的法律责任

商业银行违反《商业银行保理业务管理暂行办法》规定经营保理业务，由中国银保监会及其派出机构责令其限期改正。商业银行有未按要求制定保理业务管理办法和操作规程即开展保理业务；违反《商业银行保理业务管理暂行办法》相关规定（商业银行应根据自身内部控制水平和风险管理能力，制定适合叙做保理融资业务的应收账款标准，规范应收账款范围。商业银行不得基于不合法基础交易合同、寄售合同、未来应收账款、权属不清的应收账款、因票据或其他有价证券而产生的付款请求权等开展保理融资业务。未来应收账款是合同项下卖方义务未履行完毕的预期应收账款。权属不清的应收账款是权属具有不确定性的应收账款，包括但不限于已在其他银行或商业保理公司等第三方办理出质或转让的应收账款。获得质权人书面同意解押并放弃抵质押权利和获得受让人书面同意转让应收账款权属的除外。因票据或其他有价证券而产生的付款请求权是票据或其他有价证券的持票人无须持有票据或有价证券产生的基础交易应收账款单据，仅依据票据或有价证券本身即可向票据或有价证券主债务人请求按票据或有价证券上记载的金额付款的权利。商业银行受理保理融资业务时，应严格审核卖方和（或）买方的资信、经营及财务状况，分析拟做保理融资的应收账款情况，包括是否出质、转让及账龄结构等，合理判断买方的付款意愿、付款能力及卖方的回购能力，审查买卖合同等资料的真实性与合法性。对因提供服务、承接工程或其他非销售商品原因所产生的应收账款，或买卖双方为关联企业的应收账款，应从严审查交易背景真实性和定价的合理性）叙做保理业务；业务审查、融资管理、风险处置等流程未尽职的情形之一，中国银保监会及其派出机构可采取的措施：中国银保监会或其省一级派出机构应责令限期改正；逾期未改正，或其行为严重危及该银行业金融机构的稳健运行、损害存款人和其他客户合法权益，经中国银保监会或其省一级派出机构负责人批准，可区别情形，责令暂停部分业务、停止批准开办新业务，限制分配红利和其他收入，限制资产转让，责令控股股东转让股权或限制有关股东的权利，责令调整董事、高级管理人员或限制其权利，停止批准增设分支机构。

商业银行经营保理业务时存在因保理业务经营管理不当发生信用风险重大损失、出现严重操作风险损失事件；通过非公允关联交易或变相降低标准违规办理保理业务；未真实准确对垫款等进行会计记录或以虚假会计处理掩盖保理业务风险实质；严重违反《商业银行保理业务管理暂行办法》规定的其他情形之一，由中国银保监会及其派出机构责令其限期改正等监管措施外，还可实施处罚：①银行业金融机构不按规定提供报表、报告等文件、资料，由中国银保监会责令改正，逾期不改正，处10万元以上30万元以下罚款。②银行业金融机构违反法律、行政法规及国家有关银行业监管规定，中国银保监会限制分配红利和其他收入，限制资产转让，责令控股股东转让股权或限制有关股东的权利，责令调整董事、高管人员或限制其权利，停止批准增设分支机构外，还可区别不同情形，采取措施：责令银行业金融机构对直接负责的董事、高级管理人员和其他直接责任人员给予纪律处分。银行业金融机构的行为尚不构成犯罪，对直接负责的董事、高级管理人员和其他直接责任人员给予警告，处5万元以上50万元以下罚款。取消直接负责的董事、高级管理人员一定期限直至终身的任职资格，禁止直接负责的董事、高级管理人员和其他直接责任人员一定期限直至终身从事银行业工作。阻碍中国银保监会工作人员依法执行检查、调查职务，由公安机关依法给予治安处罚；构成犯罪，依法追究刑责。

## 二、存款保险

### （一）存款保险的概念

存款保险是投保机构向存款保险基金管理机构交纳保费，形成存款保险基金，存款保险基金管理机构依《存款保险条例》（国务院令第660号）的规定向存款人偿付被保险存款（包括投保机构吸收的本币存款、外币存款，不包括金融机构同业存款、投保机构的高管人员在本投保机构的存款及存款保险基金管理机构规定不保险的其他存款），并采取必要措施维护存款及存款保险基金安全的金融制度。

《存款保险条例》对规范存款保险制度，依法保护存款人的合法权益，及时防范和化解金融风险，维护金融稳定，具有重要意义。

### （二）存款保险条例的效力

从空间效力角度，在中国境内设立的商业银行、农村合作银行、农村信用合作社等吸收存款的银行业金融机构（投保机构），应依《存款保险条例》的规定投保存款保险，但投保机构在中国境外设立的分支机构，及外国银行在中国境内设立的分支机构不依《存款保险条例》的规定投保存款保险，但中国与其他国家或地区之间对存款保险制度另有安排例外。《存款保险条例》施行前，已被中国银保监会依法决定接管、撤销或法院已受理破产申请的吸收存款的银行业金融机构，不适用《存款保险条例》。

### （三）存款保险的限额

存款保险实行限额偿付，最高偿付限额为50万元。中国人民银行会同国务院有关部门可根据经济发展、存款结构变化、金融风险状况等因素调整最高偿付限额，报国务院批准后公布执行。同一存款人在同一家投保机构所有被保险存款账户的存款本金和利息合并计算的资金数额在最高偿付限额内，实行全额偿付；超出最高偿付限额的部分，依法从投保机构清算财产中受偿。

### （四）存款保险基金

存款保险基金管理机构偿付存款人的被保险存款后，即在偿付金额范围内取得该存款人对投保机构相同清偿顺序的债权。具体规定有：①社会保险基金、住房公积金存款的偿付办法由中国人民银行会同国务院有关部门另行制定，报国务院批准。②存款保险基金的4大来源：投保机构交纳的保费、在投保机构清算中分配的财产、存款保险基金管理机构运用存款保险基金获得的收益和其他合法收入。③由国务院决定的存款保险基金管理机构的8种基本职责：制定并发布与其履行职责有关的规则；制定和调整存款保险费率标准，报国务院批准；确定各投保机构的适用费率；归集保费；管理和运用存款保险基金；依《存款保险条例》的规定采取早期纠正措施和风险处置措施；在《存款保险条例》规定的限额内及时偿付存款人的被保险存款；国务院批准的其他职责。④《存款保险条例》施行前已开业的吸收存款的银行业金融机构，应在存款保险基金管理机构规定的期限内办理投保手续。《存款保险条例》施行后开业的吸收存款的银行业金融机构，应自市场监管部门颁发营业执照之日起6个月内，按存款保险基金管理机构的规定办理投保手续。⑤存款保险费率由基准费率和风险差别费率构成。存款保险费率标准由存款保险基金管理机构根据经济金融发展状况、存款结构情况及存款保险基金的累积水平等因素制定和调整，报国务院批准后执行。各投保机构的适用费率，由存款保险基金管理机构根据投保机构的经营管理状况和风险状况等因素确定。⑥投保机构应交纳的保费，按本投保机构的被保险存款和存款保险基金管理机构确定的适用费率计算，具体办法由存款保险基金管理机构规定。投保机构应按存款保险基金管理机构的要求定期报送被保险存款余额、存款结构情况及与确定适用费率、核算保费、偿付存款相关的其他必要资料。投保机构应按存款保险基金管理机构每6个月交纳1次保费。⑦存款保险基金的运用，应遵循安全、流动、保值增值的原则，限于存放在中国人民银行；投资政府债券、央行票据、信用等级较高的金融债券及其他高等级债券；国务院批准的其他资金运用形式。⑧存款保险基金管理机构应自每一会计年度结束之日起3个月内编制存款保险基金收支的财务会计报告、报表，并编制年度报告，按国家有关规定予以公布。存款保险基金的收支应遵守国家统一的财务会计制度，并依法接受审计机关的审计监督。⑨存款保险基金管理机构履行职责，可进行核查的3种情形：投保机构风险状况发生变化，可能需调整适用费率，对涉及费率计算的相关情况进行核查。投保机构保费交纳基数可能存在问题，对其存款的规模、结构及真实性进行核查。对投保机构报送的信息、资料的真实性进行核查。对核查中发现的重大问题，应告知银行业监管机构。⑩存款保险基金管理机构参加金融监管协调机制，并与中国人民银行、银行业监管机构等金融管理部门、机构建立信息共享机制。存款保险基金管理机构应通过信息共享机制获取有关投保机构的风险状况、检查报告和评级情况等监管信息（不能满足控制存款保险基金风险、保证及时偿付、确定差别费率等需要，存款保险基金管理机构可要求投保机构及时报送其他相关信息）。⑪存款保险基金管理机构发现投保机构存在资本不足等影响存款安全及存款保险基金安全的情形，可对其提出风险警示。⑫投保机构因重大资产损失等原因导致资本充足率大幅度下降，严重危及存款安全及存款保险基金安全，投保机构应按存款保险基金管理机构、中国人民银行、银行业监管机构的要求及时采取补充资本、控制资产增长、控制重大交易授信、降低杠杆率等措施（投保机构有此情形，且在存款保险基金管理机构规定的期限内未改进，存款保险基金管理机构可提高其适用费率）。⑬存款保险基金管理机构发现投保机构已有或可能发生信用危机，严重影响存款人和其他客户合法权益；违法经营、经营管理不善等情形，不撤销将严重危害金融秩序、损害公众利益的情形，可建议银行业监管机构依法采取相应措施。⑭存款保险基金管理机构可选择在《存款保险条例》规定的限额内直接偿付被保险存款；委托其他合格投保机构在《存款保险条例》规定的限额内代为偿付被保险存款；为其他合格投保机构提供担保、损失分摊或资金支持，以促成其收购或承担被接管、被撤销或申请破产的投保机构的全部或部分业务、资产、负债的方式使用存款保险基金，保护存款人利益。⑮存款保险基金管理机构在拟订存款保险基金使用方案选择以上规定方式时，应遵循基金使用成本最小的原则。⑯有存款保险基金管理机构担任投保机构的接管组织、存款保险基金管理机构实施被撤销投保机构的清算、法院裁定受理对投保机构的破产申请、经国务院批准的其他情形之一，存款人有权要求存款保险基金管理机构在《存款保险条例》规定的限额内，使用存款保险基金偿付存款人的被保险存款。存款保险基金管理机构应依《存款保险条例》在存款保险基金管理机构担任投保机构的接管组织、存款保险基金管理机构实施被撤销投保机构的清算、法院裁定受理对投保机构的破产申请、经国务院批准的其他情形之发生之日起 7 个工作日内足额偿付存款。

### （五）违反存款保险法规的法律责任

违反存款保险法规的法律责任：①存款保险基金管理机构的工作人员有违反规定收取保费，违反规定使用、运用存款保险基金，违反规定不及时、足额偿付存款的行为之一，依法给予处分；滥用职权、玩忽职守、泄露国家秘密或所知悉的商业秘密，依法给予处分；构成犯罪，依法追究刑责。②投保机构有未依法投保，未依法及时、足额交纳保费，未按规定报送信息、资料或报送虚假的信息、资料，拒绝或妨碍存款保险基金管理机构依法进行的核查，妨碍存款保险基金管理机构实施存款保险基金使用方案的情形之一，由存款保险基金管理机构责令限期改正；逾期不改正或情节严重，予以记录并作为调整该投保机构的适用费率的依据。③投保机构有未依法投保，未依法及时、足额交纳保费，未按规定报送信息、资料或报送虚假的信息、资料，拒绝或妨碍存款保险基金管理机构依法进行的核查，妨碍存款保险基金管理机构实施存款保险基金使用方案的情形，存款保险基金管理机构可对投保机构的主管人员和直接责任人员予以公示。投保机构有未依法及时、足额交纳保费情形，存款保险基金管理机构还可按日加收未交纳保费部分 0.05% 的滞纳金。

# 第3章 军人保险法

## 第1节 军人保险法概论

### 一、军人保险法的立法宗旨和意义

《军人保险法》共9章51条,涉及总则、附则、军人伤亡保险、退役养老保险、退役医疗保险、随军未就业的军人配偶保险、军人保险基金、保险经办与监督、法律责任,对规范军人保险关系,维护军人保险权益,促进军人、国防和军队建设一体化,使中国军人保险制度建设全面进入法制化轨道,具有重要意义。

从法律效力角度,《军人保险法》是新中国全面规范军人生活待遇、指导军人保险工作的第一部法律,明确了军人伤亡保险制度的法律地位,增强了军人伤亡保险制度的权威性和约束力,加快了中国军人保险制度的法制化进程,为构建具有中国特色的军人伤亡保险制度提供了法律保障。

**例题1**:关于自伤,哪一选项错误?
A. 军人在战时自伤身体、逃避军事义务,成立战时自伤罪。B. 帮助有责任能力成年人自伤,不成立故意伤害罪。C. 受益人唆使60周岁的被保险人自伤、骗取保险金,成立故意伤害罪与保险诈骗罪。D. 父母故意不救助自伤的12周岁儿子而致其死亡,视具体情形成立故意杀人罪或遗弃罪。【答案】C。

### 二、军人保险法的法律效力

从适用范围角度,《军人保险法》军人保险权益和义务的规定,适用于武装警察;武警部队保险基金管理,按武警部队资金管理体制执行。军人退出现役后参加失业保险,其服现役年限视同失业保险缴费年限,与入伍前和退出现役后参加失业保险的缴费年限合并计算。从保险险种、保险项目角度,军人保险主要包括军人伤亡保险、退役养老保险、退役医疗保险、随军未就业的军人配偶保险。退役养老保险有利于解决军人退役时与基本养老保险相衔接的问题,确保军人退出现役后享受相应的养老保险待遇。军人退役医疗保险,有利于解决与基本医疗保险制度相衔接的问题,确保军人退出现役后享受相应的医疗保险待遇。

### 三、建立军人保险制度的途径

军人伤亡保险、退役养老保险、退役医疗保险和随军未就业的军人配偶保险的建立、缴费和转移接续等适用《军人保险法》。军人保险制度应体现军人职业特点，与社会保险制度相衔接，与经济社会发展水平相适应。国家根据社会保险制度的发展，适时补充完善军人保险制度。国家促进军人保险事业的发展，为军人保险提供财政拨款和政策支持。军人保险主管部门负责全军的军人保险工作。人力资源社会保障部、财政部和军队其他有关部门在各自职责范围内负责有关的军人保险工作。军队后勤（联勤）机关财务部门负责承办军人保险登记、个人权益记录、军人保险待遇支付等工作。军队后勤（联勤）机关财务部门和地方社会保险经办机构，按各自职责办理军人保险与社会保险关系转移接续手续。军人依法参加军人保险并享受相应的保险待遇。军人有权查询、核对个人缴费记录和个人权益记录，要求军队后勤（联勤）机关财务部门和地方社会保险经办机构依法办理养老、医疗等保险关系转移接续手续，提供军人保险和社会保险咨询等相关服务。

## 第 2 节　军人保险的险别

### 一、军人伤亡保险

军人伤亡保险是对因战因公死亡或致残的军人、因病致残的初级士官和义务兵给予经济补偿。军人伤亡保险待遇享受对象为现役军官、文职干部、士官、义务兵和供给制学员。

从适用对象角度，军人职业的特殊性决定了军人的风险和付出、保障。国家为促进军人保险事业的发展，为军人伤亡保险提供财政拨款和政策支持，明确了国家在军人伤亡保险制度中的保障责任，体现了国家对军人特殊群体的特别关怀，对保障军人合法权益，激发广大官兵献身使命、报效国家的热情，提升部队的战斗力具有重要意义。

从军人伤亡保险的国家保障责任角度，军官、文职干部和士官每人每月按 5 元缴纳军人伤亡保险费，义务兵、具有军籍的供给制学员不缴纳军人伤亡保险费。军人伤亡保险所需资金由国家承担，个人不缴纳保险费。军人的伤亡保险金、伤残补助金、医药生活补助费属于个人财产。

从军人伤亡保险对象角度，军人因战因公死亡和军人因战因公因病致残，都是军人伤亡保险制度的主体。享受军人伤亡保险制度的军人主体有因战、因公死亡或致残的军人,及因病致残的初级士官和义务兵。

从军人伤亡保险范围、保险经营近因原则角度,已评定残疾等级的因战因公致残的军人退出现役参加工作后旧伤复发,依法享受相应的工伤待遇。因战因公因病致残的现役军人、因战因公致残的军人退出现役后仍在军人伤亡保险制度保障范围内,受到军人伤亡保险制度的保障。

军人伤亡保险主要对因战、因公死亡或致残的军人,及因病致残的义务兵和初级士官,给予一次性经济补偿。经评定残疾等级的因战、因公致残的军人退役参加工作旧伤复发,依法享受相应的工伤待遇。军人死亡和残疾性质认定,及残疾等级评定,按《军人抚恤优待条例》(中央军事委员会令第602号)、《军人残疾等级评定标准》等有关规定执行。

经评定残疾等级的因战、因公致残的军人退出现役参加工作后旧伤复发,依法享受相应的工伤待遇。军人伤亡保险所需资金由国家承担,个人不缴纳保险费。

军人因战、因公死亡,按认定的死亡性质和相应的保险金标准,给付军人死亡保险金。军人因战、因公、因病致残,按评定的残疾等级和相应的保险金标准,给付军人残疾保险金。军人死亡和残疾的性质认定、残疾等级评定和相应的保险金标准,按国家和军队有关规定执行。

军人因故意犯罪;醉酒或吸毒;自残或自杀;法律、行政法规和军事法规规定的其他情形之一死亡或致残,不享受军人伤亡保险待遇。具体为:①从实施《社会保险法》若干规定、车辆驾驶人员血液、呼气酒精含量阈值与检验的角度,交警部门、医疗机构等有关单位依法出具的检测结论、诊断证明等材料,可作为认定醉酒的依据。②从危险驾驶罪的角度,在道路上驾驶机动车,血液酒精含量达到80毫克/100毫升以上,属于醉酒驾驶机动车,以危险驾驶罪定罪处罚。血液酒精含量检验鉴定意见是认定危险驾驶嫌犯是否醉酒的依据。嫌犯经呼气酒精含量检验达到80毫克/100毫升以上的,在抽取血样前脱逃,可以呼气酒精含量检验结果作为认定其醉酒的依据。嫌犯在公安机关依法检查时,为逃避法律追究,在呼气酒精含量检验或抽取血样前又饮酒,经检验其血液酒精含量达到80毫克/100毫升以上的醉酒标准,应认定为醉酒。公安机关在查处醉酒驾驶机动车的嫌犯时,对呼气酒精含量检验和抽取血样过程应制作记录;有条件,应拍照、录音或录像;有证人,应收集证人证言。

从《军人抚恤优待条例》角度,中国人民解放军现役军人、服现役或退出现役的残疾军人及复员军人、退伍军人、烈士遗属、因公牺牲军人遗属、病故军人遗属、现役军人家属,是《军人抚恤优待条例》规定的抚恤优待对象,依《军人抚恤优待条例》规定享受抚恤优待。具体为:军人的抚恤优待,实行国家和社会相结合的方针,保障军人的抚恤优待与国民经济和社会发展相适应,保障抚恤优待对象的生活不低于当地的平均生活水平。全社会应关怀、尊重抚恤优待对象,开展各种形式的拥军优属活动。国家鼓励社会组织和个人对军人抚恤优待事业提供捐助。国家和社会应重视和加强军人抚恤优待工作。军人抚恤优待所需经费由国务院和地方各级政府分级负担。

中央和地方财政安排的军人抚恤优待经费，专款专用，并接受财政、审计部门的监督。民政部主管全国的军人抚恤优待工作；县级以上地方政府民政部门主管本行政区域内的军人抚恤优待工作。国家机关、社会团体、企业事业单位应依法履行各自的军人抚恤优待责任和义务。各级政府对在军人抚恤优待工作中作出显著成绩的单位和个人，给予表彰和奖励。

现役军人死亡抚恤的内容具有规则性、程序性、行政性。具体有：现役军人死亡被批准为烈士（对敌作战死亡，或对敌作战负伤在医疗终结前因伤死亡；因执行任务遭敌人或罪犯杀害，或被俘、被捕后不屈遭敌人杀害或被折磨致死；为抢救和保护国家财产、生命财产或执行反恐怖任务和处置突发事件死亡；因执行军事演习、战备航行飞行、空降和导弹发射训练、试航试飞任务及参加武器装备科研试验死亡；在执行外交任务或国家派遣的对外援助、维持国际和平任务中牺牲；其他死难情节特别突出，堪为楷模。现役军人在执行对敌作战、边海防执勤或抢险救灾任务中失踪，经法定程序宣告死亡，按烈士对待）、被确认为因公牺牲（在执行任务中或在上下班途中，因意外事件死亡；被认定为因战因公致残后因旧伤复发死亡；因患职业病死亡；在执行任务中或在工作岗位上因病猝然死亡，或因医疗事故死亡；其他因公死亡。现役军人在执行对敌作战、边海防执勤或抢险救灾外的其他任务中失踪，经法定程序宣告死亡，按因公牺牲对待）或病故（现役军人除因患职业病死亡或在执行任务中、在工作岗位上因病猝然死亡、因医疗事故死亡的情形外，因其他疾病死亡，确认为病故。现役军人非执行任务死亡或失踪，经法定程序宣告死亡，按病故对待），其遗属依《军人抚恤优待条例》规定享受抚恤。

批准烈士，属于因战死亡，由军队团级以上单位政治机关批准；属于非因战死亡，由军队军级以上单位政治机关批准；属于其他死难情节特别突出，堪为楷模的情形，由总政治部（2016年1月10日，中国人民解放军总政治部剥离职能，一部分职能新名称改为中国共产党中央军事委员会政治工作部）批准。现役军人因公牺牲，由军队团级以上单位政治机关确认；属于其他因公死亡的情形，由军队军级以上单位政治机关确认。现役军人病故，由军队团级以上单位政治机关确认。对烈士遗属、因公牺牲军人遗属、病故军人遗属，由县级政府民政部门分别发给中国烈士证明书、中国军人因公牺牲证明书、中国军人病故证明书。现役军人死亡被批准为烈士，依《烈士褒扬条例》（国务院令第718号）规定发给烈士遗属烈士褒扬金。

现役军人死亡，根据其死亡性质和死亡时的月工资标准，由县级政府民政部门发给其遗属一次性抚恤金，标准：烈士和因公牺牲，为上一年度全国城镇居民人均可支配收入的20倍加本人40个月的工资；病故，为上一年度全国城镇居民人均可支配收入的2倍加本人40个月的工资。月工资或津贴低于排职少尉军官工资标准，按排职少尉军官工资标准计算。获得荣誉称号或立功的烈士、因公牺牲军人、病故军人，其遗属在应享受的一次性抚恤金的基础上，由县级政府民政部门按获得中央军委授予荣誉称号，增发35%；获得军队军区级单位授予荣誉称号，增发30%；立一等功，增发25%；立二等功，增发15%；立三等功，增发5%的比例增发一次性抚恤金。多次获得荣誉称号或立功的烈士、因公牺牲军人、病故军人，其遗属由县级政府民政部门按其中最高等级奖励的增发比例，增发一次性抚恤金。对生前作出特殊贡献的烈士、因公牺牲军人、病故军人，除按《军人抚恤优待条例》规定发给其遗属一次性抚恤金外，军队可按有关规定发给其遗属一次性特别抚恤金。一次性抚恤金发给烈士、因公牺牲军人、病故军人的父母（抚养人）、配偶、子女；无父母（抚养人）、配偶、子女，发给未满18周岁的兄弟姐妹和已满18周岁但无生活费来源且由该军人生前供养的兄弟姐妹。对符合父母（抚养人）、配偶无劳动能力、无生活费来源，或收入水平低于当地居民平均生活水平；子女未满18周岁或已满18周岁但因上学或残疾无生活费来源；兄弟姐妹未满18周岁或已满18周岁但因上学无生活费来源且由该军人生前供养条件之一的烈士遗属、因公牺牲军人遗属、病故军人遗属，发给定期抚恤金。对符合享受定期抚恤金条件的遗属，由县级政府民政部门发给定期抚恤金领取证。

定期抚恤金标准应参照全国城乡居民家庭人均收入水平确定。定期抚恤金的标准及其调整办法，由民政部会同财政部规定。县级以上地方政府对依靠定期抚恤金生活仍有困难的烈士遗属、因公牺牲军人遗属、病故军人遗属，可增发抚恤金或采取其他方式予以补助，保障其生活不低于当地的平均生活水平。享受定期抚恤金的烈士遗属、因公牺牲军人遗属、病故军人遗属死亡，增发6个月其原享受的定期抚恤金，作为丧葬补助费，同时注销其领取定期抚恤金的证件。现役军人失踪，经法定程序宣告死亡，在其被批准为烈士、确认为因公牺牲或病故后，又经法定程序撤销对其死亡宣告，由原批准或确认机关取消其烈士、因公牺牲军人或病故军人资格，并由发证机关收回有关证件，终止其家属原享受的抚恤待遇。

《军人抚恤优待条例》就现役军人残疾抚恤作出规定：①现役军人残疾被认定为因战致残、因公致残或因病致残，享受抚恤。因《军人抚恤优待条例》第8条规定情形之一导致残疾，认定为因战致残；因《军人抚恤优待条例》第9条第一款规定的情形导致残疾，认定为因公致残；义务兵和初级士官因患职业病死亡、在执行任务中或在工作岗位上因病猝然死亡，或因医疗事故死亡的情形外的疾病导致残疾，认定为因病致残。根据劳动功能障碍程度和生活自理障碍程度确定，残疾的等级由重到轻分为1~10级。残疾等级的具体评定标准由民政部、人力资源社会保障部、卫健委会同军队有关部门规定。②现役军人因战、因公致残，医疗终结后符合评定残疾等级条件，应评定残疾等级。义务兵和初级士官因病致残符合评定残疾等级条件，本人（精神病患者由其利害关系人）提出申请，也应评定残疾等级。因战、因公致残，残疾等级被评定为1~10级，享受抚恤；因病致残，残疾等级被评定为1~6级，享受抚恤。③因战、因公、因病致残性质的认定和残疾等级的评定权限是义务兵和初级士官的残疾，由军队军级以上单位卫健委认定和评定；现役军官、文职干部和中级以上士官的残疾，由军队军区级以上单位卫健委认定和评定；退出现役的军人和移交政府安置的军队离休、退休干部需认定残疾性质和评定残疾等级，由省民政厅认定和评定。评定残疾等级，应依据医疗卫生专家小组出具的残疾等级医学鉴定意见。残疾军人由认定残疾性质和评定残疾等级的机关发给中国残疾军人证。④现役军人因战、因公致残，未及时评定残疾等级，退出现役后或医疗终结满 3 年后，本人（精神病患者由其利害关系人）申请补办评定残疾等级，有档案记载或有原始医疗证明，可评定残疾等级。现役军人被评定残疾等级后，在服现役期间或退出现役后残疾情况发生严重恶化，原定残疾等级与残疾情况明显不符，本人（精神病患者由其利害关系人）申请调整残疾等级，可重新评定残疾等级。⑤退出现役的残疾军人，按残疾等级享受残疾抚恤金。残疾抚恤金由县级政府民政部门发给。因工作需要继续服现役的残疾军人，经军队军级以上单位批准，由所在部队按规定发给残疾抚恤金。⑥残疾军人的抚恤金标准应参照全国职工平均工资水平确定。残疾抚恤金的标准及 1~10 级残疾军人享受残疾抚恤金的具体办法，由民政部会同国务院财政部门规定。县级以上地方政府对依靠残疾抚恤金生活仍有困难的残疾军人，可增发残疾抚恤金或采取其他方式予以补助，保障其生活不低于当地的平均生活水平。⑦退出现役的因战、因公致残的残疾军人因旧伤复发死亡，由县级政府民政部门按因公牺牲军人的抚恤金标准发给其遗属一次性抚恤金，其遗属享受因公牺牲军人遗属抚恤待遇。退出现役的因战、因公、因病致残的残疾军人因病死亡，对其遗属增发 12 个月的残疾抚恤金，作为丧葬补助费；其中，因战、因公致残的 1~4 级残疾军人因病死亡，其遗属享受病故军人遗属抚恤待遇。退出现役的 1~4 级残疾军人，由国家供养终身；其中，对需长年医疗或独身 1 人不便分散安置，经省民政厅批准，可集中供养。对分散安置的 1~4 级残疾军人发给护理费，护理费的标准为因战、因公 1 级和 2 级残疾，为当地职工月平均工资的 50%；因战、因公 3 级和 4 级残疾，为当地职工月平均工资的 40%；因病 1~4 级残疾，为当地职工月平均工资的 30%。⑧退出现役的残疾军人的护理费，由县级以上地方政府民政部门发给；未退出现役的残疾军人的护理费，经军队军级以上单位批准，由所在部队发给。⑨残疾军人需配制假肢、代步三轮车等辅助器械，正服现役，由军队军级以上单位负责解决；退出现役，由省民政厅负责解决。

## 二、退役养老保险

为保障军人退役后"老有所养"，军人退役后参加城镇企业职工基本养老保险、城镇居民和农村居民社会养老保险，国家给予退役养老保险补助，所需经费由中央财政解决，减轻了地方政府负担，保证了军人养老保险待遇的有效落实。对转业安置到公务员岗位或参照《公务员法》管理的工作人员岗位，及在军队退休，按国家和军队有关规定实行退休制度；军队干部自主择业，仍按国家现行规定实行退役金保障制度。

退伍军人养老保险直接转入当地的社保账户，不可取现。军人退出现役参加基本养老保险，国家给予退役养老保险补助。军人退役养老保险补助标准，由总后勤部（2016 年 1 月 10 日，中国人民解放军总后勤部改为中国共产党中央军事委员会后勤保障部）会同国务院有关部门，按国家规定的基本养老保险缴费标准、军人工资水平等因素拟订，报国务院、中央军委批准。军人入伍前已参加基本养老保险，由地方社会保险经办机构和军队后勤（联勤）机关财务部门办理基本养老保险关系转移接续手续。

军人退出现役后参加职工基本养老保险，由军队后勤（联勤）机关财务部门将军人退役养老保险关系和相应资金转入地方社会保险经办机构，地方社会保险经办机构办理相应的转移接续手续。军人服现役年限与入伍前和退出现役后参加职工基本养老保险的缴费年限合并计算。军人退出现役后参加新型农村社会养老保险或城镇居民社会养老保险，按国家有关规定办理转移接续手续。军人退出现役到公务员岗位或参照《公务员法》管理的工作人员岗位，及现役军官、文职干部退出现役自主择业，其养老保险办法按国家有关规定执行。军人退出现役采取退休方式安置，其养老办法按国务院和中央军委的有关规定执行。

### 三、退役医疗保险

参加军人退役医疗保险的军队干部和士官，每月按规定缴费，军队给予同等数额补助。义务兵和供给制学员不缴费，全部由军队补助。军人退役时，将退役医疗保险资金转移到地方社会保险经办机构。根据退休职工基本医疗保险待遇与缴费年限挂钩规定，法律明确，军人服现役年限视同职工基本医疗保险缴费年限，与入伍前和退出现役后参加职工基本医疗保险的缴费年限合并计算。

军人退役医疗保险个人缴费标准和国家补助标准，由总后勤部会同国务院有关部门，按国家规定的缴费比例、军人工资水平等因素确定。军人入伍前已参加基本医疗保险，由地方社会保险经办机构和军队后勤（联勤）机关财务部门办理基本医疗保险关系转移接续手续。军人退出现役后参加职工基本医疗保险，由军队后勤（联勤）机关财务部门将军人退役医疗保险关系和相应资金转入地方社会保险经办机构，地方社会保险经办机构办理相应的转移接续手续。

军人服现役年限视同职工基本医疗保险缴费年限，与入伍前和退出现役后参加职工基本医疗保险的缴费年限合并计算。军人退出现役后参加新型农村合作医疗或城镇居民基本医疗保险，按国家有关规定办理。

从《军人退役医疗保险暂行办法》角度，《军人退役医疗保险暂行办法》适用于中国武装警察部队，军人退出现役后享有国家规定的医疗保险待遇。具体为：①国家实行军人退役医疗保险制度，设立军人退役医疗保险基金，对军人退出现役后的医疗费用给予补助。根据国家的有关规定，为军人建立退役医疗保险个人账户。②师职以下现役军官、局级和专业技术4级以下文职干部、士官、义务兵和具有军籍的学员依《军人退役医疗保险暂行办法》参加军人退役医疗保险。③各级兵勤（联勤）机关按职责分工，负责军人退役医疗保险个人账户的建立和基金的筹集、管理、支付。④城镇职工基本医疗保险统筹地区政府劳动和社会保障部门负责军人退役后的医疗保险管理工作。⑤军人退役医疗保险基金由国家财政拨款和军人缴纳的退役医疗保险费组成。⑥师职以下现役军官、局级和专业技术4级以下文职干部和士官，每人每月按本人工资收入1%的数额缴纳退役医疗保险费。国家按军人缴纳的退役医疗保险费的同等数额，给予军人退役医疗补助。⑦军人缴纳的退役医疗保险费和国家给予的军人退役医疗补助，由其所在单位后勤（联勤）机关财务部门逐月计入本人的退役医疗保险个人账户。⑧军人退役医疗保险个人账户资金的利息每年计算1次，计入军人退役医疗保险个人账户。军人退役医疗保险个人账户资金的利率，由总后勤部根据中国人民银行公布的相应利率确定。⑨军官、文职干部晋升为军职或享受军职待遇，不再缴纳退役医疗保险费，个人缴纳的退役医疗保险费连同利息一并退还本人。缴纳退役医疗保险费后致残的二等乙级以上革命伤残军人，退还个人缴纳的退役医疗保险费及利息。⑩师职以下现役军官、局级和专业技术4级以下文职干部、士官退出现役时，其退役医疗保险个人账户的资金和利息，由本人所在单位后勤（联勤）机关财务部门结清。⑪义务兵、供给制学员不缴纳退役医疗保险费，服役期间不建立退役医疗保险个人账户。义务兵退出现役时，按上一年度全国城镇职工平均工资收入的1.6%乘以服役年数的计算公式计付军人退役医疗保险金。⑫军人退出现役后，按国家规定不参加城镇职工基本医疗保险，由军人所在单位后勤（联勤）机关财务部门将军人退役医疗保险金发给本人；按国家规定应参加城镇职工基本医疗保险，由军人所在单位后勤（联勤）机关财务部门将军人退役医疗保险金转入军人安置地的社会保险经办机构，具体办法由总后勤部会同人力资源社会保障部等有关部门制定。⑬从地方直接招收的军官、文职干部和士官入伍时由地方社会保险经办机构将其基本医疗保险个人账户结余部分转入接收单位后勤（联勤）机关财务部门，计入本人的退役医疗保险个人账户，并逐级上交总后勤部。⑭军人牺牲或病故，其退役医疗保险个人账户资金可依法继承。⑮军人退役医疗保险基金实行集中统管，任何单位或个人不得挤占挪用。⑯军人退役医疗保险基金的存储、划拨、运营、预决算管理和会计核算，须严格执行国家和军队的有关规定。基金利息等收益全部纳入军人退役医疗保险基金。⑰各级审计部门按规定的职责，对军人退役医疗保险基金的收支和管理进行审计监督。⑱有出具假证明，伪造公文、证件骗取军人退役医疗保险金；不按规定转移和接收军人退役医疗保险个人账户资金；贪污挪用军人退役医疗保险基金；虚报冒领、不按规定计发军人退役医疗保险金；其他违反《军人退役医疗保险暂行办法》，妨害军人退役医疗保险工作的情形之一，对直接负责的主管人员和其他直接责任人员，依国家和军队的有关规定给予处分；涉嫌犯罪，移交司法机关依法处理；对单位给予通报批评，责令限期改正，并依国家和军队有关规定给予处罚。⑲移交政府安置的军队离休人员和退出现役的二等乙级以上革命伤残军人的医疗待遇，按国务院、中央军委的有关规定执行。移交政府安置的军队退休干部、士官的医疗待遇政策，由军队有关部门会商国务院有关部门另行制定。

## 四、随军未就业的军人配偶保险

国家为随军未就业的军人配偶建立养老保险、医疗保险等。随军未就业的军人配偶参加保险，应缴纳养老保险费和医疗保险费，国家给予相应的补助。随军未就业的军人配偶保险个人缴费标准和国家补助标准，按国家有关规定执行。随军未就业的军人配偶随军前已参加社会保险，由地方社会保险经办机构和军队后勤（联勤）机关财务部门办理保险关系转移接续手续。随军未就业的军人配偶实现就业或军人退出现役时，由军队后勤（联勤）机关财务部门将其养老保险、医疗保险关系和相应资金转入地方社会保险经办机构，地方社会保险经办机构办理相应的转移接续手续。军人配偶在随军未就业期间的养老保险、医疗保险缴费年限与其在地方参加职工基本养老保险、职工基本医疗保险的缴费年限合并计算。随军未就业的军人配偶达到国家规定的退休年龄时，按国家有关规定确定退休地，由军队后勤（联勤）机关财务部门将其养老保险关系和相应资金转入退休地社会保险经办机构，享受相应的基本养老保险待遇。地方政府和有关部门应为随军未就业的军人配偶提供就业指导、培训等方面的服务。随军未就业的军人配偶无正当理由拒不接受当地政府就业安置，或无正当理由拒不接受当地政府指定部门、机构介绍的适当工作、提供的就业培训，停止给予保险缴费补助。

按现行标准，随军未就业的军人配偶每月可领取基本生活补贴，按所在地区艰苦程度不同，划分为3个档次，标准分别为600元、700元、800元；个人按享受基本生活补贴1%的比例缴纳医疗保险费，军队给予同等数额补助；个人按缴费基数8%的比例，每人每月缴纳120元养老保险费，军队按12%的比例，每月给予180元的补助。在其就业或军人退役随迁，及达到退休年龄时，将保险关系及相应资金转移到地方社会保险经办机构。

## 第3节　军人保险基金和军人保险的经办、监督、法律责任

### 一、军人保险基金

军人保险基金包括军人伤亡保险基金、军人退役养老保险基金、军人退役医疗保险基金和随军未就业的军人配偶保险基金。各项军人保险基金按军人保险险种分别建账，分账核算，执行军队的会计制度。军人保险基金由个人缴费、中央财政负担的军人保险资金及利息收入等资金构成。军人应缴纳的保险费，由其所在单位代扣代缴。随军未就业的军人配偶应缴纳的保险费，由军人所在单位代扣代缴。中央财政负担的军人保险资金，由财政部纳入年度国防费预算。军人保险基金按国家和军队的预算管理制度，实行预算、决算管理。军人保险基金实行专户存储，具体管理办法按国家和军队有关规定执行。

军人保险基金由解放军总后勤部军人保险基金管理机构集中管理。军人保险基金管理机构应严格管理军人保险基金，保证基金安全。军人保险基金应专款专用，按规定的项目、范围和标准支出，任何单位和个人不得贪污、侵占、挪用，不得变更支出项目、扩大支出范围或改变支出标准。国家社会保险实行行政管理与基金管理分开原则，既能保证军人保险基金的安全性，又有利于军人保险基金的统一筹划、统一存储与运行，更好地实现基金保值增值。

## 二、军人保险的经办

军队后勤（联勤）机关财务部门和地方社会保险经办机构应建立健全军人保险经办管理制度。军队后勤（联勤）机关财务部门应按时足额支付军人保险金。军队后勤（联勤）机关财务部门和地方社会保险经办机构应及时办理军人保险和社会保险关系转移接续手续。军队后勤（联勤）机关财务部门应为军人及随军未就业的军人配偶建立保险档案，及时、完整、准确地记录其个人缴费和国家补助，以及享受军人保险待遇等个人权益记录，并定期将个人权益记录单送达本人。军队后勤（联勤）机关财务部门和地方社会保险经办机构应为军人及随军未就业的军人配偶提供军人保险和社会保险咨询等相关服务。

## 三、军人保险的监督

军人保险信息系统由总后勤部负责统一建设。总后勤部财务部门和审计机关按各自职责，对军人保险基金的收支和管理情况实施监督。军队后勤（联勤）机关、地方社保部门应对单位和个人遵守《军人保险法》的情况进行监督检查。军队后勤（联勤）机关、地方社保部门实施监督检查时，被检查单位和个人应如实提供与军人保险有关的资料，不得拒绝检查或谎报、瞒报。军队后勤（联勤）机关财务部门和地方社会保险经办机构及其工作人员，应依法为军队单位和军人的信息保密，不得以任何形式泄露。任何单位或个人有权对违反《军人保险法》规定的行为进行举报、投诉。军队和地方有关部门、机构对属于职责范围内的举报、投诉，应依法处理；对不属于本部门、本机构职责范围，应书面通知并移交有权处理的部门、机构处理。有权处理的部门、机构应及时处理，不得推诿。

《军人抚恤优待条例》的优待条件、对象、标准、程序为：①烈士遗属依《烈士褒扬条例》规定享受优待。②义务兵服现役期间，其家庭由当地政府发给优待金或给予其他优待，优待标准不低于当地平均生活水平。义务兵和初级士官入伍前是国家机关、社会团体、企业事业单位职工（含合同制人员），退出现役后，允许复工复职，并享受不低于本单位同岗位（工种）、同工龄职工的各项待遇；服现役期间，其家属继续享受该单位职工家属的有关福利待遇。义务兵和初级士官入伍前的承包地（山、林）等，应保留；服现役期间，除依国家有关规定和承包合同的约定缴纳有关税费外，免除其他负担。义务兵从部队发出的平信，免费邮递。③国家对1~6级残疾军人的医疗费用按规定予以保障，由所在医疗保险统筹地区社会保险经办机构单独列账管理，由民政部会同人力资源社会保障部、财政部规定具体办法。7~10级残疾军人旧伤复发的医疗费用，已参加工伤保险，由工伤保险基金支付；未参加工伤保险，有工作的由工作单位解决，无工作的由当地县级以上地方政府负责解决。7~10级残疾军人旧伤复发外的医疗费用，未参加医疗保险且本人支付困难，由当地县级以上地方政府酌情给予补助。

残疾军人、复员军人、带病回乡退伍军人及因公牺牲军人遗属、病故军人遗属享受医疗优惠待遇，由省级政府规定具体办法。中央财政对抚恤优待对象人数较多的困难地区给予适当补助，用于帮助解决抚恤优待对象的医疗费用困难问题。④在国家机关、社会团体、企业事业单位工作的残疾军人，享受与所在单位工伤人员同等的生活福利和医疗待遇。所在单位不得因其残疾将其辞退、解聘或解除劳动关系。⑤现役军人凭有效证件、残疾军人凭中国残疾军人证优先购票乘坐境内运行的火车、轮船、长途公共汽车及民航班机；残疾军人享受减收正常票价 50% 的优待。现役军人凭有效证件乘坐市内公共汽车、电车和轨道交通工具享受优待，具体办法由有关城市政府规定。残疾军人凭中国残疾军人证免费乘坐市内公共汽车、电车和轨道交通工具。现役军人、残疾军人凭有效证件参观游览公园、博物馆、名胜古迹享受优待，具体办法由公园、博物馆、名胜古迹管理单位所在地的县级以上地方政府规定。⑥因公牺牲军人、病故军人的子女、兄弟姐妹，本人自愿应征并符合征兵条件，优先批准服现役。义务兵和初级士官退出现役后，报考国家公务员、高等学校和中等职业学校，在与其他考生同等条件下优先录取。残疾军人、因公牺牲军人子女、1~4 级残疾军人的子女，驻边疆国境的县（市）、沙漠区、国家确定的边远地区中的三类地区和军队确定的特、一、二类岛屿部队现役军人的子女报考普通高中、中等职业学校、高等学校，在录取时按国家有关规定给予优待；接受学历教育，在同等条件下优先享受国家规定的各项助学政策。现役军人子女的入学、入托，在同等条件下优先接收。具体办法由民政部会同国务院教育部门规定。⑦残疾军人、复员军人、带病回乡退伍军人、因公牺牲军人遗属、病故军人遗属承租、购买住房依有关规定享受优先、优惠待遇。居住农村的抚恤优待对象住房有困难，由地方政府帮助解决，由省级政府规定具体办法。⑧经军队师（旅）级以上单位政治机关批准随军的现役军官家属、文职干部家属、士官家属，由驻军所在地的公安机关办理落户手续。随军前是国家机关、社会团体、企业事业单位职工，驻军所在地政府人力资源社会保障部门应接收和妥善安置；随军前无工作单位，驻军所在地政府应根据本人的实际情况作出相应安置；对自谋职业，按国家有关规定减免有关费用。⑨驻边疆国境的县（市）、沙漠区、国家确定的边远地区中的三类地区和军队确定的特、一、二类岛屿部队的现役军官、文职干部、士官，其符合随军条件无法随军的家属，所在地政府应妥善安置，保障其生活不低于当地的平均生活水平。⑩随军的烈士遗属、因公牺牲军人遗属和病故军人遗属移交地方政府安置，享受《军人抚恤优待条例》和当地政府规定的抚恤优待。⑪复员军人生活困难，按规定的条件，由当地政府民政部门给予定期定量补助，逐步改善其生活条件。⑫国家兴办优抚医院、光荣院，治疗或集中供养孤老和生活不能自理的抚恤优待对象。各类社会福利机构应优先接收抚恤优待对象。

### 四、违反《军人保险法》的法律责任

违反《军人保险法》的法律责任：①军队后勤（联勤）机关财务部门、社会保险

经办机构，有不按规定建立、转移接续军人保险关系；不按规定收缴、上缴个人缴纳的保险费；不按规定给付军人保险金；篡改或丢失个人缴费记录等军人保险档案资料；泄露军队单位和军人的信息；违反规定划拨、存储军人保险基金；有违反法律、法规损害军人保险权益的其他行为的情形之一，由军队后勤（联勤）机关或社保部门责令改正；对直接负责的主管人员和其他直接责任人员依法给予处分；造成损失，依法承担赔偿责任。②贪污、侵占、挪用军人保险基金，由军队后勤（联勤）机关责令限期退回，对直接负责的主管人员和其他直接责任人员依法给予处分。③以欺诈、伪造证明材料等手段骗取军人保险待遇，由军队后勤（联勤）机关和社保部门责令限期退回，并依法给予处分。④违反《军人保险法》的规定，构成犯罪，依法追究刑责。

违反《军人抚恤优待条例》的法律责任：①军人抚恤优待管理单位及其工作人员挪用、截留、私分军人抚恤优待经费，构成犯罪，依法追究相关责任人员的刑责；尚不构成犯罪，对相关责任人员依法给予行政处分或纪律处分。被挪用、截留、私分的军人抚恤优待经费，由上一级政府民政部门、军队有关部门责令追回。②军人抚恤优待管理单位及其工作人员、参与军人抚恤优待工作的单位及工作人员有违反规定审批军人抚恤待遇；在审批军人抚恤待遇工作中出具虚假诊断、鉴定、证明；不按规定的标准、数额、对象审批或发放抚恤金、补助金、优待金；在军人抚恤优待工作中利用职权谋取私利的行为之一，由其上级主管部门责令改正；情节严重，构成犯罪，依法追究相关责任人员的刑责；尚不构成犯罪，对相关责任人员依法给予行政处分或纪律处分。③负有军人优待义务的单位不履行优待义务，由县民政局责令限期履行义务；逾期仍未履行，处以2000元以上1万元以下罚款。对直接负责的主管人员和其他直接责任人员依法给予行政处分、纪律处分。因不履行优待义务使抚恤优待对象受到损失，应依法承担赔偿责任。④抚恤优待对象有冒领抚恤金、优待金、补助金；虚报病情骗取医药费；出具假证明，伪造证件、印章骗取抚恤金、优待金、补助金的行为之一，由民政部门给予警告，限期退回非法所得；情节严重，停止其享受的抚恤、优待；构成犯罪，依法追究刑事责任。⑤抚恤优待对象被判处有期刑、剥夺政治权利或被通缉期间，中止其抚恤优待；被判处死刑、无期刑，取消其抚恤优待资格。

# 后　记

　　编写一本融实体法和程序法于一体的保险法学辅导图书是笔者多年来的梦想，终于在2020年画了一个圆满的句号。

　　法律的生命力在于公平正义，在于坚持社会信仰，在于科学实践，在于创新发展。笔者和许多初学者一样，曾为缺乏一本实用好用的法律辅导书而困惑。如何使法学教材和法律类辅导图书有机衔接，一直是法学类本科层次教育教学亟待解决的问题。这是一个理论和实践、课本和社会、课堂和社会如何融合的棘手问题。法学理论与法律实践脱节等问题不仅不利于培养和造就复合型高素质法学人才以及法律知识的通俗化、大众化，也不利于社会主义法治建设的推进。为此，法学界有义务和职责顺应新时代中国化法学理论及法学教材与时俱进、创新发展的要求，基于改革开放和中国特色社会主义法治化建设进程，有效应对社会转轨、经济转型、改革步入深水区关键期所面临的一些大变局问题，特别是坚持和完善中国特色社会主义制度体系和法律、法治体系贡献自身的力量和努力。当然，这也是法治的力量及其根本价值之所在。

　　基于这一使命和初心、梦想，笔者坚持致力于从全面、整体、宏观角度研究包括法学本科阶段法学教材及相关部门法一体化、社会化、现代化问题。为实现实体法与程序法一体化、体系化、集成化，本书采取比较法、图表法、司法考试题等方式破除法学理论和实务之间的壁垒，实现理论和条文点面结合。这种法学研究途径或创作风格也成为笔者编写《国际法学》《民商事法一本通》《知识产权一本通》《行政法一本通》《民法典释义》《民族区域自治法学》等法学教材、辅导书的基本方式或特点。其中，2016年出版的《国际法学》系统介绍了21世纪国际新形势下的国际公法教科书；2019年出版的《刑事法一本通》是一部打通《刑法》和《刑事诉讼法》，融实体法和程序法于一体的"一本通"类工具书。

　　经过一年多的呕心沥血和挑灯夜战、内引外联、沟通协调，《保险法一本通》终于由中国经济出版社出版、发行，2020年终于圆梦。在此，笔者要特别感谢良师益友为之付出的辛劳，感谢段咸、夏建三、秦晨、赵玉森、赵城、黄万军、王宏伟、靳祥钰、毕江远、陈红照等专家学者、律界人士、编委友人的鼎力相助、热诚支持，使之从不可能变为可能、从梦想变为现实。但愿《保险法一本通》这本书能对指导督促金融从业者、保险从业者合法合规经营发挥作用，对促进保险法理论与实务的系统化、体系化、一体化发挥作用。

徐小帆

2020 年 10 月于北京